民事訴訟等の費用に関する
書記官事務の研究

研 究 員

東京地方裁判所主任書記官 　　　　　渡 會 千 惠
大阪家庭裁判所主任書記官 　　　　　田 中 ゆかり

は し が き

　本書は，民事訴訟等の費用に関する書記官事務を検討するに当たり基礎となる考え方を示すことを意図して作成した研究報告書です。

　民事訴訟等の費用に関しては，昭和48年度書記官実務研究「民事訴訟における訴訟費用等の研究」及び「訴訟上の救助に関する研究」がありますが，いずれも研究から長期間が経過し，その後の法改正等により事務の内容が大きく変わっていることから，本研究では両研究の成果を踏まえ，その内容を改めて検討し，その後の法改正，裁判例，通達の整備等を反映させた上で，現行法制下における考え方を示す研究としました。

　また，平成25年1月1日に施行された家事事件手続法は，国民が家事事件の手続を利用しやすくするための制度の創設や見直し等が行われ，手続費用についても，手続費用の負担の原則等について家事審判法の規律が変更されたり，手続上の救助の制度が新設されるなど必要な見直しがされています。本研究では，家事事件の費用について，費用に関する書記官事務を行なう上で必要とされる基礎的な知識の整理を試みたほか，家事事件手続法の制定により新設された手続上の救助や手続費用額確定処分の事務処理及び実務の状況を中心に研究しました。

　民事訴訟等の費用に関する書記官事務は，民訴法等の手続法規の改正等により，新たに検討すべき事項が生じることがありますが，本研究報告書は，こうした法改正等により生ずる新たな問題点にも対応できるよう，民訴費用法の制定経緯や立法趣旨，費用制度全体の枠組みを示し，各事務相互の関係性について記載することとしました。また，書記官事務と会計事務は相互密接に関連しているところ，書記官事務を行う上で必要となる会計事務に関する知識，会計事務から見た書記官事務の留意事項についても記載することにしました。その上で，本研究報告書が各裁判所の現場にとって真に有益なものとなるように，法律や規則，通達等の事務の根拠と目的を明らかにするとともに，裁判例，文献等を多数引用し，参照頁を細かく記載し，文献等の原典に当たることができるように配慮しました。また，可能な限り，実務に沿う形で，参考となる書式例を掲載したり，訴訟費用額確定処分や手数料還付については，考え方を図で表したり，各事例において計算方法を具体的に示すなど，分かりやすい研究報告書になるよう工夫しました。

　本研究報告書の全体の構成，民事事件にかかる第1編，第2編，第3編，第4編，第6編の記載は，主として渡會が担当し，第5編，第7編，第8編の記載は，主として田中が担当しました。また，家事事件にかかる第9編の記載は，田中が担当しました。

　本研究が，適正かつ迅速な書記官事務を行う上での一助となるとともに，更には合理的な書記官事務の在り方についての検討や見直し等を行う際の一助となれば幸いです。

　最後に，アンケート調査及び実情調査に御協力いただいた各地方裁判所，家庭裁判所及び簡易裁判所の皆様，懇切丁寧な御指導と御助言をいただいた裁判所職員総合研修所の教職

員の皆様，最高裁判所事務総局総務局，経理局，民事局，家庭局及び行政局の皆様に，心から感謝し，厚く御礼を申し上げます。

平成30年3月

渡會　千惠

田中　ゆかり

本研究におけるアンケート調査の実施について

　本研究では，民事訴訟等の費用に関する事務について，各地方裁判所及び各家庭裁判所（いずれも本庁）並びに高等裁判所（支部を除く。）の所在地を管轄する各簡易裁判所を対象に，費用に関する書記官事務の実務の運用に関する事項を中心にアンケート調査を行いました。

　これらの結果等については，適宜文中において取り上げましたので，現場の執務の参考にしていただければ幸いです。

　御多忙の中，アンケート調査及びヒアリング調査に御協力いただいた地方裁判所の皆様及び家庭裁判所の皆様，並びに簡易裁判所の皆様に，改めて心より御礼を申し上げます。

◇　アンケート調査対象庁
　　全国の地方裁判所本庁（50 庁）
　　全国の家庭裁判所本庁（50 庁）
　　高等裁判所（支部を除く。）の所在地を管轄する簡易裁判所（8 庁）

◇　アンケート実施時期
　　平成 29 年 9 月から 10 月まで

目　次

序論

第1　研究の目的………………………………………………………………………………… 1

第2　研究の対象………………………………………………………………………………… 1

第3　研究の隘路と研究の手法………………………………………………………………… 1

第4　研究の方針………………………………………………………………………………… 2

　1　民訴費用法の立法趣旨，費用制度の枠組み，事務相互の関係性の研究…………… 2

　2　事務局（会計部門）との連携の視点……………………………………………………… 2

　3　図や事例，書式例等の活用………………………………………………………………… 3

　4　法律，規則，通達，裁判例，文献等の引用…………………………………………… 3

第5　研究の構成………………………………………………………………………………… 3

　1　全体構成……………………………………………………………………………………… 3

　2　各編の概要…………………………………………………………………………………… 3

第6　本研究報告書の使い方…………………………………………………………………… 4

第1編　民事訴訟の費用

第1章　民訴費用法の概要………………………………………………………………… 6

第1節　民訴費用法の制定……………………………………………………………………… 6

第1　制定の経緯………………………………………………………………………………… 6

第2　主要な改正点……………………………………………………………………………… 6

　1　民事訴訟等の費用の範囲と額……………………………………………………………… 7

　2　手数料………………………………………………………………………………………… 7

　3　手数料の還付………………………………………………………………………………… 7

　4　証人等の日当………………………………………………………………………………… 8

第2節　民訴費用法の改正……………………………………………………………………… 8

第1　昭和55年法律第61号による改正………………………………………………………… 8

第2　平成4年法律第72号による改正………………………………………………………… 8

第3　平成15年法律第128号による改正……………………………………………………… 8

第3節　民訴費用法の適用範囲………………………………………………………………… 9

第2章　民事訴訟等の費用に関する法制の概要………………………………………… 10

第1節　民事訴訟等における費用に関する法体系…………………………………………… 10

第2節　民事訴訟等における費用に関する法律関係………………………………………… 10

第1　他の当事者等から費用の償還を求める関係…………………………………………… 10

第2　裁判所（国）が費用に関して一方の当事者となる関係……………………………… 11

　1　裁判所（国）がその出費に対する反対給付を当事者から徴収する法律関係……… 11

　2　証人，鑑定人その他の者に対して裁判所（国）が補償等を給付する法律関係…… 11

- 目次1 -

3	執行官の手数料及び職務の執行に要する費用に係る法律関係………………………	12
第3節	民事訴訟等の費用に関する規定の分配……………………………………………………	12
第3章	**民事訴訟費用の概念と種類**………………………………………………………………	**15**
第1節	民事訴訟費用の概念………………………………………………………………………………	15
第1	広義の訴訟費用………………………………………………………………………………	15
第2	狭義の訴訟費用………………………………………………………………………………	15
第2節	訴訟費用の種類………………………………………………………………………………………	15
第1	裁判費用………………………………………………………………………………………	15
1	手数料……………………………………………………………………………………	15
2	手数料以外の費用……………………………………………………………………	16
第2	当事者費用……………………………………………………………………………………	16
第3節	弁護士費用…………………………………………………………………………………………	16
第4章	**民事訴訟費用の範囲と額**…………………………………………………………………	**20**
第1節	民訴費用法の考え方………………………………………………………………………………	20
第1	償還請求の対象となる費用………………………………………………………………	20
第2	旧民事訴訟費用法の規定…………………………………………………………………	20
第3	民訴費用法の制定と費用法定主義……………………………………………………	20
第4	償還請求の目的となる費用の範囲と額の考慮要素………………………………	21
1	一般的必要性……………………………………………………………………………	21
2	当事者間の公平…………………………………………………………………………	21
3	裁判所が容易に存在を確認することができるもの……………………………	22
第2節	費用額確定手続における費用該当性の検討………………………………………………	22
第3節	申立ての手数料（民訴費用法2①）………………………………………………………	23
第1	概説………………………………………………………………………………………………	23
第2	費用額…………………………………………………………………………………………	23
第3	裁判例等………………………………………………………………………………………	24
第4節	民訴費用法11条1項の費用（民訴費用法2②）……………………………………	24
第1	概説………………………………………………………………………………………………	24
第2	費用額…………………………………………………………………………………………	24
第3	当事者が準備書面の直送をするためにした支出と民訴費用法2条2号の類推適用	
	……	25
第4	訴訟告知書の送達費用の訴訟費用該当性…………………………………………	26
第5	裁判例等………………………………………………………………………………………	27
第5節	執行官法の規定による執行官の手数料及び費用（民訴費用法2③）…………	27
第1	概説………………………………………………………………………………………………	27
第2	費用額…………………………………………………………………………………………	28
第6節	当事者の旅費，日当及び宿泊料（民訴費用法2④）………………………………	28
第1	概説………………………………………………………………………………………………	28
1	当事者等…………………………………………………………………………………	28
⑴	民事訴訟事件における当事者等…………………………………………………	28

(2) 法定代理人，代表者又はこれらに準ずる者……………………………………… 28

2 裁判所が定めた期日…………………………………………………………………… 29

3 同じ日に複数の期日が行われた場合………………………………………………… 29

4 費用額算定の対象……………………………………………………………………… 29

(1) 未成年者の法定代理人親権者が出頭した場合………………………………… 29

(2) 法定代理人・代表者等が二人以上出頭した場合……………………………… 29

(3) 破産管財人が出頭した場合……………………………………………………… 30

5 期日における出頭の有無の確認……………………………………………………… 30

第2 費用額…………………………………………………………………………………… 31

1 概説……………………………………………………………………………………… 31

2 当事者等の旅費………………………………………………………………………… 31

(1) 国内からの出頭（出頭のための旅行が本邦と外国との間のものを含まない場合）
……………………………………………………………………………………… 31

(2) 外国からの出頭（出頭のための旅行が本邦と外国との間のものを含む場合）…… 34

3 当事者等の日当及び宿泊料（民訴費用法2④ロ，ハ）…………………………… 34

第3 裁判例等………………………………………………………………………………… 35

第7節 代理人の旅費，日当及び宿泊料（民訴費用法2⑤）……………………………… 35

第1 概要……………………………………………………………………………………… 35

1 本条の代理人…………………………………………………………………………… 35

2 代理人が二人以上期日に出頭した場合……………………………………………… 35

3 代理人が当事者等と共に期日に出頭した場合……………………………………… 36

第2 費用額…………………………………………………………………………………… 36

第3 裁判例等………………………………………………………………………………… 37

第8節 訴状等の書類の作成及び提出費用（民訴費用法2⑥）…………………………… 39

第1 概説……………………………………………………………………………………… 39

1 本号にいう「書類」…………………………………………………………………… 39

2 資料性の判定について………………………………………………………………… 39

(1) 「資料性」とは…………………………………………………………………… 39

(2) 現行民訴費用法下における「資料性」の検討………………………………… 40

(3) 資料性の判断基準について……………………………………………………… 40

第2 費用額…………………………………………………………………………………… 41

1 基本事件………………………………………………………………………………… 41

(1) 1件につき1,500円とするもの………………………………………………… 42

(2) 1件につき1,000円とするもの（民訴費用規別表第2の3の項）…………… 42

(3) 1件につき800円とするもの…………………………………………………… 43

2 附随事件………………………………………………………………………………… 43

(1) 1件につき1,500円とするもの………………………………………………… 43

(2) 1件につき800円とするもの（民訴費用規別表第2の5の項）……………… 44

(3) 1件につき500円とするもの（民訴費用規別表第2の6の項）……………… 44

3 準用規定………………………………………………………………………………… 44

第3 訴訟事件等における具体的な取扱い………………………………	45
1 訴訟事件等…………………………………………………………	45
⑴ 原則……………………………………………………………	45
⑵ 加算事由………………………………………………………	45
⑶ 附随事件等……………………………………………………	47
⑷ その他…………………………………………………………	47
2 民事保全事件………………………………………………………	49
⑴ 民保法の規定による保全命令の申立てに係る事件…………	49
⑵ 保全異議事件等………………………………………………	49
⑶ その他…………………………………………………………	49
3 支払督促事件………………………………………………………	49
⑴ 支払督促………………………………………………………	49
⑵ 督促異議………………………………………………………	50
4 非訟事件……………………………………………………………	52
第9節 官庁等から書類の交付を受けるために要する費用（民訴費用法2⑦）………	53
第1 概説………………………………………………………………	53
第2 費用額……………………………………………………………	53
第10節 民訴費用法2条6号の訳文の翻訳料（民訴費用法2⑧）……………	54
第1 概説………………………………………………………………	54
第2 費用額……………………………………………………………	54
第11節 文書又は物を裁判所に送付した費用（民訴費用法2⑨）…………	55
第1 概説………………………………………………………………	55
第2 費用額……………………………………………………………	55
第12節 付添弁護士等の報酬及び費用（民訴費用法2⑩）…………………	55
第1 概説………………………………………………………………	56
第2 費用額……………………………………………………………	56
第5章 訴訟費用の負担の裁判……………………………………………	57
第1節 訴訟費用の負担の裁判………………………………………………	57
第1 総論………………………………………………………………	57
第2 訴訟費用の負担の決め方………………………………………	57
第3 訴訟費用の負担の裁判の職権性………………………………	58
第4 訴訟費用の負担の裁判に対する不服申立て…………………	58
第5 訴訟費用不可分の原則…………………………………………	59
第2節 訴訟費用償還請求権（償還債務）…………………………………	59
第1 総論………………………………………………………………	59
第2 訴訟費用償還請求権の別途請求の可否………………………	60
第3節 訴訟費用の負担……………………………………………………	60
第1 敗訴者負担の原則（民訴法61）………………………………	60
第2 敗訴者負担の原則の例外（民訴法62，63）…………………	61
第3 一部敗訴の費用負担（民訴法64）……………………………	61

－目次4－

第4	共同訴訟の費用負担（民訴法65）………………………………	61
第5	補助参加の費用負担（民訴法66）………………………………	62
1	異議により生じた訴訟費用の負担………………………………	62
2	補助参加により生じた訴訟費用の負担…………………………	62
3	補助参加人が被参加人のためにした訴訟行為に関する費用……………………	62
第6	和解と訴訟費用（民訴法68）……………………………………	63
第4節	事件類型ごとの費用負担の裁判……………………………………	63
第1	仮差押え・仮処分……………………………………………………	63
第2	手形訴訟・小切手訴訟………………………………………………	64
第3	行政訴訟事件…………………………………………………………	64
第5節	民訴費用法における訴訟費用の負担の裁判の考え方……………	65

第2編 訴訟費用額確定手続

第1章 総論…………………………………………………………………		67
第1節	概説……………………………………………………………………	67
第2節	旧民訴法からの改正点………………………………………………	68
第3節	訴訟費用額確定手続と本案訴訟手続における書記官事務………	68
第2章 訴訟費用額確定を必要とする場合……………………………………		70
第1節	訴訟費用の負担の額のみの確定を必要とする場合（民訴法71 I，72前段）………	70
第1	裁判による場合………………………………………………………	70
1	一方負担の判決………………………………………………………	70
2	案分（双方）負担の判決……………………………………………	70
3	共同訴訟の場合………………………………………………………	71
第2	本案訴訟手続中における費用負担の決定，命令…………………	71
1	補助参加許否の決定（民訴法44 I）中における費用負担の裁判（民訴法66）……	71
2	法定代理人，訴訟代理人，書記官又は執行官に対して費用償還を命じる決定（民訴法69 I II）…………………………………………………	71
3	証人，鑑定人に対する訴訟費用負担の決定・命令（民訴法192 I，200，206，215の4，216）………………………………………………	72
第3	裁判上の和解…………………………………………………………	72
第2節	訴訟費用の負担者及び負担の割合並びに負担の額を定める必要がある場合………	72
第1	訴訟費用の負担の裁判の脱漏（民訴法258 II）…………………	72
第2	訴訟が裁判及び和解によらないで完結した場合（民訴法73 I）……	72
1	請求の放棄・認諾……………………………………………………	73
2	訴え・反訴の取下げ…………………………………………………	73
3	補助参加申出の取下げ，補助参加申出に対する異議の取下げ………	74
4	控訴・上告の取下げ…………………………………………………	74
5	支払督促異議の取下げ………………………………………………	74
6	手形判決・小切手判決に対する異議の取下げ（民訴法360）……	74

－目次5－

7 その他の終了事由	…………………………………………………	75
⑴ 当事者の地位の混同	………………………………………………	75
⑵ 訴訟の目的の消滅及び承継者の不存在	…………………………	75
⑶ 訴訟の一部が裁判及び和解によらないで完結した場合	……………	75
第3章　訴訟費用の負担を命じる決定	…………………………………	76
第1節　訴訟費用の負担の裁判の脱漏の場合	…………………………	76
第2節　訴訟が裁判及び和解によらないで完結した場合	…………………	77
第1　申立て	………………………………………………………	77
1　申立先及び方法	…………………………………………	77
2　当事者	………………………………………………………	77
3　申立ての時期	……………………………………………	78
4　受付及び記録の編てつ	…………………………………	78
第2　訴訟費用負担の審理手続	……………………………………	78
1　費用負担の審理	…………………………………………	78
2　訴訟完結事由ごとの費用負担者	………………………	79
⑴ 訴えの取下げ	…………………………………………	79
⑵ 請求の放棄・認諾	……………………………………	79
⑶ 訴訟の目的の消滅及び承継者の不存在	…………………	79
第3　裁判及び告知	…………………………………………………	80
第4　不服申立て	……………………………………………………	80
第4章　訴訟費用額確定処分	…………………………………………	81
第1節　申立て	………………………………………………………	81
第1　申立先	………………………………………………………	81
第2　申立ての方式	…………………………………………………	81
1　申立書	………………………………………………………	81
2　添付書類	……………………………………………………	81
第3　当事者	………………………………………………………	81
1　申立人	………………………………………………………	81
2　相手方	………………………………………………………	81
3　費用償還請求権者又は義務者の承継人	…………………	81
第4　申立ての時期	…………………………………………………	82
1　始期	…………………………………………………………	82
2　終期	…………………………………………………………	82
第5　受付及び記録の編てつ	………………………………………	82
第6　申立書及び費用計算書の直送	………………………………	83
第2節　審理手続	……………………………………………………	83
第1　申立要件の審査	………………………………………………	83
第2　相手方に対する催告	…………………………………………	84
1　申立人と相手方が費用を案分して負担する場合	………	84
2　相手方のみが訴訟費用の全部を負担すべき場合	………	84

- 目次6 -

3	催告の方法………………………………………………………………………	84
4	催告後の手続………………………………………………………………………	85
第3節	審理………………………………………………………………………………………	85
第1	訴訟費用不可分の原則………………………………………………………………	86
第2	訴訟費用の種目及び額………………………………………………………………	87
第3	費用額の計算についての原則………………………………………………………	87
1	費用支出の証拠の必要性……………………………………………………………	87
2	処分権主義の適用……………………………………………………………………	87
3	費用額算定の標準時…………………………………………………………………	88
4	端数計算………………………………………………………………………………	88
5	相殺処理………………………………………………………………………………	89
第4節	処分………………………………………………………………………………………	90
第1	処分の方式……………………………………………………………………………	90
第2	処分の内容……………………………………………………………………………	90
1	申立てを却下すべき場合……………………………………………………………	90
2	申立人のみの費用額について確定すべき場合……………………………………	90
3	案分及び相殺処理後の費用額を確定すべき場合…………………………………	91
第3	処分の告知……………………………………………………………………………	94
第4	処分の効力……………………………………………………………………………	94
1	債務名義性……………………………………………………………………………	94
2	訴訟費用の負担の裁判及び本案訴訟の請求に対する請求異議の裁判との関係………	95
3	再度の確定処分の申立て……………………………………………………………	95
第5節	不服申立て………………………………………………………………………………	95
第1	異議申立て……………………………………………………………………………	95
第2	異議申立てに対する裁判……………………………………………………………	95
1	裁判所が，書記官の訴訟費用額確定処分又は申立却下処分について誤りがないと判断した場合………………………………………………………………………	96
2	裁判所が，異議の申立てを理由があると判断した場合…………………………	96
第3	異議の裁判に対する即時抗告………………………………………………………	96
第6節	更正処分…………………………………………………………………………………	97
第1	処分の対象……………………………………………………………………………	97
第2	処分の主体，時期……………………………………………………………………	97
第3	処分の申立て…………………………………………………………………………	97
第4	処分の方式……………………………………………………………………………	97
第5	告知……………………………………………………………………………………	98
第6	不服申立て……………………………………………………………………………	98
第7節	具体的な計算方法………………………………………………………………………	100
第1	費用償還額の算出順序………………………………………………………………	100
1	訴訟費用の負担の裁判において，相手方全額負担と定められている場合…………	100
⑴	申立人に生じた訴訟費用のうち，相手方に対する償還請求額を確定する。………	100

－ 目次 7 －

⑵　処分内容 ··· 100
　2　訴訟費用の負担の裁判において，当事者双方案分負担と定められている場合 ········· 101
　　⑴　申立人に生じた訴訟費用のうち，相手方に対する償還請求額を確定する。 ······· 101
　　⑵　相手方に生じた訴訟費用のうち，申立人に対する償還請求額を確定する。 ······· 101
　　⑶　法定相殺 ··· 102
　　⑷　処分内容 ··· 102
第2　事例による検討 ·· 103
　1　申立人のみの費用額について確定すべき場合 ······································· 103
　　⑴　訴訟費用の負担の裁判において相手方のみが負担すべきものと定められている
　　　　場合 ··· 103
　　⑵　訴訟費用の負担の裁判において案分負担が定められているが，民訴規則25条の
　　　　規定に従う催告に対して，相手方から応答がない場合 ··························· 104
　2　案分及び相殺処理後の費用額を確定すべき場合 ··································· 106
　　⑴　差額がある場合 ··· 106
　　⑵　法定相殺により相手方の負担すべき費用額がない場合 ························· 108
　　⑶　原告が償還請求権を受け得る金額のあることを予定して申立てをしたが，相殺
　　　　の結果，かえって原告から被告に対して償還すべき金額が生じた場合 ············· 110

第5章　共同訴訟における訴訟費用額確定処分 ································· 112
第1節　総論 ··· 112
第2節　共同訴訟の場合の費用負担（民訴法65） ··· 112
第1　共同訴訟人の全員が敗訴した場合 ··· 112
　1　均等分割負担の原則（民訴法65Ⅰ本文） ··· 112
　2　連帯負担（民訴法65Ⅰただし書） ··· 112
　3　他の方法による負担（民訴法65Ⅰただし書） ······································· 113
　4　特別な訴訟行為による費用の負担（民訴法65Ⅱ） ································· 113
第2　共同訴訟人の全員が勝訴した場合 ··· 113
第3　共同訴訟人の全員が一部勝訴し，一部敗訴した場合 ··························· 113
第4　共同訴訟人の一部の者が勝訴し，一部の者が敗訴した場合 ··················· 113
第5　民訴法65条が適用される手続 ··· 113
第3節　共同訴訟における費用償還請求権の考え方 ····································· 114
第1　共同訴訟人の相手方（単独）が訴訟費用の負担を命じられ，共同訴訟人が費用償
　　還請求権を有する場合 ··· 114
第2　共同訴訟人が平等の割合をもって訴訟費用の負担を命じられ（民訴法65Ⅰ本文）
　　相手方（単独）が償還請求権を有する場合 ··· 114
　1　共同訴訟人に生じた費用全体について，均等分割負担とする考え方（A説） ······· 114
　2　民訴法65条1項本文の適用を，共同訴訟人に共通に生じた費用に限定し，共同訴
　　訟人に共通して生じた費用についてのみ均等分割負担とする考え方（B説） ········· 115
第4節　具体的な計算方法 ·· 118
第1　共同訴訟人が償還請求権を有する場合 ··· 118
　1　償還請求権者の認定 ··· 118

－ 目次8 －

2 償還請求額の算出··· 118
⑴ 申立人のみの費用額について確定すべき場合···································· 118
⑵ 案分及び相殺処理後の費用額を確定すべき場合······························ 118
第2 共同訴訟人が償還義務者である場合·· 119
1 償還義務者の認定··· 119
2 償還義務額（相手方から償還義務者に対する償還請求額）の算出·················· 120
⑴ 償還義務者のみが訴訟費用を負担すべきものと定められた場合······· 120
⑵ 当事者双方が訴訟費用を案分して負担すべきものと定められた場合······· 120
第3 事例による検討··· 122
1 原告が複数の場合（被告全部負担の主文）···································· 122
2 原告が複数の場合（案分負担の主文）·· 124
3 被告が複数の場合（被告ら全部・分割負担の主文）······················ 127
4 被告が複数の場合（被告ら全部・連帯負担の主文）······················ 129
5 被告が複数の場合（案分・分割負担の主文）································· 130
6 被告が複数の場合（案分・連帯負担の主文）································· 134

第6章 訴訟費用に関する主文と訴訟費用額確定処分···························· 136
第1節 総論·· 136
第2節 訴訟費用に関する主文··· 136
第1 記載の内容，場所··· 136
第2 主文の記載例··· 136
1 一般の場合·· 136
⑴ 一方当事者が全部勝訴した場合（民訴法61）······························· 136
⑵ 両当事者に一部ずつ訴訟費用を負担させる場合（民訴法64本文）·········· 136
⑶ 民訴法62条（不必要な行為があった場合等の負担），同63条（訴訟を遅滞させ
た場合の負担）が適用される場合·· 137
⑷ 手形判決（小切手判決を含む。）に対する異議申立て後の通常手続における判
決·· 137
2 共同訴訟の場合·· 137
⑴ 共同訴訟の一方の数名の当事者がいずれも全部敗訴した場合（民訴法65Ⅰ本文）
··· 137
⑵ 訴訟費用を共同訴訟人の連帯負担と定める場合（民訴法65Ⅰただし書）········· 137
⑶ 共同訴訟人中で，相手方との勝敗が分かれた場合·························· 137
⑷ 反訴が提起されている場合·· 138
第3節 訴訟費用額確定処分の主文·· 139
第1 総論··· 139
第2 主文の記載例··· 139
1 一般の場合·· 139
2 訴訟費用を共同訴訟人の連帯負担と定められた場合······················ 139
第4節 判決点検時等における裁判官と書記官の連携································· 140
第1 訴訟費用の認定で検討を要した事例·· 140

- 目次9 -

第2　判決書草稿や和解条項の点検の段階で，裁判官等と相談した事例…………… 140

第3　裁判官と書記官の連携の必要性……………………………………………… 141

1　判決原稿点検時の連携…………………………………………………… 141

2　各事件について生じた費用に関する認識の共有……………………… 142

3　費用に関する当事者の関心事項の共有………………………………… 142

第3編　裁判所に納める手数料以外の費用

第1章　納付義務…………………………………………………………………… 143

第1節　総論………………………………………………………………………… 143

第1　民訴費用法11条1項の費用………………………………………… 143

第2　国庫負担の費用との関係…………………………………………… 144

第2節　発生原因…………………………………………………………………… 144

第1　民訴費用法11条1項1号の費用…………………………………… 144

第2　民訴費用法11条1項2号の費用…………………………………… 145

第3節　費用の具体例……………………………………………………………… 146

第4節　納付義務の発生と消滅…………………………………………………… 147

第1　納付義務の発生……………………………………………………… 147

第2　納付義務の消滅……………………………………………………… 147

第5節　納付義務者………………………………………………………………… 147

第1　申立てによる場合…………………………………………………… 148

第2　職権による場合……………………………………………………… 148

1　納付義務者……………………………………………………… 148

2　費用の納付者を定める方式…………………………………… 149

第3　納付義務者以外の当事者の納付………………………………… 149

第6節　民訴費用法11条の費用の負担者……………………………………… 149

第2章　予納義務…………………………………………………………………… 150

第1節　総論………………………………………………………………………… 150

第1　費用予納の原則……………………………………………………… 150

第2　手数料以外の費用の予納に関する規整の状況………………… 150

第2節　予納義務…………………………………………………………………… 152

第1　費用を要する行為…………………………………………………… 152

第2　納付義務と予納との関係…………………………………………… 152

第3節　予納義務の免除…………………………………………………………… 152

第1　民訴費用法12条にいう「他の法律に別段の定めがある場合」………… 152

第2　民訴費用規5条の規定……………………………………………… 153

第4節　予納義務の主体，内容等………………………………………………… 153

第1　費用を予納させる権限……………………………………………… 153

第2　予納義務者…………………………………………………………… 153

第3　予納義務者以外の当事者の予納………………………………… 154

- 目次 10 -

第4	予納の時期	154
第5	予納額	154
第5節	予納命令	155
第6節	予納の実施等	155
第3章	**予納義務の懈怠**	**156**
第1節	総論	156
第2節	予納義務懈怠の効果	156
第1	予納義務懈怠の効果が発生する場合	156
第2	積極的効果	156
第3	手続規定における措置	156
第4	国庫立替えができる場合	157
第4章	**郵便切手による予納**	**158**
第1節	総論	158
第2節	郵便物の料金に充てるための費用	158
第3節	郵便切手の還付時期	158
第4節	現金予納	159
第1	納付方法	159
第2	現金予納のメリット	160
第5章	**国庫負担となる費用**	**161**
第1節	総論	161
第2節	国庫負担となる費用の具体例	161
第1	性質上国庫負担であるもの	161
第2	通知，回答等の先例により国庫負担と考えられているもの	161
第6章	**保管金の受入れと払出し**	**163**
第1節	概説	164
第2節	予納金（保管金）の受入手続	165
第1	保管金提出書の作成	165
第2	予納手続	167
1	現金納付	167
⑴	現金納付	167
⑵	当座納付（預金口座納付）	167
2	日銀納付	170
3	国庫内移換の手続による納付	170
4	電子納付	170
第3	保管替えによる受入れ	173
第4	事前還付請求	173
第5	保管金等の受入通知	173
第3節	予納金（保管金）の払出手続	173
第1	証人等に対する給付手続	173
第2	歳入組入れの手続	174

第3	保管替えの手続	176
第4	還付手続	176
1	保管金の払出手続	176
2	提出者への通知	176
(1)	提出者が事前還付請求をしている場合	176
(2)	提出者が事前還付請求をしていない場合	176
第5	期満失効	176

第4編　訴訟上の救助

第1章	総論	178
第1節	訴訟救助の意義	178
第2節	沿革及び制度趣旨	178
第1	最初の訴訟救助の制度	178
第2	旧々民訴法の規定	178
第3	旧民訴法の規定	179
第4	我が国における訴訟救助の制度	179
第3節	現行民訴法における改正点	180
第1	「弁護士費用等の訴訟の準備および追行に必要な費用」の考慮	180
第2	訴訟救助の対象者の拡大	180
第4節	法律扶助制度	180
第1	訴訟救助との関係	180
第2	法律扶助事業の拡充	181
第3	法律扶助の内容	181
第2章	申立てと裁判	182
第1節	申立て	182
第1	申立人	182
第2	申立ての方式	182
1	申立てと立件	182
2	申立書	182
3	書類の編てつ	182
第3	管轄裁判所	183
1	訴訟手続	183
2	その他の手続	183
第4	訴訟救助の申立てと本案	184
1	補正命令との関係	184
2	本案審理との関係	184
第2節	救助の要件	186
第1	資力要件	186
第2	資力要件の考慮要素	186

- 目次 12 -

1	考慮要素		186
2	各要素の考え方，裁判例の状況		186
	⑴	人的範囲	187
	⑵	物的範囲	189
	⑶	生活水準	191
	⑷	相手方の資力との格差	192
	⑸	勝訴の蓋然性	192
	⑹	訴訟の性格	192

第3　勝訴の見込みに関する要件 193

第4　勝訴の見込みに関する考慮要素 193

1　「勝訴の見込みがないとはいえないとき」の考え方 193

　⑴　勝訴の見込みがないとはいえないとき 193

　⑵　勝訴の見込みが否定される場合 194

2　上訴審における勝訴の見込みに関する考え方 194

　⑴　控訴審 194

　⑵　上告審 195

3　当事者双方から訴訟救助申立てがされた場合の対応 195

第3節　審理手続 195

第1　進行方針の共有 195

第2　申立書の確認 195

第3　疎明資料の確認 196

1　疎明方法 196

2　資力要件の疎明資料 196

　⑴　収入に関するもの 196

　⑵　資産に関するもの 196

　⑶　公的扶助に関するもの 196

　⑷　生活の実情に関するもの 196

　⑸　その他 197

　⑹　交通事故の場合 197

　⑺　法人などが申立人の場合 197

　　【アンケート調査の結果について】 198

3　勝訴の見込みに関する疎明資料 199

第4　十分な疎明資料の提出がない場合の取扱い 199

1　職権による調査嘱託 200

2　相手方への意見聴取 200

3　当事者の審尋 200

第4節　裁判及び告知 200

第5節　決定後の事務 202

第1　救助付与に伴う国庫立替手続 202

第2　申立却下と手数料納付命令（任意納付の促し） 202

- 目次 13 -

第3章　一部救助·······························203
第1節　一部救助の可否·······················203
第1　意義·······························203
第2　一部救助の可否·······················203
第2節　一部救助の態様·······················203
第1　手続費用の一部についての救助············203
第2　請求の客観的併合の一部救助··············204
第3　訴額の数量的一部についての救助···········204
第3節　一部救助の裁判·······················204
第4節　金銭債権の数量的一部救助決定と補正命令·····204
第4章　救助の効力·····························206
第1節　効力発生時期·························206
第1　救助付与決定の効力発生時期··············206
第2　効力発生の基準時（効力遡及の有無）········206
第2節　物的範囲···························206
第1　裁判費用の支払猶予···················206
第2　執行官の手数料等の支払猶予··············207
第3　付添弁護士の報酬・費用の支払猶予··········207
第4　訴訟費用の担保の免除··················207
第3節　事件の範囲·························208
第1　審級別付与·························208
第2　救助の効力の及ぶ事件の範囲··············208
　1　訴えの変更，反訴····················208
　2　訴訟参加に対する応訴·················209
　3　移送·····························209
　4　手形小切手訴訟·····················209
　5　支払督促に対する異議·················209
　6　強制執行·························210
　7　仮差押え，仮処分···················210
　8　附帯上訴，双方上訴··················210
　9　抗告·····························211
　10　取消差戻し，破棄差戻し，破棄移送·········211
第4節　人的範囲···························211
第1　一身専属性·························211
第2　承継人が無資力の場合··················212
第3　承継人に対する猶予費用の支払を命ずる裁判·····213
　1　総論·····························213
　　⑴　承継人の資力····················214
　　⑵　前提としての取消決定の要否············214
　　⑶　再承継など····················214

－ 目次 14 －

2	裁判及び告知	215
3	決定に対する不服申立て	215
4	被承継人の訴訟行為の効力	215

第5章 不服申立て ····· 217

第1節 不服申立方法 ····· 217

第2節 救助付与決定に対する相手方の不服申立て ····· 217

第3節 救助申立却下決定に対する不服申立て ····· 217

第5編 国庫立替え及び立替費用の取立て

第1章 総論 ····· 219

第2章 国庫立替え ····· 220

第1節 立替事由 ····· 220

第1 訴訟救助による国庫立替え ····· 220

第2 通達に基づくもの（迅速処理通達による国庫立替え） ····· 220

第2節 国庫立替手続 ····· 221

第1 訴訟救助による国庫立替え ····· 221

　1 金銭で支払う場合 ····· 221

　　⑴ 手続 ····· 221

　　⑵ 会計課との連携 ····· 221

　2 郵便切手等で支払う場合 ····· 221

　3 事件記録への記載 ····· 222

第2 迅速処理通達による国庫立替え ····· 222

　1 金銭で支払う場合 ····· 222

　2 郵便切手等で支払う場合 ····· 222

　3 事件記録への記載 ····· 222

第3章 立替費用の取立て ····· 225

第1節 根拠 ····· 225

第1 訴訟救助により支払を猶予された裁判費用の取立て ····· 225

第2 迅速処理通達による立替費用の取立て ····· 225

第2節 迅速処理通達による立替費用の取立手続 ····· 225

第1 決定等 ····· 225

　1 民訴費用法11条2項の納付義務者 ····· 225

　2 裁判等により費用を負担することとされた者 ····· 226

第2 債権発生通知 ····· 226

第3 立替支出をした費用が少額の場合 ····· 226

第4章 債権管理事務 ····· 227

第1節 債権管理事務と書記官事務 ····· 227

第1 会計部門との連携の必要性 ····· 227

第2 訴訟救助により裁判費用の支払を猶予した事件の進行管理 ····· 227

第2節	債権徴収手続	228
第1	債権徴収手続の概略	228
第2	書記官事務と徴収事務の連携	231
第3節	債権発生通知	231
第1	根拠	231
第2	債権発生通知の事務	231
1	債権発生通知を行う時期	231
2	債権発生通知書の作成と送付	232
3	債権発生通知書作成の際の留意点	232
4	債権発生通知の内容に変更を生じた場合	234
第4節	立替費用の納付	234
第1	納付方法	234
1	納入告知書に基づく納付	234
2	収入印紙による納付	234
第2	納付手続	235
1	支払決定又は取立決定後の任意納付	235
2	支払決定又は取立決定前の任意納付	235
第5節	国が費用負担者の場合の処理	235
第5章	**訴訟救助により支払を猶予された費用の取立て**	**238**
第1節	総論	238
第1	取立ての必要性	238
第2	取立ての根拠と書記官事務	238
第2節	訴訟救助の決定の取消しと支払を命じる裁判	239
第1	取消事由	239
第2	取消事由についての調査（資力回復調査）	239
第3	取消しの手続	240
1	申立人	240
2	申立てと立件	240
3	管轄裁判所	240
4	裁判及び告知	240
5	不服申立て	241
第4	取消決定の効果	241
第5	訴訟完結後に受救助者に対し支払決定をする場合の訴訟救助の取消しの要否	241
1	問題の背景	241
2	書記官が行う取立事務との関連及び裁判官との進行方針の共有	242
3	訴訟救助の取消しの要否の検討（訴訟の完結事由別の整理）	242
⑴	受救助者全部敗訴の判決が確定し，受救助者が訴訟費用を全部負担することとなったとき	242
⑵	受救助者による訴え取下げにより訴訟が完結した場合	243
⑶	受救助者の請求の放棄又は認諾により訴訟が完結した場合	244

⑷ 受救助者一部敗訴，訴訟費用の一部が受救助者負担である場合······················· 244
⑸ 訴訟上の和解により受救助者が訴訟費用の全部又は一部を負担することとなった
場合·· 244
第6 猶予費用の支払を命じる裁判（支払決定）··· 245
1 総論·· 245
2 裁判及び告知·· 245
3 不服申立て·· 245
第3節 相手方からの取立て··· 246
第1 根拠··· 246
第2 裁判及び告知·· 247
第3 不服申立て··· 247
第4節 取立ての手続··· 248
第1 取立ての時期·· 248
第2 訴訟進行中の取立て·· 248
1 訴訟救助の取消しによる受救助者からの取立て··· 248
2 受救助者に訴訟承継が生じたときの承継人からの取立て·································· 250
第3 訴訟完結後の取立て·· 250
1 総論·· 250
2 取立ての対象者の検討·· 253
⑴ 訴訟費用の負担者が国とされた場合·· 253
⑵ 受救助者勝訴の確定判決又は訴訟上の和解等により，相手方が訴訟費用を全部負
担することになった場合·· 253
⑶ 受救助者複数又は相手方複数の場合の支払決定又は取立決定························· 253
⑷ 受救助者一部勝訴の確定判決等により，訴訟費用が案分負担とされた場合······ 256
3 任意納付催告と資力回復調査·· 258
⑴ 意義·· 258
⑵ 任意納付催告及び資力回復調査の方法·· 259
⑶ 時期·· 259
⑷ 実務上の諸問題·· 259
4 任意納付手続··· 260
5 資力回復調査に回答がないときの処理·· 260
6 決定手続·· 261
⑴ 決定及び告知··· 261
⑵ 債権発生通知··· 261
7 資力未回復の場合（継続的な記録の管理）·· 261
第5節 付添弁護士の報酬及び費用の取立て··· 262
第1 訴訟進行中の取立て·· 262
第2 訴訟完結後の取立て·· 262
1 相手方からの取立て·· 262
2 受救助者からの取立て·· 263

- 目次 17 -

| 第3　取立て不能の場合 | 263 |
| 第6節　執行官の手数料及び職務の執行に要する費用の取立て | 263 |

第6編　訴訟費用の担保

第1章　総論 ……………………………………………………………………… 265
第1節　意義 ……………………………………………………………………… 265
第2節　担保を提供すべき場合 ………………………………………………… 265
　第1　担保提供義務者 ………………………………………………………… 265
　第2　被告の申立て …………………………………………………………… 266
第3節　担保を提供する必要がない場合 ……………………………………… 266
　第1　金銭の支払の請求の一部について争いがない場合において，その額が担保として十
　　　分であるとき（民訴法75Ⅱ） ………………………………………… 266
　第2　訴訟上の救助を受けたとき …………………………………………… 267
　第3　条約による担保提供義務の例外 ……………………………………… 267
第2章　担保提供命令の申立て ……………………………………………… 268
第1節　応訴と申立権の喪失 …………………………………………………… 268
第2節　被告の応訴拒絶権 ……………………………………………………… 268
　第1　総論 ……………………………………………………………………… 268
　第2　担保提供命令申立却下決定と即時抗告 ……………………………… 269
第3節　申立手続 ………………………………………………………………… 269
　第1　申立権者 ………………………………………………………………… 269
　第2　申立ての時期 …………………………………………………………… 269
　第3　申立ての方式 …………………………………………………………… 269
第3章　申立てに対する裁判 ………………………………………………… 272
第1節　審理 ……………………………………………………………………… 272
第2節　裁判 ……………………………………………………………………… 272
　第1　担保提供命令 …………………………………………………………… 272
　第2　担保額 …………………………………………………………………… 272
　第3　担保提供の期間 ………………………………………………………… 273
　第4　不服申立て ……………………………………………………………… 274
第3節　担保不提供の効果 ……………………………………………………… 274
第4章　担保提供の手続 ……………………………………………………… 276
第1節　担保提供の方法 ………………………………………………………… 276
　第1　金銭又は裁判所が相当と認める有価証券を供託する方法 ………… 276
　第2　支払保証委託契約（ボンド）を締結する方法 ……………………… 276
　第3　振替国債の担保権設定 ………………………………………………… 276
　第4　当事者の特別の契約による方法 ……………………………………… 277
第2節　供託場所 ………………………………………………………………… 277
第3節　担保提供の事実の証明方法 …………………………………………… 277

－ 目次 18 －

第1	金銭又は有価証券による供託の場合	277
第2	支払保証委託契約の方法による場合	277
第3	振替国債への担保権設定による場合	278
第4	当事者の特別の契約による場合	278
第4節	担保提供の効果	278

第7編　手数料の納付と還付

第1章　総論		279
第1節	「手数料」の意義と性質	279
第2節	沿革	279
第1	民訴費用法制定前までと民訴費用法の制定	279
第2	その後の改正	280
第2章　手数料の納付		281
第1節	総論	281
第1	手数料の納付を要する申立てと手数料の種類	281
1	手数料の納付を要する申立て	281
2	手数料の種類	281
⑴	申立手数料	281
⑵	行為手数料	281
第2	納付義務の発生と確定	281
1	別表第1の上欄に掲げる申立て等についての手数料	281
2	別表第2の上欄に掲げる事項についての手数料	282
第3	手数料の額の定め方	282
1	別表第1の上欄に掲げる申立て等についての手数料	282
2	別表第2の上欄に掲げる事項についての手数料	282
第4	手数料の要否，額を決定する機関	282
1	別表第1の上欄に掲げる申立て等についての手数料	282
2	別表第2の上欄に掲げる事項についての手数料	282
第5	納付義務者	283
第6	納付方法	283
1	収入印紙を貼付する方法による納付	283
2	高額手数料の現金納付	283
第2節	手数料の額の算出	284
第1	訴え提起の手数料（民訴費用法3条2項の場合）	284
1	訴え提起前の和解又は支払督促から訴訟手続へ移行した場合の手数料（民訴費用法3条2項1号）	284
2	労働審判手続から訴訟手続へ移行した場合の手数料（民訴費用法3条2項2号）	284
3	簡易確定手続から訴訟手続へ移行した場合の手数料（民訴費用法3条2項3号）	285
第2	訴え提起の手数料（民訴費用法5条の場合）	285

1　手形・小切手訴訟経由の通常の訴え提起手数料（民訴費用法5条1項）・・・・・・・・・・・・ 285

　　　2　調停手続経由の通常の訴え提起手数料（民訴費用法5条1項）・・・・・・・・・・・・・・・・・・・・・ 285

　　第3　別表第1の16の項，17の項に定める手数料・・・・・・・・・・・・・・・・・・・・・・・・・・・・・・・・・・・ 286

　　　1　別表第1の16の項の手数料（基本となる手続が開始される申立ての手数料）・・・・・・ 286

　　　2　別表第1の17の項の手数料（中間的，付随的手続に係る申立ての手数料）・・・・・・・ 287

　　第4　別表第2に定める手数料・・・ 288

　　　1　総論・・・ 288

　　　2　事件記録の閲覧，謄写又は複製の手数料（別表第2の1の項）・・・・・・・・・・・・・・・・・ 289

　　　　⑴　「記録」とは・・ 289

　　　　⑵　手数料を要しない場合・・ 289

　　　　⑶　手数料の算出等・・ 289

　　　3　事件記録の正本，謄本又は抄本交付の手数料（別表第2の2の項）・・・・・・・・・・・・・ 290

　　　　⑴　「記録」とは・・ 290

　　　　⑵　手数料の算出等・・ 290

　　　　⑶　送達申請・・・ 290

　　　4　事件に関する事項の証明書の交付の手数料（別表第2の3の項）・・・・・・・・・・・・・・・ 291

　　　　⑴　「事件に関する事項の証明書」とは・・・・・・・・・・・・・・・・・・・・・・・・・・・・・・・・・・・・・ 291

　　　　⑵　手数料の算出等・・ 291

　　　5　執行文の付与の手数料（別表第2の4の項）・・・・・・・・・・・・・・・・・・・・・・・・・・・・・・・・・・ 291

　　　　⑴　手数料の算出等・・ 291

　　　　⑵　「付与」の処分と手数料の関係等・・・・・・・・・・・・・・・・・・・・・・・・・・・・・・・・・・・・・・・ 292

　第3節　手数料の未納又は不足する申立て・・・ 292

　　第1　総論・・・ 292

　　第2　訴訟法上の効果・・ 292

　　第3　却下の裁判・・ 293

　　　1　補正命令が必要的な場合・・ 293

　　　2　補正命令が必要的でない場合・・ 293

　　　3　任意の補正の促し・・ 293

　　第4　補正（追納）の時期とその効果・・・ 294

　　第5　不服の申立て・・・ 294

第3章　手数料の還付・・・ 295

　第1節　総論・・ 295

　第2節　過納手数料の還付・・・ 296

　　第1　還付事由・・ 296

　　第2　還付金額・・ 296

　第3節　申立却下又は取下げによる還付・・・ 296

　　第1　還付事由・・ 296

　　　1　訴訟事件における還付事由・・ 296

　　　　⑴　訴え，控訴の提起，参加の申出（民訴費用法9条3項1号）・・・・・・・・・・・・・・・・ 296

　　　　⑵　上告又は上告受理申立て（民訴費用法9条3項5号）・・・・・・・・・・・・・・・・・・・・・・・ 298

－ 目次20 －

2　支払督促における還付事由（民訴費用法9条5項）……………………… 301
第2　還付金額…………………………………………………………………………… 301
　　1　基本となる算出方法…………………………………………………………… 301
　　　⑴　原則…………………………………………………………………………… 301
　　　⑵　例外…………………………………………………………………………… 301
　　2　手数料の納付時に手数料の減額がされている場合……………………………… 303
　　　⑴　訴え提起前の和解，支払督促，労働審判手続及び簡易確定手続から訴訟手続に移
　　　　行した場合…………………………………………………………………… 303
　　　⑵　調停経由による訴え提起の場合……………………………………………… 305
　　3　併合請求の一部について還付事由が発生した場合…………………………… 307
　　　⑴　併合請求相互間の経済的利益が別個独立であり訴額の合算が行われた場合…… 308
　　　⑵　併合請求相互間に経済的利益共通の関係があるため，請求価額の合算が行われな
　　　　かった場合（いわゆる吸収関係にある場合）……………………………… 310
第4節　還付方法………………………………………………………………………… 313
　第1　原則………………………………………………………………………………… 313
　第2　例外………………………………………………………………………………… 313
第5節　還付決定等手続………………………………………………………………… 313
　第1　申立て……………………………………………………………………………… 313
　第2　申立権者…………………………………………………………………………… 313
　第3　申立期間…………………………………………………………………………… 313
　第4　管轄又は申立先…………………………………………………………………… 313
　第5　申立ての方式……………………………………………………………………… 314
　第6　申立代理権………………………………………………………………………… 314
　第7　受付………………………………………………………………………………… 314
　第8　裁判又は処分……………………………………………………………………… 314
　　1　裁判所の還付決定（民訴費用法9Ⅰ，Ⅲ）………………………………… 314
　　2　書記官の行う還付処分（民訴費用法9Ⅱ，Ⅴ）…………………………… 315
　第9　告知………………………………………………………………………………… 316
　第10　不服申立て………………………………………………………………………… 316
　　1　裁判所の還付決定に対する不服申立て……………………………………… 316
　　2　書記官の還付処分に対する不服申立て……………………………………… 316
　第11　支払手続 ………………………………………………………………………… 317
　　1　支払請求手続…………………………………………………………………… 317
　　2　支払後の手続…………………………………………………………………… 317
　第12　収入印紙の再使用証明（民訴費用法10）……………………………………… 317
　　1　申出と裁判（又は処分）手続………………………………………………… 317
　　2　再使用証明の手続……………………………………………………………… 317
　　3　再使用証明付収入印紙の使用………………………………………………… 318
　第13　再使用証明付収入印紙についての現金還付（民訴費用法10Ⅱ）…………… 318

－ 目次21 －

第8編　証人等に対する給付

第1章　総論…………………………………………………………………………… 323

　第1節　概説……………………………………………………………………………… 323

　第2節　給付の原則……………………………………………………………………… 324

　　第1　給付を受ける者の範囲………………………………………………………… 324

　　第2　支給基準，給付の種目・額についての定め………………………………… 324

　　第3　経済性の原則…………………………………………………………………… 324

　　第4　資料の提出……………………………………………………………………… 324

　　第5　請求の期限……………………………………………………………………… 324

　　第6　給付に関する裁判官の権限…………………………………………………… 325

第2章　証人等に対する給付の支給基準，給付の種目及び額……………………… 326

　第1節　証人に対する給付……………………………………………………………… 326

　　第1　旅費……………………………………………………………………………… 326

　　　1　旅費の種類と支給要件………………………………………………………… 326

　　　2　計算方法………………………………………………………………………… 326

　　　　⑴　鉄道賃及び船賃……………………………………………………………… 326

　　　　⑵　路程賃………………………………………………………………………… 327

　　　　⑶　航空賃………………………………………………………………………… 327

　　第2　日当……………………………………………………………………………… 327

　　第3　宿泊料…………………………………………………………………………… 328

　　第4　本邦と外国との間の旅行に係る旅費等……………………………………… 328

　　第5　旅費等の支給ができない場合………………………………………………… 329

　第2節　鑑定人に対する給付…………………………………………………………… 329

　第3節　通訳人に対する給付…………………………………………………………… 330

　第4節　説明者等に対する給付………………………………………………………… 331

　第5節　調査嘱託に基づき調査をした団体等に対する給付………………………… 331

　第6節　訴訟法上の特別代理人に対する給付………………………………………… 332

　第7節　訴え提起前の証拠収集の処分としての送付嘱託に基づき文書を送付した所持者に対

　　する給付……………………………………………………………………………… 332

　第8節　執行官に対する給付…………………………………………………………… 332

　　第1　文書の送達の手数料及び費用………………………………………………… 333

　　　1　手数料…………………………………………………………………………… 333

　　　2　費用……………………………………………………………………………… 333

　　第2　訴え提起前の証拠収集の処分としての現況調査の手数料及び費用……… 333

　　　1　手数料…………………………………………………………………………… 333

　　　2　費用……………………………………………………………………………… 333

　第9節　日本郵便株式会社等に対する給付…………………………………………… 334

第3章　支給手続……………………………………………………………………… 335

　第1節　請求手続………………………………………………………………………… 335

第2節　支給決定……………………………………………………………………………… 335

第3節　保管金の払出通知…………………………………………………………………… 335

第4章　証人等に対する給付の概算払……………………………………………………… 339

第1節　総論…………………………………………………………………………………… 339

第1　制度趣旨……………………………………………………………………………… 339

第2　関連通達……………………………………………………………………………… 339

第3　事務処理の体系……………………………………………………………………… 339

第2節　証人，鑑定人及び通訳人の旅費等の概算払…………………………………… 339

第1　保管金からの概算払………………………………………………………………… 339

1　概算支払の事務……………………………………………………………………… 339

⑴　概算払の事由の有無の判断…………………………………………………… 339

⑵　呼出手続に伴う事務…………………………………………………………… 340

⑶　概算請求書受領後の事務……………………………………………………… 340

2　精算に関する事務…………………………………………………………………… 340

⑴　精算の必要性…………………………………………………………………… 340

⑵　精算手続………………………………………………………………………… 340

3　返納に関する事務…………………………………………………………………… 341

⑴　返納義務………………………………………………………………………… 341

⑵　返納手続………………………………………………………………………… 342

第2　歳出金からの概算払………………………………………………………………… 342

第3節　鑑定，通訳，調査嘱託（民訴法186），鑑定嘱託（民訴法218Ⅰ）及び専門的な知識

経験に基づく意見陳述の嘱託（民訴法132の4Ⅰ③）の場合に要する費用の概算払… 342

第1　保管金からの概算払………………………………………………………………… 342

1　概算払の事由………………………………………………………………………… 342

2　手続…………………………………………………………………………………… 342

第2　訴訟上の救助の場合の鑑定に必要な費用の概算払……………………………… 343

1　概算払の事由………………………………………………………………………… 343

2　手続…………………………………………………………………………………… 343

第5章　歳入組入れ…………………………………………………………………………… 344

第1節　概説…………………………………………………………………………………… 344

第2節　手続…………………………………………………………………………………… 344

第9編　家事事件の費用

第1章　総論…………………………………………………………………………………… 346

第1節　概説…………………………………………………………………………………… 346

第1　家事事件の費用とは………………………………………………………………… 346

第2　家事法による民訴法の規定の準用………………………………………………… 346

第3　家事事件の費用に関する書記官事務と本編の記載について…………………… 346

第2節　家事法における手続費用についての定め……………………………………… 347

- 目次23 -

第1　手続費用の負担の原則及び手続費用の負担の裁判……………………………… 347
　　1　手続費用の負担の原則…………………………………………………………… 348
　　⑴　各自負担の原則（家事法28Ⅰ）………………………………………………… 348
　　⑵　各自負担の原則の例外（家事法28Ⅱ）………………………………………… 348
　　⑶　検察官が負担すべき手続費用の国庫負担（家事法28Ⅲ）…………………… 349
　　2　手続費用の負担の裁判…………………………………………………………… 349
　　⑴　手続費用の負担の裁判の必要性等……………………………………………… 349
　　⑵　手続費用の負担の裁判の規律…………………………………………………… 350
　　⑶　家事調停事件が成立した場合の費用負担（家事法29Ⅲ）…………………… 351
　　⑷　訴訟事件について，受訴裁判所が家事法257条2項又は同法274条1項によって
　　　　家事調停に付し調停が成立した場合の訴訟費用の負担（家事法29Ⅳ）……… 351
　　3　家事事件が裁判及び調停の成立によらないで完結した場合の費用負担（家事法31Ⅰ，
　　　民訴法73Ⅰ）……………………………………………………………………… 351
　　4　法定代理人等の費用償還等（家事法31Ⅰ，民訴法69，70）………………… 352
　　5　証人，鑑定人に対する手続費用の負担の裁判（家事法64Ⅰ，民訴法192Ⅰ，200，206，
　　　215の4，216）…………………………………………………………………… 352
　　6　当事者に対する手続費用の負担の裁判（家事法64Ⅵ，民訴法192Ⅰ）…… 352
第2　手続費用に関する民事訴訟法の準用……………………………………………… 353
第3　手数料以外の費用の国庫立替え（家事法30）…………………………………… 353
第4　手続費用額確定処分（家事法31Ⅰ，民訴法71）……………………………… 353
第5　手続上の救助（家事法32）………………………………………………………… 354
第3節　家事事件の手続と費用に関する書記官事務…………………………………… 354
第1　家事事件の性質に由来するもの…………………………………………………… 354
　　1　職権探知主義（家事法56）……………………………………………………… 354
　　2　本人出頭主義（家事法51）……………………………………………………… 355
　　3　相手方のいない事件があること等……………………………………………… 355
第2　異なる制度の存在…………………………………………………………………… 355
第3　公的機関への通知等………………………………………………………………… 355
第4　当事者以外の裁判（審判）を受ける者の存在…………………………………… 356
第2章　家事事件の費用…………………………………………………………………… 357
第1節　家事事件における費用の範囲と額……………………………………………… 357
第1　当事者等の旅費，日当及び宿泊料（民訴費用法2④）………………………… 357
　　1　当事者等………………………………………………………………………… 357
　　⑴　家事事件における当事者等……………………………………………………… 357
　　⑵　法定代理人，代表者又はこれらに準ずる者…………………………………… 358
　　2　期日……………………………………………………………………………… 358
　　3　期日における出頭の有無の確認………………………………………………… 358
　　4　旅費，日当及び宿泊料の額……………………………………………………… 359
第2　代理人の旅費，日当及び宿泊料（民訴費用法2⑤）…………………………… 359
　　1　家事事件における代理人………………………………………………………… 359

－ 目次24 －

2　代理人が二人以上期日に出頭した場合‥‥‥‥‥‥‥‥‥‥‥‥‥‥‥‥‥　359
　　3　代理人が当事者等とともに期日に出頭した場合‥‥‥‥‥‥‥‥‥‥‥‥　359
　　4　旅費，日当及び宿泊料の額‥‥‥‥‥‥‥‥‥‥‥‥‥‥‥‥‥‥‥‥‥　360
　第3　書類の作成及び提出費用（民訴費用法2⑥）‥‥‥‥‥‥‥‥‥‥‥‥‥‥　360
　　1　家事事件における算定の対象と額‥‥‥‥‥‥‥‥‥‥‥‥‥‥‥‥‥‥　360
　　　⑴　基本事件‥‥‥‥‥‥‥‥‥‥‥‥‥‥‥‥‥‥‥‥‥‥‥‥‥‥‥‥　360
　　　⑵　附随事件‥‥‥‥‥‥‥‥‥‥‥‥‥‥‥‥‥‥‥‥‥‥‥‥‥‥‥‥　361
　　2　「書類」について‥‥‥‥‥‥‥‥‥‥‥‥‥‥‥‥‥‥‥‥‥‥‥‥‥‥　361
　　3　家事事件における「資料性」について‥‥‥‥‥‥‥‥‥‥‥‥‥‥‥‥　361
　　　⑴　「資料性」について‥‥‥‥‥‥‥‥‥‥‥‥‥‥‥‥‥‥‥‥‥‥‥　362
　　　⑵　家事事件において「資料性」を検討することの必要性‥‥‥‥‥‥‥‥　362
　　4　家事事件における「事件1件」について‥‥‥‥‥‥‥‥‥‥‥‥‥‥‥　362
　第4　官庁等から書類の交付を受けるために要する費用（民訴費用法2⑦）‥‥‥‥　363
　第5　裁判所が選任した手続代理人等の報酬（民訴費用法2⑩）‥‥‥‥‥‥‥‥　364
第2節　手数料の納付と還付‥‥‥‥‥‥‥‥‥‥‥‥‥‥‥‥‥‥‥‥‥‥‥‥‥　364
　第1　手数料の納付‥‥‥‥‥‥‥‥‥‥‥‥‥‥‥‥‥‥‥‥‥‥‥‥‥‥‥‥　364
　　1　手数料の納付‥‥‥‥‥‥‥‥‥‥‥‥‥‥‥‥‥‥‥‥‥‥‥‥‥‥‥　364
　　　⑴　申立手数料（民訴費用法別表第1に定める手数料）‥‥‥‥‥‥‥‥‥　364
　　　⑵　閲覧，謄写等の手数料（民訴費用法別表第2に定める手数料）‥‥‥‥　365
　　2　手数料未納の申立て‥‥‥‥‥‥‥‥‥‥‥‥‥‥‥‥‥‥‥‥‥‥‥‥　368
　第2　手数料の還付‥‥‥‥‥‥‥‥‥‥‥‥‥‥‥‥‥‥‥‥‥‥‥‥‥‥‥‥　368
第3節　裁判所に納める手数料以外の費用の納付及び予納と国庫立替え‥‥‥‥‥‥　368
　第1　総論‥‥‥‥‥‥‥‥‥‥‥‥‥‥‥‥‥‥‥‥‥‥‥‥‥‥‥‥‥‥‥‥　368
　第2　家事事件における手数料以外の費用‥‥‥‥‥‥‥‥‥‥‥‥‥‥‥‥‥‥　368
　　1　当事者負担の費用‥‥‥‥‥‥‥‥‥‥‥‥‥‥‥‥‥‥‥‥‥‥‥‥‥　368
　　2　国庫負担となる費用‥‥‥‥‥‥‥‥‥‥‥‥‥‥‥‥‥‥‥‥‥‥‥‥　371
　　　⑴　性質上国庫負担であるもの‥‥‥‥‥‥‥‥‥‥‥‥‥‥‥‥‥‥‥‥　371
　　　⑵　先例等により国庫負担であると考えられている主なもの‥‥‥‥‥‥‥　371
　　　⑶　アンケート結果‥‥‥‥‥‥‥‥‥‥‥‥‥‥‥‥‥‥‥‥‥‥‥‥‥　373
　第3　予納義務の懈怠‥‥‥‥‥‥‥‥‥‥‥‥‥‥‥‥‥‥‥‥‥‥‥‥‥‥‥　373
　第4　家事事件における国庫立替え‥‥‥‥‥‥‥‥‥‥‥‥‥‥‥‥‥‥‥‥‥　374
　　1　立替事由‥‥‥‥‥‥‥‥‥‥‥‥‥‥‥‥‥‥‥‥‥‥‥‥‥‥‥‥‥　374
　　　⑴　手続上の救助（家事法32）による国庫立替え‥‥‥‥‥‥‥‥‥‥‥‥　374
　　　⑵　家事法30条に基づく国庫立替え‥‥‥‥‥‥‥‥‥‥‥‥‥‥‥‥‥　374
　　2　国庫立替えの判断‥‥‥‥‥‥‥‥‥‥‥‥‥‥‥‥‥‥‥‥‥‥‥‥‥　375
　　3　国庫立替えの手続‥‥‥‥‥‥‥‥‥‥‥‥‥‥‥‥‥‥‥‥‥‥‥‥‥　375
　　4　国庫立替えした費用の取立て‥‥‥‥‥‥‥‥‥‥‥‥‥‥‥‥‥‥‥‥　375
第4節　職権でする行為に係る費用について‥‥‥‥‥‥‥‥‥‥‥‥‥‥‥‥‥‥　376
第3章　手続上の救助‥‥‥‥‥‥‥‥‥‥‥‥‥‥‥‥‥‥‥‥‥‥‥‥‥‥‥　377
第1節　総論‥‥‥‥‥‥‥‥‥‥‥‥‥‥‥‥‥‥‥‥‥‥‥‥‥‥‥‥‥‥‥‥　377

－ 目次 25 －

第1	趣旨…………………………………………………………………………	377
第2	民訴法の準用等………………………………………………………………	377
第3	手続費用の国庫立替え（家事法30）と手続救助との関係………………	377

第2節 申立てと裁判……………………………………………………………………… 378

第1	当事者等に対する手続説明…………………………………………………	378
第2	申立て…………………………………………………………………………	378
1	申立人………………………………………………………………………	379
2	申立ての方式………………………………………………………………	379
⑴	申立てと立件……………………………………………………………	379
⑵	申立書……………………………………………………………………	379
⑶	書類の編てつ……………………………………………………………	379
3	管轄裁判所…………………………………………………………………	379
4	手続救助の申立てと本案…………………………………………………	380
⑴	補正命令との関係………………………………………………………	380
⑵	本案審理との関係………………………………………………………	380
第3	手続救助の要件と疎明………………………………………………………	380
1	手続救助の要件……………………………………………………………	380
⑴	資力要件（家事法32Ⅰ本文）…………………………………………	380
⑵	不当な目的で申立てその他の手続行為をしていることが明らかとはいえないこと	
	（家事法32Ⅰただし書）………………………………………………	380
2	疎明…………………………………………………………………………	381
第4	審理方法………………………………………………………………………	381
第5	裁判及び告知…………………………………………………………………	381
1	裁判…………………………………………………………………………	381
2	告知…………………………………………………………………………	381
第6	不服申立て……………………………………………………………………	382

第3節 手続救助の効力…………………………………………………………………… 382

第1	効力の発生時期と遡及効の有無……………………………………………	382
1	効力の発生時期……………………………………………………………	382
2	遡及効の有無………………………………………………………………	383
第2	物的範囲………………………………………………………………………	383
第3	事件の範囲……………………………………………………………………	383
1	審級別付与…………………………………………………………………	383
2	救助の効力の及ぶ事件の範囲……………………………………………	384
⑴	申立ての変更（家事法50）……………………………………………	384
⑵	当事者参加（家事法41）又は利害関係参加（家事法42）のあった場合………	384
⑶	審判前の保全処分（家事法105）……………………………………	384
⑷	審判移行及び付調停……………………………………………………	385
第4	人的範囲（一身専属性）……………………………………………………	385

第4節 手続救助の付与決定の取消しと猶予費用の支払を命じる裁判………………… 386

- 目次26 -

第1	概説	………	386
第2	取消しの手続	………	386
1	申立人	………	386
2	申立てと立件	………	386
3	管轄裁判所	………	386
4	裁判及び告知	………	387
5	不服申立て	………	387
第3	猶予費用の支払を命じる裁判	………	387
第4	家事手続終了後に受救助者に対し支払決定をする場合の手続救助の取消しの要否	………	387
第5節	猶予された費用等の費用負担者からの取立て	………	388
第1	概説	………	388
第2	裁判及び告知	………	388
第6節	実務の状況	………	390
第1	申立件数	………	390
第2	アンケート結果	………	390
第4章	**手続費用額確定処分**	………	**391**
第1節	総論	………	391
第1	概要	………	391
第2	訴訟費用額確定処分との実質的な相違点	………	391
第2節	申立て	………	391
第1	申立先及び方式	………	391
第2	当事者	………	392
1	申立人	………	392
2	相手方	………	392
3	費用償還請求権者又は義務者の承継人	………	392
第3	申立ての時期	………	392
1	始期	………	392
2	終期	………	393
第4	受付及び記録の編てつ	………	393
第5	申立書及び費用計算書の直送	………	393
第3節	審理手続	………	393
第1	申立要件の審査	………	393
第2	相手方に対する催告	………	394
第3	審理	………	394
1	概説	………	394
2	費用不可分の原則	………	394
3	関連手続の範囲	………	395
4	手続費用の種目と額	………	395
第4	費用額の計算についての原則	………	395
第5	手続費用の負担の額を定める書記官の処分	………	395

第6	不服申立て………………………………………………………………………	395
1	異議申立て………………………………………………………………………	395
2	異議申立てに対する裁判………………………………………………………	395
3	異議の裁判に対する即時抗告…………………………………………………	396
第7	更正処分…………………………………………………………………………	396
第4節	費用償還額の算出順序…………………………………………………………	396
第5節	実務の状況………………………………………………………………………	396
第1	申立て等の状況…………………………………………………………………	396
第2	費用負担の裁判の状況…………………………………………………………	397

凡　　例

1　法　令

法令名の略語は次のとおりである。

なお，括弧内に記載する場合には，項をⅠ，Ⅱ…と，号を①，②…と表記した。

民訴法	民事訴訟法（平成 8 年法律第 109 号）
民訴規則	民事訴訟規則（平成 8 年最高裁判所規則第 5 号）
旧民訴法	民事訴訟法（明治 23 年法律第 29 号）
旧民訴規則	民事訴訟規則（昭和 31 年最高裁判所規則第 2 号）
民訴費用法	民事訴訟費用等に関する法律（昭和 46 年法律第 40 号）
民訴費用規	民事訴訟費用等に関する規則（昭和 46 年最高裁判所規則第 5 号）
旧費用法	民事訴訟費用法（明治 23 年法律第 64 号）
人訴法	人事訴訟法（平成 15 年法律第 109 号）
人訴規則	人事訴訟規則（平成 15 年最高裁判所規則第 24 号）
家事法	家事事件手続法（平成 23 年法律第 52 号）
家事規	家事事件手続規則（平成 24 年最高裁判所規則第 8 号）
家審法	家事審判法（昭和 22 年法律第 152 号）
家審規則	家事審判規則（昭和 22 年最高裁判所規則第 15 号）
非訟法	非訟事件手続法（平成 23 年法律第 51 号）
非訟規則	非訟事件手続規則（平成 24 年最高裁判所規則第 7 号）
旧非訟法	非訟事件手続法（明治 31 年法律第 14 号）
借地借家法	借地借家法（平成 3 年法律第 90 号）
借地非訟規	借地非訟事件手続規則（昭和 42 年最高裁判所規則第 1 号）
民調法	民事調停法（昭和 26 年法律第 222 号）
民調規則	民事調停規則（昭和 26 年最高裁判所規則第 8 号）
民執法	民事執行法（昭和 54 年法律第 4 号）
民執規	民事執行規則（昭和 54 最高裁判所規則第 5 号）
民保法	民事保全法（平成元年法律第 91 号）
破産法	破産法（平成 16 年法律第 75 号）
労審法	労働審判法（平成 16 年法律第 45 号）
労審規	労働審判規則（平成 17 年最高裁判所規則第 2 号）
執行官手数料規則	執行官の手数料及び費用に関する規則（昭和 41 年最高裁判所規則第 15 号）
債権管理法	国の債権の管理等に関する法律（昭和 31 年法律第 114 号）
債権管理令	国の債権の管理等に関する法律施行令（昭和 31 年政令第 337 号）

| 予決令 | 予算決算及び会計令（昭和 22 年勅令第 165 号） |
| 旅費法 | 国家公務員の旅費等に関する法律（昭和 25 年法律第 114 号） |

2　判　例

判例（裁判例）の引用及び出典は，次のような略語を用いた。

民集	大審院民事判例集，最高裁判所民事判例集
民禄	大審院民事判決禄
集民	最高裁判所裁判集民事
高民	高等裁判所民事判例集
下民	下級裁判所民事裁判例集
東高時	東京高等裁判所民事判決時報
新聞	法律新聞
判時	判例時報
判タ	判例タイムズ

表記例は次のとおりである。

〔例〕　平成 26 年 11 月 27 日最高裁判所決定（民集 68 巻第 9 号 1486 頁）

→最決平 26.11.27（民集 68 巻 9 号 1486 頁）

明治 29 年 6 月 18 日大審院決定（民禄 2 輯 6 巻 55 頁）

→大決明 29.6.18（民禄 2 輯 6 巻 55 頁）

3　規程・通達等

予納郵券取扱規程	予納郵便切手の取扱いに関する規程（昭和 46 年最高裁判所規程第 4 号）
予納郵券取扱通達	「予納郵便切手の取扱いに関する規程の運用について」（平成 7 年 3 月 24 日付け最高裁総三第 18 号事務総長通達）
保存規程	事件記録等保存規程（昭和 39 年最高裁判所規程第 8 号）
保存通達	「事件記録等保存規程の運用について」（平成 4 年 2 月 7 日付け最高裁総三第 8 号事務総長通達）
保管金規程	裁判所の事件に関する保管金等の取扱いに関する規程（昭和 37 年 9 月 10 日最高裁判所規程第 3 号）
保管金通達	「裁判所の事件に関する保管金等の取扱い関する規程の運用について」（平成 4 年 9 月 2 日付け最高裁総三第 31 号事務総長通達）
受付分配通達	「事件の受付及び分配に関する事務の取扱いについて」（平成 4 年 8 月 21 日付け最高裁総三第 26 号事務総長通達）
民事編成通達	「民事訴訟記録の編成について」（平成 9 年 7 月 16 日付け最高

裁総三第 77 号事務総長通達)

家事編成通達	「家事事件記録の編成について」(平成 24 年 12 月 11 日付け最高裁総三第 000339 号事務総長通達)
民事調書通達	「民事事件の口頭弁論調書等の様式及び記載方法について」(平成 16 年 1 月 23 日付け最高裁総三第 2 号総務局長, 民事局長, 家庭局長通達)
家事調書通達	「家事事件の期日調書等の様式及び記載方法について」(平成 24 年 12 月 10 日付け最高裁家一第 004532 家庭局長, 総務局長通達)
費用法運用通達	「「民事訴訟費用等に関する法律」,「刑事訴訟費用等に関する法律」等の運用について」(平成 9 年 12 月 22 日付け最高裁民二第 616 号事務総長通達)
過納手数料等通達	「過納手数料等の還付金の支払及び旅費, 鑑定費用等の概算払等の取扱いについて」(平成 7 年 3 月 30 日付け最高裁総三第 28 号総務局長, 経理局長通達)

4 文 献

参考文献及びそれらを引用する際の略語例は次のとおりである。

(1) 著書

内田解説	内田恒久責任編集「民事訴訟費用等に関する法律　刑事訴訟費用等に関する法律の解説」(昭和 49 年, 法曹会)
秋山ほかコンメ I	秋山幹男ほか著「コンメンタール民事訴訟法 I 〔第 2 版〕(平成 18 年, 日本評論社)
秋山ほかコンメ II	秋山幹男ほか著「コンメンタール民事訴訟法 II 〔第 2 版〕」(平成 14 年, 日本評論社)
兼子条解	兼子一原著「条解民事訴訟法〔第 2 版〕」(平成 23 年, 弘文堂)
基本法コンメ I	賀集唱ほか編「別冊法学セミナー基本法コンメンタール民事訴訟法 1 〔第 3 版追補版〕」(平成 24 年, 日本評論社)
注解民訴	園尾隆司編「注解民事訴訟法【II】」(平成 12 年, 青林書院)
笠井ほかコンメ	笠井正俊ほか著「新・コンメンタール民事訴訟法〔第 2 版〕」(平成 25 年, 日本評論社)
菊井・村松 I	菊井雄大・村松俊夫著「全訂民事訴訟法 I 〔補訂版〕」(平成 5 年, 日本評論社)
斎藤注解	斎藤秀夫ほか編著「注解民事訴訟法(3)〔第 2 版〕」(平成 3 年, 第一法規)
新堂ほか注釈(2)	鈴木正裕ほか編「注釈民事訴訟法(2)」(平成 4 年, 有斐閣)

民訴一問一答	法務省民事局参事官室編「一問一答　新民事訴訟法」（平成 8 年，商事法務研究会）
家事一問一答	金子修編著「一問一答　家事事件手続法」（平成 24 年，商事法務）
非訟一問一答	金子修編著「一問一答　非訟事件手続法」（平成 24 年，商事法務）
破産一問一答	小川秀樹編著「一問一答　新しい破産法」（平成 16 年，商事法務）
家事逐条	金子修編著「逐条解説　家事事件手続法」（平成 25 年，商事法務）
非訟逐条	金子修編著「逐条解説　非訟事件手続法」（平成 27 年，商事法務）
条解破産法	伊藤眞ほか著「条解破産法〔第 2 版〕」（平成 26 年，弘文堂）
人訴・家事新基本法コンメ	松川正毅ほか編「別冊法学セミナー新基本法コンメンタール人事訴訟法・家事事件手続法」（平成 25 年，日本評論社）
内田救助	内田武吉「訴訟上の救助（実務民事訴訟講座 2）」（昭和 44 年，日本評論社）
石川救助	石川明「訴訟救助について－特に本質論と無資力概念（新・実務民事訴訟講座 3）」（昭和 57 年，日本評論社）
山口救助	山口健一「訴訟上の救助（新民事訴訟法体系－理論と実務－第 1 巻）」（平成 9 年，青林書院）
鈴木訴訟費用の裁判	鈴木忠一「訴訟費用の裁判（民事訴訟法講座第 3 巻）」（昭和 30 年，有斐閣）
福嶋訴訟費用	福嶋登「訴訟費用の範囲（実務民事訴訟講座 2 判決手続通論Ⅱ）（昭和 44 年，日本評論社）
松山救助	松山恒昭「訴訟救助に関する若干の問題」（判例タイムズ 668 号 8 頁，昭和 63 年，判例タイムズ社）
佐藤研究	佐藤真「共同訴訟における訴訟費用額の確定について」（昭和 38 年，全国書協会報第 4 号）
秋武概説家事	秋武憲一編著「概説家事事件手続法」（平成 24 年，青林書院）
最決平 19.12.4 判解	田中一彦「最高裁判所判例解説民事篇，平成 19 年度（下）（7 月～12 月分）」（平成 22 年，法曹会）
最決平26.11.27 判解	菊池絵理「最決平成 26 年 11 月 27 日判例解説」（法曹時報 68 巻 11 号 211 頁）
民訴費用法等の概要	福與輝彦「新しい民訴費用法と同規則の概要（「当事者等の旅

費等」「書類の作成及び提出費用」を中心として）（書協会報 165
号 215 頁）

(2)　最高裁判所事務総局関係

訴訟費用の研究　　　「民事訴訟における訴訟費用の研究」（昭和 29 年 4 月訟廷執務
　　　　　　　　　　資料第 5 号）

費用法に関する執　　「民訴費用法に関する執務資料」（昭和 48 年 3 月訟廷執務資料
務資料　　　　　　　第 44 号，民事裁判資料第 105 号）

16 年費用執務資料　「民事訴訟費用等に関する執務資料（全訂版）」（平成 16 年 9 月
　　　　　　　　　　民事裁判資料第 241 号）

条解民訴規則　　　　「条解民事訴訟規則」（平成 9 年 2 月民事裁判資料第 213 号）

条解家事規則　　　　「条解家事事件手続規則」（平成 24 年 12 月家庭裁判資料第 196
　　　　　　　　　　号）

家事法執務資料　　　「家事事件手続法執務資料」（平成 25 年 3 月家庭裁判資料第
　　　　　　　　　　197 号）

(3)　裁判所職員総合研修所関係

講義案Ⅱ　　　　　　「民事実務講義案Ⅱ（5 訂版）」（平成 28 年 11 月研修教材第 6
　　　　　　　　　　号　裁判所職員総合研修所）

家審法講義案　　　　「家事審判法実務講義案（六訂再訂版）」（平成 21 年 3 月研修
　　　　　　　　　　教材第 15 号　裁判所職員総合研修所）

48 年研究　　　　　昭和 48 年度書記官実務研究「民事訴訟における訴訟費用等の
　　　　　　　　　　研究」（裁判所書記官研修所）

救助研究　　　　　　「訴訟上の救助に関する研究（復刻・補訂版）」（平成 18 年裁
　　　　　　　　　　判所職員総合研修所）

家事法概説　　　　　「家事事件手続法概説」（平成 27 年 2 月研修教材第 28 号　裁
　　　　　　　　　　判所職員総合研修所）

家事別表第一事件　　平成 27 年度書記官実務研究「家事事件手続法下における書記
研究　　　　　　　　官事務の運用に関する実証的研究－別表第一事件を中心に－」
　　　　　　　　　　（裁判所職員総合研修所）

家事別表第二事件　　平成 28 年度書記官実務研究「家事事件手続法下における書記
研究　　　　　　　　官事務の運用に関する実証的研究－家事調停事件及び別表第
　　　　　　　　　　二審判事件を中心に－」（裁判所職員総合研修所）

(4)　司法研修所関係

判決起案の手引　　　「10 訂　民事判決起案の手引」（平成 18 年 8 月司法研修所）

(5)　雑誌

法曹時報　　　　　　「法曹時報」（法曹会）

判タ　　　　　　　　「判例タイムズ」（判例タイムズ社）

判時	「判例時報」（判例時報社）
ジュリ	「ジュリスト」（有斐閣）
論究ジュリ	「論究ジュリスト」（有斐閣）

序　　論

第1　研究の目的

　　民事訴訟等の費用に関しては，昭和48年度書記官実務研究「民事訴訟における訴訟費用等の研究」及び「訴訟上の救助に関する研究」（以下，「昭和48年研究」という。）があるが，いずれも研究から長期間が経過し，その後の法改正等により事務の内容が大きく変わっている。一方で，訴訟費用額確定処分及び訴訟上の救助の新受件数は，現行民事訴訟法施行当初に比べ大幅に増加しており，裁判手続の費用に関して，国民の関心や注目が高まっていることが伺える。

　　また，平成25年1月1日に施行された家事事件手続法は，国民が家事事件の手続を利用しやすくするための制度の創設や見直し等が行われ，手続費用についても，手続費用の負担の原則等について家事審判法の規律が変更されたり，手続上の救助の制度が新設されるなど必要な見直しがされている。

　　こうした状況を踏まえ，本研究は，昭和48年研究の内容を改めて検討し，その後の法改正，裁判例，通達の整備等を反映させた上で，現行法制下における民事訴訟等の費用について，適正な書記官事務の在り方を研究し，事務処理にあたり基礎となる考え方を示すことを目的とするものである。

第2　研究の対象

　　民事事件の研究対象は，民事訴訟事件の費用であるが，総論部分においては，費用制度の理解に必要な範囲で，破産事件その他の非訟事件等の費用についても言及している部分がある。なお，訴額の算定及び訴え提起手数料の算出については，平成3年度書記官実務研究「訴額算定に関する書記官事務の研究」があることから研究対象としていない。

　　家事事件については，家事事件手続法の制定により新設された手続上の救助や手続費用額確定処分についての事務処理及び実務の状況を中心として研究を行っている。

第3　研究の隘路と研究の手法

　　研究の手法としては，事務処理の現状を把握し，そこで現れた問題点をトピックとして取り上げて研究を行うことも考えられた。しかし，1年の研究期間では，取り扱う事例も限られてしまうことや正確な事務処理が要求される費用に関する書記官事務においては，むしろ，事務処理の根拠となる法律や規則，通達等の正確な理解が，最も重要ではないかと考えた。このようなことから，本研究では，理論面を中心に研究を行うこととした。

　　我が国の民事訴訟等の費用に関する規定は，民訴費用法のほか，民事訴訟法，その他の法令中に多く散在し，それらが相互に関連しつつ全体として費用に関する法体系を

序　論

構成している。したがって，理論面を研究するについても，民訴費用法と各手続法規双方から費用の考え方を研究する必要があるが，費用に関して記載した文献は極めて少ない状況にあった。例えば，民訴費用法の逐条解説[1]は，立法当時のものしかなく，その後の改正に対応した改訂はなされていない。また，他の文献においても，民訴費用法の改正趣旨，内容等について書かれたものは一部しか見当たらなかった。一方で，手続法規については，平成8年の現行民事訴訟法の制定，平成23年の非訟事件手続法及び家事事件手続法の制定など，多くの法改正があり，これらにより費用に関する書記官事務にも影響があるところ，手続法規の資料を見ても，費用について言及したものは少ない状況にあった。

　こうしたことから，本研究の手法としては，現行法規を概観し，民訴費用法の立法趣旨や考え方について，現行法制下においても通用する部分と昭和46年の民訴費用法施行当時からの改正点を研究して示すとともに，民事訴訟法や家事事件手続法等の手続法規の逐条解説，文献等を多く参照して，費用に関する部分を抜き出し，そこから基礎となる考え方を整理し，書記官事務について検討し，報告書を作成するという手法を採ることとなった。

　また，全国の地方裁判所，家庭裁判所各本庁，高等裁判所（支部を除く。）の所在地を管轄する簡易裁判所にアンケート調査を実施し，併せて一部の庁については，出張による実情調査を行い，その結果を分析した上で，実務上の問題点について実証的な研究を行うこととした。

第4　研究の方針

1　民訴費用法の立法趣旨，費用制度の枠組み，事務相互の関係性の研究

　本研究では，民訴費用法の立法趣旨に立ち返り，各手続法規の改正等を踏まえ，民事訴訟等の費用に関する書記官事務を検討する際に必要と考えられる基礎となる考え方，費用に関する法制の概要，事務相互の関係性などについて研究を行った。

　本研究報告書は，個々の論点について必ずしも結論を示す形にはなっていないが，民訴費用法等の立法趣旨や費用制度全体がどのようになっているのかを把握し，当該問題がその全体の枠組みの中でどのように位置付けられるのかという視点で検討することにより，事務処理の方向性が見えるものと考えている。

　各裁判所において，本研究報告書を素材として，費用に関する書記官事務について考え，議論し，事務処理の根拠と目的から考える姿勢を身につける端緒になれば幸いである。

2　事務局（会計部門）との連携の視点

　書記官が行う費用に関する事務については，訴訟救助・国庫立替えによる猶予費用の

1　内田恒久責任編集「民事訴訟費用等に関する法律　刑事訴訟費用等に関する法律の解説」（昭和49年，法曹会）

－2－

取立て，保管金に関する事務などの場面で事務局（会計部門）との連携が必要となる部分がある。この連携強化を図るためには，書記官事務を行う上で必要となる会計事務について，法令，通達等を確認してその目的や趣旨を正しく理解した上で事務処理を行うことが求められるため，書記官事務を行う上で必要となる会計事務の概略や会計事務から見た書記官事務の留意事項について研究した。具体的には，書記官事務と関連する会計用語の解説，会計部門における徴収事務の概略，債権発生通知時の留意事項，保管金事務の概略などについて記載をした。

　書記官の近くにある資料に会計事務に関する知識を盛り込むことにより，事務局との連携の一助となり，裁判所全体の事務処理の適正化に繋がることを期待している。

3　図や事例，書式例等の活用

　本研究では，全編にわたり，実務上留意すべき実体法上の知識や各書記官事務の根拠や目的を考える上で有用な関係知識等について記載し，実務に沿う形で，参考となる書式例を掲載するなどして，読みやすさにも留意して記載するよう心掛けた。

　また，訴訟費用額確定処分や手数料還付については，計算の前提となる考え方のイメージを示すものとして，図や表を取り入れたり，各事例において計算方法を具体的に示すなど，書記官が理解しやすいように説明方法を工夫した。

4　法律，規則，通達，裁判例，文献等の引用

　本研究では，費用に関する書記官事務を検討するに当たり資料がないとの声が聞かれることから，法律，規則，通達，裁判例，文献等を多数引用し，原典に当たることができるように，文献等の参照頁を細かく記載した。

第5　研究の構成

1　全体構成

　本研究報告書は，大きく9つの編で構成されている。第1編から第8編までは，民事訴訟事件の費用を中心に，費用制度全般について8つの編に分けて記載し，第9編は家事事件の費用について記載した。

2　各編の概要

　各編の概要は次のとおりである。

　第1編では，民訴費用法制定の経緯やその後の法改正の状況，費用に関する法制の概要，民事訴訟費用の概念と種類など，費用制度全体を理解する上で必要となる総論部分を取り上げて研究した。また，費用の償還を求める関係に関連して，民事訴訟費用の範囲と額，訴訟費用の負担の裁判についてそれぞれ記載した。

　第2編では，訴訟費用の負担を命じる決定や訴訟費用額確定処分などの，訴訟費用額確定手続について記載した。特に，訴訟費用額確定処分の算定方法については，図や具体的事例を多く取り入れ，わかりやすく説明するための工夫をした。また，アンケート結果をもとに，判決草稿点検時等における裁判官と書記官の連携についても記載した。

序　論

　第3編では，裁判所に納める手数料以外の費用について，民訴費用法11条ないし13条の2に従って，納付義務，予納義務及び懈怠の場合の効果等について記載した。なお，国庫負担となる費用，予納義務に関連して保管金の受入れと払出しについても，簡潔に記載した。

　第4編では，訴訟上の救助の沿革や制度趣旨といった制度を理解する上で前提となる基本的事項について簡潔に記載し，手続の開始から決定までの書記官事務，救助決定の効力等について記載した。なお，現行民事訴訟法における訴訟上の救助の要件についての考え方を整理し，新しい裁判例も盛り込むようにした。

　第5編では，国庫立替えと猶予した費用の取立てについて記載した。救助の取消決定については，取立て事務と密接に関連することから，本編で取り上げた。なお，研究期間中に判断が示された新しい判例についても触れている。また，債権管理の視点から，会計部門における徴収事務の概略や書記官事務と関連する会計用語の解説も試みた。

　第6編では，訴訟費用の担保についての総論，申立てから裁判までの手続及び担保提供の手続について簡潔に記載した。

　第7編では，手数料の意義と性質及び制度の沿革，手数料の納付及び還付に関する書記官事務について記載した。手数料の還付については，図や具体的事例を多く取り入れ，わかりやすく説明するための工夫をした。

　第8編では，証人等に対する給付について記載した。旅費，日当等の計算，支給手続など事務の基本となる事項について簡潔に記載をするとともに，あまり例のない証人等の概算払手続については概略を理解できるようやや詳細な記載とした。

　第9編では，家事事件の費用について，手続費用負担の原則や手続費用負担の裁判など書記官事務を行う上で必要な基礎的な知識について簡潔に記載するとともに，手続上の救助や手続費用額確定処分について民事事件における同種の手続との相違点に着目して事務処理の在り方を検討し，さらにアンケート調査の結果に基づいた実務の状況について記載した。

第6　本研究報告書の使い方

　本研究報告書については，まずは全体を通読し，費用制度全体の枠組みを理解していただきたい。費用に関する書記官事務は，一見するとそれぞれ独立した事務のようにも思えるが，各事務は相互に関連することが多いため，事務相互の関連性についても意識して読むことが有用である。

　民事訴訟等の費用に関する書記官事務を検討するに当たっては，民訴費用法等の立法趣旨や費用制度全体を把握し，当該問題がその全体の枠組みの中でどう位置付けられるかとの視点で検討することにより，事務処理の方向性が見えるものと考えている。本研究報告書は，事務処理上の問題点を検討する際の考え方や参考文献を示す索引のような役割を果たすことを目的とし，法律，規則，通達，裁判例，文献等を多数引用し，

文献等の参照頁を細かく記載している。問題点の検討に当たっては，これらの原典に当たり，事務処理の根拠等を正確に把握した上で，裁判官や他の書記官等と議論していただきたいと考えている。

第1章　民訴費用法の概要

第1編　民事訴訟の費用

　本編では，まず，民事訴訟の費用を理解する前提として，第1章において，民訴費用法の概要について，第2章において，民事訴訟等の費用に関する法制の概要について，第3章において，民事訴訟費用の概念と種類について，それぞれ簡潔に記載した。

　次に，費用の償還を求める関係に関連して，第4章において，民事訴訟費用の範囲と額について，第5章において，訴訟費用の負担の裁判についてそれぞれ記載した。

　なお，家事事件の費用については，第9編において記載しているため，本編では民事訴訟事件の費用を研究の対象としているが，他の事件の費用についても記載している部分がある。

第1章　民訴費用法の概要

第1節　民訴費用法の制定

第1　制定の経緯

　　民訴費用法は，民事事件，行政事件，家事事件等の費用について一般的な法制を定めた費用に関する基本法である。同法は，昭和46年3月29日に成立し，同年4月6日に公布され，同年7月1日から（一部は同年10月1日から）施行された。

　　従来，訴訟費用に関する制度については，旧費用法，「民事訴訟用印紙法」（明治23年法律第65号），「商事非訟事件印紙法」（明治23年法律第66号）及び「訴訟費用臨時措置法」（昭和19年法律第2号）[1]の四法で定められていた。しかし，これらの法制は古く，制定されて以来特段の改善を加えられることがなく[2]，わずかに訴訟費用臨時措置法により，証人等の日当の額などにつき，その額が物価の上昇等経済的状況の変動に伴って改定されたに止まり，多くの不備な点が目立つようになった。民訴費用法は，これを補っていた解釈や実務慣行を尊重しつつ，民事訴訟費用等に関する法制を体系的に整備したものである。

第2　主要な改正点

---

[1]　昭和19年に制定された当時の名称は「訴訟費用等臨時措置法」であったところ，昭和41年に新たに「執行官法」（昭和41年法律第111号）が制定されたことに伴い，訴訟費用等臨時措置法中から旧執行吏に関する規定が全て削除され，法律の題名が「訴訟費用臨時措置法」と改められた（内田解説7頁以下参照）。

[2]　訴訟費用等臨時措置法（昭和19年法律第2号）は，民事訴訟費用法，刑事訴訟費用法，執達吏手数料規則及び執達吏規則中に定められていた民事，刑事の訴訟費用，執達吏（当時）の手数料等の額について，戦時の経済情勢に即応した臨時の特例を設けるために制定されたものであるが，戦争の終了後も長く維持されていた。すなわち，終戦後のわが国においては，著しい貨幣価値の変動が引き続くなど，臨時措置法を必要とした事情は解消せず，そのため，訴訟費用等に関する各種の特例をこの臨時措置法に存置したままにし，必要に応じてこれを改定してゆくという状況が継続した。そして，昭和30年代に入り，わが国の経済復興がなった後は，経済の成長に伴い，戦時中又は終戦直後の経済変動期とはまた違った意味で，訴訟費用の範囲及び証人日当等の額について頻繁に改定しなければならなくなったが，そのための立法措置は，訴訟費用等臨時措置法の一部改正という方法で行われた（内田解説8頁参照）。

－ 6 －

第2 主要な改正点

　民訴費用法について，従来の法制からの主要な改正点としては，①当事者間の償還請求の目的となる費用の範囲を明確にしたこと，②手数料を納めるべき申立ての種類を限定するとともに，その額を適正なものとしたこと，③過大に納められた手数料等を簡易な手続で還付することができるようにしたこと及び④証人等に対して新たに，出頭に必要な旅行日についても日当を支給することとし，旅費の種目として航空賃を加えたことが挙げられる。具体的な内容については，次の1から4までのとおりである。

1　民事訴訟等の費用の範囲と額

　民事訴訟等の費用の範囲について旧費用法は，第1条で「権利の伸張又は防禦に必要なる限度の費用」とし，第2条以下でそのうちの一部について金額を定めていた。しかし，抽象的な表現を用いていたため，個々の事件で訴訟費用に入るのか，入らないのか，あるいは権利の伸張又は防御に必要な費用といえるのかどうか，という点に多くの疑義が生じ，これらが実務慣行あるいは解釈に委ねられており，解釈上の統一がとれないままになっていた。民訴費用法は，訴訟費用の範囲について，手続法規の要求する行為をするために必要なもののうち最小限度の種目を列挙し，その額も原則として定額とし，償還請求の目的となる費用を明確化した。

2　手数料

　手数料については，民事訴訟用印紙法ではあらゆる中間的・附随的申立てについて印紙を貼用することが要求されていた[3]。しかし，印紙の額が極めて軽微であり，手数料を徴するための事務量のほうが金銭的に評価すれば大きいといえること，又は，このような申立てについては訴え提起あるいは控訴提起の手数料の中ですでに賄われているという考え方も不可能でないことから，中間的・附随的な申立てについては，別表に掲げられているものを除いて徴収しないこととした。

3　手数料の還付

　民訴費用法の制定前には，手数料の還付について定めた規定はなく，手数料が過大に納められた場合には，納付者が金銭でその返還を受けようとすると，民事訴訟等によりその返還を求めるしかなかった。このため，実務上，過納分に該当する消印済み収入印紙を書類からはぎ取り，それに未使用証明を付して還付し，その未使用証明を付した収入印紙はその証明を付した裁判所に限り再使用を許すという便宜的な扱いがされていた。民訴費用法においては，①過納手数料について，民事訴訟等によることなく，簡易な手続により金銭で還付することを定めるとともに，②それまでの実務慣行を踏まえ，再使用することができる旨の書記官の証明（再使用証明）を付して還付すべき金額に相当する収入印紙を交付することによる還付を可能とした（民訴費

3　民事訴訟用印紙法10条に「答弁書其他前数条ニ掲ケサル申立，申出又ハ申請ニシテ訴訟物ノ価額又ハ請求ノ価額十万円以下ナル場合ニ於テハ十円ノ印紙ヲ，十万円ヲ超過スル場合ニ於テハ二十円ノ印紙ヲ貼用ス可シ」と規定され，全ての申立てにつき手数料の納付を要するものとされていた。

第1章　民訴費用法の概要

用法10)。さらに，③手続の初期の段階において申立却下の裁判がされ，それが確定した場合若しくは申立てが取り下げられた場合，すでに納められた手数料の一部を返還する制度が新たに設けられた。

4　証人等の日当

　　旧費用法では，出頭の前後に及ぶ旅行日についての日当は支給できないこととされていたが，民訴費用法では出頭に必要な旅行日についても日当を支給することとし，旅費の種目として航空賃が加えられた。

第2節　民訴費用法の改正

　　民訴費用法のその後の主な改正としては，①昭和55年5月26日に公布された「民事訴訟費用等に関する法律及び刑事訴訟法施行法の一部を改正する法律」(昭和55年法律第61号) による改正，②平成4年6月5日に公布された「民事訴訟費用等に関する法律の一部を改正する法律」(平成4年法律第72号) による改正及び③平成15年7月25日に公布された「司法制度改革のための裁判所法等の一部を改正する法律」(平成15年法律第128号) による改正がある。

　　各改正の概要は，次のとおりである。

第1　昭和55年法律第61号による改正

　　民事事件等に関する手数料の額については，昭和46年に民訴費用法が制定されて以来，経済情勢の変化等にもかかわらず据え置かれていたため，実質的に著しく低廉になるなどの問題が生じた。また，昭和55年10月1日から民事執行法が施行され，民事執行手続の整備が図られたこと等に鑑み，手数料の額を適正な額に改定する必要が生じた。こうしたことから，訴えの提起，借地非訟事件に係る申立て及び民事調停の申立ての手数料の額について算出基準が改められるとともに，裁判所に納めるべき申立て手数料のうち，一部のものについて額が引き上げられた[4]。

第2　平成4年法律第72号による改正

　　国民が訴額の高額な訴訟を提起しようとする場合に，過度の負担を課すことにならないよう，民事裁判を国民にとって利用しやすいものにするという観点から，訴えの提起等一定の類型の申立手数料について，その額の引下げを図るため，算出の基礎となる額が高額にわたる部分に対応する手数料の算出基準が引き下げられた[5]。

第3　平成15年法律第128号による改正

　　司法制度改革審議会の意見書において，裁判所へのアクセス拡充のための方策として，提訴手数料の低額化，訴訟費用額確定手続の簡素化等を図るべきとの提言[6]が

4　岡崎彰夫ほか「民事訴訟費用等に関する法律の一部改正」(金融法務事情931号9頁) 参照
5　岡田雄一「民事訴訟費用等に関する法律の一部改正法について」(金融法務事情1326号30頁) 参照
6　訴訟費用制度に関しては，法務省に設置されている法制審議会民事訴訟法部会における民訴法改正の審議において検討されたものの，訴えの提起の手数料の見直し，弁護士費用の訴訟費用化等については最終的に答申に盛り込まれるには至らなかった。そこで，平成7年12月，法務大臣官房司法制度調査部 (現法務省大臣官房司法

－8－

されたことを受けて，民訴費用法の一部が改正された。改正法では，①申立手数料の見直し等（訴え提起手数料の額についての定め方の簡素化等），②民事訴訟等の費用の額についての算定方法の簡素化（可能な限り，記録上明らかな事実関係に基づき算定することができ，疎明資料を提出する必要がないものとなるように改正された。具体的には，当事者及び代理人の日当及び宿泊料が定額化されたり，書記料と提出費用が統合され，算定方法も簡素化されるなどした。）等が定められた。また，民訴規則の一部改正では，訴訟費用額確定処分手続の簡素化等が定められた[7]。

第3節　民訴費用法の適用範囲

　民訴費用法1条は，「民事訴訟手続，民事執行手続，民事保全手続，行政事件訴訟手続，非訟事件手続，家事審判手続その他の裁判所における民事事件，行政事件及び家事事件に関する手続の費用については，他の法令に定めるもののほか，この法律の定めるところによる。」と規定している。この規定の意味は，他の法令に特別の定めがあればそれにより，特別の定めがなければ民訴費用法を適用するというものである。したがって，民訴費用法1条に定める各手続に要した費用に関しては，法令に費用に関する特別の定めがある場合を除き，全て民訴費用法が適用されることとなる[8]。

　法制部）は，民訴費用制度等研究会を発足させ，訴えの提起の手数料等の見直しの要否，弁護士費用の訴訟費用化の当否，その他民事訴訟費用制度に関する事項について，調査，研究，検討を行った。その後，平成8年に民訴法が成立したが，同法の国会審議の過程において，参議院法務委員会の附帯決議の中で，「政府は，民事訴訟が国民に利用しやすいものとなるように，訴訟費用制度の全般的な見直しを検討すべきである。」とされた。平成9年1月，民訴費用制度等研究会はそれまでの調査，研究，検討の結果を報告書にまとめたが，この報告書で指摘された事項のうち，訴えの提起の手数料の見直し，弁護士報酬の敗訴者負担の取扱い，訴訟費用額確定手続の簡素化は，司法制度改革審議会においても提言された（小林久起ほか著「司法制度改革概説8民訴費用法/仲裁法」（平成11年，商事法務）5頁参照）。なお，民訴費用制度等研究会の報告書については，ジュリスト1112号，57頁以下を参照されたい。

7　16年費用執務資料，三輪方大ほか「改正後の民事訴訟費用等に関する法律・規則の概要」（判タ1139号4頁）参照

8　人身保護事件に関する手続は，民訴費用法適用の範囲外である（内田解説36頁）が，人身保護規則9条1項により，手数料を納付すべき旨が定められている。なお，この手続についても，これに関する別段の定めにより，結局，民訴費用法等の規定が一定の限度で用いられる（人身保護規則38，46参照）（講義案Ⅱ96頁（注3）参照）。

第2章　民事訴訟等の費用に関する法制の概要

第2章　民事訴訟等の費用に関する法制の概要

第1節　民事訴訟等における費用に関する法体系

　　　民事訴訟等の費用に関する規定は，民訴費用法のほか，民訴法その他の法令中に多く散在しており，それらが相互に関連しつつ全体としての費用に関する法体系を構成している。立法の方法として，それらの規定を一つの法律に取り込み，そこで手続の種類ごとに全ての費用関係を規律するようにすることも不可能ではないが，費用に関する法律関係は手続の進行の過程で発生，変更するものであり，費用に関する処分や事務もその手続過程の一部として行われるものであるが，民事訴訟手続，非訟事件手続，破産手続，その他，その手続の目的，特性等に応じ，その費用に関する規制の在り方も異なってくる点があるため，各手続法規中に当該手続における費用に関する規定が置かれている方が便宜だからである（内田解説31頁）。

　　　なお，国の会計に関する法規の一部も，国の債権債務に関する一般規定として，民事訴訟等の費用に関する規定で国の会計上の措置に係るものを実効あらしめるものとして，費用関係法の一部となっている（内田解説34頁）。

第2節　民事訴訟等における費用に関する法律関係

　　　民事訴訟等における費用に関する法律関係は，権利義務の帰属主体及び規律の内容の別により，いくつかに分類することができる。

第1　他の当事者等から費用の償還を求める関係

　　　第1は，当事者又は事件の関係人が民事訴訟等の追行のために支出した費用について他の当事者その他の者から償還を求める関係である。この場合，裁判所（国）は実体上の権利義務の帰属主体となることはなく，裁判機関や執行機関が手続法の定めるところにより，請求権の確定，取立て等に係る手続上の処分をすることがあるにすぎない（民訴法67，71，72，73，258Ⅱ，民執法42等）。当事者間の償還関係は，強制執行その他の訴訟以外の手続においても生じるが，訴訟の場合におけるこの意味での費用が狭義の「訴訟費用」である（民訴法61等）。

　　　費用償還請求権の具体化については，原則として裁判（訴訟費用の負担の裁判）及び訴訟費用額確定処分によって顕在的に生ずるが（民訴法67，71），訴訟上の和解等によって生ずることもあり，強制執行をする場合における執行費用のように，裁判又は合意を待つことなく，手続の過程で当然に発生し，具体化されるものもある。

　　　償還請求権の目的となる費用については，一般的に手続の追行上その支出がやむを得ないと考えられる種目のものに限り「費用」とされており，具体的には，民訴費用法2条の各号に列記されたものに限られる。この費用は，当事者の支出原因により，

－ 10 －

「裁判費用」と「当事者費用」とに分けることができる[9]（内田解説 20 頁参照）。

第2 裁判所（国）が費用に関して一方の当事者となる関係

第2は，裁判所（国）が費用に関し，一方の当事者となる関係であり，これは①裁判所（国）がその出費に対する反対給付を当事者から徴収する法律関係，②証人，鑑定人その他の者に対して裁判所（国）が補償等を給付する法律関係及び③執行官の手数料及び職務の執行に要する費用に係る法律関係の3つに分けて考えることができる。

1 裁判所（国）がその出費に対する反対給付を当事者から徴収する法律関係

手続の実施，民事訴訟等の制度の運営のため，国も多大の労力及び出費を要するが，その一部を，制度を利用する当事者に負担させるものである。この当事者が「裁判所に納める費用」は，「裁判費用」ともいわれ（民訴法 83 I ①等），「手数料」と「手数料以外の費用」とに分けられる。これらは，司法機関を利用するために国に支払うものであるから，広義の司法上の手数料をなすものである。また，国民にとっては，民事訴訟等の制度の利用につき納付を強制されるものであるから，租税法律主義の適用の一場合として，国の法律の規定に基づいてのみこれを徴収することができるものと解すべきである。

裁判所に納める費用に係る法律関係は，公法関係であり，裁判所（国）は任意に免除することはできないが，訴訟上の救助が与えられたときは，当事者はその支払を猶予される（民訴法 83）。また，この裁判所に納める費用は，当事者にとって手続を追行するために必要な支出であるから，当事者の償還請求権の対象とされている[10]（内田解説 22 頁）。

2 証人，鑑定人その他の者に対して裁判所（国）が補償等を給付する法律関係

証人，鑑定人等に対しては，相当な補償ないし報償を給付すべきであるが，裁判所とこれらの者との法律関係は手続法上の特殊のものであるから，その給付については別段の定めを必要とする（民訴費用法第3章，第8編各参照）。なお，執行官の手数料及び職務の執行に要する費用で裁判所が支払うものにかかる法律関係もこれに含まれる（後記3）。

証人，鑑定人等に対する給付に充てるべき金額は，費用として当事者が予納することとされているが，証人，鑑定人等に対してこの給付を行う主体（債務者）は，予納金から支出する場合であっても，裁判所（国）である（内田解説 24 頁）。

9　裁判費用と当事者費用の詳細は，本編第3章第2節及び同第3節の【狭義の訴訟費用の分類表】（18 頁）を参照されたい。

10　「裁判所に納める費用」の納付を確保するため，申立手数料については，これを納めないときは申立てを不適法なものとすることとし，手数料以外の費用については，原則としてあらかじめこれを当事者に予納させることとしている。後者の場合，予納がないときは，裁判所は原則として費用を要する行為を行わないことができることとされている（民訴費用法 12 II）。予納は，原則として金銭で行い，裁判所所掌の歳入歳出外現金として取り扱われるが，郵便物の料金に充てるための費用に限り，郵便切手ですることが認められている（民訴費用法 13）。費用を要する行為の実施に至るまでに予納がなかったときは，裁判所は，実施後これを納めるべき者（民訴費用法 11 II，14）から取り立てることになる（内田解説 23 頁）。詳細は，第3編を参照されたい。

- 11 -

第2章　民事訴訟等の費用に関する法制の概要

3　執行官の手数料及び職務の執行に要する費用に係る法律関係

　　執行官は，いわゆる手数料制の職員であり，職務の執行について手数料及び費用を
受ける（裁判所法62Ⅳ，執行官法7）。執行官（機関としての）が申立てにより事務
を取り扱った場合（執行官法2Ⅰ本文）には，法令の定める手数料及び費用は，原則
として，直接当事者（申立人）がその担当の執行官（職員としての）に支払い又は償
還する（執行官法12本文）。この執行官に支払った手数料及び費用は，民事訴訟等
（主として強制執行）における当事者が償還を請求することができる費用の一部と
なる（民訴費用法2③）。これに対し，裁判所が直接に執行官に事務を取り扱わせる
場合（執行官法2Ⅰただし書）には，所定の手数料及び費用は，裁判所（国）が支払
い又は償還する（執行官法12本文）。この場合は，裁判所が手続上の行為の実施につ
き当事者等以外の者に給付を行う場面の一つにすぎず，裁判所が執行官に支払う手
数料等は，当事者が裁判所に納める手数料以外の費用によってまかなわれることに
なる（民訴費用法2②）。

　　次に，執行官は，申立てにより取り扱う事務と裁判所が取り扱う事務とを問わず，
立会人や鑑定人に日当，旅費等を支払うなど，職務の執行につき費用を要する場合に
は，その費用を自ら支払う。ここでは，担当の執行官が直接の支払義務者になるが，
執行官はこれを職務の執行に要する費用として当事者又は裁判所から支払又は償還
を受けるので，これらの費用もいずれかの当事者の負担となる（内田解説25頁）。

第3節　民事訴訟等の費用に関する規定の分配

　　民事訴訟等の費用に関する規定がどのように分類されるのかを概観すると，次の
とおりとなる（内田解説32頁）。

民訴費用法，民訴費用規の規定	民事訴訟等に関する法令中の規定
第1　当事者その他の関係人間の費用の償還関係	
○償還を請求することができる費用の種目及びその額に関するもの（民訴費用法2，民訴費用規2～3）	○償還請求権の発生，その債権者，債務者等に関するもの（民訴法61～66，68～70，192Ⅰ，200，216，民執法42，破産法148Ⅰ①，会社更生法127①，民事再生法119①，非訟法26，28Ⅰ，民調法20の2，22，家事法28，29Ⅲ，Ⅳ，31Ⅰ等） ○費用の負担を定める裁判，償還金額の確定，取立ての方法等に関するもの（民訴法67，69，71～74，258Ⅱ，Ⅳ，民執法42，破産法42Ⅳ，44Ⅲ，45Ⅲ，会社更生法52Ⅲ，52の2Ⅲ，非訟法28，家事法29Ⅰ，Ⅱ，31等）

－ 12 －

	○訴訟費用の担保の提供に関するもの（民訴法 75 以下）
	○先行手続等の費用が当該手続の費用の一部となることを定めたもの（民訴法 241，275 II 後段，395 後段等）
	○付添弁護士及び執行官の当事者に対する取立権に関するもの（民訴法 85）

第 2　裁判所に関する費用の出入関係

1　当事者等が裁判所に納める費用（裁判費用）に関する規定

(1)　手数料

| ○手数料を納付しなければならない申立て，その額等に関するもの（民訴費用法 3・別表第 1，4，5，7・別表第 2）
○納付がないときの効果に関するもの（民訴費用法 6）
○納付方法に関するもの（民訴費用法 8）
○手数料の還付に関するもの（民訴費用法 9，10） | ○特殊の訴訟における訴訟の目的の価額に関するもの（破産規則 45，会社更生規則 47，民事再生規則 46 等）
○納付がないときの裁判所の措置に関するもの（民訴法 137 I，II，非訟法 43IV，V，家事法 49IV，V，255IV 等） |

(2)　手数料以外の費用

| ○納付義務及び納付義務者に関するもの（民訴費用法 11）
○予納及び予納の効果に関するもの（民訴費用法 12，13） | ○国庫が立て替える場合に関するもの（破産法 23，非訟法 27，民調法 22，家事法 30 等）
○特殊の手続における費用の予納等に関するもの（破産法 22，会社更生法 21，民事再生法 24 等） |

(3)　取立て

| ○手数料以外の費用で予納がないものの取立てに関するもの（民訴費用法 14，15）
○訴訟上の救助等により納付を猶予された費用の取立てに関するもの（民訴費用法 16，17） | ○納付の猶予（訴訟上の救助の要件，手続，効果及び取消し）に関するもの（民訴法 82，84，85，非訟法 29，家事法 32 等） |

2　証人，鑑定人等に対する給付に関する規定

| ○証人，鑑定人等の旅費，日当，鑑定料等の請求権の発生，請求期限等に関するもの（民訴費用法 18 I，II，19，20，27） | ○裁判所が執行官に直接取り扱わせる事務についての手数料及び職務の執行に関する費用の支払又は償還を受ける権利に関 |

－ 13 －

○返還義務が生ずる場合(民訴費用法18Ⅲ，20Ⅲ) ○上記給付の内容，額等に関するもの（民訴費用法21～26，28，民訴費用規6～8の2）	するもの（執行官法7～12等，執行官手数料規則） ○破産管財人，会社更生手続の管財人等に支給するものに関するもの（破産法87，96，会社更生法34，38，81，126，民事再生法61，63，78，83等）
第3　執行官と裁判所（国）以外の者との間の費用の関係	
	○執行官が申立てにより取り扱う事務についての手数料及び職務の執行に要する費用の支払又は償還を受ける権利に関するもの（執行官法7～12，15等，執行官手数料規則）

第1　裁判費用

第3章　民事訴訟費用の概念と種類

第1節　民事訴訟費用の概念

民事訴訟における訴訟費用の概念を整理すると，次のとおりになる。

第1　広義の訴訟費用

広義の訴訟費用とは，弁護士費用を含めて，当事者の訴訟の準備及び追行に必要な一切の経費をいう。訴訟上の救助を付与する要件である「訴訟の準備及び追行に必要な費用」（民訴法82Ⅰ）は，この意味における訴訟費用である（秋山ほかコンメⅡ3頁）。

第2　狭義の訴訟費用

狭義の訴訟費用とは，広義の訴訟費用のうち，勝訴の場合等において当事者が相手方から償還を受けることができるもの，すなわち，民訴費用法2条所定の費用をいう。民事訴訟手続において，いわゆる「訴訟費用」と呼ばれるのは，狭義の訴訟費用である（以下，本章において，単に「訴訟費用」という場合は，狭義の訴訟費用を指すものとする。）。

第2節　訴訟費用の種類

訴訟費用は，その支出原因により，裁判費用と当事者費用に分類することができる。

裁判費用は，当事者等から裁判所に納入される費用であり，当事者費用は，当事者が自ら支出する費用である。この区別は，訴訟上の救助の効力が原則として裁判費用についてだけ生じる点に特に実益がある（民訴法83Ⅰ①）（秋山ほかコンメⅡ4頁）。

第1　裁判費用

裁判費用とは，当事者が裁判所（国庫）に納入すべき義務のある費用のことであり，これは更に，納入することによって目的を達する費用（手数料）と現実に裁判所から支払われることによって償還の対象となる費用（手数料以外の費用）とに分けられる。

1　手数料

「手数料」とは，民事裁判制度を利用する当事者等がその利用の反対給付として国に支払うべき費用である。申立てがあったとき，裁判所側の行為が終わったとき等において，裁判所の行う一定の手続区分又は行為について総括的に納められる。なお，手数料は，収入印紙によって納められる（民訴費用法8本文）。なお，納付する手数料の額が100万円を超える場合には，現金により納付することもできる（民訴費用法8ただし書。民訴費用規4の2Ⅰ）。

手数料は，申立手数料[11]と行為手数料[12]に分類されるところ，申立手数料が訴訟費

11　申立手数料とは，民訴費用法3条別表第1所定の手数料のことであり，当事者が，裁判所に対し何らかの申立てをし，裁判所の判断を求める行為の対価的費用である。その代表は，訴状に貼る印紙である。
12　行為手数料とは，民訴費用法7条別表第2所定の手数料であり，いずれも書記官の行為に対する反対給付としての性質を有するものである。事件記録の閲覧，謄写の手数料がこれに当たる。

－ 15 －

第3章　民事訴訟費用の概念と種類

用（裁判費用）に含まれるのに対し，行為手数料は当然には当該訴訟の訴訟費用には含まれず，他の訴訟（又は執行）事件の費用になることがあるにすぎない（第7編第2章第1節第1の2参照）。

2　手数料以外の費用

「手数料以外の費用」とは，裁判所が手続上の行為を実施するために直接に必要とする具体的な出費に充てるためのものであって，手数料と同様に費用として当事者等が裁判所に納めるものである。裁判所は，証人尋問を行った場合には証人に旅費，日当等を支給し，鑑定を行った場合には，鑑定人に鑑定料，鑑定に必要な費用等を支給し，郵便による送達を行う場合には郵便料を支払う等，手続上の行為をするために出費をしなければならない（費用を要する行為）[13]。このように裁判所が手続上の行為を実施するために直接に必要な出費に充てるべき金額は，費用として，当事者等がこれを裁判所に納めることとされている。この費用は，裁判所が債務者として出捐するが，その費用は，その費用を要する手続を求めた者又はその手続によって利益を受ける当事者が一応支出しておき，終局的には費用負担の裁判を受けた者から償還を受けることになる費用で，立替金と呼ばれることもある。この費用を要する行為については，各手続法規に特別の定めがない限り[14]，裁判所は，当事者に対してその費用を予納させ，予納金の中から支払うことになっている（民訴費用法12Ⅰ）（第3編第2章参照）。

第2　当事者費用

当事者費用とは，当事者が訴訟等追行のため裁判所に納付することなく，直接支出した費用であるが，償還の対象となることに意味がある。具体的には，民訴費用法2条所定の費用のうち，裁判費用に属する手数料（1号）と送達費用及び証拠調べ等に要する費用（2号）を除く費用（3号〜18号）のことである[15]。例えば，提出書類の作成及び提出費用，当事者本人又は代理人が期日に出頭する場合の旅費・日当などである。

第3節　弁護士費用

弁護士費用とは，弁護士に支払う費用又は報酬をいう。弁護士費用は，裁判所によって必要があると認められ弁護士の付添いが命じられた場合（民訴法155Ⅱ）と人事訴訟において行為能力の制限を受けた者について申立てにより又は職権をもって

13　裁判所が証人尋問や鑑定等の手続上の行為を行うにつき，証人や鑑定人等に対し行う給付については，第8編証人等に対する給付を参照されたい。

14　特別の定めのある場合としては，例えば，訴訟上の救助付与により費用の納付の猶予を定める民訴法83条がある。詳細は，第3編第2章第3節第1を参照されたい。

15　旧費用法のときには法律上又は解釈上訴訟費用とされていたが，民訴費用法では訴訟費用と認められないものとして，測量費，司法書士の報酬，書類を提出するために出頭した場合の旅費等，訴訟委任のため弁護士方に往復するに要した旅費等，証拠探索のための事実関係調査費などがある。それらが除外された理由については，内田解説45頁以下を参照されたい。

- 16 -

裁判長が弁護士を訴訟代理人に選任する場合（人訴法 13 Ⅱ，Ⅲ）のほかは，訴訟費用に含まれない（民訴費用法 2 ⑩）[16]。

なお，不法行為に基づく損害賠償請求訴訟においては，一定の範囲の弁護士費用について，不法行為と相当因果関係のある損害として賠償が認められているが[17]，訴訟費用として償還の対象となるわけではない。

16　勝訴当事者が敗訴当事者から弁護士費用を回収することが認められていないのは，わが国では，弁護士強制主義が採られておらず，弁護士に対する訴訟委任は当事者の自由な選択に委ねられていることがその根拠であると説明されている。しかし，実際には，民事訴訟の提起・追行には専門知識と経験が必要であり，弁護士の訴訟委任によらざるをえない現実があり，弁護士費用を訴訟費用化すべきであるとする議論の背景の一つがこの点にあるとされている（秋山ほかコンメ Ⅱ 7 頁参照）。

17　最判昭 44.2.27 民集 23 巻 2 号 441 頁は，不法行為の被害者が自己の権利擁護上，訴えを提起することを余儀なくされた場合において，「訴訟追行を弁護士に委任した場合には，その弁護士費用は，事案の難易，請求額，認容された額その他諸般の事情を斟酌して相当と認められる額の範囲内のものに限り，右不法行為と相当因果関係に立つ損害というべきである。」と判示した。この判例は，不法行為の被害者が訴えを提起し訴訟を追行するため要した弁護士費用が，当該不法行為による通常損害であることを明らかにした初めての最高裁判例である（48 年研究 7 頁参照）。不法行為による損害賠償請求については，弁護士費用を損害賠償の対象とすることは判例上固まっている（菊井・村松 Ⅰ 565 頁）。

第3章　民事訴訟費用の概念と種類

【狭義の訴訟費用の分類表】

	手数料 （民訴費用法2①，3）	申立手数料※1
裁判費用		証人，鑑定人又は通訳人に対する給付（民訴費用法18）
		参考人等に対する給付（民訴費用法19）
		電話会議の方法による証人等の尋問に要する通話料
		調査嘱託に基づき調査をした団体等，鑑定嘱託に基づき鑑定をした法人等又は専門的な知識経験に基づく意見陳述の嘱託に基づき意見の陳述をした者に対する給付（民訴費用法20Ⅰ前段）
	手数料以外の費用 （立替金） （民訴費用法2②）	訴訟上の特別代理人（民訴法35Ⅰ）に対する給付[18]（民訴費用法20Ⅰ後段）
		送達を実施した執行官（民訴法99Ⅰ）に対する給付（執行官法8Ⅰ①，9Ⅰ，10Ⅰ⑪，11Ⅰ，執行官手数料等規則3，36，37），訴え提起前における証拠収集の処分としての現況調査を実施した執行官（民訴法132の4Ⅰ④）に対する給付（執行官法8Ⅰ①の2，9Ⅰ，10Ⅰ⑨，⑪，11Ⅰ，執行官手数料規則3の2，36，37）
		郵便による送達（民訴法99Ⅰ）をしたときの郵便料等
		各種の書類を郵便で送付したときの郵便料等
		裁判所外での証拠調べ（民訴法185）をする場合に必要な裁判官及び裁判所書記官の旅費及び宿泊料で，証人の例により算定したものに相当する金額
裁判外費用 （当事者費用）	当事者の出頭日当等（民訴費用法2④）	
	訴訟代理人の出頭日当等（同⑤）	
	提出書類の作成及び提出費用（同⑥）	
	提出書類の受交付費用（官庁等からその書類の交付を受けるための費用）（同⑦）	
	訳文の翻訳料（同⑧）	
	文書又は物の送付費用（同⑨）	
	裁判所が付添いを命じた弁護士等の報酬，費用（同⑩）	
	執行に要する各種費用や執行準備費用（同③，⑫，⑬，⑭，⑮，⑯，⑰，⑱）※2	
	登記，登録を嘱託するに要する登録免許税（同⑪）※2	

[18] 特別代理人（民訴法35Ⅰ）については，民訴費用法20条1項後段の「保管人」ないし「管理人」に含めることができると解されている（内田解説244頁，246頁）。

※1 行為手数料（民訴費用法7条別表第2に定める手数料）は，訴訟費用に当たらない。

※2 執行費用（執行準備費用を含む。）[19]

---

19 民訴費用法2条3号及び同条12号から18号までの費用は，執行費用又は執行準備費用であって，執行手続において取り立てることができるものである（民執法42）（講義案Ⅱ93頁（注3）参照）。

第4章　民事訴訟費用の範囲と額

第4章　民事訴訟費用の範囲と額

第1節　民訴費用法の考え方
第1　償還請求の対象となる費用

　　民事訴訟等の手続の追行に当たっては，裁判所（国）も当事者等もいろいろな費用を必要とする。これらの費用全てを国が負担するとすれば，財政的な負担を過重にするのみではなく，濫訴の弊害を招いて，適正迅速な裁判を期待できない結果となることが考えられる。一方で，敗訴等の当事者に相手方当事者の支出した費用全てを負担させ償還させることは，民事訴訟制度等の利用に予想外の危険を伴うことになり，正当な権利を実現しようとする当事者の裁判による解決への期待を断念させ，結果的に法的安定を損なうことにも繋がる。そこで，当事者等に負担させ終局的には相手方に償還すべきものとされる費用の一般的な範囲のものを，民事訴訟等の費用として適正に定める必要がある。民事訴訟手続においていわゆる「訴訟費用」と呼ばれるのは，この法定された範囲の費用を指している[20]。

第2　旧民事訴訟費用法の規定

　　旧費用法は，この当事者に負担させ償還すべきこととされる費用に関し，第1条で「権利ノ伸張又ハ防禦ニ必要ナル限度ノ費用」[21]とし，同法15条において「本法ニ定メサル必要ノ費用ハ其実費ニ依ル」と定めて，費用の範囲を概括的に規定していたため，その費用が訴訟費用に含まれるかは，「権利の伸張・防禦」に必要か否かという解釈問題とされ，解釈上の統一が取れないなどの問題があった。特に，裁判所に納める費用以外の当事者の支出する費用（いわゆる「当事者費用」）については，実務における解釈と取扱いの上で，償還請求の目的としての費用の限界が明確でない状況があった。

第3　民訴費用法の制定と費用法定主義

　　このようなことから，民訴費用法は，従来の概括主義を改め，一般的に権利の伸張又は防御に必要であると考えられる費用を類型化して列挙するとともに，その額もできる限り，権利の伸張又は防御に必要な限度のものを法定した（費用法定主義）[22]。当該紛争の解決過程を通じて支出された一切の費用について当事者等に負担させることにすると，その範囲が極めて漠然とするばかりでなく，金額が過大となり，訴訟

20　手続を追行する上で，国が端的に支出を必要とされている出費であっても，法律上これに充てるべき金額を当事者その他の関係人において納める必要のないもの，すなわち，国庫でこれをまかなうものは，「費用」ではない。例えば，用紙，筆墨代その他の裁判所の庁費，職員給与，各期日ごとに算定される司法委員，調停委員，参与員等の旅費，日当，宿泊料は，「費用」には含まれない（内田解説20頁参照）。

21　旧費用法1条にいう「権利ノ伸張又ハ防禦ニ必要ナル限度ノ費用」とは，個々の具体的な訴訟における特殊な必要に基づくものを除いて，一般的に訴訟において必要とされている種類の行為に要した費用でその行為をするために一般的に必要とされる額のものを意味し，それに限って費用の償還請求を許すこととしたものと解されていた（内田解説42頁）。

22　これにより当事者間の公平を図るとともに，費用の負担及び額を定める手続の迅速化と訴訟費用額確定手続の利用の増加が期待されるとする（内田解説45頁）。

－20－

に伴う費用負担の危険性が著しく，司法制度の利用を阻害する結果ともなる虞があるため，その負担すべき範囲が定められているのである。したがって，ここに費用の種目として掲げられていないものは考慮する必要はなく，ここで費用として掲げられたものに該当する当事者等の出費のみが当事者間における償還の対象となる費用ということになる[23]。

なお，民訴費用法の解釈適用に当たっては，費用の種目として掲げられているもののみについて，各号に掲げられた基準とその解釈だけで範囲を決めればよく，旧費用法のような抽象的基準を前提とした考慮をする必要はないとされている。例えば，書類の作成及び提出の費用については，「当該民事訴訟等の資料とされたものに限る。」という基準が定められているから，この「資料とされた」という基準の解釈により範囲を決めればよいことになる（48年研究11頁）。

第4　償還請求の目的となる費用の範囲と額の考慮要素

民訴費用法において，償還請求の目的となる費用の範囲とその額を定めるに当たっては，当事者の出費したものであって，手続法規の要求する行為をするために一般的に必要とされるものであること，その内容としては一般的に権利の伸張又は防御に必要な限度のものであり，同時に一方当事者の利益に片寄らないよう当事者間の公平を図ること，その費用の存在を記録により明らかにすることができるものであること等が考慮されている（内田解説42頁参照）。

1　一般的必要性

民訴法61条は，「訴訟費用は，敗訴の当事者の負担とする。」と規定し，民事訴訟費用の償還に関して，原則として結果責任主義を採用している[24]。結果責任主義のもとで民事訴訟等に関し生じた費用一切を敗訴当事者に負担させるとすれば，民事訴訟等の利用に予想外の危険を伴うこととなるから，償還請求することができる費用は，当該訴訟等により当事者に生じた一切の出費，損失に係るものにわたることなく，訴訟等の実施につき一般的に必要とされる種類のものに限るべきこととなる（内田解説42頁参照）。

2　当事者間の公平

費用の範囲及び額はその一般的な必要性により限定されるが，その必要性の認められる費用であっても，それが一方当事者の利益に関するものであれば，費用の範囲

23　例えば，訴状を裁判所の窓口に出頭して提出した場合に，仮に原告が電車賃等を支出していても，これを訴状の提出のための費用として認めることはできない。訴状の提出費用については，提出1回当たりに要する額ではなく，その作成費用と合せて，事件1件につき，事件の種類，当事者の数並びに書類の種類及び通数を基準として，通常要する書類の作成及び提出の費用の額として最高裁判所が定める額（民訴費用法2⑥）が訴訟費用として認められるとされている（講義案Ⅱ92頁）。

24　費用の償還義務をいかなる原則のもとに認めるかについては，古くは，実体法上の領域における過失責任主義と同じく，敗訴者は過失ある場合に限り償還義務を負うものとされていた。しかし，これでは，真の権利者にとって実際上相手方の抗争による思わぬ費用の支出を強いられたままこれに甘んじなければならないこととなりがちになり，反面義務者側の不当な防御が容易に行われることとなる。このような弊害を防ぐため，民事訴訟の費用の償還に関しては，原則として結果責任主義が認められるに至った（内田解説42頁）。

第4章 民事訴訟費用の範囲と額

に含めて相手方等に負担させることは当事者間の公平に反する[25]。また，公平の観点からみると，費用の額について実費によることも適当ではなく，1つの種目の費用の額はできる限り定額によるのが妥当であると考えられている（内田解説43頁参照）。

3 裁判所が容易に存在を確認することができるもの

具体的事件において償還請求の目的とすることができる費用は，訴訟等を追行するについて一般的に必要とされる限度のものであるべきであるが，さらに当該訴訟等において現実に生じているものであり（具体的な発生），当該訴訟等の追行につき効果的であった行為により生じたものでなければならない（具体的な必要性）。したがって，具体的事件において訴訟費用の負担の裁判をするに当たっては，費用の具体的な発生と具体的な必要性とを審査することになるが，これらを明らかにするために，書面での疎明を超えて，あらためて当事者等が詳細な主張，立証をし，裁判所も慎重な審理を行わなければならないとすれば，費用の裁判のためにさらに費用を要することになるから，避けるべきであるとされている。また，審査の容易性という観点から，民事訴訟等の費用は，記録に表れたところによって，その発生及び具体的な必要性が自ずと明らかになるようなものであり，その額もできる限り記録に表れたところに基づいて簡易に算定することができることが望ましいと考えられている（内田解説43頁参照）。

第2節 費用額確定手続における費用該当性の検討

民訴費用法は，2条において，訴訟費用の範囲と額を定めているから，訴訟費用額確定手続において審理の対象となるべき事項は，申立人又は相手方が提出した費用計算書記載の訴訟費用の種目及び額が民訴費用法2条各号に規定する当事者等が負担すべき訴訟費用の範囲及び額に該当するか否かである。書記官は，費用計算書記載の訴訟費用の種目が民訴費用法2条各号に定めるいずれかの項目に該当するか，該当する場合には，計上されている費用額が種目ごとに同条各号が定める額に照らして適正かを審査して，償還対象となるべき訴訟費用額を定めることになる。

なお，民訴費用法の制定経緯や費用法定主義を採用していること等に鑑みれば，手続法の改正等に伴い訴訟費用に含まれるか否かの解釈に疑義がある費用が生じた場合は，本来民訴費用法の改正等により立法的に解決すべきことであり[26]，民訴費用法の各号に掲げられた基準とその解釈を拡張解釈するなどして，疑義がある費用の訴

---

25 例えば，法人について定款により共同代表の定めがある場合には，複数の代表者が期日に出頭することが必要ではあるが，共同代表の定めは専らその法人の利益に関するものであって，共同して行為をするための出費は本来その法人において負担すべきものであるから，一人を超える共同代表者の出頭のための費用を償還請求の目的に含めることは，相手方当事者との関係で公平上問題となると考えられる（内田解説44頁参照）。

26 昭和48年研究9頁は，「新法（民訴費用法）の採った列挙主義からは，将来特殊な手続が生じ，それが当然権利の伸張または防禦に必要な費用であるはずだと考えられる場合でも，これに対処し得ないという欠点をもつことになる。」としている。

- 22 -

訟費用該当性を判断すること等は予定していないことに留意すべきである[27,28]。

また，民訴費用法2条においては，費用の範囲について，旧費用法のように抽象的な基準によることなく，各号に列挙されている。したがって，訴訟費用額確定手続の段階において，再度費用の範囲を検討することなく，訴訟費用の負担の裁判と訴訟費用額確定手続との間で費用とすべきものの範囲についての判断に齟齬が生ずる可能性はほとんど生じないと考えられている（本編第5章第5節参照）。

以上のことから，具体的事件における各費用の訴訟費用該当性について不明な点がある場合には，裁判官と相談，協議等をし，認識を共有する必要があると考えられる。

第3節　申立ての手数料（民訴費用法2①）

第1　概説

民訴費用法2条1号により費用とされるのは，民訴費用法3条の規定により申立人が裁判所に納付した手数料（別表第1の手数料）である[29]。なお，民訴費用法7条の規定による行為手数料（別表第2の手数料）は，本号の費用とはならない。

償還の対象となる手数料は，民訴費用法所定の額で，現実に納められているのでなければならないから，未納の手数料は，訴訟上の救助により納付を猶予されている場合でも，本号の費用とはならない。

第2　費用額

本号の費用となる額は，民訴費用法3条の手数料の額である。ただし，同法9条3

27　民訴費用法2条は強行規定であると解され，費用の範囲を当事者の合意等により拡大することは許されず，また費用の範囲も常に2条各号に定めるところにより算定すべきであり，定めがないのに実費により算定したり算定基準を変更することは認められていない。もっとも，手続追行上の出費でこの範囲外のものについて，例えば契約違反又は不法行為を理由とする賠償請求の目的とすることを妨げるものではないし，既に発生した本条の費用の請求権を相手方に対し放棄することを妨げるものではない（内田解説55頁参照）。

28　内田解説44頁は，旧費用法について，「概括的な規定によるときは，一面において，概念上権利の伸張または防禦に必要なものを費用の範囲から漏らすことがなく，将来いかなる手続法規の改正があっても償還請求の目的とすべき費用を網羅することができるという利点があるが，他面，概括的であるために，具体的に費用とすべきものの範囲限界が不明確となり，その額の算定についても必要以上に手数を要するという欠点も大きい。事実，費用額確定決定の件数が全体の訴訟事件数に比して極めて少なかったという事情も手伝って，費用の範囲をめぐる従来の解釈及び取扱いには，合理的な統一を欠いていたきらいがある。」とする。一方で，民訴費用法について，「列挙主義の最大の欠点は，権利の伸張または防禦に一般的に必要なものを完全に網羅することができないのではないかという不安を伴うことにあるが，前述のように費用の範囲を当該手続の過程においておのずからその具体的な発生及び必要性が明らかとなるものに限定する立場に立つと，その限度において費用とすべきものを網羅することはさして困難ではない。しかも，旧費用法制定以来長年の実務の蓄積の結果，費用とすべきものの事例はほぼ出尽くしているとも考えられる。そこで，本法においては，従来の概括主義を改め，一般的に権利の伸張または防禦に必要であると考えられる費用を類型化して列挙するとともに，その額もできる限り権利の伸張または防禦に必要な限度のものを法定している。」としている。

29　民訴費用法3条2項により，①民訴法275条2項，同395条，同398条1項の規定により和解又は支払督促の申立ての時に訴えの提起があったものとみなされたとき，②労審法22条1項の規定により労働審判手続の申立ての時に訴えの提起があったものとみなされたとき及び③消費者の財産的被害の集団的な回復のための民事の裁判手続の特例に関する法律52条1項の規定により債権届出の時に訴えの提起があったものとみなされたときにおいて，訴え提起する場合の手数料額から当該申立てについて納めた手数料の額を控除した額の手数料についても本号の費用になる。

第4章　民事訴訟費用の範囲と額

項又は5項（申立却下又は取下げによる手数料の還付）の規定により還付される額があるときは，その額を控除した額となる（民訴費用法2①下段括弧書）。

　また，民訴費用法所定の額であるところから，現実に納付した手数料であっても，民訴費用法9条1項又は2項（過納手数料）の規定による還付対象額は，還付請求権行使の有無にかかわらず，本号の費用とはならない。

第3　裁判例等

　訴えの交換的変更に伴う旧訴の訴状に貼用した印紙の新訴への流用と訴訟費用の裁判の対象について判示した裁判例として，東京高決昭52.8.4判タ363号231頁がある[30]。

第4節　民訴費用法11条1項の費用（民訴費用法2②）

第1　概説

　民訴費用法2条2号により費用とされるのは，民訴費用法11条1項各号の規定により，当事者が裁判所に納付した手数料以外の費用である。

　費用の概説は，第3編第2章を，費用の具体例は本編第3章の【狭義の訴訟費用の分類表】（18頁）をそれぞれ参照されたい。

　なお，裁判所が直接執行官に取り扱わせた事務に係る手数料及び費用については，裁判所が支払い又は償還するものとされている（執行官法12）が，当事者は，執行官に対してする給付に相当する金額を裁判所に予納し（民訴費用法11Ⅰ，12），裁判所はこの予納金から執行官に手数料等の支払をすることになるから，この手数料等については，民訴費用法2条2号の規定によって償還を請求することができることになる[31]。

第2　費用額

　本号の費用となる額は，民訴費用法11条1項各号の規定により納付すべき額であ

30　同決定は，「民事訴訟費用等に関する法律3条1項，別表第1の5は，訴訟係属後請求を変更した場合に納める手数料の額につき，変更後の請求の目的の価額によって算出された手数料額から変更前の請求にかかる手数料の額を控除した額の手数料を納めれば足りるとしているが，これは，基礎を同じくする両請求が同一手続間において継続的に提起されたものであることにかんがみ，納付すべき手数料についても，両請求の目的の間に共通性があり，両者は実質的に一体をなすものとしてこれを計算すべきものとしたものと考えられる。この法意に照らすときは，請求の変更がいわゆる訴えの交換的変更としてなされた場合についてもこれを異別に扱うべき理由はなく，右規定によって新請求についての手数料の額を決定すべきであり，したがって，この場合，取下によって終了した旧請求について，すでに納められた手数料は，新請求につき独立に計算された手数料の額と重複する限度において後者に引き継がれ，右新請求について納められた手数料としての効果を有することとなるのである。そうすると，本件において前記訴えの交換的変更によって取り下げられた旧請求につき訴状に貼付された印紙11万8,000円のうち，新請求につき貼付すべき印紙5,100円（同法3条1項別表第1の1による）相当分は，新請求提起の昭和47年2月3日その新請求のため貼用されたと同一の効果を生じたものであり（新請求につき印紙を貼用させていないのはそのためである。），したがって，右5,100円が前記訴訟費用負担の裁判の対象となる訴訟費用というべきである。」と判示している。

31　民事訴訟事件において，裁判所が直接執行官に取り扱わせる事務についての給付は，具体的には，文書の送達（民訴法99）と訴え提起前における証拠収集の処分としての現況調査（民訴法132の4Ⅰ④）がある。具体的な手数料及び費用の詳細については，第8編第2章第8節「執行官に対する給付」を参照されたい。

- 24 -

るが，具体的には，当事者が裁判所に納付した額のうち，裁判所が第三者に対して現実に給付した額である。

なお，当事者が予納手続によらず直接証人等第三者に支払った費用は，領収書などの有無を問わず本号の費用にはならない。また，民訴費用法 13 条の規定により，郵便物の料金等に充てるための費用を金銭に代えて郵便切手等で予納したときは，現実に郵便料金として支出された額が本号の費用となる[32]。

第3　当事者が準備書面の直送をするためにした支出と民訴費用法2条2号の類推適用

本号の費用に関する問題として，次のようなものがある。

当事者が準備書面の直送[33]をするためにした支出について，民訴費用法 2 条 2 号の規定が類推適用されるか否かについては，消極説[34]と積極説[35]に分かれていた。この点につき，最決平 26 年 11 月 27 日民集 68 巻 9 号 1486 頁は，「費用法 2 条 2 号は，裁判所が民事訴訟等における手続上の行為をするために行う必要な支出について，当事者等に予納義務を負わせるとともに，その支出に相当する金額を費用とすることにより，費用の範囲及び額の明確化を図ったものである。これに対し，当事者が準備書面の直送をするために行う支出は，裁判所が何らかの手続上の行為を追行することに伴うものではなく，当事者が予納義務を負担するものでもない。そして，当事

32　記録の正本，謄本等の交付申請の際，交付請求者の求めにより郵送することがあるが，当事者が郵送を求めるには別に郵便料として郵便切手等を提出しなければならない。この場合に提出する郵便切手等は，自己のために書類の郵送を依頼する場合にみられる単なる送料実費の提出にすぎず，民訴費用法 13 条による「手数料以外の費用」として裁判所に予納するものとは異なる（内田解説 153 頁）。

33　直送の方法は，具体的には，①手渡し（徒歩，交通機関）をする方法や，②郵便（普通，書留，速達等），宅配便等を利用して送付する方法及び③ファクシミリ送信による方法など様々なものが考えられる。また，直送をするための支出も，各方法に応じて，郵便又は宅配便の料金のほか，交通費，通信費など多様なものが考えられる（最決平 26.11.27 判解（法曹時報 68 巻 11 号 220 頁）参照）。

34　消極説は，民訴費用法 2 条 2 号は，裁判所が送達等手続上の行為を実施するために必要な費用（同 11 条 1 項 1 号）を訴訟費用に含めているが，これらの規定により訴訟費用となるためには，同法 12 条 1 項の規定により当事者が裁判所に予納し，その中から裁判所が支出したものであることが必要であるから，準備書面の直送をするための支出はこれに該当せず，また，同法（平成 15 年法律第 128 号による改正前のもの）2 条 7 号又は同 10 号は，いずれも裁判所に文書又は物を提出又は送付するための費用であるから，これにも該当しないなどとする見解である（最決平 26.11.27 判解（法曹時報 68 巻 11 号 216 頁）参照）。

35　積極説は，①書面の直送は，裁判所に代わって，当事者が直接相手方に書面を送付するものであること，②書面の直送は，裁判所が送付した場合と同様の法律上の効果が発生するものであること及び③民訴規則により明文化された書面の直送の制度は，訴訟進行への当事者の主体的な関与を促し定着させることを期待するものであり，制度の利用を促進するためには，これに係る費用を支出した当事者がその回収を図る道を開く必要があることなどから，民訴費用法 2 条 2 号の訴訟費用になると解することもできると思われるなどとする見解である（最決平 26.11.27 判解（法曹時報 68 巻 11 号 216 頁）参照）。

積極説に対して，最決平 26.11.27 判解（法曹時報 68 巻 11 号 217 頁）は，「そもそも直送制度自体，送達に要する費用の節約を可能とするとともに，当事者が訴訟進行に主体的に関与し得るものとして，準備書面の送付につき原則的な方法として定められていることからすると，直送が裁判所による送達に準ずる行為であるとか，裁判所が行うべき送達に代わって実施されていると解することは困難と考えられる。また，訴訟費用の範囲と額を確定する観点からは，裁判所が書面を送達する場合，その費用は，当事者による予納と現実の支出により，費用の範囲及び額を簡易迅速に確定することが容易と考えられ，当事者が行う支出に係る費用も，費用法 2 条 4 号〜10 号において個別に定型的，画一的に定められていることから，同様にその確定は容易と考えられる。他方，当事者が準備書面の直送をする場合の支出は，直送の方法もこれに伴う支出も多様であるため，その範囲及び額を簡易迅速に確定することは容易でないものと考えられる。そうすると，直送が，裁判所による書面の送達等と効果の点で同一の部分があるとしても，当事者が準備書面の直送をするためにした支出について費用法 2 条 2 号が類推適用されると解することは困難であるものと考えられる。」としている。

第4章　民事訴訟費用の範囲と額

者が行う支出については，費用法2条4号ないし10号が，費用となるべきものを個別に定型的，画一的に定めているところ，直送は，多様な方法によることが可能であって，定型的な支出が想定されるものではない。直送をするためにした支出が費用に当たるとすると，相手方当事者にとって訴訟費用額の予測が困難となり，相当とはいえない。したがって，当事者が準備書面の直送をするためにした支出については，費用法2条2号の規定は類推適用されないと解するのが相当である。」として，消極説を採用した。

第4　訴訟告知書の送達費用の訴訟費用該当性

訴訟告知（民訴法53）は，訴訟の係属中に，当事者から第三者に対し，訴訟係属の旨を法定の形式に従って通知する当事者の行為である。この訴訟告知書の送達費用が本号の費用に含まれるか否かについては，消極説と積極説に分かれている[36]。この点，訴訟告知は，相手方に対する権利の伸張又は防御のためにするものではないから，訴訟告知書の送達費用は，被告知者が訴訟に参加した場合でも，その訴訟の訴訟費用には含まれないと解する（秋山ほかコンメⅠ517頁，斎藤秀夫ほか編「注解民事訴訟法(2)〔第2版〕」平成3年，第一法規（以下，本章において「斎藤注解(2)」という。）320頁，48年研究70頁参照）。

訴訟告知は，訴訟の結果について利害を有する第三者に，補助参加をしてその利益を擁護する機会を与えるとともに，他方において，告知者が敗訴した場合に敗訴の責任を被告知者に分担させ，敗訴の結果として後日告知者と被告知者との間に訴訟が起こった場合に，被告知者に敗訴の結果を無視して，前訴判決の判断と矛盾する主張をすることを許さない利益，すなわち被告知者がその訴訟に補助参加したと同じ利益を告知者に享受させる趣旨（秋山ほかコンメⅠ511頁）から鑑みれば，告知者がこれを負担し，後日，被告知者との間に生じる訴訟において，権利行使の必要費として償還を請求できることがあるにすぎないと考えられる（斎藤注解(2)320頁参照）。

なお，訴訟告知書の相手方に対する送付は，相手方に単に訴訟告知があったことを知らせ，被告知者の参加があり得ることについて心構えを作らせるためのものであり，訴訟告知の効力には何の影響もないものであるから（条解民訴規則44頁），相手

36　消極説は，訴訟告知の目的は訴訟参加の誘引であり，したがって，訴訟参加の準備的な手続とは言えるとしても，当該訴訟にとっては外部的な手続でしかなく，相手方との関係では意味を持たず，その効果も告知者と被告知者間に訴訟の参加的効力が生ずるに過ぎず，相手方との関係では何らの効果も生じないものであるから，相手方に対する関係での出費とみることはできず訴訟費用に当たらないとする。これに対し，積極説は，訴訟告知は，被告知者が訴訟に参加することにより適正な裁判がされることを期待し，その訴訟の手続内で行われるものであり，訴訟追行のため必要な費用といえること，また，相手方が任意に履行しないため訴えの提起を余儀なくされ，そのため必要とされる費用であり，相手方にも告知書の副本を送付することになっていること（民訴規則22Ⅲ）から考えれば，相手方に無縁な手続とは言えないこと，送達費用については，民訴費用法11条，12条の適用があり，告知者に予納義務を課し，裁判所がその予納されたものを使用して送達手続をとるものであるから裁判費用に当たることなどを理由とする。もっとも，積極説においても，民訴法53条2項により訴訟告知を受けた者が更に訴訟告知をする費用は，訴訟の当事者が出費したものでないから，訴訟費用には当たらないとする。両説の詳細は，書研民事教官室「民事実務研究会の問題と研究の結果」全国書協会報52号69頁（昭和50年，全国裁判所書記官協議会）を参照されたい。

- 26 -

方に告知書の副本を送付することになっていること（民訴規則 22Ⅲ[37]）が，結論に影響を与えるものではないと解する。

第5　裁判例等

1　民事訴訟の証人尋問のために東京地方裁判所に出頭するに当たり，証人が航空機のビジネスクラスを利用してドイツ・ポーランドと本邦とを往復した場合に，ビジネスクラス運賃額を訴訟費用である旅費と認めるのが相当とした裁判例として，東京高決平 27.2.9 判時 2257 号 27 頁がある[38]。

2　民訴費用法第 11 条1項の費用は，裁判所が現実に証人等に支給したものに限られるから，予納手続を経ずに直接当事者等が給付したものは訴訟費用にならない（費用法に関する執務資料2頁）。

3　登記嘱託に際しての登記済証（登記識別情報の通知）の送料，文書送付嘱託に際しての文書の送料は，嘱託のときに郵便切手を添付する取扱いであるが，それらの送料は訴訟費用となる（費用法に関する執務資料4頁参照）。

4　第三者に文書提出命令を出すについて，その第三者を裁判所において審尋した場合，旅費・日当は民訴費用法 19 条により支給できる（「新訂民事実務の研究－問題と協議の結果－」（裁判所書記官研修所編，昭和 46 年）179 頁。費用法に関する執務資料 135 頁。第8編第2章第4節の脚注 24（331 頁）参照）。

第5節　執行官法の規定による執行官の手数料及び費用（民訴費用法2③）

第1　概説

民訴費用法2条3号により費用とされるのは，当事者が執行官に支払った手数料及び職務執行に要した費用である[39]。

執行官は，裁判内容の実現，訴訟書類の送達その他裁判機関の行う手続の追行に必要な行為をするのを職務とする裁判所の機関であり，その職務内容は執行官法1条に規定されている。

主な職務は，文書の送達，有体動産に対する金銭債権についての強制執行，不動産

37　旧民訴法 77 条2項は，相手方に告知書を送達すべき旨を規定していたが，これが送付に改められ，また規則化された。

38　同決定は，「証人が現に支払った旅客運賃が訴訟費用としての旅費として相当かを判断するに当たり，証人の地位，役職といった社会的評価に幅のある事由のみによってその判断が左右されることは相当ではないが，事柄の性質上それらも考慮要素の一つにはなるものである。もっとも，本件の場合，各証人の社内での地位・役職を特に考慮しなかったとしても，上記のとおり，航空機による移動距離及び移動時間の長さからくる負担と軽減という側面を考えると，各証人がビジネスクラスを利用したことが，証人として出廷するための航空機の利用としては相応しくないとはいえない。ビジネスクラスとエコノミークラスとでは，座席のスペースの広さだけでなく，食事等のサービス内容に違いがあり，これらがその料金に反映されていることを考慮しても，上記判断が左右されるものではない。そして，各証人の社内での地位・役職は，上記ビジネスクラスの利用の相当性判断に積極方向に働くものと考えられる。したがって，現に支払ったビジネスクラスによる旅客運賃は，現に支払った旅客運賃によって航空賃を算定するとの基準を参酌したときに，訴訟費用としての旅費として相当と認められる範囲内にあると解される。」と判示している。

39　ただし，執行官法 17 条3項の手数料及び同 18 条2項の書記料は，民訴費用法7条の手数料が当然に当該事件の訴訟費用にならないのと同様に，当然には本号の費用とはならない（内田解説 75 頁参照）。

第4章　民事訴訟費用の範囲と額

の引渡し・明渡し，有体動産に対する仮差押の執行等であるが，これらの事務は裁判所が直接執行官に取り扱わせる場合を除いて，当事者の申立てによって扱うこととされている。この場合，担当執行官はその職務の執行について手数料及び費用の支払い又は償還を受けるが（執行官法7），この手数料及び費用については，申立人が支払義務者となり，本号の費用となる。

第2　費用額

本号の費用額は，執行官手数料規則及び執行官法11条2項の規定により，当事者が執行官に対して現実に支払った手数料及び職務執行に要した費用の額である。

第6節　当事者の旅費，日当及び宿泊料（民訴費用法2④）

第1　概説

民訴費用法2条4号により費用とされるのは，当事者が，裁判所が定めた期日に出頭するための旅費，日当及び宿泊料である。

1　当事者等

当事者等とは，「当事者若しくは事件の関係人，その法定代理人若しくは代表者又はこれらに準ずる者」をいう（民訴費用法2④上段最初の括弧書）。

「事件の関係人」とは，旧非訟法下における見解として「固有の非訟事件手続の領域においては，訴訟におけると異なり，原則として対立当事者の手続構造をとらないため，民事訴訟における当事者におおむね相当する裁判の名宛人となる者を「事件の関係人」といっているので，これをも含める趣旨である」とされている（内田解説51頁参照）。

(1)　民事訴訟事件における当事者等

本号の当事者等について，民事訴訟事件においては，原告本人，被告本人，独立当事者参加人（民訴法47），補助参加人[40]（民訴法42）が挙げられる。なお，民訴法では，釈明処分として，口頭弁論期日においていわゆる準当事者（例えば，請負や委任契約等に基づき当事者のために事務を処理し又は補助する者をいう。）に陳述させることができる旨の規定が置かれているが（民訴法151Ⅰ②），準当事者は，当事者と同視することはできないことから，本号の当事者等には該当しないと解する（講義案Ⅱ139頁参照）。

(2)　法定代理人，代表者又はこれらに準ずる者

上記(1)の当事者又は事件の関係人の法定代理人，代表者又はこれらに準ずる者である。具体的には，以下の者が考えられる。

ア　未成年者の親権者（民法818），後見人（民法838，839，840，841），特別代理

40　補助参加人は，狭義の当事者又は事件の関係人ではないが，代理人や証人などとは異なり，その名において期日に出頭して訴訟行為をし，判決の一定の効力を受け，また，費用の償還関係においては費用債務者となるだけではなく費用債権者にもなるのであるから，当事者と同様の地位にある者として，本条の「当事者等」に含まれるものと解される（内田解説74頁）。

人（民法 775，826，860）

- イ　成年被後見人の成年後見人（民法 843）
- ウ　不在者財産管理人（民法 25）
- エ　相続財産管理人（民法 936，952）
- オ　民事訴訟法上の特別代理人（民訴法 35）
- カ　国・地方公共団体の代表者（地方自治法 147）
- キ　法人でない社団又は財団の代表者・管理人（民訴法 29）
- ク　児童福祉施設の長等（児童福祉法 47）

2　裁判所が定めた期日

「裁判所が定めた期日」とは，手続法規において「期日」として規定されているもので，かつ，裁判所（裁判官を含む。）が指定するものをいう（内田解説 58 頁）。

具体的には，口頭弁論期日（判決言渡期日を含む。）（民訴法 139 等），準備的口頭弁論期日（民訴法 164 等），弁論準備手続期日（民訴法 168 等），進行協議期日（民訴規則 95 等），裁判所外で行う証拠調べ期日（民訴法 185 等），和解期日（民訴法 89 等），審尋期日（民訴法 87 Ⅱ等）が挙げられる。

なお，手続法規において「期日」として規定されているものでなければならないから，いわゆる事実上の審尋のために関係人等を呼び出す場合に定める日時は，ここにいう「期日」には当たらない（内田解説 58 頁）。

また，争点及び証拠等の整理手続において，いわゆる電話会議の方法を利用して手続を行った（民訴法 170Ⅲ）場合に，裁判所に出頭しないで自宅又は事務所において電話会議を行った当事者は，その期日に出頭したものとみなされる（民訴法 170Ⅳ）から，当該期日の当事者の日当は，本号の費用に含まれると解する（最決平 26.12.17 判時 2291 号 16 頁，講義案Ⅱ140 頁（注 1）参照）。進行協議期日における手続を電話会議の方法で行った場合に，出頭したものとみなされる（民訴規則 96Ⅱ）。当事者についても同様である。なお，現実に裁判所等に出頭していない以上，旅費・宿泊料は発生しない。

3　同じ日に複数の期日が行われた場合

弁論準備手続を終結し，同日中に口頭弁論期日が指定され，弁論を終結する場合のように，同じ日に複数の期日が行われた場合，後に行われた期日についての日当は発生せず，旅費・宿泊料についても，現実の支出がなく，発生しないと考えられる。

4　費用額算定の対象

⑴　未成年者の法定代理人親権者が出頭した場合

未成年者の法定代理人である親権者父・母が，ともに出頭したときは，民法 818 条 3 項により父母が共同して親権を行なうことが定められていることに鑑み，その二人分が訴訟費用となる。

⑵　法定代理人・代表者等が二人以上出頭した場合

第4章　民事訴訟費用の範囲と額

その他の法定代理人・法人の代表者等が二人以上出頭したときは，そのうち最も低額となる一人についての旅費，日当及び宿泊料が認められるにすぎない（民訴費用法2④上段2番目の括弧書）。権利の実現や防御のための法律上の最小限度の要請としては，そのうちの一人の出頭で足りるからである。

法人の代表者で共同代表の定めがある場合は，親権者の場合と異なり，本来一人でできるものを，自己の利益を守るためにその法人の都合によって共同としたものであるから，最も低額となる一人についての旅費，日当及び宿泊料が認められる（費用法に関する執務資料7頁参照）。

⑶　**破産管財人が出頭した場合**

破産管財人は当事者であり，職務分掌の許可がないかぎり共同してその職務を行うこととされている（破産法76Ⅰ）ので，一人分の費用に限られるものではない（費用法に関する執務資料7頁参照）。

5　期日における出頭の有無の確認

期日における出頭の有無は期日調書の「出頭した当事者等」欄（「民事調書通達」別紙様式第1から第4まで，第8及び第9）で確認する。

なお，口頭弁論の方式に関する規定の遵守は，調書によってのみ証明することができ（民訴法160Ⅲ），原則として他の方法による証明を許さないとされているが，口頭弁論の方式には，当事者又は代理人の出欠も含まれる（最判昭26.2.20民集5巻3号78頁，最判昭35.12.2集民47号101頁参照[41]）[42]。この民訴法160条3項の規定は，民訴規則88条4項により，弁論準備手続調書にも準用される。

和解期日や進行協議期日において，期日調書を作成せず，期日経過表を作成している場合には，期日における出頭の有無は，この期日経過表の記載により認定することになると考えられる。

したがって，書記官は，当事者等の出頭状況の確認をきちんと行い，遺漏及び誤りのない期日調書及び期日経過表を作成する必要がある[43]。

41　最判昭26.2.20民集5巻3号78頁は，「口頭弁論期日の調書に「被控訴代理人何某出頭」と記載してある以上，同人が上記期日に出頭したものと認める外ない。」と判示している。最判昭35.12.2集民47号101頁も，「当事者が口頭弁論期日に出頭したか否かは口頭弁論の方式に関するものとして調書によってのみ証すべき事項であって，調書には，被上告人何某らが所論口頭弁論期日に出頭した旨の記載があるのであるから，これにより右被上告人らは所論期日に出頭したものと認めるの外なく」と判示している。

42　旧民訴法下において，口頭弁論調書の法定証拠力を定めた旧民訴法147条の規定が非訟事件の調書に準用されるか否かについて，民事調停調書に関し消極に解した裁判例（名古屋高判昭41.4.20下民17巻3・4号349頁）がある。また，旧民訴法147条により調書中の記載に法定証拠力が認められるのは，裁判官及び書記官が直接認識しうる外形的事項に限られ，当事者が出頭した旨の調書中の記載は，当事者と称して出頭した者が存在した事実を証するにとどまり，その者が真実当事者であったことまでをも証するものではないとした裁判例（大阪地判平2.3.22判時1369号139頁）がある。

43　期日において本人と代理人が揃って出頭した場合，訴訟代理人のある当事者が出頭命令を受けないで口頭弁論等の期日に出頭した場合に，訴訟費用となるのは当事者のみの旅費等となることから（民訴費用法2④，⑤），後日の訴訟費用負担の額を定める（民訴法71）際に備えて，期日調書には，代理人のほか，当事者の訴訟法上の資格と氏名も，原告本人，原告代理人，被告本人，被告代理人の順に記載するのが相当である（「民事実務講義案Ⅰ（5訂版）」（平成28年3月研修教材第5号，裁判所職員総合研修所）95頁）。

第2 費用額

1 概説

当事者等の旅費等の額は,「司法制度改革のための裁判所法等の一部を改正する法律」(平成15年法律第128号) による改正[44] (以下,本章において,平成15年法律第128号による改正前の民訴費用法を「15年改正前の民訴費用法」と,改正後の民訴費用法を「現行民訴費用法」ともいう。) 前は,証人に支給する旅費等の例によって算定することとされていたところ,改正により算定方法の簡素化が図られた。すなわち,旅費については,旅行が本邦内のものである場合には,原則として,当事者等の普通裁判籍の所在地を管轄する簡易裁判所の主たる庁舎の所在する場所 (以下「住所地簡易裁判所」という。) と出頭した場所を管轄する簡易裁判所の主たる庁舎の所在する場所 (以下「出頭地簡易裁判所」という。) との間の直線距離を基準として,その距離を旅行するときに通常要する交通費の額として最高裁判所が定める額 (直線距離に基づく額の償還) とされた。ただし,旅行が通常の経路・方法であること及び現に支払った交通費の額が最高裁判所が定める額を超えることを明らかにする領収書等が提出された場合には,現に支払った交通費の額を回収することも可能とされた(実費額の償還)。

また,当事者等の日当及び宿泊料についても,旅行が本邦内のものである場合には,1日当たりの日当の額及び1夜当たりの宿泊料の額として最高裁判所が定める額としてそれぞれ定額化された。

なお,当事者等の旅費等の額等については,最高裁判所規則に委任されているところ,この法改正を受けて,「民事訴訟費用等に関する規則等の一部を改正する規則」(平成15年最高裁判所規則第23号) により,規則改正が行われ,当事者等の旅費の額 (直線距離を基準とした旅費の額,民訴費用規2Ⅰ) 及び当事者等の日当及び宿泊料の額 (同条2項,3項) の設定が行われた。

2 当事者等の旅費[45]

民訴費用法では,国内からの出頭 (出頭のための旅行が本邦と外国との間のものを含まない場合) と外国からの出頭 (出頭のための旅行が本邦と外国との間のものを含む場合) に分けて算定方法が定められている。

⑴ 国内からの出頭 (出頭のための旅行が本邦と外国との間のものを含まない場合)

ア 直線距離に基づく額の償還

---

44 この改正において,民事訴訟等の費用の額の算定方法については,可能な限り,記録上明らかな事実関係に基づき算定することができ,疎明資料を提出する必要がないものとなるよう改正された (16年費用法執務資料1頁)。

45 民訴費用法において証人等に対し航空賃を支給すべき場合等に関する参考基準及び本邦と外国との間の旅行に係る旅費等に関する参考基準等については,費用法運用通達を参照されたい。

第4章　民事訴訟費用の範囲と額

(ア)　簡易裁判所管内を超えて出頭した場合（民訴費用法2④イの(1)本文，民訴費用規2Ⅰ①[46, 47]）

> ①　住所地簡易裁判所と出頭地簡易裁判所との直線距離が 10 キロメートル未満の場合
>
> 　　1回の出頭当たり，300 円
>
> ②　住所地簡易裁判所と出頭地簡易裁判所との直線距離が 10 キロメートル以上の場合
>
> 　　1回の出頭当たり，この距離に，民訴費用規別表第 1 の上欄に掲げる当該距離の区分に応じ，同表の下欄に掲げる額を乗じて得た額
>
> ※　1 キロメートル未満の端数については切り捨てられる。

　例えば，松本簡易裁判所管内に住所地のある当事者が，東京地方裁判所へ3回出頭し，訴訟費用は相手方の負担とする旨の判決を得た場合，次のとおりの算式で直線距離に基づく旅費額(25,800 円)の償還を求めることができる[48]（住所地簡易裁判所は松本簡易裁判所，出頭地簡易裁判所は東京簡易裁判所であり，両者の直線距離は 172 キロメートルである。）。

　　　172 キロメートル×50 円＝8,600 円[49]

　　　8,600 円× 3 ＝25,800 円

(イ)　住所地簡易裁判所と出頭地簡易裁判所とが同一の場合（民訴費用法2④イの(1)本文括弧内，民訴費用規2Ⅰ②[50]）

　「当事者等の出頭のための旅行の出発地」（住所等）と「出頭した場所」との間の距離に応じて次のとおり区分されている。

> ①　住所等が出頭した場所を中心として半径 500 メートルを超える[51]場所の場合（民訴費用規2Ⅰ①本文）

46　民訴費用規2条1項1号では，「出頭した場所」を管轄する簡易裁判所の主たる庁舎の所在する場所が，直線距離の算出の基準とされている。例えば，所在尋問が行われた場合，所在尋問が行われた場所を管轄する簡易裁判所の主たる庁舎の所在する場所を基準とすることになる。

47　民訴費用規2条1項1号の「当事者等の普通裁判籍」については，訴訟費用額確定処分に当たっては，原則として，訴状等に記載されている住所地（住所変更届が提出されている場合には，この届出後の出頭に関しては，変更後の住所地）に基づくことになる。

48　15 年改正前の民訴費用法では，出発地からJR松本駅までの路程賃を算定し，出頭時のJR松本駅からJR四ツ谷駅までのJR運賃，営団地下鉄四ツ谷駅から霞ヶ関駅までの地下鉄運賃を調べて合計額を計算し，その疎明資料を提出しなければならなかった。このように，勝訴当事者が旅費の償還を求める手続が煩瑣であるため，旅費に関する訴訟費用額確定手続はあまり利用されていないという指摘がされていた。

49　民訴費用規2条1項で定められた旅費額は，いずれも出頭のための往復の旅費に相当するものであるので，ここで，8,600 円× 2 ＝17,200 円との計算をする必要はない。

50　民訴費用規2条1項2号では，「出頭のための旅行の出発地」として，当事者等の住所，居所，事務所又は営業所等が列挙されているが，記録上明らかな事実関係に基づき費用額を算定することができるようにするとの民訴費用法改正の趣旨に鑑み，訴訟費用額確定処分に当たっては，原則として，訴状等に記載されている当事者等の住所地（住所変更届が提出されている場合には，この届出後の出頭に関しては，変更後の住所地）を出発地と考えることになる。

51　500 メートルを超えるか否かの判断に当たっては，「出頭した場所を管轄する簡易裁判所の主たる庁舎の所在する場所」（民訴費用規2Ⅰ①参照）を基準とするのではなく，「出頭した場所」を基準とすることに注意を要する。

1回の出頭当たり，300円

② 住所等が出頭した場所を中心として半径500メートル以内の場所の場合（民訴費用規2Ⅰ②ただし書）

当該出頭については，旅費額を認めない（0円）。

イ　実費額の償還

次の①から③までの要件を充たす場合には，当事者の選択により実費額の償還を行うことが可能とされている（民訴費用法2④イ⑴ただし書）。前記アの直線距離に基づく額の償還は，基本的に疎明資料の提出なく簡素に旅費額の償還の申立てができるという点で大きな意義を有するが，一方で，現実に当事者等が支出した旅費額を相当下回り，当事者間の公平の観点から不都合な場合も考えられる。そこで，一定の要件を課した上で実費額の償還が認められている。

① 旅行が通常の経路及び方法であること。

② 現に支払った交通費の額（実費額）が最高裁判所が定める額を超えること。

③ ①及び②を明らかにする領収書，乗車券，航空機の搭乗券の控え等の文書が提出されたこと。

① 旅行が通常の経路及び方法であること[52]。

「通常の経路及び方法」とは，複数の経路及び方法がある場合に，その中で最も安価な経路及び方法を指すのではなく，具体的状況下において合理的一般人が選択するであろう経路及び方法を指すと解される[53]。

なお，現に支払った交通費の額（実費額）が，直線距離に基づく額（民訴費用法2条4号イの⑴本文，民訴費用規2条1項に基づき算定した額。前記ア参照）を超える場合であっても，現実の旅行が「通常の経路及び方法」によるものでなかったときは，「通常の経路及び方法」により旅行した場合の交通費の額を主張して償還を受けることはできない（直線距離に基づく額の償還を受けられるに止まる。）。

② 現に支払った交通費の額（実費額）が最高裁判所が定める額を超えること。

実費額が最高裁判所が定める額（民訴費用規2条1項で定めた額）以下の場合に，当事者が実費額の償還を求めることは考えられないが，念のため確認的にこの要件が置かれたものと考えられる。

---

52 証人の旅費に関する民訴費用法25条は，「最も経済的な通常の経路及び方法」によって旅行した場合の例により旅費額を算定することを求めているが，民訴費用法2条4号イの⑴ただし書では，現実の旅行が「最も経済的」であることは要件とされていない。

53 例えば，京王線京王八王子駅とJR八王子駅の中間地点付近に居住する者が，自宅から東京地裁に出頭した場合，「最も経済的な通常の経路及び方法」は，京王線を利用した旅行（往復1,060円。京王八王子〜新宿（京王線，片道360円）〜霞ヶ関（東京メトロ丸ノ内線，片道170円））と考えられるが，民訴費用法2条4号イの⑴ただし書では「通常の経路及び方法」であることが要件とされているに過ぎないので，京王線よりも運賃が高額となるJRを利用して旅行した場合（往復1,300円。八王子〜新宿（JR，片道480円）〜霞ヶ関（東京メトロ丸の内線，片道170円））にも，実費額を償還できる途が開かれている。

第4章　民事訴訟費用の範囲と額

③　①及び②を明らかにする領収書，乗車券，航空機の搭乗券の控え等の文書が提出されたこと。

実費額の償還を行うために，①，②を裏付ける領収書等の「文書」による疎明が必要とされている。これは，書記官による訴訟費用額確定処分を容易にし，迅速かつ的確に手続が行われるようにすることを目的としていると考えられる（民訴規則24Ⅱ参照）。

旅行の日時，経路，方法及び現に支払った交通費の額を明らかにする疎明資料としては，領収書，乗車券（駅員等の了解を得た上で乗車券を持ち帰ることを認める交通機関も多いようである。）及び航空機の搭乗券の控えのほか，プリペイドカードの裏面に印字された利用明細等が考えられる。なお，これらの疎明資料の提出が困難な場合には，料金表や料金に関する交通機関からの聴取書等に加えて，当該交通機関を現実に用いたこと等に関する陳述書等を提出させることが考えられる（16年費用執務資料17頁の③参照）。

(2)　外国からの出頭（出頭のための旅行が本邦と外国との間のものを含む場合）

ア　旅行が通常の経路及び方法によるものであるとき（民訴費用法2④イの(2)本文）

実費額の償還が認められる[54]。

この償還に当たっては，領収書等の文書による疎明が求められていない。これは，外国からの旅行の場合には，領収書等の提出が困難な場合もあることを想定したためと考えられる（16年費用執務資料17頁の(2)ア参照）。

イ　旅行が通常の経路又は方法によるものでないとき（民訴費用法2④イの(2)括弧書，24）

証人に支給する旅費の例により算定した額の償還が認められる。

3　当事者等の日当及び宿泊料（民訴費用法2④ロ，ハ）

国内から出頭した場合（出頭のための旅行が本邦と外国との間のものを含まない場合）で，かつ，出頭及びそのための旅行が通常の経路及び方法によるものである場合には，日当については，現に要した日数に応じて，宿泊料については，現に宿泊した夜数に応じて，宿泊地を区分して，それぞれ最高裁判所が定める額として定額化された（民訴費用法2④ロ，ハ）。この法改正を受けて，民訴費用規で次のとおり日当及び宿泊料の額が定められている。

①　日当　　1日当たり　3,950円（民訴費用規2Ⅱ）
②　宿泊料　1夜当たり　宿泊地が甲地方の場合　8,500円

54　外国からの出頭については，前記(1)アの簡易裁判所間の直線距離に基づく額の償還といったことが考えられないことから，旅行が通常の経路及び方法である場合に限って，実費額の償還が認められた。なお，当該当事者等の住所地等が国内にあるときでも，外国から出頭した期日の旅費に関しては，民訴費用法2条4号イの(1)ではなく，(2)が適用される。

> 宿泊地が乙地方の場合　7,500円
>
> （民訴費用規2Ⅲ）
>
> ※地方の区分は旅費法別表第1に定めるところによる[55]。

　　旅行が通常の経路若しくは方法によるものでない場合又は本邦と外国との間のものを含む場合の日当及び宿泊料は，従来どおり証人の例によって算出された額とされている（民訴費用法2④ロ，ハの各ただし書）。

第3　裁判例等

　1　刑事訴訟費用に関する裁判例であるが，刑事訴訟法188条の6に定める宿泊料の支給に関し，宿泊を必要とするか否かについては，一般公務員の場合に準じて，各公判期日における審理開始又は終了の時刻，往復に利用すべき列車ダイヤ，路程距離などを勘案して判断するのが相当であるとした裁判例として，仙台高決昭53.2.14高等裁判所刑事判例集31巻1号12頁がある。

　2　当事者が宿泊しないで期日に出頭するためには早朝に自宅を出発しなければならない場合に宿泊料を訴訟費用に計上することの可否について判示した裁判例として，大阪高決昭40.10.12下民16巻10号1555頁がある[56]。

第7節　代理人の旅費，日当及び宿泊料（民訴費用法2⑤）

第1　概要

　　民訴費用法2条5号により費用とされるのは，代理人が同条4号にいう期日に出頭するための旅費，日当及び宿泊料である。

1　本条の代理人

　　本号の「代理人」からは，法定代理人及び特別代理人，すなわち当事者本人の訴訟能力の欠缺自体を補充する地位にある者は除かれる[57]が，その余の代理人（当事者等を代理して期日に出頭する者）は全て含まれる。なお，補佐人は本号の代理人に含まれないから，補佐人が期日に出頭しても，その旅費等は費用とはならない（内田解説59頁参照）。

2　代理人が二人以上期日に出頭した場合

55　「甲地方」とは，東京都，大阪市，名古屋市，横浜市，京都市及び神戸市のうち財務省令で定める地域その他これらに準ずる地域で財務省令で定めるものをいい，「乙地方」とは，その他の地域をいう（旅費法別表第1の1の備考）。なお，「財務省令で定める地域」「財務省令で定めるもの」については，国家公務員等の旅費支給規程14条，15条にそれぞれ規定されている。

56　同決定は，「訴訟当事者が午前中に指定せられた口頭弁論期日又は証拠調期日に遅れないように出頭するためには，自宅を午前6時頃出発することを要し，午前7時頃出発したのでは到底右期日に間に合うように出頭することができないときは，その当事者が期日の当日早朝自宅を出発して期日に間に合うように出頭することが不可能でない場合においても，その当事者にはこのような苦痛を忍受しなければならない信義則上の義務はない。したがって，このような場合に，右当事者が期日の開かれる場所近くに宿泊したときは，右宿泊料は訴訟を遂行するについて必要であった費用として，訴訟費用額確定に際しその額中に計上することができる。」と判示している。

57　当事者本人の訴訟能力の欠缺自体を補充する地位にある者の出頭は，民訴費用法2条4号の適用を受ける（内田解説58頁参照）。

－ 35 －

第4章　民事訴訟費用の範囲と額

代理人が二人以上期日に出頭したときは、そのうちの最も低額となる一人分のみが費用となる（民訴費用法2⑤上段三つ目の括弧書）。

3　代理人が当事者等と共に期日に出頭した場合

民訴費用法2条5号上段二つ目の括弧書で、「当事者等が出頭命令又は呼出しを受けない期日に出頭した場合を除く。」と規定されており、代理人が期日に出頭した場合でも、当事者等もまたその期日に出頭したときには、原則として、代理人の出頭についての旅費等は費用とならない。期日における行為は、当事者等においてすることができるので、代理人が期日に出頭した場合でも、当事者等もまたその期日に出頭したときには、その代理人の出頭は必要ではなかったとみるべきであるから、原則としてその出頭についての旅費等は費用としないこととされている（内田解説59頁参照）[58]。

ただし、当事者等と代理人が共に出頭した場合でも、当事者等に対して一般の期日の呼出しとは別に特に手続法規の定めにより出頭命令又は呼出しがあったときには、その期日は当事者等の出頭のほか代理人の出頭も必要であったとみることができるから、当事者等の出頭に係る旅費等のほか、代理人の出頭に係る旅費等も費用となる（内田解説59頁参照）。なお、この場合も、代理人が二人以上出頭しているときは、そのうち最も低額となる一人についての旅費等に限り費用となる。

本人が手続法規の定めにより出頭命令又は呼出しを受けた場合としては、釈明処分のために出頭が命じられた場合（民訴法151Ⅰ①）、当事者尋問のために本人を呼び出した場合（民訴法207Ⅰ、211）、和解期日への出頭命令（民訴規則32）等が考えられる。しかし、当時代理人がいなかったために本人が呼出しを受けたにすぎない場合や、代理人が選任されているのに期日の呼出しが直接本人宛にされた場合は含まれない（内田解説75頁参照）。

第2　費用額

1　代理人（法定代理人及び特別代理人を除く。）の旅費、日当及び宿泊料（以下、「旅費等」という。）についても、15年改正前の民訴費用法では、証人に支給する旅費等の例により算出することとされていた（15年改正前の民訴費用法2⑤本文）が、現行民訴費用法では当事者の利便性を向上させる観点から、当事者等の旅費等と同様の取扱いをすることとされた（民訴費用法2⑤下段本文）。その結果、例えば、旅費については、当事者等に関して直線距離に基づく額、実費額のいずれが選択されたかとは独立して、代理人の旅費についていずれの額を選択することができることになった。

2　15年改正前の民訴費用法では、代理人の旅費等については当事者等が出頭した場合におけるそれらの額を超えることができないと定められていた（15年改正前の民訴費用法2⑤ただし書）。この規定は、本人である当事者等自身が訴訟等を遂行する

58　代理人を選任して手続に関与させることができるか否かは、当事者等の事情にもよるので、当事者間の衡平を図るため、このようにされたものである（内田解説75頁参照）。

- 36 -

ことが可能である以上，代理人が出頭して訴訟等を遂行したからといって，当事者等が出頭した場合よりも高額の旅費等を費用として償還できるのは，当事者間の公平の観点から妥当でないと考えられることに基づき，代理人の旅費等の額について，当事者等の旅費等の額を上限として設定したものであり，その趣旨は，基本的には現行民訴費用法にも妥当すると考えられる。一方，現行民訴費用法においては，旅費に関して，当事者等と代理人の双方について，それぞれ，直線距離に基づく額か実費額かの選択をできることになったことから，15年改正前の民訴費用法と同様に「当事者等が出頭した場合における旅費を超えることができない」との規定をしたとしても，一義的に代理人の旅費の上限額が定まらない[59]。そこで，現行民訴費用法2条5号ただし書では，代理人の旅費等の額について，当事者等が出頭した場合における旅費等の額として裁判所が相当と認める額を超えることができない旨が定められた[60]。

なお，代理人について国内からの出頭に関する旅費の償還が求められた場合に，「裁判所が相当と認める額」（上限額）を決める際の考え方の一例を示すと，次のようになる（16年費用執務資料19頁参照）。

ア　当該訴訟費用額確定処分申立事件に関して，当事者等に関する旅費の償還も併せて求められている場合

当事者等に関して認められる旅費額を上限額とすることが考えられる。

イ　当該訴訟費用額確定処分申立事件に関して，当事者等に関する旅費の償還は求められていない場合

記録上明らかな事実関係に基づき費用額を算定することができるようにするとの法改正の趣旨に鑑み，原則として，当事者等につき，訴状等に記載されている住所地等に基づき，直線距離に基づく額を算出し，これを上限額とすることが考えられる。ただし，当事者等が住所地から出頭した場合の「最も経済的な通常の経路及び方法」及びその方法により旅行した場合の交通費の額を裏付ける疎明資料が提出された場合には，その額を上限額とすることが考えられる[61, 62]。

第3　裁判例等

1　代表者ないし代理人が電話会議の方法による弁論準備手続期日に出頭しないで関

59　日当及び宿泊料に関しても，国内からの出頭については，通常の経路及び方法による旅行とそうでない旅行との二通りに関する額が想定され，同様の問題がある。

60　訴訟費用額確定処分が書記官の権限とされていること（民訴法71Ⅰ）に鑑みると，民訴費用法2条5号下段ただし書の「裁判所」とは，広義の司法機関のうち書記官を指すと考えられる。書記官としては，当事者間の公平を図るという観点から代理人の旅費等の上限額が設定された趣旨を踏まえた上で，相当と認める額を決めることになる。

61　現実に旅行していない場合のいわばフィクションとしての交通費の額を定めるに当たっては，単に「経済的な通常の経路及び方法」ではそれによる旅行の額が一義的に定まらず，「最も経済的な通常の経路及び方法」により旅行した場合の交通費の額に関する疎明が必要と考えられる（16年費用執務資料19頁参照）。この場合の当事者の実費の疎明としては，最も経済的な通常の経路及び方法と認められる交通手段についての客観的な資料（バスの路線図，時刻表，料金表等）や陳述書によって行うことが考えられる（民訴費用法等の概要221頁）。

62　旅費についての疎明の要否等については，民訴費用法等の概要221頁以下を参考にされたい。

第4章　民事訴訟費用の範囲と額

　　　与した期日の「日当」が訴訟費用として認められるか否か，また，代理人が同一日
　　　に他の事件の期日に出頭した場合に「旅費」を全期日数で案分すべきか否かが問題
　　　となった裁判例として，最決平26.12.17判時2291号16頁がある[63]。

　2　民訴費用法2条5号の，代理人が二人以上出頭したときは，そのうち最も低額とな
　　　る一人についての旅費，日当及び宿泊料をもって代理人が期日に出頭した場合にお
　　　ける旅費，日当及び宿泊料とする旨の規定は，事案複雑，関係者多数のいわゆる大型
　　　訴訟においても適用があるとした裁判例として，名古屋高決昭55.9.4訟務月報26巻
　　　12号2138頁がある。

　3　弁護士が同一期日に数個の別個の事件の訴訟代理人として出頭した場合の訴訟費
　　　用に加えるべき日当の額について判示した裁判例として，東京高決昭41.1.27判タ
　　　190号180頁がある[64]。

　4　訴訟代理人が同一期日に他の訴訟事件にも出頭した場合に，訴訟費用額として旅
　　　費日当の全額を計上することについて判示した裁判例として，仙台高決昭35.10.28
　　　下民11巻10号2312頁がある[65]。

　5　行政庁が当事者となった訴訟事件において行政庁の所部職員が指定代理人として
　　　裁判所に出頭した日当を訴訟費用に計上することについて判示した裁判例として，
　　　東京高決昭32.10.2下民8巻10号1877頁がある[66]。

---

[63]　同決定は，「所論の点に関する原審の判断は，正当として是認することができる。」と判示した。原決定（札幌
　　高決平26.6.25）の理由の概要は次のとおりである。「民訴費用法2条4号，5号は，当事者等又は代理人が期日
　　に出頭するための「日当」が，当事者等又はその他の者が負担すべき民事訴訟等の費用の範囲であり，その額は
　　「出頭・・に現実に要した日数」に応じて最高裁判所が定める額である旨定めているところ，電話会議の方法に
　　よる弁論準備手続期日に出頭しないでその手続に関与した場合でも「期日に出頭しないで同項（民訴法170条3
　　項）の手続に関与した当事者は，その期日に出頭したものとみなす」とされており（同条4項），民訴費用法は，
　　前記の場合を「日当」の対象から除外していない。そうすると，前記の場合においても「日当」を訴訟費用額と
　　して認めた本件処分は相当である。また，訴訟費用額確定処分は，基本事件について，その訴訟記録に基づき，
　　訴訟費用の負担の額を民訴費用法等で定められた算定方法により確定するものであり，基本事件ごとに算定さ
　　れるものである。したがって，基本事件の代理人が基本事件の期日を利用して他の事件の期日に出頭している可
　　能性がある場合であっても，基本事件の「旅費」を算定するに当たり，基本事件の訴訟記録及び当事者が提出し
　　た訴訟費用額の疎明に必要な書面において基本事件の期日を利用した他事件への出頭状況を示す証拠資料があ
　　るなど特段の事情がない限り，これを考慮する必要はないというべきである。そして，本件において前記特段の
　　事情は認められない。そうすると，Y代理人が出頭した期日の「旅費」の全額を訴訟費用額として認めた本件処
　　分は相当である。」。
[64]　同決定は，「弁護士が，同一期日にたまたま数個の別個の事件の訴訟代理人として出頭した場合でも，日当は
　　各事件ごとに支給すべきものと解すべきである」と判示している。
[65]　同決定は，「本件訴訟費用額確定事件の本案訴訟事件の訴訟代理人が同一期日に他の訴訟事件の訴訟代理人と
　　して出頭したようなことがたとえあったとしても，本件訴訟費用額の確定に当たって，それを考慮する必要はな
　　い。（もっとも，右のように解するならば，他の訴訟事件でも同じような訴訟費用額の確定があることにより，
　　右のごとき訴訟代理人は同一期日に出頭しながら二つの訴訟事件につき二重に・・旅費，日当の支給を受けたが
　　ごとき結果を見ることがあり得るが，右訴訟代理人を依頼した当事者が同一人であるなら格別，そうでない限
　　り・・費用計算書等により訴訟費用額確定申立人が訴訟代理人に右旅費，日当を支給したものと一応認められる
　　以上，当該訴訟費用額確定事件としてはこれを計上すべきものと解されるから，やむを得ないことがらである。）」
　　と判示している。
[66]　同決定は，「被告行政庁がその指定代理人に出頭ごとの日当を支給するか否かはその内部の関係であるところ，
　　訴訟費用の裁判は被告と原告との間の関係において費用負担の限度及びその帰属を定めるものであるから，被
　　告行政庁において指定代理人をして裁判所に出頭させている以上，右指定代理人に対する内部的な日当支給の
　　有無にかかわらず，民事訴訟費用法の定めるところにより，その出頭日当を訴訟費用に計上できることは当然」

－38－

第8節　訴状等の書類の作成及び提出費用（民訴費用法2⑥）

第1　概説

　　民訴費用法2条6号により費用とされるのは，当事者が書類を作成し，裁判所に提出するために要した費用である。

　　なお，平成15年法律第128号による改正前は，書類の書記料及び提出費用については，提出された書類の枚数を数えるとともに，提出回数も数えなければならなかったため，その算出は非常に煩さであった（15年改正前の民訴費用法2⑥，⑦）[67]。

　　現行民訴費用法においては，利用者のアクセスを拡充するとともに当事者間の費用負担の公平を図るため，書記料と提出費用とを統合して「書類の作成及び提出の費用」とし，「事件1件」を単位として，事件の種類や，当事者等の数並びに書類の種類及び通数を基準として，通常要する書類の作成及び提出の費用の額として最高裁判所が定める額を回収することができるものとされた（民訴費用法2⑥）（16年費用執務資料2頁参照）。

　　なお，平成15年法律第128号による改正では，民訴費用法2条6号について，書記料と提出費用とが統合され，「作成及び提出の費用」との文言が用いられているが，「（当該民事訴訟等の資料とされたものに限る。）」との文言については変更がない。

　　平成15年最高裁判所規則第23号による規則改正の概要については，16年費用執務資料21頁以下を参照されたい。

1　本号にいう「書類」

　　本号にいう「書類」は，民事訴訟等に関する法令の規定により民事訴訟等を遂行するうえで当事者等において作成し提出しなければならないこととされているものである（内田解説60頁）。「訴状その他の申立書，準備書面，書証の写し，訳文等の書類」（民訴費用法2⑥上段）とあるのは例示であってこれに限定されるものではない（費用法に関する執務資料9頁）[68,69]。

2　資料性の判定について

⑴　「資料性」とは

　　民訴費用法2条6号について，書記料と提出費用とが統合され，「作成及び提出

　であると判示している。

67　15年改正前の民訴費用法によれば，書記料が書類1枚につき150円，書類の提出費用が1回につき第一種郵便物の最低料金に書留料を加えた額（500円）と定められていたことから，書類の提出枚数と提出回数を数えた上で費用額を確定しなければならず，非常に煩さで手続利用を阻害しているといわれていた（16年費用執務資料21頁参照）。

68　証拠申出書，尋問事項書等も本号にいう「書類」に含まれる（費用法に関する執務資料9頁参照）。

69　書証の原本は，それが私文書であっても官公庁から交付された書類であっても，書証の写しとは異なり，当該手続においてのみ用いられるものではないから，原則として本号の書類には当たらないと解すべきである（内田解説60頁）。もっとも，例えば，陳述書について，裁判所には原本が提出され，相手方に写しが送付され，期日において書証として提出された場合のように，原本自体が裁判所に提出され記録となっているような場合は，当該原本は，ここでいう書類に当たると解する。

- 39 -

第4章　民事訴訟費用の範囲と額

の費用」との文言が用いられているが，「（当該民事訴訟等の資料とされたものに限る。）」との文言については変更がなく，現行民訴費用法下においてもいわゆる「資料性」が要求されている。これは，民事訴訟等の資料とされたものの中に，償還請求する者が作成・提出したものが一切ない場合には，書類の作成及び提出の費用の額を計上すべきでない（すなわち，書類の作成及び提出の費用の額を償還できない。）と考えられたためである[70]（16年費用執務資料21頁参照）。

　ここにいう「民事訴訟等の資料とされた」とは，「その書類が当該手続の遂行に積極的役割をもつ手続法上の行為として提出されたうえ，司法機関の判断の資料とされ，その行為の用に供され又はその行為の契機となる状態に置かれたことをいう[71]」とされ，その判断については，「法令の規定上又は手続の慣例上その種の手続において一般的抽象的にそのように観察することができるかどうかによって判断すべきで，当該具体的事件ないしある具体的な手続の局面においてその書類の提出が実際に提出者にとって必要かつ効果的であったかどうか等については考慮すべきではない」とされている（内田解説60頁参照）。

(2)　現行民訴費用法下における「資料性」の検討

　ところで，資料性が現行民訴費用法下でも要求され，資料性についての15年改正前の民訴費用法下での議論が現行民訴費用法においても妥当するとしても，現行民訴費用法下では，次の2つの場面で，資料性を検討すれば足り，15年改正前の民訴費用法において，あらゆる書類について資料性の検討を必要としていたことに比べると，資料性の検討の必要性は限定されている。

① 各手続において基本となる費用を認め得るかどうかの場面

　現行民訴費用法では，書類の作成及び提出に関して，「事件1件」を単位として，事件類型ごとに定額化を図っているから，現行民訴費用法下では，1通でも「資料性」のある書類が提出されていれば，基本となる費用が認められる。

② 通数加算をする事件において書類が通数加算の対象になるかどうかを検討する場面

　民訴費用規別表第2の1の項下欄に定める通数加算の対象となる書面は，償還請求する者が作成及び提出したもののうち，資料性を有するものとされている。したがって，資料性が問題となるのは，同別表第2の1の項下欄㈠に定める「訴状その他の申立書及び準備書面その他の当事者の主張を記載した書面」及び同項下欄㈡に定める「書証写し」である。

(3)　資料性の判断基準について

70　例えば，被告として口頭で応訴して勝訴した場合には，当該被告が作成・提出した書類のうち民事訴訟等の資料とされたものはないので，原告に対して書類の作成及び提出の費用について償還できないことになる（16年費用執務資料21頁）。

71　旧費用法では，訴訟費用となるものは全て権利の伸張又は防禦に必要な限度の費用とされていたが，民訴費用法2条6号の「当該民事訴訟等の資料とされたものに限る。」は，従来の「権利の伸張又は防禦に必要な限度」の枠をはめたものと考えて差支えないとされている（内田解説76頁）。

- 40 -

ア　訴状その他の申立書

訴状その他の申立書は，裁判所へ提出された時点で，資料性が認められる。

イ　準備書面その他の当事者の主張を記載した書面

準備書面，請求の減縮申立書，請求の拡張申立書等の当事者の主張を記載した書面は，陳述（擬制陳述を含む。）により資料性が認められる。一部陳述された準備書面は，陳述された部分についてのみ資料性が認められる。

なお，陳述されなかった準備書面や，陳述されても後日撤回された場合は，手続遂行上の資料とされなかったのであるから，資料性は認められない。準備書面は訴え提起後，弁論終結に至るまで提出し得るが，終結後に提出された準備書面については，資料性は認められない。

口頭弁論調書等に準備書面陳述の旨の記載がないが，判決に同内容の記載がある場合には，特段の事情のない限り，当該準備書面は口頭弁論に陳述されなかったものとみるほかないが（最判昭44.5.1判タ236号115頁），判決に記載された事項は反証のない限り，裁判官が弁論において聴き取ったとみるべきである（大阪高判昭45.3.27判時607号50頁参照）から，このような場合には当該準備書面には資料性は認められないと解すべきである[72]（平成9年度書記官実務研究「新民事訴訟法における書記官事務の研究II」328頁（裁判所書記官研修所）参照）。

ウ　書証の写し

書証の写しは，取調べがなされたときに，資料性が認められる。なお，取調べがなされなかったとき又は撤回されたときには，手続遂行上の資料とされなかったのであるから，資料性は認められない。

エ　証拠申出書及び尋問事項書

証拠申出書及び尋問事項書については，証人尋問の申出が採用されなかった場合でも，証人の採否決定の資料とされたのであるから，資料性は認められるが，撤回されたときは資料性は認められない。

第2　費用額

1　基本事件

民訴費用規別表第2においては，事件類型として，「裁判所における手続を求める申立てで，基本となる手続が開始されるもの」に係る事件（民訴費用規別表第2の3の項参照）すなわち「基本事件[73]」とそれ以外の「附随事件」とに大きく二分類されているが，これは，民訴費用法別表第1の申立手数料に関する概念整理に準拠してい

---

[72]　この点，48年研究26頁は，資料性を認めている。
[73]　手続の構成上その手続自体に他の手続から独立した固有の目的があるもの。求める裁判がされてそれが完結すれば，別に上訴等のない限り他に手続が残ることはない（内田解説116頁）。

- 41 -

第4章　民事訴訟費用の範囲と額

る[74]。その上で,「申立てに係る事件」としては整理しきれない職権開始事件について,別途,同規則2条の2第1項で規定された。

　そして,全ての「基本事件」について,民訴費用規別表第2の1の項から3の項までのとおり,各事件の種類・類型に応じて,書記の労力の差異や提出される書類の多寡を考慮して,書類の作成及び提出の費用の額が設定されている。

(1)　1件につき1,500円とするもの

ア　訴えの提起(手形,小切手訴訟及び少額訴訟によるものを除く。),控訴の提起,上告の提起,上告受理の申立て,再審の訴えの提起に係る事件(民訴費用規別表第2の1の項イ)

イ　民保法の規定による保全命令の申立て,保全抗告の提起,保全命令の申立てについての裁判に対する抗告の提起に係る事件(同別表第2の1の項ロ)

　　これらの事件類型については,準備書面,書証の写し等の通数に基づく加算及び写しを送付すべき相手方数に基づく加算がある(民訴費用規2の2Ⅱ本文,別表第2の1の項)[75]。

(2)　1件につき1,000円とするもの(民訴費用規別表第2の3の項[76])[77]

　民訴費用規別表第2の3の項は,いわゆるバスケット条項となっており,基本事件のうち同表の1の項及び2の項に列挙されていないものについては,この条項により書類の作成及び提出の費用の額が1,000円となる。例えば,次のような事件

74　民訴費用法別表第1では,1の項から16の項及び18,19の項で,「基本となる手続の開始を求める申立て」が列挙され,基本手続については全て手数料を徴収することとする一方,「中間的,附随的手続に係る申立て」については,17の項に限定的に列挙されたものについてのみ手数料を徴収することとしている。なお,同表16の項は,「裁判所の裁判を求める申立てで,基本となる手続が開始されるもの」のうち,他の項に掲げる申立てを除いたものについて規定しており,他の項に該当しない「基本となる手続の開始を求める申立て」については,同項を根拠に手数料を徴収することとされている(いわゆるバスケット条項。内田解説116頁参照)。民訴費用法がこのようにバスケット条項を置いていることに倣って,民訴費用規別表第2の3の項にバスケット条項が置かれている。

75　民事訴訟事件を含むこの事件類型については,他の事件類型に比べてその提出書類が大量になることが通常予定されるので,書類の作成及び提出の費用について,他の基本事件より若干高額の1,500円を基本単価と設定した上,準備書面,書証の写し等の通数加算を行うとともに,これらを送付すべき相手方の数に基づく加算を行うこととされている。

76　この事件類型については,その申立書の提出に当たって,訴訟等と同様に書留郵便を利用する当事者も多く,この費用は通常要する提出費用と考える必要があるが,一方,書面作成のコストについては,訴訟と異なり,提出されて訴訟等の資料となるものが大量になることがあまり想定されないことを考慮して,単価が1,000円の定額とされ,加算事由は定められていない。

77　なお,消費者の財産的被害の集団的な回復のための民事の裁判手続の特例に関する法律第14条の規定による申立てについても1件につき1,000円とされている(民訴費用規別表第2の2の2の項)。

- 42 -

が該当する[78, 79]。

　ア　手形訴訟若しくは小切手訴訟による訴えの提起，少額訴訟による訴えの提起
　　に係る事件

　イ　執行基本事件（ただし，申立人以外の債権者については500円）

　ウ　破産手続開始の申立て，再生手続開始の申立て，会社更生手続開始の申立て等
　　に係る事件

　エ　抗告事件（ただし，⑴イを除く。）

　オ　民事調停事件，家事調停事件及び家事審判事件

⑶　**1件につき800円とするもの**

　ア　和解の申立て又は支払督促の申立てに係る事件（民訴費用規別表第2の2の
　　項）

　イ　職権開始事件[80]（民訴費用規2の2Ⅰ）

2　附随事件

　中間的，附随的申立てに係る事件である「附随事件[81]」に関する書類の作成及び提
出の費用については，「基本事件」について事件の種類を踏まえた上で書類の作成及
び提出の費用を設定すれば，基本的には評価し尽くせるものと考えられることから，
原則として，各基本事件の中で評価することとし，「附随事件」に関して提出された
書類については，書類の作成及び提出の費用の算定対象としないこととされた。そし
て，「附随事件」のうち，「基本事件」の中で評価し尽くせないと考えられる事件類型
についてだけ，例外的に同表の4の項から6の項のとおり限定列挙して書類の作成
及び提出の費用の額を定めることとされた[82]。

⑴　**1件につき1,500円とするもの**

78　民訴費用法別表第1の16の項では「裁判所の裁判を求める申立てで，基本となる手続が開始されるもの」と
　の文言が用いられているが，民訴費用規別表第2の3の項では，「裁判所における手続を求める申立て」との文
　言が用いられている。同項の「裁判所における手続」とは，広義の司法機関（裁判機関，書記官及び執行官）が
　取り扱う手続を指すものであり（内田解説35頁参照），執行官による強制執行又は競売の申立て（動産執行の申
　立て，不動産の引渡執行の申立て等）といった「裁判所の裁判を求める申立て」（民訴費用法別表第1の16の項）
　には該当しないものも，民訴費用規別表第2の3の項記載の申立ての中には含まれる。
　　なお，書記官に対する訴訟費用額確定処分の申立てについては，同項の「基本となる手続が開始されるもの」
　に該当せず，同表第2の5の項における附随事件としての書類の作成及び提出の費用の算定対象にもされてい
　ない。また，他に書記官に対する申立てのうち，同表の3の項に該当するものもないと考えられる。
79　民訴費用規別表第2の3の項に係る事件の詳細は，16年費用執務資料26頁を参照されたい。
80　職権により開始された基本となる手続に係る事件については，書類の作成及び提出の費用が償還されること
　は現実には殆ど想定されず，訴えの提起に係る事件等のように書類の通数を考慮する必要がないこと等を考慮
　して，800円と設定された。
81　例えば，管轄指定の申立て，特別代理人選任の申立てに係る事件等が挙げられる。
82　附随事件には多種多様なものがある一方，大多数の附随事件については，書記の労力や提出のコストが殆どか
　からないことを考慮して，当事者間の公平を図りつつ，当事者にとって煩雑とならないようにする観点から，附
　随事件のうち書類の作成及び提出の費用の額を設定するものの取捨選択が行われた。附随事件について基本事
　件とは別に書類の作成及び提出の費用を設定することとされたのは，①当事者間又は当事者・第三者間で書類の
　作成及び提出の費用について基本事件とは別途償還を認めなければならないと思われる場合（文書提出命令，引
　渡命令等），②申立てに要した費用を共益費用とする旨の明文がある場合（民執法上の保全処分等）等である。

第4章　民事訴訟費用の範囲と額

　　　　ア　手形訴訟若しくは小切手訴訟の終局判決に対する異議の申立て，少額訴訟の
　　　　　終局判決に対する異議の申立てに係る事件（民訴費用規別表第2の4の項イ）
　　　　イ　民保法の規定による保全異議の申立て，保全取消しの申立てに係る事件（同別
　　　　　表第2の4の項ロ）
　　　　　　これらの事件類型については，準備書面，書証の写し等の通数に基づく加算及
　　　　　び写しを送付すべき相手方数に基づく加算がある（民訴費用規2の2Ⅱ，別表第
　　　　　2の4の項，同1の項[83]）。
　　(2)　**1件につき800円とするもの（民訴費用規別表第2の5の項）**
　　　　　例えば，次のようなものがある。
　　　　ア　文書提出命令の申立て，訴えの提起前における証拠保全の申立て等に係る
　　　　　事件
　　　　イ　執行異議の申立て，売却のための保全処分の申立て，地代等の代払の許可を求
　　　　　める申立て，不動産引渡命令の申立て等に係る事件
　　　　ウ　破産法，民事再生法又は会社更生法の規定による裁判上の費用に係る申立て
　　　　　に係る事件
　　　　エ　再生債権の査定の申立て等に係る事件
　　(3)　**1件につき500円とするもの（民訴費用規別表第2の6の項）**
　　　　　破産法，民事再生法又は会社更生法の規定による参加の届出に係る事件[84]
　3　準用規定
　　　　民訴費用規別表第2の各項に掲げられた申立ては，その申立てをすることができ
　　　ることとする手続法上の直接の根拠規定（準用等によるのではない。）に基づいてさ
　　　れるもののみをいう。しかし，その根拠規定が他の規定により準用され又はその例に
　　　よるものとされる（明文の規定により又はその解釈により）ため，他種の手続におい
　　　ても当該申立てに準ずる申立てをすることができることとされているときは，直接
　　　の根拠規定以外の規定（準用規定又は例によるものとしている規定）に基づいてされ
　　　るその申立てに係る事件についても同等の書類の作成及び提出の費用を認めること
　　　が相当である。そこで，この点を一般的に解決するため，民訴費用規別表第2の末尾
　　　に，同表の各項の上欄に掲げる申立てには，当該申立てについての規定を準用し，又
　　　はその例によるものとする規定による申立てを含むものとする注記的な規定が置か

83　この事件類型については，附随事件ではあるものの，訴えの提起に係る事件と同様，その提出書類が大量にな
　ることが通常予定されるので，書類の作成及び提出の費用について，1,500円を基本単価として設定した上，準
　備書面，書証の写し等の通数加算を行うとともに，これらを送付すべき相手方の数に基づく加算を行うこととさ
　れている。
84　破産法等の規定によれば，手続に関与する個々の債権者の「手続参加の費用」は劣後的債権として財団から償
　還されるところ（例えば，破産債権者による債権届出に関する書類の作成及び提出の費用等。破産法99Ⅰ①，97
　⑦等。），これに関する書類の作成及び提出の費用については，基本事件である破産の申立て等に係る事件（民訴
　費用規別表第2の3の項）とは独立して償還を認めることとされたが，提出される書類は定型的なものであるこ
　とが多く，大量になることも通常は考えられないことを考慮して，前記の配当要求債権者等について認められる
　書類の作成及び提出の費用と同様に，500円とされた。

－44－

れた。

　例えば，保全執行に関する申立てについては，それが民執法の規定の準用による限り，その申立てに係る事件については，執行事件に関する書類の作成及び提出の費用と同額の償還が認められることになる。

第3　訴訟事件等における具体的な取扱い

1　訴訟事件等

　訴えの提起，保全命令申立て等に係る事件（民訴費用規別表第2の1の項）については，次のとおり書類の作成及び提出の費用を算定することになる。

(1)　原則

　1件につき1,500円（基本単価）

　ア　償還を求める者（訴訟費用額確定処分を申し立てた者）が原告であったか又は被告であったかを問わず，この金額が認められる。また，欠席判決についても，その他の終局類型の場合と同様，上記金額が認められる。

　　民訴法71条に基づき訴訟費用額確定処分の申立てがされた場合のみならず，同法72条（和解の場合の費用額の確定手続）に基づく場合にも，1件につき1,500円であり，この基本単価に後記(2)の加算が行われる。

　イ　「1件」という単位（事件数の計上方法）は，基本的には立件基準に従えばよい。ただし，弁論が分離，併合された場合等には，「事件を完結する裁判」（民訴法67 I）がされるごとに「1件」の事件と考えることになる[85]。

(2)　加算事由

ア　通数加算その1（訴状，準備書面等）（民訴費用規別表第2の1の項下欄㈠）

　当該民事訴訟等の資料とされた訴状その他の申立書及び準備書面その他の当事者の主張を記載した書面の合計通数が5を超えるときは，その超える通数15までごとに1,000円が基本単価に加算される[86,87]。

85　民訴費用規では，申立てごとに事件類型を分類していることから，基本的には，事件の件数の算定に当たっても，申立ての数に対応することになる。したがって，「1件」という単位は，基本的には，申立てに関する立件の数に依拠することになる。しかし，訴訟に関しては，訴訟の全過程を通じての訴訟費用を統一的に把握して，全部の結果をみてから裁判するのが相当であるとの観点から，原則として，事件を完結する裁判ごとに，職権で，その審級における訴訟費用の全部について，その負担の裁判をするものとされている（民訴法67 I）。このように，訴訟においては，訴え提起の当初は，訴訟費用を負担すべき者が決まっておらず，原則として，事件を完結する裁判がされることによってはじめて，どの当事者が負担すべきかが決まるのであって，事件を完結する裁判が，訴訟費用の帰すうを決める時点として大きな意義を持つ。このことに鑑みると，訴訟に関しては，事件を完結する裁判がされるごとに書類の作成及び提出の費用を含む費用についての負担を決めることになるわけであるから，この裁判がされるごとに「1件」と計上すべきと考えられる。訴訟事件に関する基本単価1,500円や後記(2)の加算事由に基づく加算額についても，このことを踏まえて設定されている。

86　通数加算の対象となるのは，償還請求する者が作成・提出したもののうち，民事訴訟等の資料とされたものに限られることに留意すべきである（相手方が提出した書類については加算対象とならない。この点は，後記イの加算事由についても同様である。）。準備書面等については，第1分類に編てつされ，期日に陳述し期日調書に記載されたもののみ計上する（16年費用執務資料30頁参照）。

87　通数加算その1は，当事者の主張を明らかにする書類の通数のみを加算事由としているから，証拠申出書，証拠説明書等は加算の基礎となる文書に含まれない（16年費用執務資料30頁参照）。

第4章　民事訴訟費用の範囲と額

合計通数	加算金額
1～5	なし
6～20	1,000 円
21～35	2,000 円
36～50	3,000 円

※　以下，15 通ごとに 1,000 円加算

イ　通数加算その2（書証）（民訴費用規別表第2の1の項下欄(ニ)）

　　当該民事訴訟等の資料とされた書証の写しの通数が 15 を超えるときは，その超える通数 50 までごとに 1,000 円が基本単価に加算される[88]。

合計通数	加算金額
1～15	なし
16～65	1,000 円
66～115	2,000 円
116～165	3,000 円

※　以下，50 通ごとに 1,000 円加算

ウ　相手方数加算（民訴費用規2の2Ⅱ本文）

　　準備書面等を送付すべき相手方の数を5で除した数（1未満の端数を生じたときは，1に切り上げる。）に民訴費用規別表第2の1の項により算出して得た額（基本単価に前記ア及びイの加算を行って得られた額）を乗じて得た額とする。

　(ア)　基本単価及び準備書面等や書証の写しの加算額を基礎として，書類を送付すべき相手方5人ごとに加算する。

　(イ)　相手方の実数が例えば 100 人であっても，一人の代理人が付いているに過ぎない場合には，「準備書面等を送付すべき相手方の数」は一人であり，相手方数加算の必要はない[89]。

88　書証については書証目録の「番号」を見て算出する。なお，書証に関する通数加算は書証が1通出されるごとに，写しを作成するための費用が必要になるとの発想に基づき設定されたものであるから，通常は，書証につき枝番号が付されている場合にも，枝番号ごとに1通として数えることになる(16 年費用執務資料 31 頁参照)。ただし，書証の枝番号が必要以上に多い場合（例えば，書類の1頁ごとに枝番号を付していたり，写真1枚ごとに枝番号を付している場合など）については，個別に検討する余地はあると思われる。

89　訴訟開始時点と事件を完結する裁判がされる時点とで，準備書面等を送付すべき相手方の数が異なる場合が考えられるが，前記(1)イのとおり，訴訟に関しては，事件を完結する裁判がされるごとに「1件」と計上すべきと解されることから考えると，事件を完結する裁判がされる時点を基準点とすることになる。民訴費用規は，相手方数加算の内容は，相手方の数5人というある程度まとまった人数ごとに変動するように設定されているが，これは，手続簡素化の観点から，訴訟の進行に連れて相手方数に変化が生じることも考慮した上で制度設計されたものと考えられる。なお，実際上は，通常の事件では，いずれの時点を基準点として相手方数を計上するかで書類の作成及び提出費用に差異が生ずることはあまり考えられないと思われる。

第3 訴訟事件等における具体的な取扱い

相手方の数	加算内容
1～5	×1（なし）
6～10	×2
11～15	×3
16～20	×4

エ　具体例

書類の作成及び提出の費用は，以下のとおり算出する。

（基本単価　＋　通数加算その1　＋　通数加算その2）×　相手方数加算

例えば，準備書面を20通，書証を70通提出し，準備書面等を送付すべき相手方の数が6であった場合には，次のとおり，書類の作成及び提出の費用を算出することになる。

（1,500＋1,000＋2,000）×　2　＝　9,000円

(3)　附随事件等

訴えの提起に係る事件に関連して，附随手続が申し立てられることがあるが，そのうち，書類の作成及び提出の費用の算定の対象となるのは，民訴費用規別表第2の5の項イに掲記されたものに限られる[90]。

なお，独立当事者参加の申出，参加承継の申出，引受承継，共同訴訟参加の申出，補助参加の申出等に関しては，「訴え提起に係る事件」（基本事件）に該当すると考えられる[91]。

(4)　その他

ア　各審級ごとの算定

書類の作成及び提出の費用については，各審級ごとに基本単価及びこれに対する加算を行うことになる。また，上告の提起と上告受理の申立てとは，別個の事件として取り扱い，それぞれ，基本単価及びこれに対する加算を行うことになる。

イ　行政訴訟事件等

行政訴訟事件や人事訴訟事件についても，通常訴訟事件と同様，前記のとおりの取扱いをすることになるが，民訴費用規別表第2の5の項ホからトまでに掲記のとおり一定の附随事件について別途書類の作成及び提出の費用が認められ

90　15年改正前の民訴費用法下では，管轄指定申立書，特別代理人選任申立書，移送の申立書等についても，訴訟等の資料とされた場合には，書記料・提出費用の算定対象とされていたが，現行民訴費用法では，これらを考慮する必要がなくなり，別表第2の5の項における附随事件としての書類の作成及び提出の費用の算定対象にもされていない。
91　具体的には，独立当事者参加等が認められた場合には，通常の訴えの提起と同等に考え，参加の可否に関する準備書面も含めて通数を算定した上，「訴え提起に係る事件」の書類の作成及び提出の費用を算定することになり，却下された場合にも，参加の可否に関する準備書面と書証のみを取り上げて通数を算定した上，同様の費用を算出することになる。

第4章　民事訴訟費用の範囲と額

ていることに留意する必要がある。

ウ　手形訴訟，少額訴訟等

(ア)　手形訴訟，小切手訴訟及び少額訴訟による訴えの提起に係る事件

民訴法の規定による手形訴訟，小切手訴訟及び少額訴訟による訴えの提起に係る事件自体については，手形訴訟等の手続に止まっている限り，提出される書類が大量になることも通常想定されないし，これと関連して，相手方が複数の場合でも準備書面等の写しが大量に提出されることも想定されないことから，1,000円の定額とされている[92]。

(イ)　異議の申立てに係る事件

民訴法の規定による手形訴訟若しくは小切手訴訟の終局判決又は少額訴訟の終局判決に対する異議の申立てについては，附随事件ではある（民訴費用法別表第1の17の項イ参照）ものの，通常訴訟同様に複数の書面が提出される可能性があることから，民訴費用規別表第2の4の項イに掲げて「1の項の例により算定した額」（同項下欄）とすることにより通数加算を行い，民訴費用規2条の2第2項本文により相手方数加算を行うこととされている。その上で，異議の前後で書類の作成及び提出の費用が二重計上とならないよう，民訴法の規定による手形訴訟若しくは小切手訴訟の終局判決又は少額訴訟の終局判決に対する異議の申立てについては1,000円を控除することとされている[93]（同項ただし書②）。

(ウ)　通常移行した場合の取扱い

なお，手形訴訟等による訴えの提起がされた後通常移行（民訴法353, 373）した場合の取扱いが問題になる。

手形訴訟等による訴え提起も原則的には「訴えの提起に係る事件」（民訴費用規別表第2の1の項参照）に該当しうるものの，前記のとおり提出される書類が大量になることが通常想定されないことから，通常の訴訟事件と異なり，書類の作成及び提出の費用について，1,000円の定額とされたに過ぎない。これに対して，通常移行した場合には，通常は，訴訟手続の進行に伴い当事者間

92　民訴費用規別表第2の1の項イで，「民事訴訟法の規定による手形訴訟，小切手訴訟及び少額訴訟によるものを除く。」と規定されており，これら訴訟類型については，同表の3の項の「基本となる手続が開始されるもの」で読み込むことになる。

93　民訴法363条及び379条で，「異議を却下し，又は手形訴訟においてした訴訟費用の負担の裁判を認可する場合には，裁判所は，異議の申立てがあった後の訴訟費用の負担について裁判をしなければならない」とされていることから，書類の作成及び提出の費用についても，異議の前後で分離する必要があり，民訴費用規では，異議の申立てに係る事件に関して独立して書類の作成及び提出の費用が設定された。手形訴訟と異議後の通常手続とは一体の口頭弁論に基づき，同一の審級で行われる（民訴法361, 379参照）以上は，一般原則によれば，異議裁判所は異議の前後を通じた訴訟費用全部についての裁判をしなければならないはずである（民訴法67 I 本文）が，同法363条及び379条は，既に手形訴訟の費用について訴訟費用の裁判が存在することから手形訴訟の段階での訴訟費用と異議後の訴訟費用とを分離して訴訟費用の裁判をする方が合理的であるとの観点から設けられた特則と解されている。

－ 48 －

第3　訴訟事件等における具体的な取扱い

で書類が複数回交換されることが見込まれるから，訴訟費用額確定処分に当たっても，原則どおり，手形訴訟等による訴えの提起に関して，「訴えの提起に係る事件」として書類の作成及び提出の費用の算定を行うことになる[94]。

2　民事保全事件

(1)　民保法の規定による保全命令の申立てに係る事件

訴えの提起に係る事件と同様，1,500円の基本単価を設定し，通数加算及び相手方数加算を行うこととされている。また，保全抗告の提起（民保法41），保全命令の申立てについての裁判に対する抗告の提起（同法 19）についても，他の抗告事件と異なり多数の書類が提出される可能性が大きいことから，通数加算をすることになる（民訴費用規別表第2の1の項ロ）。

なお，再抗告については，保全抗告等に比べて多数の書類が提出される可能性が低いため，民訴費用法別表第1の 18 の項(1)と異なり，「(抗告裁判所の裁判を含む。)」との文言は記載されず，民訴費用規別表第2の3の項で，1,000円の定額とされている。

(2)　保全異議事件等

保全異議事件においても，手形訴訟等と同様に，保全命令の認可，変更又は取消しが行われることから，保全命令申立事件に固有の書類の作成及び提出の費用を控除すべきとも考えられるが，保全命令においては，保全異議審とは独立して大量に書類が提出される場面も多いことから，控除しないこととされている。また，保全取消事件についても，本案の訴えの不提起等による取消し（民保法 37）の場合については，当事者間における書面のやりとりがあまり想定されず，提出される書面の数も少量であるため定額とすることも考えられたが，他の事情の変更及び特別の事情による取消し（同法 38，39）の場合には，書類の量が多数になることも考えられることから，通数加算及び相手方数加算をすることとされている[95]。

(3)　その他

保全執行停止・執行処分の取消しの申立書，仮処分命令を取り消す場合の原状回復の申立書及び保全命令取消しの効力停止の申立書，起訴命令申立書等については，書類の作成及び提出の費用の算定に当たっては考慮する必要がない（民保法の規定による保全命令の申立てに係る事件の中で評価し尽くされているものと考えられている。）。

3　支払督促事件

(1)　支払督促

94　この場合，「基本となる手続が開始されるもの」（民訴費用規別表第2の3の項）としては扱わないことになる。
95　保全異議や保全取消しは，附随事件なので（民訴費用法別表第1の 17 の項ハ参照），民訴費用規別表第2の4の項ロに掲げ，ただ，「一の項の例により算定した額」（同項下欄）とすることにより通数加算を行い，民訴費用規2条の2第2項本文により相手方加算を行うこととされている。

－ 49 －

第4章　民事訴訟費用の範囲と額

　　　　支払督促に関する書類の作成及び提出の費用については，事件1件につき800円に定額化されている[96]（民訴費用規2の2I，別表第2の2の項）。

　　　　さらに，支払督促については，訴訟事件（本節第3の1参照）と異なり，債務者が複数の場合でも相手方の人数に応じた加算をする必要はないものとされている。これは，支払督促事件については，訴訟等の資料とされる書類の数が相手方の人数の増加によって大量になることは通常想定されていないためである。

⑵　**督促異議**

　ア　**基本構造**

　　　　適法な督促異議があると，支払督促の申立ての時に訴えの提起があったものとみなされるが，この場合，督促手続の費用は訴訟費用の一部とされる（民訴法395）。民訴費用規では，書類の作成及び提出の費用については，①督促異議前の部分と②督促異議後の訴訟に関する部分とに分けるとともに，①については，督促異議の申立てが仮執行宣言の前であるか後であるかを問わず800円とし（民訴費用規2の2I，別表第2の2の項），②については，当初から訴訟を提起した場合と同様に，準備書面，書証等に基づく通数加算及び相手方数加算を行った上で800円（支払督促の申立てに係る事件について民訴費用規別表第2の2の項において書類の作成及び提出の費用として認められている額）を控除することとされている（民訴費用規2の2I，II，別表第2の1の項イ）。

　　　　督促異議があると支払督促の申立ての時に訴えの提起があったものとみなされるため，民訴費用規では，督促異議申立てに係る事件については，「訴えの提起」に係る事件として位置付けられ，基本的には通常の訴訟事件と同様に書類の作成及び提出の費用を算出するものとされている。ただ，督促異議の申立て後の訴訟手続においては，原告（債権者）側から提出される書類の量が，通常訴訟を提起した場合に比べると少ない場合が多いこと等を考慮して，通常の訴訟事件と同様の書類の作成及び提出の費用の額から，督促事件の書類の作成及び提出の費用に相当する800円を控除することとされている（民訴費用規2の2II）[97]。

　イ　**異議申立てがあった場合の取扱い**

　　⑺　**仮執行宣言前の督促異議があった場合**

　　　　　支払督促の申立てから督促異議の申立て前までの費用（支払督促正本送達までに要する手続費用）については，訴訟費用の一部として扱われ（民訴法395），訴訟費用額確定処分（民訴法71）を受けた上で，督促異議後の訴訟に関する書類の作成及び提出の費用と合わせて償還することができる。

96　支払督促の申立てと仮執行宣言の申立てに関する書類の作成及び提出の費用がまとめて定額化された。
97　訴え提起前の和解の申立てについても，和解が調わない場合において，和解の期日に出頭した当事者双方の申立てがあるときは，訴えを提起したものとみなされ，和解の費用は，訴訟費用の一部とされる（民訴法275II）が，この場合の書類の作成及び提出の費用についても，督促異議があった場合と同様に取り扱うことになる（民訴費用規2の2I，II，別表第2の2の項，1の項イ）。

－ 50 －

原告（債権者）が勝訴して訴訟費用につき被告（債務者）の全部負担とされた場合には，被告（債務者）から，1,500円に通数加算及び相手方数加算を施した金額（通数加算は，民訴費用規別表第2の1の項下欄ただし書に基づき，相手方数加算は，民訴費用規2条の2第2項本文に基づき行う。以下同じ。）を償還することができる。

　　　訴訟費用額確定処分の申立てを受けた場合，800円（督促異議前の部分）[98]＋{（1,500円＋α）−800円｝（督促異議後の訴訟に関する部分）＝1,500円＋αとの計算を行うことになる（αは，通数加算及び相手方数加算部分）。

　　　被告（債務者）が勝訴して訴訟費用につき原告（債権者）の全部負担とされた場合には，被告（債務者）は，原告（債権者）から，1,500円に通数加算及び相手方数加算を施した金額から800円を控除した金額を償還することができる。

　　　被告（債務者）は，督促異議前には書類を提出していないので，督促異議前の部分については，書類の作成及び提出の費用は発生していない。そのため，（1,500円＋α）−800円（督促異議後の訴訟に関する部分）のみを償還することができる。

　　　なお，通数加算に当たっては，督促異議申立書も加算対象となる「準備書面その他の当事者の主張を記載した書面」（民訴費用規別表第2の1の項下欄㈠）に含まれるものと考えられる。

㈦　仮執行宣言後の督促異議があった場合

　　　この場合も，支払督促の申立てから督促異議の申立て前までの費用（仮執行宣言までに要する手続費用）については，訴訟費用の一部として扱われるが（民訴法395），一方で仮執行宣言付支払督促にも付記されて執行力を有する。

　　　そこで，原告（債権者）が勝訴し，当該支払督促の認可判決をする場合には，実務上は，督促手続費用について二重に債務名義が存在することを回避するため，「督促異議申立て後の訴訟費用は被告の負担とする」旨の主文が用いられることが多い。この場合，原告（債権者）は，書類の作成及び提出の費用のうち，800円（督促異議前の部分）については，仮執行宣言付支払督促の正本に基づき，認可判決中で認められた訴訟費用たる（1,500円＋α）−800円（督促異議後の訴訟に関する部分）については，訴訟費用額確定処分（民訴法71）を受けた上で，被告（債務者）から償還することができる[99]。

　　　他方，被告（債務者）が勝訴して当該支払督促の取消判決がされ，訴訟費用につき原告（債権者）の全部負担とされた場合には，被告（債務者）は，訴訟

98　仮執行宣言が発付されなかった場合にも，支払督促の申立てに係る事件に関する書類の作成及び提出の費用としては，800円から減額する必要はない。

99　償還を受けるための手続は，前記㈦（仮執行宣言前の督促異議があった場合）と異なるが，合計で1,500円＋αの償還ができることに変わりはない。

第4章　民事訴訟費用の範囲と額

費用額確定処分を受けた上で，前記(ア)同様，原告（債権者）から，1,500円に通数加算及び相手方数加算を施した金額から800円を控除した金額を償還することができる。

ウ　異議申立てが取り下げられた場合の取扱い

異議申立ての取下げは，仮執行宣言の前後を問わず，第一審の終局判決があるまでは控訴の取下げに準じて許されるが，督促異議申立て後その取下げまでの間に生じた訴訟費用は，督促手続費用には含まれないため，仮執行宣言発付の際に申立手続費用として計上しないとの扱いが実務上多数を占めると考えられる。

この扱いによった場合，原告（債権者）は，書類の作成及び提出の費用のうち，支払督促の申立てに係る800円については，仮執行宣言付支払督促の正本に基づき，督促異議申立て後その取下げまでの間に生じた訴訟費用たる（1,500円＋α）－800円については，民訴法73条1項に基づき支払督促を発付した書記官の所属する簡易裁判所に対して訴訟費用負担の裁判を求めた上，さらに具体的な費用額につき訴訟費用額確定処分を受け，被告（債務者）から償還することになる。

4　非訟事件

非訟事件においては，費用について，基本的には各自負担[100]とすることとされている（非訟法26Ⅰ）ので，書類の作成及び提出の費用の償還が問題になる場面はあまり考えられないが，以下代表的な手続を例示して概説する。

なお，非訟事件の基本事件に関する書類の作成及び提出の費用については，当事者から提出される書類には定型的なものも多く，かつ，その分量が大量になることは通常想定されないことから，全て事件1件につき1,000円に定額化されている（民訴費用規2の2Ⅰ，別表第2の3の項）。

また，非訟事件においては，当事者から書類が提出されず，口頭のみで手続が進行する例も多いと考えられる。償還請求する当事者について，民事訴訟等の資料とされた書類の提出が認められない場合には，当該当事者については，書類の作成及び提出の費用の額を計上されないこととなると考えられる。

＜民事調停事件＞

(1)　基本事件

ア　申立てに係る事件（民訴費用規2の2Ⅰ，別表第2の3の項）

民調法による調停の申立てに係る事件（民訴費用法別表第1の14の項参照）

1件につき1,000円の書類の作成及び提出の費用が認められる。

100　旧非訟法（明治31年法律第14号）は，申立人負担の原則を採っていたが（旧非訟法26条），簡易迅速な処理の要請から手続費用の償還の問題が生じないようにするため，また，申立人は必ずしも自らの利益のために申立てをしているとは限らないことを考慮し，公平の観点から，各自負担の原則を採ることに変更された（非訟一問一答60頁）。

イ　職権開始事件[101]（民訴費用規2の2Ⅰ）

　　1件につき800円

(2)　附随事件

民事調停事件に関する附随手続のうち，民訴費用規別表第2の4の項から6の項までに掲記されたものはないため，これらの手続に関しては，書類の作成及び提出の費用の算定の対象とならない。

第9節　官庁等から書類の交付を受けるために要する費用（民訴費用法2⑦）

第1　概説

民訴費用法2条7号により費用とされるのは，官庁その他の公の団体又は公証人（以下，本項において「官庁等」という。）から，同条6号の書類の交付を受けるための費用である[102]。

本号により費用償還が認められる書類は，資料性が要求され，「手続法規の規定又はその解釈により特にその官庁等の作成した文書の提出が求められている場合において提出されたものに限られる」とされている（内田解説64～65頁）。

なお，書証として利用するために官庁等から書類の交付を受ける場合（所有権の立証のための登記事項証明書，相続を証明するための戸籍謄本等）の費用は，本号の適用を受けないと考えられる（講義案Ⅱ142頁，48年研究38頁参照）。

1　戸籍謄（抄）本，登記事項証明書

法定代理人，法人の代表者の資格を証明するため（民訴規則15，18）又は訴訟手続受継申立て（民訴法124Ⅰ）のためなどの場合のほか，不動産に関する事件[103]において訴状の添付書類として不動産登記事項証明書を提出する場合（民訴規則55Ⅰ①）が考えられる[104]。

2　固定資産評価証明書

訴額を明らかにするため必要がある場合に限られる。

3　期日指定証明書（民訴規則37②）

期日変更申立てをする場合で，他の事件の期日が指定されていることを証明する必要がある場合に限られる。

第2　費用額

101　例えば，受訴裁判所が職権で調停に付した事件（民調法20Ⅰ）が考えられる。

102　本号の書類も民訴費用法2条6号の書類の一部であるから，提出されて民事訴訟等の資料とされたものである限り，同条6号の書類の作成及び提出費用を生ずると考えられるが，本号の費用が生ずる場合には同条6号の費用は生じない（内田解説65頁参照）。

103　「不動産に関する事件」とは，民訴法5条12号における「不動産に関する訴え」と同義であり，不動産上の物権に関する事件等，不動産に関する権利を目的とする事件を指す（条解民訴規則122頁）。

104　人事訴訟事件において，訴状の添付書類として，①当該訴えに係る身分関係の当事者の戸籍謄本のほか，②人訴法15条1項に規定する利害関係人の有無並びにその氏名及び住所又は居所を明らかにするために必要な他の戸籍謄本その他の書類の提出が必要とされるところ（人訴規則13），この場合の戸籍謄本及び「その他の書類」として官庁等から取り寄せた書類（例えば住民票など）は，本号の書類に当たると考えられる。

－53－

第4章　民事訴訟費用の範囲と額

　　本号の費用となる額は，その官庁等に支払うべき手数料の額[105]に第一種郵便物の最低料金の2倍の額の範囲内において最高裁判所が定める額を加えた額とされており，その加算されるべき額は，民訴費用規2条の3により定められている。

第10節　民訴費用法2条6号の訳文の翻訳料（民訴費用法2⑧）

第1　概説

　　民訴費用法2条8号により費用とされるのは，同条6号の書類についての裁判所に提出する訳文の翻訳料である[106]。本号の訳文は，手続法規の定めるところにより当事者等から裁判所に提出され，かつ，民事訴訟等の資料とされたものに限られる[107]。

　　裁判所に訳文を提出する場合としては，外国語の書証を提出する場合の訳文（民訴規則138 I）及び外国における送達又は証拠調べを嘱託する場合に添付する訳文（民事訴訟手続に関する条約等の実施に伴う民事訴訟手続の特例等に関する規則2，5，11）があげられる。

第2　費用額

　　本号の費用となる翻訳料の額は，民訴費用規3条により，定められている。なお，同条にいう「その他のもの」とは，ある外国語から他の外国語への翻訳[108]及び点字などの国字以外の文字による文書の翻訳をいう（内田解説66頁）。

1　外国語を日本語に翻訳したもの

　　訳文を記載した400字詰め用紙1枚につき 1,600 円

2　日本語を外国語に翻訳したもの

　　原文を記載した400字詰め用紙1枚につき 3,000 円

3　その他のもの

　　訳文を記載した用紙1枚につき裁判所が相当と認める額

4　留意点

　　翻訳料の算定の基礎となる用紙の枚数は，外国語から日本語の翻訳及び日本語から外国語の翻訳のいずれの場合にも，原文又は訳文である日本語を記載した用紙の枚数による。「400字詰め用紙1枚につき」とは，用紙の枚数は400字詰めを1枚として算定するという意味であり，400字詰めの用紙以外の用紙に記載されてある場合には，400字詰めの用紙に換算した枚数により算定することになる。したがって，200

105　この手数料について，例えば，登記事項証明書については登記手数料令2条1項に，裁判所の証明書（例えば送達証明）については民訴費用法7条別表第2の3の項に，それぞれ定められている。戸籍謄本等の手数料については，政令で定める金額を徴収することを標準として，各市町村の条例で定められる（地方自治法227，228 I，地方公共団体の手数料の標準に関する政令本則の表8の項）（講義案Ⅱ142頁（注2）参照）。

106　民訴費用法2条6号の訳文については，同号の書類の作成及び提出費用のほか，本号の翻訳料が費用として償還関係の対象となる（内田解説65頁参照）。

107　外国語の書証を提出する場合の訳文については，当該書証を取り調べたとき，外国における送達を嘱託するに際し添付すべき訳文については，当該送達の嘱託がなされたときに，それぞれ資料性が認められる（内田解説61頁参照）。

108　例えば，ドイツにおける送達を嘱託するために他の外国語（例えば英語）が原文である文書について送達受託国語の訳文（この例ではドイツの訳文）を作成する場合などに必要となる。

- 54 -

字詰め用紙に記載されている場合はその2枚で1枚となり，800字詰め用紙に記載されている場合は1枚で2枚となる。もっとも，行替えその他により自然にできた空白がある場合には，それが適正である以上は，字の間隔を詰めないで用紙の枚数を算定すべきである。このようにして計算した結果，最後に400字に足りない字数が残った場合にも，これを400字詰めの用紙1枚とみなして算定する。この最後の場合において，現実の用紙が200字詰めであっても，用紙の枚数は0.5枚でなく1枚とすべきである（内田解説66頁）。

第11節　文書又は物を裁判所に送付した費用（民訴費用法2⑨）

第1　概説

　　民訴費用法2条9号により費用とされるのは，当事者等又は訴訟代理人が文書又は物を裁判所に送付した費用である[109]。

　　本号は，書証とすべき文書又は検証物の目的物を裁判所に送付する費用を民事訴訟等の費用としたもので，元来，多量又は重量のある文書，物を搬入する必要がある場合に備えた規定である。

　　本号の「送付」とは，別段の手段により目的物を裁判所に運んだことをいう。文書等は，通常の場合，当事者等又は代理人が口頭弁論期日等に出頭する際携帯し，本号にいう「送付」がないから，本号の費用は生じないと考えられている。したがって，文書についてこの送付費用が認められるのは，大量の商業帳簿等を書証として搬入した場合などに限られる。

　　本号の文書又は物は，権利の伸張又は防御に必要な限度のものを費用とするため，「裁判所が取り調べたものに限る。」とされているが，これは民訴費用法2条6号の書類が「当該民事訴訟等の資料とされたものに限る。」とされているのと同じ趣旨である（内田解説67頁参照）。

第2　費用額

　　本号の費用となる額は，「通常の方法により送付した場合における実費の額」である。これは，当事者が現実に支出した額ではなく，当該文書又は物の容積，重量，破損可能性等を考慮した通常の運搬方法によった場合において支出を要する額とされている（内田解説67頁参照）。

　　文書又は物を郵送する必要性が認められる場合には，書留料も訴訟費用になると解する。速達によることが通常と認められる場合の速達料も同様である（費用法に関する執務資料24頁）。

第12節　付添弁護士等の報酬及び費用（民訴費用法2⑩）

109　鑑定書の送付費用，書類の取寄費用などは，民訴費用法11条1項1号の費用で予納金から支払われるから，同法2条2号の費用となり，本号の費用ではない（48年研究42頁参照）。

第4章　民事訴訟費用の範囲と額

第1　概説

　民訴費用法2条10号により費用とされるのは，民事訴訟等に関する法令の規定により裁判所が選任を命じた場合において，当事者等が選任した弁護士又は裁判所が選任した弁護士に支払った報酬及び費用である。

　法令の規定により，裁判所が当事者等に弁護士の選任を命ずる場合としては，民事訴訟で当事者に弁論能力が欠けるものとして陳述を禁じ，必要があると認めて弁護士の付添いを命じる場合（民訴法155Ⅱ）と，人事訴訟において行為能力に制限を受けた者について，申立てにより又は職権をもって裁判長が弁護士を訴訟代理人に選任する場合（人訴法13Ⅱ，Ⅲ）である。

　なお，本号の費用として認められるためには，法令が特に弁護士を選任すべきものとしている場合に限られるから，民訴法35条の規定により選任した特別代理人が弁護士であっても，本号の裁判所が選任した弁護士には当たらない（内田解説77頁参照）[110]。

第2　費用額

　本号の費用となる額は，付添弁護士の選任が当該当事者の側の特別の事由（弁論能力の欠缺）によりされるものであることに鑑み，相手方当事者との衡平を図るため，実際に当事者が弁護士に支払った額ではなく，裁判所が相当と認める額とされている。

---

[110]　民訴法35条の特別代理人については，民訴費用法3条・別表第1の17の項イにより申立手数料が，同法2条2号により特別代理人の報酬及び選任書の送付費用等が訴訟費用になる。なお，特別代理人の報酬は，同法11条1項1号，同12条1項により予納させることになる（費用法に関する執務資料3頁参照）。

- 56 -

第5章　訴訟費用の負担の裁判

第1節　訴訟費用の負担の裁判
第1　総論

　　当事者は，原則として，訴訟の追行に当たって必要となる訴訟費用を自ら支出しなければならない。これに対し，裁判所は，事件を完結する裁判において，職権で，その審級における訴訟費用の全部について，その負担の裁判をしなければならない（民訴法67Ⅰ）。この裁判によって，訴訟費用の負担を命ぜられた当事者は，自分の支出した訴訟費用を負担し，相手方に対してこれを請求することができないが，相手方は自ら支出した訴訟費用を，訴訟費用の負担を命ぜられた者に対して請求することができる[111]。この請求権を訴訟費用償還請求権という。

　　裁判及び和解によらないで訴訟が完結した場合においても，申立てにより裁判所は訴訟費用の負担を命ずる決定をする（民訴法 73）から，当事者の一方が訴訟費用償還請求権を有することになる。

第2　訴訟費用の負担の決め方

　　訴訟費用の負担の裁判は，相対立する当事者のいずれかをその負担者であると決めるのが原則である[112]。しかし，例外として，当事者と第三者との間に生じた費用の負担を決めることがある。例えば，法定代理人・訴訟代理人・書記官・執行官が故意又は重過失によって生じさせた無益な費用をそれらの者に（民訴法69Ⅰ），無権代理人が提起した訴えが却下されたことによって生じた無益な費用その他無権代理人の訴訟行為によって生じた訴訟費用を無権代理人に（民訴法70, 69Ⅱ），補助参加によって生じた費用を補助参加の申出を許されないとされた補助参加人に（民訴法66），また，証人・鑑定人の不出頭によって生じた費用及び証言又は鑑定の拒絶が理由のないことを中間の裁判で確定した場合における，その裁判の費用を証人・鑑定人に（民訴法192Ⅰ・201Ⅴ，216），それぞれ負担させるなどがある（秋山ほかコンメⅡ12頁）。

　　しかし，対立関係にない共同訴訟人間で誰かを訴訟費用の負担者と決めることはない[113]。また，裁判所が訴訟費用を負担することもない。

---

[111] 訴訟費用の負担の裁判は，訴訟費用償還請求権の存在を確定し，その償還を命じる裁判であるが，同時に費用負担者の相手方に対する償還請求権が不存在であることを消極的に確定する性質も併有している。この点，鈴木訴訟費用の裁判927頁は，償還請求権者の支出した費用額につき相手方に償還義務があるとする部分は，給付判決であり，償還義務者自身が支出した費用額につき相手方に償還請求する権利がないとする部分は消極的確認の裁判の法的性質を有するとしている。

[112] 立替金につき予納がされないまま訴訟が進行した場合，訴訟上の救助により裁判費用の支払が猶予されて訴訟が進行した場合には，訴訟費用の裁判によって費用の負担者とされた者から，国がそれらの費用の取立てをすることができることとされている（民訴費用法14, 15, 16）が，この場合も，訴訟費用の裁判が国と当事者との間の費用の負担を定めるわけではなく，当事者間の費用の負担を定める訴訟費用の裁判を契機として，民訴費用法の規定が，国庫に損失を生ぜしめないように，簡便な方法で所要の費用の取立てを可能にする特別の手続を設けたにすぎないから，これを例外とみる必要はないとされている（菊井・村松Ⅰ578頁参照）。

[113] 共同訴訟人相互間の訴訟費用の負担については，民訴法は関知せず，当事者間の内部関係として，当事者の合意又は実体法ないし衡平の観念に従って解決すべきものとされている（秋山ほかコンメⅡ31頁参照）。

第5章　訴訟費用の負担の裁判

第3　訴訟費用の負担の裁判の職権性

　訴訟費用の負担の裁判は，原則として職権でなされる（民訴法67 I）。和解の場合を除いて，訴訟費用については当事者の合意に基づいて負担させることはできないとの見解（鈴木訴訟費用の裁判929頁）もあるが，本来この債務は私法上のものであるから，訴訟費用の負担について当事者間に合意が成立すれば裁判所はこれに拘束されると解する（秋山ほかコンメⅡ13頁，斎藤注解28頁，新堂ほか注釈(2)428頁）[114]。

　事件を完結する裁判においては，裁判所は必ずその審級における訴訟費用の全部についてその負担の裁判をしなければならない（民訴法67 I 本文）。事件を完結する裁判が上級審の裁判であって，本案の裁判を変更する場合及び事件の差戻し・移送を受けた裁判所が事件を完結する裁判をする場合は，各審級を通じて訴訟の総費用について裁判しなければならない（民訴法67 II）。

　一部判決をする場合については，裁判所の裁量で裁判をすることができる旨の規定があるが（民訴法67 I ただし書），一部判決の段階では，訴訟全体についての勝敗の程度が未定であり，判決をする一部又は本訴若しくは反訴の費用と残余の部分の費用は，通常は分離しがたいことから，訴訟費用の負担の裁判をするのは適当でないとされている（菊井・村松 I 581頁参照）。しかし，共同訴訟において，共同訴訟人の一部の者の請求について，一部判決がなされるような場合には，訴訟費用の負担の裁判をするのが適当と考えられている（菊井・村松 I 581頁，斎藤注解65頁）。当該共同訴訟人と相手方との間では，その審級における訴訟は終了しているのに，訴訟費用の部分だけが残り，最終的にこれについての裁判がなされても，その費用の裁判に対しては，上訴によって不服申立てをすることができない不都合が生じるからである（民訴法282，313，331）。

　中間判決においては，原則として訴訟費用の負担について裁判できないが，第三者との間の中間の争いを解決する裁判をする場合における手続費用に関しては，例外として認められる（民訴法67 I ただし書）。

　訴訟費用の負担の裁判を脱漏した場合には，決定で裁判するか，控訴審の判決で裁判する（民訴法258 II，IV）（菊井・村松 I 582頁参照）。

第4　訴訟費用の負担の裁判に対する不服申立て

　訴訟費用の負担の裁判に対しては，独立して上訴をすることができない（民訴法282，313，331）。訴訟費用の負担の裁判は本案の裁判に対して従たる裁判であるから，訴訟費用の負担の裁判の当否の審査を求めるため上訴し，その結果本案の裁判の確定を遮断することは本末顛倒と考えられ，禁止されている（秋山ほかコンメⅡ13頁）。

---

[114]　訴訟費用の負担の裁判の職権性については，必ずしも公益上の要請に基づくものではなく，民事訴訟の政策的理由により，当事者の当然の意思を推定して定めたものであるとする見解がある（福嶋訴訟費用143頁参照）。一方で，裁判費用の支払を猶予している場合（訴訟上の救助），予納金なくして費用を要する裁判所の行為がなされた場合等において，裁判所，弁護士，執行官等が直接費用を債務者から取り立てることができる（民訴法85，民訴費用法15，16）関係から，この裁判については国庫又は第三者も利害関係を有することを職権性の理由とする見解もある（訴訟費用の研究56頁参照）。

－ 58 －

第5　訴訟費用不可分の原則

　訴訟費用の負担の裁判は，原則として，訴訟の全過程の訴訟費用について統一的にされるべきものとされている。これを訴訟費用不可分の原則という。

　訴訟費用は訴えの提起又は上訴の提起（若しくはその準備）の時から当該審級が完結する時まで，逐次に支出されていくのであるから，ある訴訟行為のために要した費用やある期日のために要した費用を全訴訟費用の中から取り出して考えることや，請求の客観的及び主観的併合の場合に，その中の個々の請求又は一部の当事者間の請求の訴訟費用を他の部分と分離して考えることも観念的には可能である。しかし，現実の訴訟においては，ある一つの訴訟行為に要した費用のごとくに見えても，それは必然的に他の訴訟行為のためにもなっていることが多いし，ある証人尋問は，数個の請求中の一つにのみ又は数人の当事者中にある一人の関係でのみなされるということは稀であり，通常全請求又は全当事者に関係するということができる。したがって，全訴訟費用中のある額を特定の訴訟行為又は特定の請求の費用であるとして分離することは，現実には極めて困難であるか又は不能であることが普通である。そこで，法律は原則として訴訟費用は分離せずに全体として負担させるという建前を取っている（訴訟費用の研究59頁）。

　なお，訴訟の全過程の費用には，その本案訴訟事件の手続費用だけではなく，これに関連する附随手続及び訴訟終了後の手続における費用をも含んでいる。この点，訴訟費用額確定処分における関連手続の範囲等の詳細については，第2編第4章第3節第1を参照されたい。

第2節　訴訟費用償還請求権（償還債務）

第1　総論

　訴訟費用の負担を命じられた者が相手方に対して負担する訴訟費用償還債務は，訴訟物である実体法上の法律関係から生じるものではなく，訴訟関係から生じるものである。訴訟関係から生じるとしても，民訴法の規定から当然に生じるのではなく，原則として，訴訟費用の負担を定める裁判によって生じるものである[115]。

　判決確定後に訴訟物である権利又は法律関係が譲渡された場合に，判決の効力は譲受人に及ぶが（民訴法115Ⅰ③，民執法23Ⅰ③，27Ⅱ），それに随伴して訴訟費用償還請求権が当然には譲受人に譲渡されることにはならない（秋山ほかコンメⅡ14頁）。

　訴訟費用償還請求権は，訴訟費用の負担を命ずる裁判によって生ずるから，その裁判があるまでは，当事者が支出した費用について，当事者は期待権を有するにすぎな

115　ただし，和解の場合については，当事者の合意によって生じる（民訴法68）。

い[116]。しかし，期待権である訴訟係属中においても，譲渡・差押えの対象となり，仮差押の被保全権利となり得る。しかし，訴訟費用額確定処分（民訴法 71）まで数額が確定しないから，確定処分があるまで相殺の対象とはならない（秋山ほかコンメⅡ 15 頁，注解民訴 25 頁，基本法コンメⅠ 170 頁）。訴訟費用償還請求権を強制執行する場合の債務名義は，書記官による訴訟費用額確定処分である（民執法 22④の 2）。

　この費用償還請求権は，公法上の権利か私法上の権利かについては争いがあるが，私法上の金銭債権と解するのが通説である（秋山ほかコンメⅡ 15 頁，菊井・村松Ⅰ 584 頁，斎藤注解 22 頁，新堂ほか注釈(2)423 頁，鈴木訴訟費用の裁判 937 頁）。

第2　訴訟費用償還請求権の別途請求の可否

　弁護士費用など訴訟費用に含まれない訴訟追行の費用について，不法行為に基づく損害として損害賠償請求できることは前述（本編第 3 章第 3 節）のとおりであるが，訴訟費用については，訴訟費用負担の裁判と訴訟費用額確定処分に基づいて償還を求めるべきであり，また求め得るのであるから，損害賠償請求として別訴訟で請求することはできないと解する（秋山ほかコンメⅡ 15 頁，菊井・村松Ⅰ 584 頁，斎藤注解 22 頁，新堂ほか注釈(2)424 頁）[117]。これに対し，訴訟費用となる部分も含めて，損害賠償の別訴でも請求することができ，両者の間で重複して取り立てられないだけであるとする見解（鈴木訴訟費用の裁判 937 頁）もある。

第3節　訴訟費用の負担

第1　敗訴者負担の原則（民訴法 61）

　訴訟費用は，原則として，敗訴の当事者の負担とされる（民訴法 61）。「敗訴の当事者」とは，原告の請求を認容する場合には被告，原告の請求を棄却又は訴えを却下する場合には原告である。訴訟費用の負担は，上訴審で原判決が取消・変更される場合を除き，各審級ごとに定めるのが原則であるから（民訴法 67Ⅰ，Ⅱ），上訴審では，控訴又は上告を棄却又は却下するときは，控訴人又は上告人が敗訴の当事者である。控訴又は上告を認容する場合，すなわち原判決を取り消す場合において，事件を差戻し又は移送するときは，訴訟費用の負担者を定めないが，原判決を変更する判決をするときは（民訴法 67Ⅱ），被控訴人又は被上告人が敗訴者である。事件の一部又は中間の争いについての判決では，訴訟費用の負担についての裁判をしないのが原則であるが，例外的にその費用の裁判をする際には（民訴法 67Ⅰただし書），その範囲における敗訴者を決めてこれに負担させる。裁判によらないで訴訟が完結した場合にも本条が準用される（民訴法 73Ⅱ）。

116　訴訟費用償還請求権の成立時期については，相手方当事者に対して，訴訟費用の負担を命ずる裁判を停止条件として，訴訟係属のときに発生し，その裁判の言渡しによって解除条件付請求権に転化し，その裁判の確定により無条件となるとする説もある（斎藤注解 21 頁参照）。

117　同旨の裁判例として，福岡高判昭 27.3.24 下民 3 巻 3 号 406 頁，大阪地判昭 41.11.14 訟務月報 13 巻 2 号 176 頁がある。

第4 共同訴訟の費用負担（民訴法65）

　　土地境界確定の訴え，父を定める訴えのような，いわゆる形式的形成訴訟においては，原告の請求が存在せず，したがって勝訴敗訴の問題を生じないから，訴訟費用を隣地土地の価格，共有持分等に応じて負担させるべきであるとする見解がある。しかし，原告の主張はなされ，勝敗という観念は一応是認できる（東京高判昭 39.9.15 下民 15 巻 9 号 2184 頁）から，これを基準として訴訟費用の負担を定めることは可能と考えられている（秋山ほかコンメ II 18 頁，斎藤注解 33 頁，基本法コンメ I 171 頁，新堂ほか注釈(2)436 頁参照）。

第2　敗訴者負担の原則の例外（民訴法 62，63）

　　敗訴者負担の原則の例外として，勝訴者の権利の伸張又は防御に不必要な行為によって生じた費用（民訴法 62 前段），行為の時における訴訟の程度において敗訴者の権利の伸張又は防御に必要な行為によって生じた費用（民訴法 62 後段）及び勝訴者の責めに帰すべき事由によって訴訟を遅延させたことによる費用（民訴法 63）については，裁判所はその費用の全部又は一部を勝訴者に負担させることができる。常に訴訟費用の全部を敗訴当事者に負担させることにしては当事者の衡平を失するおそれもあることから，事情により訴訟費用の一部又は全部を勝訴の当事者に負担させることができる旨を定めたものである（菊井・村松 I 588 頁，注解民訴 34 頁，同 40 頁，基本法コンメ I 172 頁，同 173 頁参照）[118, 119]。

第3　一部敗訴の費用負担（民訴法 64）

　　一部敗訴とは，請求の一部のみが認容され，残部が棄却又は却下されることをいう。一部敗訴の場合は，原則として，裁判所の裁量により，割合を定めて，当事者双方に訴訟費用を負担させる。一部敗訴には種々の態様があり，一律に適用できる負担基準を立てることが難しいため，具体的事情に応じて，裁判所の裁量で負担の方法，割合を定めることができるとされているのである（菊井・村松 I 598 頁，基本法コンメ I 174 頁参照）。しかし，一部敗訴の場合であっても，訴訟費用を分割し，それぞれ一部の敗訴者に負担させるとかえって衡平を失する場合があるから，事情により，当事者の一方にその全部を負担させることもできるとしている（民訴法 64 ただし書）[120]。

第4　共同訴訟の費用負担（民訴法 65）

118　民訴法 62 条は，権利の伸張若しくは防御に必要であった行為によって生じた訴訟費用であるか否かという内容的考察に基づいて例外を認めるものである。しかし，個々の攻撃防御方法に関する費用が必要であったか否かは，それだけについて完全に独立して判断できない場合があり，また訴訟の結果だけから形式的に判断しては，かえって衡平を失するおそれもある上，個々の攻撃防御方法に要した費用額の算定は困難な場合が多いから，勝訴の当事者に訴訟費用の全部又は一部を負担させるかどうかは，裁判所の裁量に任されている。しかし，同条は実務上あまり適用されることがない（菊井・村松 I 588 頁参照）。

119　民訴法 63 条は，訴訟を遅滞させるような行為又は不作為によって生じた訴訟費用であるか否かという訴訟の形態的考察に基づいて例外を認めるものである。民訴法 62 条と同様に裁判所の裁量で決めるものであるが，個々の攻撃又は防御の行為が単独で訴訟を遅滞させることが明確でない場合が多く，それによって生じた訴訟費用の額が明確であることが少ないため，同条は実務上あまり適用されることがない（菊井・村松 I 593 頁参照）。

120　例えば，①元本と利息又は損害金の支払を求める訴訟において，利息損害金の請求の全部又は一部だけが棄却された場合，②建物からの退去と賃料相当額の請求のうち後者の請求の一部が棄却された場合など，棄却された部分の請求が加算されていたことによって，特に被告に余分な訴訟費用を支出させたと認められない場合が挙げられる（秋山ほかコンメ II 30 頁参照）。

－ 61 －

第5章　訴訟費用の負担の裁判

共同訴訟の費用負担については，共同訴訟人がともに敗訴したときは平等の割合で訴訟費用を分担するのを原則とする（民訴法65Ⅰ本文）。ただし，裁判所は事情により，共同訴訟人に連帯して訴訟費用を負担させ，又は他の方法により負担させることができる（民訴法65Ⅰただし書）。

共同訴訟の費用負担の詳細は，第2編第5章第2節を参照されたい。

第5　補助参加の費用負担（民訴法66）

1　異議により生じた訴訟費用の負担

補助参加の申出（民訴法43）に対しては，当事者（被参加人及び相手方）が異議を述べたときは，裁判所は参加の許否について決定で裁判しなければならない（民訴法44）。当事者が補助参加に異議を述べたときは，補助参加人は参加の理由を疎明しなければならないから，そのために書証・人証等の提出を必要とし，異議者も反証を提出することがあり，これらの行為によって費用が生ずる。これが異議によって生じた訴訟費用である[121]。異議によって生じた訴訟費用の負担を定める裁判は，参加の許否の裁判と同時になされ，補助参加人又は異議を述べた当事者のいずれかに負担させるが，その負担について，民訴法61条から65条までが準用される（秋山ほかコンメⅡ35頁，注解民訴53頁，基本法コンメⅠ176頁）。

補助参加の許否についての裁判に対しては即時抗告をすることができる（民訴法44Ⅲ）。抗告審では，抗告を却下又は棄却する裁判をする場合には，抗告審だけの費用について裁判をし（民訴法67Ⅰ），原決定を取り消して自ら参加の許否について裁判する場合には，原審と抗告審との総費用について裁判をすることになる（民訴法67Ⅱ）が，いずれの場合にも民訴法61条から65条までが準用される（秋山ほかコンメⅡ35頁）。

2　補助参加により生じた訴訟費用の負担

補助参加によって生じた訴訟費用は，本訴の終局判決と同時に，本訴の訴訟費用の裁判とは別個にその負担を定める裁判をする。参加によって生じた訴訟費用の範囲について，参加申出の費用（民訴費用法3・別表第1の17の項ニによる申出手数料その他の費用），補助参加人が裁判所に出頭するために必要な旅費・日当及び宿泊料（民訴費用法2④），参加に基づく当事者又は参加人に対する送達費用など参加人が訴訟に関与したことにより生じた費用が含まれるが，訴訟告知の費用はこれに入らないと考えられている（秋山ほかコンメⅡ36頁，注解民訴53頁，斎藤注解58頁参照）。その負担については，民訴法61条から65条までが準用される（秋山ほかコンメⅡ37頁，注解民訴54頁参照）。

3　補助参加人が被参加人のためにした訴訟行為に関する費用

---

[121] これに対し，補助参加申出の費用，当事者が異議を述べたのち参加を許さない旨の裁判が確定するまでの間に，本案に関し補助参加人がした訴訟行為（民訴法45Ⅲ）の費用などは，いずれも異議によって生じた費用ではない（秋山ほかコンメⅡ35頁）。

補助参加人が被参加人を補助する訴訟行為のため支出した費用[122]は,訴訟費用不可分の原則から,被参加人の訴訟行為と抵触する場合（民訴法 45Ⅱ）を除き,本訴の訴訟費用となり,本訴の訴訟費用の定めに従って処理されるものであり,補助参加によって生じた費用に含まれないと解する（秋山ほかコンメⅡ36 頁,注解民訴 53 頁,鈴木訴訟費用の裁判 948 頁参照）。この点,被参加人が勝訴した場合には,参加人が自己の支出した費用を敗訴した相手方から直接取り立てることができるようにする必要があるとして,これを参加により生じた費用であるとする見解もある（新堂ほか注釈(2)462 頁）。

第6　和解と訴訟費用（民訴法 68）

和解の際には,多くの場合当事者の合意により,和解費用及び訴訟費用について,各自の支出したものはそれぞれ各自の負担とすると定め,又は一定の割合をもって負担部分を定める。しかし,和解費用及び訴訟費用の負担について別段の定めをしなかった場合について,民訴法 68 条は,当事者が各自支出した費用はそれぞれ各自が負担して相互に償還請求権を有しないと定めたものである。これは当事者の意思を推定する規定というよりは,和解の法律上の効果を規定したものと解されている（菊井・村松Ⅰ625 頁,斎藤注解 70 頁,鈴木訴訟費用の裁判 949 頁参照）。

当事者が裁判所において和解をする場合には,①訴訟上の和解,②訴え提起前の和解（民訴法 275）がある。訴え提起前の和解が不調となり,訴訟に移行した場合は,訴え提起前の和解の費用は訴訟費用とみなされるから（民訴法 275Ⅱ）,その後に訴訟上の和解が成立した場合は本来の訴訟費用とともに本条の適用を受ける（秋山ほかコンメⅡ45 頁）。

第4節　事件類型ごとの費用負担の裁判

第1　仮差押え・仮処分

民事保全手続は,保全命令申立ての当否を審理し,保全命令を発すべきか否かを判断する保全命令手続と,発せられた保全命令を債務名義として,その内容を実現する保全執行手続に分かれ,判決手続と強制執行手続の関係と同様に,全く別個独立の手続である。大阪高決昭和 33 年 12 月 27 日下民 9 巻 12 号 2709 頁は,仮処分命令の費用は,本案の訴訟費用に属しないとし,東京高決昭和 45 年 9 月 1 日下民 21 巻 9〜10 号 1269 頁は,「仮処分命令は本案訴訟の判決が確定するまでの間の暫定的な措置を定める裁判であって,仮処分命令申請の手続と本案訴訟の手続とは互いに独立した別個の手続であるとともに,仮処分命令申請の手続も広義の民事訴訟手続であるから,仮処分命令申請手続の費用の負担については,特別の規定が置かれていないけれども,(旧) 民事訴訟法第 89 条以下の訴訟費用の負担に関する規定を準用すべきで

122　例えば,補助参加人が本訴における主張事実を立証するため,証人尋問を申請し,これが採用された場合の証人の呼出しその他の費用がその例である（注解民訴 53 頁）。

第5章　訴訟費用の負担の裁判

あり，仮処分命令が決定によってなされる場合においてもこれと別異に解さなければならない理由はない。」と判示している。

仮差押え，仮処分命令中に訴訟費用の裁判を脱漏した場合は，民訴法258条2項により申立て又は職権で補充の裁判をすべきであるが，実務上は，仮差押え又は仮処分の決定中に訴訟費用の負担の裁判がされることはなく，保全異議訴訟の決定で訴訟費用負担の裁判がされることがあるにすぎない（講義案Ⅱ138頁（注1）参照）。しかし，仮に異議申立てがなくても，仮差押え又は仮処分を命ずる決定中に訴訟費用負担の裁判がされていないとき，その手続費用は，本案訴訟事件の費用の一部として確定される（大決昭9.12.28大審院裁判例8－331）。

なお，仮差押え及び仮処分の執行に要する費用は，訴訟費用には当たらない。

第2　手形訴訟・小切手訴訟

手形訴訟の判決で訴訟費用の裁判を脱漏したときは，裁判所は申立て又は職権で補充の裁判をしなければならない（民訴法258Ⅱ）が，手形訴訟の判決に対し適法な異議が出されれば，この訴訟費用の裁判は失効し，異議申立後の判決中で総費用についての裁判をすることになる（民訴法363Ⅱ，258Ⅳ）。

手形訴訟の終局判決に対しては，異議の申立てをすることにより，訴訟は口頭弁論終結前の程度に復し，かつその手続は通常の手続に移行することになる（民訴法361）。手形訴訟の終局判決に対する異議の申立てができるのは，敗訴の当事者であり，一部敗訴の当事者も含まれるから，一部敗訴の場合には，原被告双方に異議申立権がある。この場合，一方の当事者が適法に異議申立てをすると，これにより通常の手続による審理裁判をすることになるので，他の当事者は，異議を申し立てる必要はないが，先の当事者の異議申立てが不適法として却下される場合に備えて，他の当事者が重ねて異議を申し立てる場合があり得る。この場合でも，特に不適法な異議として却下された場合以外は訴訟費用に含まれる。

異議申立ては通常の手続による第一審の終局判決があるまでは取り下げることができる（民訴法360Ⅰ）。この場合，異議申立て後の通常手続による訴訟費用は民訴法73条により決定される。異議申立てが不適法であり，その不備を補正することができないときは，裁判所は，口頭弁論を経ないで判決で異議を却下する（民訴法359）が，この異議却下の判決をするときの訴訟費用の裁判は，異議申立て後の訴訟費用だけについてなされる（民訴法363Ⅰ）。手形訴訟の判決において訴訟費用の負担の裁判を認可するときも，異議申立て後の訴訟費用についてだけ裁判をすれば足りる（民訴法363Ⅰ）。

小切手訴訟については，手形訴訟の規定が準用されている（民訴法367Ⅱ）。

第3　行政訴訟事件

行政訴訟についても，訴訟追行のため，訴訟の係属中，又は訴訟の係属前に生じた出費，更には訴訟に付随する手続に要した費用が，本案の訴訟費用の一部をなし，民

－ 64 －

訴費用法2条に該当するものが訴訟費用となること，また，訴訟費用負担の裁判の性質，審理方式については，民事訴訟の場合と同様である。費用負担の裁判は，民訴法61条以下の規定に従う（行訴法7）。

　行政訴訟において，被告変更（行訴法 15）がなされたときは，従前の被告に対する訴えの取下げがあったものとみなされ（行訴法 15Ⅳ），国又は公共団体に対する請求への訴えの変更（行訴法 21）がなされたときは，従前の請求は取下げと同様の効果が生じるから，従前の被告又は従前の請求について生じた費用は，民訴法73条によって定められる。また，第三者の訴訟参加（行訴法 22）による参加人は，いわゆる必要的共同訴訟人（民訴法 40）に準ずる地位を有するから，費用負担の裁判は，民訴法65条によってなされる。この点で民訴法による補助参加では本訴の費用の裁判に参加によって生じた費用を含まず，費用負担の裁判も別個になされるのとは異なる（民訴法 66）。

第5節　民訴費用法における訴訟費用の負担の裁判の考え方

　民訴費用法は訴訟に要する総費用のうち民訴費用法2条各号に列挙された費用についてのみ訴訟費用とし，一方で民訴法は，これを当事者等の負担とする建前を採っている。

　民訴費用法において，訴訟費用の負担の裁判は，各事件について，民訴費用法2条に定められた「民事訴訟等の費用の範囲」内で，どのような費用がどれだけ生じているかを判断したうえ，その事件において生じた費用について，当該手続におけるその費用の原因たる行為の必要性とその他の費用分担の基準（民訴法 61 条から 65 条まで等）に照らし，いずれの当事者等の負担とするかを定めるものと解されている（内田解説 48 頁参照）。

　旧費用法においては，「民事訴訟等の費用の範囲」を限定するについて，権利の伸張又は防禦に必要であるか否かという一般的基準を掲げていたので（旧費用法1条），訴訟費用の負担を定める裁判において，訴訟において一般的に費用として必要とされるものが当該事件の当事者双方にどれだけ生じたかを判断し，これが肯定されるものについて，その具体的事件における必要性等を審査して分担を定めるものとされていた。一方で，判決手続において通常行われている訴訟費用の負担の裁判では，割合をもって費用全体の負担関係を定めていたため，通常は訴訟費用の負担の裁判を見ても，分担の基礎である費用の範囲は明らかとならず，建前としては訴訟費用負担の裁判において既に費用の範囲が判断されている筈であるのに，後に行われる訴訟費用額確定手続において再度費用の範囲に含めるべきものの検討をすることを拘束しないような外観を呈していた。実際にも，各当事者についてどのような費用が生じているかが不明瞭なまま費用分担の分配を定める裁判がなされ，償還すべき額の確定手続においてはじめてその点の審査が行われるということも少なくなかったも

第5章　訴訟費用の負担の裁判

のと思われる（内田解説49頁）。

　しかし，民訴費用法2条においては，費用の範囲について従来のような抽象的な基準によることなく，各号に列挙し，しかもその発生が記録上明らかとなる性質のものに限定しており，訴訟費用額確定手続の段階においてその事件について生じた費用の内容を確認するに当たっても，再度一般的な費用の範囲を検討する必要はなく，訴訟費用の負担の裁判と訴訟費用額確定手続との間で費用とすべきものの範囲についての判断に齟齬が生ずる可能性はほとんど生じない。旧費用法のもとでは，ややもすると訴訟費用額確定手続の段階において具体的必要性を考慮して費用の範囲を定める傾向も見られたが，民訴費用法ではこのような弾力的な運用はできなくなったのであるから，事件を完結する裁判の際に行われる訴訟費用の負担の裁判が旧来に増してその重要度を増したと考えられている（内田解説50頁参照）。

第2編　訴訟費用額確定手続

　本編では，まず，第1章において訴訟費用額確定処分の総論的な事項について簡潔に記載し，第2章において訴訟費用額確定を必要とする場合について，第3章において訴訟費用の負担を命じる決定について，第4章において訴訟費用額確定処分について，第5章において共同訴訟における訴訟費用額確定処分について，それぞれ記載した。最後に，第6章において，訴訟費用に関する主文と訴訟費用額確定処分について簡潔に記載した。

第1章　総論

第1節　概説

　　　裁判所は，事件を完結する裁判において，職権で，その審級における訴訟費用の負担の裁判をしなければならない（民訴法67Ⅰ本文）。しかし，その裁判では，負担者とその負担の割合が定められるだけであって，その具体的な額までは定められない。訴訟費用の負担を命ぜられた当事者は，自己の支出した費用は自らが負担すると同時に，相手方の支出した費用についての償還義務を負い，相手方は自己の支出した費用についての償還請求権を取得することになる。しかし，費用の負担を命ずるのみで額の確定がなければ，償還も求められず，また，それだけでは債務名義となり得ないから強制執行もできない。そのため，訴訟費用の負担の裁判を前提として，具体的な費用償還額を定める手続が必要となる（民訴法71Ⅰ）。裁判上の和解において訴訟費用の負担者及び負担の割合を定めただけで，その額を定めなかったときも同様である（民訴法72）。

　　　訴訟費用額確定処分は，この場合の費用額を確定する唯一の手続であって，訴訟費用を損害賠償の別訴等で別途請求することはできないと解される[1]。すなわち，訴訟費用額確定処分は，訴訟費用の負担の裁判によって形成された訴訟費用償還請求権の存在を前提として，費用額を確定して，訴訟費用の負担の裁判を補充する手続である。

　　　また，事件が裁判及び和解以外の事由によって完結したときは，訴訟費用の負担に関する裁判はないから，訴訟費用の負担者及び負担割合を定め，かつ，その額を確定する必要がある（民訴法73）。

1　訴訟費用償還請求権に含まれる訴訟費用について，損害賠償の別訴で請求することができるか否かについては，①訴訟費用となる部分も含めて，損害賠償の別訴でも請求することができ，両者の間で重複して取り立てられないだけであるとする見解（鈴木訴訟費用の裁判937頁）と，②訴訟費用に関する限りは，訴訟費用額確定処分に基づいて償還を求めるべきであり，また求め得るのであるから，損害賠償として別訴で請求することはできないとする見解（斎藤注解23頁，新堂ほか注釈(2)424頁）がある。別訴によることは，民訴法が費用額確定手続という簡易な取立手続を設けた意義を減少させ，また費用額確定手続に不満のある当事者が訴訟手続で争うことができるとすれば，裁判所への異議を認めて確定させた結果を無意味にすることになるから，手続経済の観点から②の立場が相当と解する（秋山ほかコンメⅡ15頁，注解民訴25頁参照）。なお，同旨の裁判例として，福岡高判昭27.3.24下民3巻3号406頁，大阪地判昭41.11.14訟務月報13巻2号176頁がある。

第1章　総論

したがって，訴訟費用額確定手続は，訴訟費用の額のみを確定する場合と，訴訟費用の負担者及び負担の割合並びに負担の額を確定する場合に分けられる。

第2節　旧民訴法からの改正点

旧民訴法では，裁判所が訴訟費用の負担を命じる裁判で，訴訟費用の負担者及び負担の割合だけを決め，その額を定めなかった場合等について，裁判所が決定で訴訟費用額を確定するものとしていた（旧民訴法 100 I）。しかし，訴訟費用額の確定手続は，既にその存在及び権利者・義務者が裁判によって決まっている訴訟費用償還請求権について，総額のみを決める裁判であり，償還義務の存在を確定するものではなく（大判昭 13.11.17 民集 17 巻 22 号 2227 頁），費用額の計算事務がその中心であり，必ずしも裁判官が自ら行わなければならないほどの困難な法律的判断を伴うものではない。そのため，裁判所は，その計算を書記官に行わせることができるものとされており（旧民訴法 105），実務上も，当事者の提出した費用計算書（旧民訴法 100 II，101 I）に基づいて書記官がこれを行うのが通例であった。現行民訴法では，こうした実情を考慮して，裁判官と書記官の適正な役割分担を図り，訴訟費用額の確定を書記官の権限とし（民訴法 71 I，72 前段，73 I），訴訟費用額の確定手続を整備した。なお，訴訟費用額の確定を書記官の権限としたことから，裁判所の訴訟費用の負担の裁判（民訴法 67）においては，旧民訴法と異なり，その負担者及び負担割合のみを定め，その額を定めないことになった（民訴一問一答 69 頁，秋山ほかコンメ II 54 頁参照）。

第3節　訴訟費用額確定手続と本案訴訟手続における書記官事務

訴訟費用額確定処分においては，訴状等副本の送達報告書及び予納郵便切手管理袋の記載によって，使用した訴状等の送達費用（民訴費用法 2 ②，11 I ①）などを算定し，また，口頭弁論調書等によって，当事者や訴訟代理人の出頭状況や訴訟代理人が当事者本人とともに出頭したと認められるときであれば，当事者本人の出頭が当事者尋問のために出頭したものであるかどうか（民訴費用法 2 ④，⑤）などについて認定する。このように，費用額算定に必要な事実の有無や金額については，事件記録から調査をすることになるから，書記官は個々の事務処理について，いずれも適正に行うことが必要である。例えば，予納郵便切手を受領した際は，受領額を直らに確認し，使用する際は，その都度，使用する予納郵便切手の金額を確認し，受領や使用の経過を予納郵便切手管理袋に正確に記載する必要がある。また，口頭弁論の方式に関する規定[2]の遵守は，調書によってのみ証明することができ（民訴法 160 III），他の方

2　民訴規則 66 条 1 項各号に掲げる事項である事件の表示，裁判官及び書記官の氏名，出頭した当事者，代理人等の氏名，弁論の日時及び場所並びに公開の有無等のほか，直接主義に関する事項，判決の言渡し及びその方式が挙げられる（「民事実務講義案 I（5訂版）」（平成 28 年 3 月研修教材第 5 号　裁判所職員総合研修所）92 頁参照）。

法による証明を許さないから，書記官は，当事者等の出頭状況の確認などをきちんと行い，遺漏及び誤りのない期日調書を作成しなければならない。このように日頃から正確な書記官事務を行うことが，適正な訴訟費用額算定に当たっての前提である。

第2章　訴訟費用額確定を必要とする場合

第2章　訴訟費用額確定を必要とする場合

第1節　訴訟費用の負担の額のみの確定を必要とする場合（民訴法71Ⅰ，72前段）

判決又は裁判上の和解により訴訟費用の負担者及び負担割合が定められている（民訴法67等）場合である。

第1　裁判による場合

訴訟費用負担の法則（民訴法61から66まで）を適用して負担の裁判がなされる（民訴法67）場合として，次のものがある。

1　一方負担の判決

民事訴訟における訴訟費用の負担の裁判は，敗訴者負担が原則である（民訴法61）。

敗訴当事者とは，請求認容の場合の被告，訴え却下・請求棄却の場合の原告，上訴を却下又は棄却された場合の上訴人，上訴審が上訴を認容して原判決を取り消し又は破棄して，これに代わる裁判をするときの被上訴人等である。

「訴訟費用は被告の負担とする。」（民訴法67Ⅰ，61，64ただし書），「原審及び当審の訴訟費用は全部被控訴人の負担とする。」（民訴法67Ⅱ，61，64ただし書），「異議申立て後の訴訟費用は被告の負担とする。」（民訴法363Ⅰ，61，64ただし書）というような判決が一方負担の裁判である。

2　案分（双方）負担の判決

一部勝訴の場合は，訴訟費用の案分負担が命じられるのが通例である。例えば，一個の請求の一部又は数個の併合請求の一部が棄却された場合，裁判所は事情に応じて費用の分担を決めることになる（民訴法64本文）。

全部勝訴の場合でも，敗訴当事者が訴訟費用を負担する原則に対する例外として，以下の費用がある。

⑴　勝訴者の権利の伸張又は防御に不必要な行為によって生じた費用（民訴法62前段）

例えば，原告が受領遅滞になっていながら訴えを提起したときの費用，あるいは，数個の攻撃方法を主張したが，その一つが認められ他は排斥された場合の排斥された攻撃方法の提出によって生じた費用が挙げられる。

⑵　敗訴者の権利の伸張又は防御に必要な行為によって生じた費用（民訴法62後段）

例えば，被告が対抗要件欠缺の主張・立証をしたのに対し，原告がその後に対抗要件を具備させたため被告が敗訴した場合の，被告のした対抗要件欠缺の主張・立証をすることによって生じた費用が挙げられる。

⑶　勝訴者の責めに帰すべき事由によって生じた遅滞の費用（民訴法63）

これらの場合に，「訴訟費用はこれを5分し，その2を原告の負担とし，その余は被告の負担とする。」，「訴訟費用はこれを2分し，それぞれを各自の負担とする。」というような判決が案分負担の裁判である。

なお，上記(1)の場合などは，費用の項目を限って勝訴者に負担を命じる場合もある。

3　共同訴訟の場合

共同訴訟の場合でも，一方が全部敗訴のときは，「訴訟費用は被告らの負担とする。」（民訴法 61，65 I 本文），「訴訟費用は被告らの連帯負担とする。」（民訴法 61，65 I ただし書）というように，上記 1 の場合と同じ訴訟費用の負担の裁判がなされるのを原則とする。

しかし，共同訴訟人のある者が勝訴し，ある者が敗訴の場合は，「訴訟費用は，原告と被告乙との間においては，原告に生じた費用の 2 分の 1 を被告乙の負担とし，その余は各自の負担とし，原告と被告丙との間においては，全部原告の負担とする。」（民訴法 64，61）というような判決になる。

第2　本案訴訟手続中における費用負担の決定，命令

当事者以外の者に対して，訴訟費用の特定の部分の負担を命じる裁判は，その決定中には負担の額の定めをしないので，訴訟費用額確定の手続が必要となる。この場合の決定・命令として次のものがある。

1　補助参加許否の決定（民訴法 44 I）中における費用負担の裁判（民訴法 66）

補助参加の申出（民訴法 43 I）に対し，当事者（被参加人又はその相手方）から異議が述べられたとき，裁判所は，参加の許否について裁判をしなければならない（民訴法 44 I）。この場合，補助参加人は参加の理由を疎明しなければならず，そのために書証や人証等の提出を必要とし，異議者も反証を提出することがあり，これらの行為によって費用が生ずる。この補助参加人と異議者との間における異議によって生じた訴訟費用，つまり参加に関する争いのために生じた費用の負担に関する裁判をしなければならない（民訴法 66）[3]。補助参加許否の決定では，負担の額を定めないので，訴訟費用額確定の手続が必要となる。

2　法定代理人，訴訟代理人，書記官又は執行官に対して費用償還を命じる決定（民訴法 69 I，II）

法定代理人，訴訟代理人，書記官又は執行官が故意又は重大な過失によって当事者に無益な訴訟費用を生じさせたとき（民訴法 69 I），あるいは，法定代理人又は訴訟代理人として訴訟行為をした者が，代理権又は訴訟行為をするのに必要な授権があることを証明することができず，かつ，追認を得ることができなかった場合は（民訴法 69 II），その訴訟行為によって当事者に生じた訴訟費用につき，当事者の申立て又は職権で，その費用の償還を命ずる決定をすることができる。

なお，原告の法定代理人又は訴訟代理人が訴えの提起について代理権を有せず，また本人の追認も得られなかったときは（民訴法 34 II，民訴規則 15，23），訴え却下の判決（民訴法 140）がなされ，その判決において訴訟費用の負担の裁判がなされるか

3　なお，異議によって生じた費用以外の費用は，参加によって生じた訴訟費用として，終局判決により，補助参加人と被参加人の相手方との間においてその負担の裁判がされる（民訴法 66）。

ら，前記第1の1の一方負担の判決と同様となる（民訴法70）。

3　証人，鑑定人に対する訴訟費用負担の決定・命令（民訴法192Ⅰ，200，206，215の4，216）

　　証人が，正当な理由なく裁判所に出頭しない場合及び証言拒絶を理由がないとする裁判が確定した後に証人が正当な理由なく証言を拒む場合，そのために生じた証人の呼出費用，当事者等の期日の出頭旅費などの訴訟費用について，裁判所は，決定で証人に負担させることができる（民訴法192Ⅰ，200）。これについては，受命裁判官又は受託裁判官の命令により負担させることもできる（民訴法206）。鑑定人が，正当な理由なく裁判所に出頭しない場合，宣誓を拒む場合及び鑑定拒絶を理由がないとする裁判が確定した後に鑑定人が正当な理由なく鑑定を拒む場合も，同様である（民訴法216，192Ⅰ，215の4）。

第3　裁判上の和解

　　和解条項中で，訴訟費用及び和解費用の負担者及び負担割合のみを定め，その額を定めなかった場合には，その額を定めるために訴訟費用額確定の手続が必要である。

　　これに対して，和解条項に「訴訟費用及び和解費用は各自の負担とする。」とある場合には，当事者の合意によって，費用償還請求権が相互に発生しないから，訴訟費用額確定の問題は生じない。

　　また，和解条項中に訴訟費用及び和解費用の負担について何らの定めをしなかったときも，これらの費用は，法律上当然に各自の負担となり（民訴法68），費用償還請求権が当事者双方について発生しないから，訴訟費用額確定の問題は生じない。

第2節　訴訟費用の負担者及び負担の割合並びに負担の額を定める必要がある場合

第1　訴訟費用の負担の裁判の脱漏（民訴法258Ⅱ）

　　判決中で本来されるべき訴訟費用の負担の裁判が脱漏した場合である。この場合には，判決をした裁判所が申立て又は職権をもって訴訟費用の負担を命じる決定をする（民訴法258Ⅱ，民訴法61から66まで）。その決定が執行力を生じた後の手続は当初の判決に訴訟費用の負担の裁判がされた場合と同様である。すなわち，その決定内容にしたがって，裁判による場合（本編第2章第1節第1）と同様，書記官が負担の額を定めることになる（民訴法71Ⅰ）[4]。

第2　訴訟が裁判及び和解によらないで完結した場合（民訴法73Ⅰ）

　　訴訟が裁判及び和解によらないで完結した場合は，訴訟費用の負担者及び負担割合が定まっていないことから，まず，第一審裁判所が，申立てにより決定で訴訟費用の負担を命じる。さらに，裁判所の決定が執行力を生じた後に，その裁判所の書記官

4　旧民訴法下では，訴訟費用の負担の裁判と訴訟費用額の確定を行う場合，同じ裁判所が同一手続内で行うこととなっていた関係で（旧民訴法104），訴訟費用の負担の裁判の脱漏の場合にも，民訴法73条に対応する旧民訴法104条が準用されていた（旧民訴法195Ⅱ）が，現行民訴法では準用されていない（民訴法258Ⅱ）（注解民訴89頁参照）。

が費用額を確定するという二段の手続を経る必要がある。そのために，民訴法 67 条，71 条，72 条とは別個に規定されたのが民訴法 73 条である。

「訴訟が裁判及び和解によらないで完結したとき」としては，次の場合がある。

1 請求の放棄・認諾

請求の放棄・認諾があった場合，訴訟費用の負担について裁判をする機会はないからである。

被告が請求を認諾する場合に，併せて訴訟費用の負担の申立ても認諾することができるかどうかについては争いがある。訴訟費用の負担についての申立ては，費用償還請求権という当事者による処分可能な利益主張が含まれていること，それを相手方が無条件に認めるとの意思を明確に表示している限り認諾と同様の効果を認めても何ら不都合はないことから，これを肯定すべきものと解する（講義案 II 130 頁，注解民訴 91 頁，新堂ほか注釈(2)498 頁参照）[5,6,7]。しかし，実際は，訴訟費用の負担の申立てまで認諾したかどうか明らかでない場合が多いと思われ，負担の裁判が必要となる場合が多いと考えられる（講義案 II 130 頁（注 2），注解民訴 91 頁，新堂ほか注釈(2)498 頁参照）。

2 訴え・反訴の取下げ

取下げが終局判決前にされた場合は，費用負担についての裁判は存在しないから，申立てにより，第一審裁判所は決定でそれまでに要した費用の負担者及び負担割合を定める必要が生ずる。また，取下げが終局判決言渡し後にされた場合は，判決中に費用負担についての裁判は存在するものの，取下げによりその判決は失効するため，これらを定める必要が生ずる。訴え取下げ擬制の場合（民訴法 263）も同様である[8]。

---

5 この点，訴訟費用の負担の裁判は職権ですることになっており，その申立ては職権発動を促す性質のものであることから，認諾の対象にはならず，訴訟費用の負担を定めるのに斟酌されるにとどまるという見解もある（菊井・村松 I 650 頁，斎藤注解 99 頁参照）。

6 訴訟費用について認諾する旨の陳述がなされたときは，その旨を調書に記載する（「被告 訴訟費用負担につき認諾する。」）（講義案 II 130 頁（注 2）参照）。

7 費用負担について認諾を認める場合も，費用額のみを確定する手続が必要であるが，その場合，条文の文言上民訴法 71 条，72 条の適用の余地はないから，民訴法 73 条によって確定することとなる。

8 調停成立により訴えの取下げが擬制される場合（民調法 20 II，家事法 276 I），訴訟費用の負担について特別の定めをしなかったときは，訴訟費用は各自負担となるので（民調法 20 の 2 II，家事法 29 IV）訴訟費用負担者確定の問題は生じない。改正前の民調法の下では，訴訟事件が調停に付され調停が成立した場合は，当該訴訟事件は取下げがあったものとみなされ（改正前の民調法 20 II），その訴訟費用の負担については民訴法 73 条により処理されると考えられていたが，訴訟費用又は非訟事件の手続費用を含めた紛争の一回的解決を図る見地から，民調法において新たな規定を設けることとしたものである（家事法においても 29 条 4 項に同様の規定が設けられている。）。なお，ここで前提としているのは，訴訟又は非訟事件において調停に付された場合でも，調停を成立させる場合には訴訟費用及び非訟事件における手続費用についても同時に処理するのが望ましいという発想であり，この趣旨からすれば，これらの手続費用の負担についても民調法 20 条の 2 第 2 項に規定する「特別の定め」として当事者間で明示的に合意をし，その内容を調停条項に記載するようにすることが望ましいと考えられている（非訟逐条 463 頁参照）。

なお，調停条項中で，訴訟費用の負担者及び負担割合を定め，その額を定めなかった場合には，訴訟費用額のみを確定する手続が必要であるが，その場合，条文の文言上，民訴法 71 条，72 条の適用の余地はないから，民訴法 73 条によって確定することとなる。

第2章　訴訟費用額確定を必要とする場合

3　補助参加申出の取下げ，補助参加申出に対する異議の取下げ

①参加に異議申立てがあり，かつ，参加の許否の裁判の前の参加申出の取下げであれば，異議費用及び参加費用について，②異議のない場合の参加申出の取下げ又は参加を許す裁判後の参加申出の取下げの場合であれば，参加費用について，③参加の許否の裁判の前に異議の取下げがあれば，異議費用について，その負担者及び負担割合を定める必要がある。異議費用については，異議申立て後の補助参加許否の裁判の際に，また，参加費用については終局判決の際に，それぞれの費用負担の裁判がされる（民訴法 66）が，これら①から③までの場合は，費用負担についての裁判をする機会がないからである。

さらに，補助参加人が参加した後に，訴訟が裁判及び和解によらないで完結した場合も，参加の費用について負担の裁判をする機会がないことになるから，これを定める必要がある。

4　控訴・上告の取下げ

控訴・上告の取下げがあった場合，原判決が確定し，訴訟は最初からその審級に係属しなかったものとみなされて，控訴審手続又は上告審手続は終了する（民訴法 292Ⅰ，292Ⅱによる 262Ⅰ準用）。この場合，原審の訴訟費用負担について定めた原判決は存在するが，控訴・上告の訴訟費用の負担についての裁判をする機会はないから，これを定める必要がある。控訴・上告の取下げ擬制（民訴法 292Ⅱによる 263 準用，313）の場合も同様である。

原審の訴訟費用の負担については，原判決の定めた負担の裁判に従って，民訴法71 条により，第一審裁判所の書記官がその額のみを確定することとなる。

5　支払督促異議の取下げ

支払督促異議申立てから異議取下げまでに生じた訴訟費用の負担について定めた裁判は存在しないことから，これを定める必要がある。

これに対し，支払督促手続費用については，仮執行宣言の際に額を付記するものとされ（民訴法 391Ⅰ本文），当初の支払督促に付記することは要求されていないが（民訴法 387），実務上は，当初の支払督促に額を付記して，相手方に負担させる扱いをしている（「民事実務講義案Ⅲ（5訂版）」（平成 26 年 11 月研修教材第 7 号，裁判所職員総合研修所）103 頁参照）。したがって，訴訟費用の負担の裁判及び訴訟費用額確定の問題は生じない。通常の場合，申立人が支払督促申立書に費用の種目及び額を記載してくるが，これを記載してこなかった場合でも，申立人の通常の意思を推認し，職権で計算した額を付記するのが通例である。もっとも，費用償還請求についても処分権主義の適用があるものと解し，費用償還請求をしないものとする扱いも考えられる（注解民訴 91 頁参照）。

6　手形判決・小切手判決に対する異議の取下げ（民訴法 360）

異議申立てから異議取下げまでに生じた訴訟費用については，その負担者及び負担

第2　訴訟が裁判及び和解によらないで完結した場合（民訴法73Ⅰ）

割合を定める機会がないことから，申立てにより，第一審裁判所は決定でこれを定める必要がある。異議前の費用は，手形判決等の定めた訴訟費用の負担の裁判に従って，民訴法71条により，その額のみを確定することとなる。

7　その他の終了事由

(1)　当事者の地位の混同

対立当事者の地位に混同が生じて訴訟が終了する場合には，訴訟費用の償還請求権にも混同が生ずるから，訴訟費用の負担の裁判をする必要はない（注解民訴91頁，新堂ほか注釈(2)498頁）。

(2)　訴訟の目的の消滅及び承継者の不存在

当事者の一方が死亡したため，訴訟の目的が消滅し，又は，訴訟の承継者がいないため訴訟が終了した場合でも，訴訟費用の負担については，財産関係として承継が可能であるから，存在している当事者と承継人との間で，訴訟費用に関して，民訴法73条に基づき，申立てにより，第一裁判所は決定でその負担者及び負担割合を定めることができる（注解民訴92頁，菊井・村松Ⅰ650頁，新堂ほか注釈(2)498頁）[9]。

(3)　訴訟の一部が裁判及び和解によらないで完結した場合

ア　共同訴訟人の一部について，訴えの取下げ，請求の放棄・認諾があった場合

共同訴訟人の一部について，訴えの取下げ，請求の放棄又は認諾があった場合，残存する訴訟の終局判決において既に終了した訴訟にかかる共同訴訟人の関係で訴訟費用の負担の裁判をする機会はないから，民訴法73条に基づき，申立てにより，第一審裁判所は決定で訴訟費用の決定をすべきである（基本法コンメⅠ191頁，注解民訴92頁，新堂ほか注釈(2)496頁）[10]。

イ　訴えの客観的併合訴訟における一部終了

訴えの客観的併合訴訟において，訴えの一部取下げ，請求の一部の放棄又は認諾がされた場合，訴えの交換的変更，請求の減縮がされた場合は，その部分に関する費用と残存する請求に関する費用を区分することが不可能であり，残存の請求に対する終局判決の機会に併せて訴訟費用の負担の裁判をすべきであるから，民訴法73条の適用はないと解すべきである（基本法コンメⅠ191頁，注解民訴92頁）[11]。

9　例えば，離婚訴訟の当事者である夫婦の一方の死亡，子の嫡出否認の訴えにおける子の死亡（ただし，子に直系卑属がある場合を除く。），破産管財人の否認訴訟中における破産手続の終了などがこれに当たる（注解民訴92頁，斎藤注解96頁参照）。

10　この点，残存する訴訟の終局判決で訴訟の全部に関して費用の裁判をすることもできるが，既に終了した訴訟にかかる共同訴訟人の関係で費用の負担を別途に定めた方が適当な場合もあるとする見解もある（菊井・村松Ⅰ648頁参照）。

11　この点，実務上は，必ずしも残存する訴訟の終局判決において訴訟費用の負担の裁判をしていないから，裁判によらないで完結した場合に該当すると解する見解もある（斎藤注解97頁参照）。

第3章　訴訟費用の負担を命じる決定

第3章　訴訟費用の負担を命じる決定

第1節　訴訟費用の負担の裁判の脱漏の場合

　　　　訴訟費用の負担の裁判の脱漏の場合（本編第2章第2節第1）には，判決をした裁判所が申立て又は職権をもって訴訟費用の負担（負担者及び負担割合）を命じる決定をする（民訴法258Ⅱ）。

　　　　申立先は，判決をした裁判所であり，申立ては書面でしなければならない（民訴規則161）。申立手数料は不要である。民事雑事件簿（行政事件のときは行政雑事件簿）に登載して受け付ける（「受付分配通達」別表第1の59(9)）。

　　　　訴訟費用の負担を命じる決定は，申立人及び相手方（本案事件の当事者双方）に対し，相当と認める方法で告知することにより，その効力を生ずる[12]（民訴法119）。この決定に対しては告知を受けてから1週間の不変期間内に即時抗告をすることができる（民訴法258Ⅲ，332）[13]。

12　告知の方法については，必ずしも送達の方法によることは要しないが，この決定に対しては即時抗告をすることができることから，決定謄本を作成して送達するのが相当である（講義案Ⅱ132頁（注1）参照）。
13　訴訟費用の負担の裁判（民訴法258Ⅱ）は，本案判決に対し適法な控訴があったときは，その効力を失う。この場合においては，控訴裁判所は，訴訟の総費用についてその負担の裁判をする（民訴法258Ⅳ）。

第1　申立て

【参考例　訴訟費用の負担の裁判の脱漏の場合の訴訟費用の負担を命じる決定】

平成〇〇年（モ）第〇〇〇号　訴訟費用等負担決定申立事件
（基本事件・平成〇〇年（ワ）第〇〇〇〇号〇〇請求事件）

決　　　定

〇〇市〇〇町〇丁目〇番〇号
申立人（原告）　〇　〇　〇　〇
〇〇市〇〇町〇丁目〇番〇号
相手方（被告）　〇　〇　〇　〇

上記当事者間の平成〇〇年（ワ）第〇〇〇〇号〇〇請求事件について，平成〇〇年〇月〇日，当裁判所が言い渡した判決は，訴訟費用の負担の裁判を脱漏したので，民事訴訟法258条2項，61条に基づき，以下のとおり決定する。

主　　　文
本件基本事件の訴訟費用は被告の負担とする。

平成〇〇年〇月〇日
〇〇地方裁判所民事第〇部
裁　判　官　　〇　〇　〇　〇　㊞

第2節　訴訟が裁判及び和解によらないで完結した場合

　　訴訟が裁判及び和解によらないで完結した場合（本編第2章第2節第2）には，第一審裁判所が申立てにより訴訟費用の負担（負担者及び負担割合）を命じる決定をする（民訴法73 I）。

第1　申立て

1　申立先及び方法

　　訴訟費用の負担の裁判の申立先は，第一審裁判所である。控訴，上告審における訴え取下げの場合も，訴訟記録は第一審裁判所に返却されて，最終的には第一審裁判所で保管されること，訴訟がどの審級で完結したかを問わず申立先を統一した方がわかりやすいことから，第一審裁判所とされている。

　　申立ては書面でしなければならない（民訴規則 24 I）。申立手数料は不要である。

2　当事者

　　申立人及び相手方については，本案訴訟の当事者又はその承継人である。まだ負担

- 77 -

第3章　訴訟費用の負担を命じる決定

者が決まっていない場合であるから，いずれの側からも申し立てられる[14]。

費用負担の裁判の申立て後，負担額の確定までの間に，申立人又は相手方に承継（特定又は一般）が生じた場合については，承継の時期を分けて論ずるべきである。①申立て後費用負担の決定までの間の承継の場合は，承継の疎明資料と共に，承継人から申立書の訂正申立書を提出させ，承継人を名宛人として費用負担の決定を出すことになる。②費用負担の決定後告知前の承継の場合は，決定が告知により効力を生ずる（民訴法 119）ことから，費用負担の更正決定で処理すべきと考える。③費用負担の決定告知後の承継の場合は，民訴法 71 条の場合と同様，承継人は，書記官に対し，承継を証する書面を提出するなどの方法で承継人であることを証明すれば足りると解する（本編第4章第1節第3の3，注解民訴 94 頁参照）。

3　申立ての時期

申立ての始期は，前記第2章第2節第2の事件の完結時である。終期については，別段の定めはないが，記録の保存期間（最長5年）満了後は，訴訟記録が廃棄される（保存規程8Ⅰ）ので，訴訟費用額確定処分の申立てをしても，訴訟費用の支出及びその額の疎明（民訴規則 24Ⅱ）が事実上困難になり，その目的を達成することができないことが想定される。

4　受付及び記録の編てつ

民事雑事件簿（行政事件のときは行政雑事件簿）に登載して受け付ける（「受付分配通達」別表第1の59(9)）。この申立てと後記第4の訴訟費用額確定処分の申立てを1通の申立書に記載することも許容される（民訴一問一答 73 頁）。法文上は，まず，訴訟費用の負担の裁判のみの申立てをし，訴訟費用負担の決定が執行力を生じてから，費用額確定処分の申立てをすることを原則としている。費用負担の裁判によって費用償還請求権者となってもその額の確定を申し立てるか否かは費用償還請求権者の意思に委ねられているからである。しかし，これは同時申立てを否定する趣旨ではなく，実務上は，1通の書面で同時になされるのが通例である（講義案Ⅱ132 頁，注解民訴 93 頁参照）。もっとも，それぞれ別の雑事件であるので2件として立件する。

この申立書等は，本案訴訟記録の第3分類「その他」に編てつする。

第2　訴訟費用負担の審理手続

1　費用負担の審理

申立てを受理した裁判所は，まず，申立ての要件について審査する。仮に，その要件に不備があるときには，補正可能な事項（例えば，申立代理人に代理権[15]がないとき）であれば，補正命令を発した上で，申立人が補正をしなければ申立てを却下し，

14　ただし，費用負担の裁判と費用額の確定の申立てを同時にしない場合には，費用額の確定の申立人たる資格を有する者は，負担の裁判によって費用償還請求権者となった者である。

15　本案訴訟事件の代理権は，その事件について生じた訴訟費用額の確定手続にも及ぶ。

不備が補正できない事項（例えば，当事者の要件を欠くとき，申立時期の要件に反するとき）であれば，直ちに申立てを却下する。決定手続であるから，口頭弁論を経るか否かは任意である（民訴法 87 条）。

なお，申立てに際し，管轄裁判所を誤った場合には，民訴法 16 条 1 項により管轄裁判所に移送する。

2 訴訟完結事由ごとの費用負担者

(1) 訴えの取下げ

訴えの取下げの場合，訴訟費用は，敗訴当事者に準ずべき者である原告の全部負担とされることが多い。しかし，訴えの取下げの場合でも，訴訟係属中の債務の弁済，反対債権での相殺，裁判外での示談成立など，訴えの提起を必要とした事由が消滅したことが原因となっている場合は，民訴法 62 条の準用により，被告が訴訟費用の全額を，又は，双方がこれを分担するのが適当な場合もあるとされている[16,17]（注解民訴 95 頁，菊井・村松 I 649 頁，新堂ほか注釈(2)497 頁参照）。また，第三者異議の訴えを提起した者が，目的物に対する差押えが解放されたため，その訴えを取り下げた場合には，その訴訟費用は差押債権者に負担させるべきであるとされている（東京高決昭 33.9.24 判時 169 号 13 頁）。

(2) 請求の放棄・認諾

請求の放棄・認諾をした者は，敗訴当事者として訴訟費用を負担するのが原則であるが，被告が債務の存在を争わないのに原告が訴えを提起し，被告が直ちに請求を認諾した場合には，民訴法 62 条を準用して，訴訟費用の全額を原告に負担させるのが適当であるとされている[18]（注解民訴 95 頁，菊井・村松 I 650 頁，新堂ほか注釈(2)498 頁）。

(3) 訴訟の目的の消滅及び承継者の不存在

これらの場合，訴訟の勝敗が不明のままであることから，費用の負担者と負担割合を定めることが困難な場合もあり得るが，訴訟の終了時の状況下で明らかになった状態に応じて，可能な限り，本案についてその当時原告の請求に理由があったか否かを判断して，費用の負担を定めるべきであるとされている（注解民訴 95 頁，菊井・村松 I 651 頁，新堂ほか注釈(2)498 頁）。

---

16 ハンセン病補償金の支給請求に対する不支給決定の取消訴訟の係属中に，補償金支給決定がされたために原告が訴えを取り下げた場合，実質的に全部勝訴したものと同視することができるとし，訴訟費用は被告の負担とするのが相当であると判示した裁判例として，東京高決平 18.11.24 判時 1957 号 64 頁がある。

17 公文書部分公開処分の非公開部分の取消請求事件係属中，当該公文書がほぼ全面開示されたため，原告が訴えを取り下げた事案において，訴えの取下げにより訴訟が完結した場合の訴訟費用の負担について，訴え取下げを敗訴と同視すべきでない特段の事情が認められるとして，訴訟費用を被告負担とした裁判例として，東京地決平 18.1.19 判タ 1209 号 309 頁がある。

18 請求の放棄により訴訟が完結した場合の訴訟費用について，訴訟の進行経過，当事者の衡平の観点等から，各自の負担とした裁判例として，東京地決平 11.4.19 判タ 1015 号 274 頁がある。

第3章　訴訟費用の負担を命じる決定

第3　裁判及び告知

　この場合も，訴訟費用の負担法則を明らかにした民訴法 61 条から 66 条までが準用されるから（民訴法 73 II），請求の放棄・認諾をした者又は訴え・控訴・上告等の取下げをした者は，敗訴者と同様に取り扱われ，原則として，民訴法 61 条により訴訟費用の負担が命じられることになる。

　決定の形式によってされるので，申立人及び相手方に対し，相当と認める方法によって告知することにより，その効力を生じる（民訴法 119）。告知の方法については，必ずしも送達の方法によることは要求されていないが，この決定に対しては即時抗告をすることができることから，決定謄本を送達するのが相当である。

【参考例　訴訟費用の負担を命じる決定】

平成〇〇年（モ）第〇〇〇号　訴訟費用等負担決定申立事件
（基本事件・平成〇〇年（ワ）第〇〇〇〇号〇〇請求事件）

　　　　　　　　　　　　　決　　定

　　　　　　　　　　　〇〇市〇〇町〇丁目〇番〇号
　　　　　　　　　　　　　申立人（原告）　〇　〇　〇　〇
　　　　　　　　　　　〇〇市〇〇町〇丁目〇番〇号
　　　　　　　　　　　　　相手方（被告）　〇　〇　〇　〇

　当裁判所は，本件申立てを相当と認め，民事訴訟法 73 条 1 項，61 条に基づき，以下のとおり決定する。

　　　　　　　　　　　　　主　　文
　本件基本事件の訴訟費用は被告の負担とする。

　　平成〇〇年〇月〇日
　　　　〇〇地方裁判所民事第〇部
　　　　　　裁　判　官　　〇　〇　〇　〇　㊞

第4　不服申立て

　この決定に対しては，告知を受けてから 1 週間の不変期間内に即時抗告をすることができる（民訴法 73 II による 71 VII準用，332）[19]。

19　訴訟費用負担の決定は，告知によって即時に執行力を生じるから，即時抗告によってその執行力が停止されていない限り（民訴法 334 参照），既に訴訟費用額確定処分の申立てがされているのであれば，書記官は，告知後直ちに訴訟費用額確定処分の手続をすることになる。

第3 当事者

第4章 訴訟費用額確定処分

第1節 申立て

第1 申立先

訴訟費用額確定処分の申立先は，第一審裁判所の書記官である（民訴法71Ⅰ）。上訴審裁判所が上訴費用について訴訟費用の負担の裁判をした場合，上訴審に再審の訴えが提起され，その再審費用負担の裁判をした場合，上訴審で仮差押え・仮処分を発令した場合であっても，訴訟費用額確定の手続は，第一審裁判所の書記官が行う。

第2 申立ての方式

1 申立書

訴訟費用額確定の申立ては，書面でしなければならない（民訴規則24Ⅰ）。申立手数料は不要である。申立てに当たっては，次に述べるとおり，費用計算書及び費用額の疎明に必要な書面を提出する必要があることから，申立てだけを口頭で認める実益に乏しく，申立てに際し数額を示す場合もあることから，正確を期するためにも，書面性が要求されることとされた（条解民訴規則50頁）。

2 添付書類

申立人は，申立てに際し，費用計算書及び費用額の疎明に必要な書面を書記官に提出しなければならない（民訴規則24Ⅱ）。費用計算書には，その支出した費用について，各種目とその額を具体的に記載する。償還請求の対象となる額は，実際に支出した額が民訴費用法所定の額を超過していても種目ごとに同法が定める額に制限されるから(費用法定主義)，費用計算書においては同法所定の額を計上すべきである。

疎明に必要な書面は，訴訟記録によって証明できない費用についてのみ提出が要求されるが，当事者間での償還の対象となる民訴費用法2条各号に列挙されている訴訟費用の種目及び額はほとんど訴訟記録によって証明できるから，疎明に必要な書面の提出を要する場面は，実務上少ない。

第3 当事者

1 申立人

申立人たる資格を有する者は，訴訟費用の負担の裁判によって費用償還請求権者となった者であり，原告であると被告であるとを問わない。訴訟費用の負担の裁判によって案分負担と定められた場合には，当事者双方とも申立人となりうる。

なお，本案訴訟の代理権はこの手続にも及ぶから，同一の訴訟代理人がこの申立てをする場合には，新たな委任状の提出をする必要はない。

2 相手方

相手方たる資格を有する者は，訴訟費用の負担の裁判によって費用償還義務者とされた当事者又は第三者（民訴法69Ⅰ，Ⅱ）である。

3 費用償還請求権者又は義務者の承継人

－ 81 －

第4章　訴訟費用額確定処分

　　　費用償還請求権者又は義務者の一般承継人又は特定承継人も，訴訟費用額確定手
　　続の当事者となる資格を有する。これらの承継人は，訴訟費用額確定手続を行う書記
　　官に対し，承継を証する書面を提出するなどの方法でその資格を証明すれば足りる[20]。

第4　申立ての時期

1　始期

　　　訴訟費用額確定処分の申立ては，訴訟費用の負担の裁判が執行力を生じた後にし
　　なければならない（民訴法71Ⅰ）。

　　　判決において訴訟費用の負担の裁判がされている場合においては，判決が確定し
　　ているか又は訴訟費用の負担の裁判に仮執行宣言が付されていること[21]（民訴法259）
　　が必要である（民執法22①，②）。担保提供を条件とする仮執行宣言が付されている
　　場合には，担保提供は強制執行開始の要件であることから（民執法30Ⅱ），訴訟費用
　　額確定処分の申立てに当たって，その担保を提供する必要はない（鈴木訴訟費用の裁
　　判953頁，注解民訴74頁，菊井・村松Ⅰ635頁，斎藤注解82頁参照）[22]。仮執行宣
　　言が失効したとき（民訴法260Ⅰ），又は執行停止決定がされたとき（民訴法403Ⅰ，
　　404）は，訴訟費用額確定処分の申立てをすることができない。

　　　訴訟費用の負担の裁判が決定又は命令の形式によってされている場合には，告知
　　によって即時に執行力を生じるのが原則であるから（民訴法119），即時抗告によっ
　　て執行力が停止されていない限り（民訴法334参照），直ちに訴訟費用額確定処分の
　　申立てをすることができる。

　　　訴訟上の和解により訴訟費用の負担が定められた場合は，調書に記載されれば確
　　定判決と同一の効力を有するから（民訴法267），直ちに訴訟費用額確定処分の申立
　　てをすることができる。

2　終期

　　　別段の定めはないが，記録の保存期間満了後は疎明が事実上困難となることは，前
　　述（第3章第2節第1の3）のとおりである。

第5　受付及び記録の編てつ

　　　民事雑事件簿（行政事件のときは行政雑事件簿）に登載して受け付ける（「受付分

20　費用償還請求権の一般承継人又は特定承継人が申立人となる場合，費用負担の裁判書に承継執行文（民執法27
　　Ⅱ）の付与を受ける必要があるかについては争いがあるが，民事執行法22条4号の2が「訴訟費用，和解の費
　　用の負担の額を定める裁判所書記官の処分」を債務名義としていることから，承継執行文の付与は要しないと解
　　する（基本法コンメⅠ188頁，講義案Ⅱ134頁，注解民訴75頁参照）。この点については，承継執行文の付与が
　　必要とする見解もある（秋山ほかコンメⅡ55頁，菊井・村松Ⅰ635頁，斎藤注解83頁，裁判所書記官研修所監
　　修「新民事訴訟法における書記官事務の研究Ⅱ」（平成10年，司法協会）312頁参照）。
21　判決主文の中に，「本判決は仮に執行することができる。」とか，請求の一部認容の場合に，「本判決は原告勝
　　訴の部分に限り，仮に執行することができる。」と記載されていることが多いが，このように仮執行宣言の範囲
　　に特段の限定がない場合には，訴訟費用の負担の裁判について仮執行宣言が付されていると解されている（秋山
　　ほかコンメⅡ55頁）。
22　この仮執行の担保は，訴訟費用額確定処分の後にその執行に当たって提供すれば足りると解されている（斎藤
　　注解82頁）。

－ 82 －

配通達」別表第1の59(7))。この申立てと前記第3章の訴訟費用の負担の裁判の申立てを1通の申立書に記載することも許容されることは前述（第3章第2節第1の4）のとおりである。この申立書等は，本案訴訟記録の第3分類「その他」に編てつする。

第6　申立書及び費用計算書の直送

申立人は，書記官に提出した訴訟費用額確定処分の申立書及び費用計算書を相手方に直送しなければならない[23]（民訴規則24Ⅱ，47Ⅰ）。この直送は，相手方が民訴規則25条1項の規定による書記官からの催告に応答できるようにするために行われるものである（条解民訴規則51頁）。なお，申立人が提出する費用額の疎明に必要な書類については，規定上は直送すべきとはされていないが，相手方の不便を解消するためにも直送させる運用が望ましい（講義案Ⅱ135頁（注1））。

【参考例　訴訟費用額確定処分の申立書】

訴訟費用額確定処分の申立書

○○地方裁判所民事第○部裁判所書記官　殿

平成○○年○月○日

申立人（原告）訴訟代理人弁護士　○　○　○　○　㊞

申　立　人　（原告）　○　○　○　○

相　手　方　（被告）　○　○　○　○

上記当事者間の平成○○年（ワ）第○○号○○請求事件について，平成○○年○月○日申立人（原告）全部勝訴の判決があり，既に確定したので，相手方（被告）の負担すべき訴訟費用額の確定を求めるため，費用計算書及び疎明資料を添えて申し立てる。

添付書面（※添付省略）

1　費用計算書

2　疎明資料　　○通

第2節　審理手続

第1　申立要件の審査

申立てを受理した書記官は，まず，申立ての要件について審査する。仮に，その要件に不備がある場合には，補正可能な事項（例えば，申立代理人に代理権がないとき，費用計算書を提出しないとき，承継の事実を証明する書面の提出を必要とするのに

23　当事者が訴訟進行について主体的に関与していくことを目指して，裁判所による送達ないし送付に代えて，当事者間で直接に書類を送付し合う「直送」制度が導入されたが，訴訟費用額の確定は，当事者間での費用の償還という，当事者の利益のために行われるものであるので，直送にゆだねるのにふさわしい事項であると考えられるためである（条解民訴規則51頁）。

第4章　訴訟費用額確定処分

提出しないとき）であれば，補正処分を発した上で，申立人が補正をしなければ申立
てを却下する処分をし，不備が補正できない事項（例えば，費用償還請求権が存在し
ないとき，申立時期の要件に反するとき）であれば，直ちに申立てを却下する処分を
する（民訴規則24の申立ての方式違反による却下処分，民訴法122，137Ⅱ準用）。

第2　相手方に対する催告

書記官は，訴訟費用負担の額を定める審理を行うに当たり，費用計算書をチェック
して，不備があれば申立人に補正させた上，正確な費用計算書を引用して，次の事前
手続をとる必要がある。

1　申立人と相手方が費用を案分して負担する場合

書記官は，相手方に対し，相手方が支出した費用の計算書及び費用額の疎明に必要
な書面並びに申立人の費用計算書の記載内容についての陳述を記載した書面を，一
定の期間内[24]に提出すべき旨を催告しなければならない（民訴規則25Ⅰ本文）。この
催告は，当該事件の当事者双方が支出した費用の総額を明らかにし，それぞれ分担す
べき費用額を確定して，双方の負担する償還債務を対当額で相殺処理して（民訴法71
Ⅱ），一個の訴訟費用額確定処分を行うためのものである。

催告書には，申立人，申立裁判所，費用の裁判のされた事件の表示，催告期間等，
前記陳述をするのに支障がない程度の事項と裁判所のする催告であることが了知で
きるだけの記載があれば足りる（高松高決昭38.6.11下民14巻6号1133頁）。

2　相手方のみが訴訟費用の全部を負担すべき場合

相手方に対し，申立人の費用計算書の記載内容についての陳述を記載した書面を，
一定期間内に提出すべき旨を催告しなければならない。ただし，記録上申立人の訴訟
費用等についての負担額が明らかな場合は催告をする必要はない（民訴規則25Ⅰた
だし書）[25]。

3　催告の方法

催告は，期間の終期を明確にするために送達の方法によることも考えられるが，費
用計算書等が既に申立人から直送されていることを考慮すれば，相当と認める方法
によって行えば足りると考える（民訴規則4Ⅰ）。

24　実務上は2週間程度とする扱いが多い（講義案Ⅱ136頁（注1）参照）。
25　事件記録から訴訟費用額が明らかにならない場合としては，民訴費用法2条4号のイ⑴ただし書の当事者等
　の交通費の額を実費で請求する場合が挙げられる。

第2　相手方に対する催告

【参考例　催告書】

> 平成○○年（モ）第○○号訴訟費用額確定処分申立事件
>
> 申立人（原告）○○○○
>
> 相手方（被告）○○○○
>
> 　　　　　　　　　　　　　　　　　　　平成○○年○月○日
>
> 相手方（被告）○　○　○　○　殿
>
> 　　　　　　　○○地方裁判所民事第○部
>
> 　　　　　　　　裁判所書記官　○　○　○　○　㊞
>
> 　　　　　　　　　　催　告　書
>
> 　上記当事者間の平成○○年（ワ）第○○号○○請求事件について，申立人（原告）から訴訟費用額確定処分の申立てがされました。
>
> 　ついては，この催告書到達の日から14日以内に，次の書面を提出してください。
>
> 1　被告支出の費用計算書
>
> 2　上記費用額を根拠付ける資料（書面）
>
> 3　原告提出の別添費用計算書（原告から直送済み）記載の種目及び金額についての認否とその理由を記載した書面
>
> 4　3の陳述を根拠付ける資料（書面）

4　催告後の手続

　相手方から費用計算書及び費用額の疎明に必要な書類並びに申立人の費用計算書の記載内容についての陳述を記載した書面が提出されたときは，書記官は，同書面を申立人に送付（民訴規則47Ⅰ）して，それらに対する申立人の意見を求める。

　なお，催告の期間経過後に陳述等の意見が述べられたときも，訴訟費用等の負担の額を定める処分をする前であれば，これを斟酌しなければならない（条解民訴規則53頁，菊井・村松Ⅰ641頁，斎藤注解90頁，新堂ほか注釈(2)489頁）。

第3節　審理

　訴訟費用額確定手続は，訴訟費用の負担の裁判によって定められた費用償還請求権の内容を具体的に補充する性質のものであって，費用償還請求権の存否それ自体を確定することを目的とするものではないことから，この手続においては，費用償還請求権についての弁済，相殺，時効等を考慮することはできない。したがって，相手方が陳述することができるのは，申立人の費用計算書記載の種目及び金額について，その種目が民訴費用法及び民訴費用規に定めるものに該当するか，その金額が民訴

－ 85 －

第4章　訴訟費用額確定処分

費用法等の関係法令所定の額を超過しないかに関する具体的な意見に限られ，弁済，相殺，時効等により費用償還債務が消滅していることを主張することはできない（これらの実体的な事由は，訴訟費用等の負担の額を定める処分が債務名義となる（民執法22④の2）ので，これに対する請求異議の訴えを提起することによって主張しなければならない。）（条解民訴規則53頁）。

訴訟費用の負担の裁判が対象としている訴訟費用の範囲は，以下に述べるとおり，訴訟の全過程の訴訟費用に関するものであり，その中には，関連手続の訴訟費用も含まれている。

前述のように，当事者が相手方に償還請求できる訴訟費用の種目と額は民訴費用法2条所定の種目及び額に限られる（費用法定主義）ことから，訴訟費用額確定手続において審理の対象となるべき事項は，申立人又は相手方が提出した費用計算書記載の訴訟費用の種目及び額が民訴費用法2条各号[26]に規定する当事者等が負担すべき訴訟費用の範囲及び額に該当するか否かということになる[27]。

第1　訴訟費用不可分の原則

訴訟費用の負担の裁判は，原則として訴訟の全過程の訴訟費用について統一的にされるべきものとされており（民訴法67Ⅰ，Ⅱ），これを訴訟費用不可分の原則と呼ぶことは前述した（第1編第5章第1節第5参照）。訴訟費用には，判決手続に先行又は附随する行為に関する費用も含まれることがある。

①証拠保全手続の費用（民訴法241），②訴え提起前の和解手続の費用（民訴法275Ⅱ），③支払督促手続費用（民訴法395）は，訴訟係属のときには訴訟費用の一部になると条文上規定されている（講義案Ⅱ138頁，注解民訴11頁参照）[28]。

④管轄裁判所指定に関する費用（民訴法10Ⅰ，Ⅱ），⑤移送に関連する費用（民訴法17，18，19，274Ⅰ），⑥忌避の申立てに関する手続費用（民訴法24以下），⑦特別代理人選任手続費用及び特別代理人に支給する報酬（民訴法35Ⅰ，民訴費用法20Ⅰ後段，11Ⅰ①，2②），⑧上訴等に伴う執行停止の申立事件の手続費用（民訴法403Ⅰ）等の付随的手続費用も本案の訴訟費用の一部に含まれる（講義案Ⅱ137頁，注解民訴11頁参照）。

民事保全手続の費用については，第1編第4章第8節の第3の2及び同第5章第4節第1を参照されたい。

26　民訴費用法2条各号とはいっても，3号及び12号から18号までの費用は，執行費用又は執行準備費用であって，執行手続において取り立てることができるものであることから（民執法42），訴訟費用額確定処分の対象とはならない。なお，執行官が送達実施機関となる民事訴訟等における文書の送達の手数料（民訴法99）及び訴え提起前における証拠収集の処分としての現況調査（民訴法132の4Ⅰ④）（執行官法8Ⅰ①，①の2）については，民訴費用法2条2号で訴訟費用となる。

27　民訴費用法2条各号に規定されている費用は，一般的に，民事訴訟等の手続の追行上権利の伸張又は防禦に必要であると認められる行為によって生じた当事者の出費にあたるものである（内田解説48頁）。なお，民訴費用法2条各号に規定したもの，又は，各号に規定したもの以外の当事者等の出費について，さらに権利の伸張又は防禦に必要であるかどうかを検討して費用の種目から除き，又は，費用に加えることは許されない（内田解説54頁）。

28　手形訴訟や少額訴訟における異議の場合は，原則として異議後の費用に限定される（民訴法363，379Ⅱ参照）。

- 86 -

裁判所が訴訟の進行中に和解を勧試したが和解不成立の場合，これに関する費用の負担については規定がないが，和解の勧試は，その訴訟手続内で行われるものであるから，これに関する費用は訴訟費用に含まれる（新堂ほか注釈(2)408頁，福嶋訴訟費用128頁参照）。

受訴裁判所が，職権で事件を調停に付したが（民調法20Ⅰ），これが不調に終わった場合の費用については，上記調停は訴訟手続外の別個の手続で行われ，民訴法には特別の規定はないので，訴訟費用には含まれないと解される（新堂ほか注釈(2)408頁，福嶋訴訟費用128頁参照）。

訴訟費用に含まれる関連手続の費用は，本案訴訟の一部をなす手続の費用として，本案訴訟における訴訟費用の負担の裁判に従って負担者が定まり，その額も本案訴訟事件の手続費用と共に一括して確定される。

また，①判決（調書判決を含む。以下同じ。）正本送達費用（民訴法255，民訴規則159Ⅱ），②判決又は和解調書などの更正申立手続に関連する費用（民訴法257），③訴訟費用額の確定手続の費用[29]（民訴法71以下）のような訴訟終了後の費用についても，本案訴訟事件の手続費用と共に一括して確定される。

第2 訴訟費用の種目及び額

書記官は，費用計算書に基づき，相手方の意見も参考にしながら，個別具体的な種目が，①民訴費用法2条各号に定めるいずれかの項目に該当するか[30]，②該当する場合は，計上されている費用額が種目ごとに同条各号が定める額に照らして適正か，③費用計算書提出者が現実にその費用を支出しているかを審査して，償還関係の対象となるべき訴訟費用額を定めることになる。

第3 費用額の計算についての原則

1 費用支出の証拠の必要性

費用は，その訴訟手続の遂行過程において現実に支出したことが，その事件記録や疎明書類によって明らかに認められるものであることを要する。

2 処分権主義の適用

訴訟費用額確定手続においては，処分権主義が適用されるから，計算の結果，申立額以上の数額が算出されても，裁判所は，申立人が計算した訴訟費用の総額を超えて費用額を確定することはできない。申立総額の範囲内であれば，費用計算書記載の個々の費用のうち不当な費用種目を削ったり，当事者の申し立てていないものであっても職権で他の正当な費用種目を追加したり，又は個々の費用額を正当な額に増減額したりすることも許されると解される（秋山ほかコンメⅡ59頁，注解民訴79

---

[29] 費用負担者は，裁判所が本案訴訟費用とは別に訴訟費用額確定手続の訴訟費用の負担者を定める決定をしない限り，本案訴訟事件における訴訟費用の負担の裁判に従って定まる。訴訟費用額確定手続の範囲は，申立てから確定処分の正本送達（又は送付）までの手続に要する費用である（講義案Ⅱ138頁）。
[30] 費用該当性に関する留意点等について第1編第4章第2節を参照されたい。

頁，斎藤注解 84 頁，新堂ほか注釈(2)485 頁，鈴木訴訟費用の裁判 955 頁）[31,32,33]。これは，訴訟費用額確定手続の目的は，費用償還請求権存否の確定ではなく，訴訟費用の負担の裁判を前提に具体的な額を定めることであり，非訟事件の性質を有すると解されるからである（注解民訴 80 頁）。

3 費用額算定の標準時

個々の費用額算定の標準時は，費用を要した当該行為時である。訴訟費用の範囲及び額，手数料及び手数料以外の裁判所に納める費用，証人等に対する給付関係，鉄道賃，船賃，航空賃などの旅費及び郵便料などは，しばしば改定されているので，訴訟費用額の算定に当たっては，これらの改定の有無に注意しなければならない[34]。

4 端数計算

費用計算の結果，最終合計額の面で 1 円未満の端数を生じたときは，50 銭以上は 1 円に切り上げ，50 銭未満は切り捨てる（通貨の単位及び貨幣の発行等に関する法律 3 Ⅰ）。

なお，当事者が国及び公庫等である場合は，前記法律は適用されず（同法 3 Ⅱ），国等の債権債務等の金額の端数計算に関する法律が適用される。この場合は，1 円未満の端数がある場合は端数を切り捨てる（同法 2 Ⅰ）。

【参考】

通貨の単位及び貨幣の発行等に関する法律（昭和 62 年法律第 42 号）

第 3 条（債務の支払金の端数計算）

1　債務の弁済を現金の支払により行う場合において，その支払うべき金額（数個の債務の弁済を同時に現金の支払により行う場合においては，その支払うべき金額の合計額）に五十銭未満

31　仙台高決昭 35.8.29 下民 11 巻 8 号 1798 頁は，「訴訟費用額確定決定の総計額は，当事者の申し立てた額を超えることは許されないが，その範囲内において不当な項目を削除又は減額し，或いは正当な項目を追加又は増額することは差し支えないものと解するのを相当とする。けだし，訴訟費用額の確定決定は，これによって単にその数額を確定するにすぎないものだからである」と判示している。
32　東京高決昭 46.9.27 判タ 271 号 327 頁は，「訴訟費用額確定に関する手続は，本来非訟事件として訴訟費用の数額を確定する手続であるから，裁判所は当事者の申立てた総計額を超えない範囲内においては，不当な費用の項目金額を削除もしくは減額する一方，当事者の申立てない費用のものであっても，記録上明白な費用の項目，金額については，職権を以てこれを加算することができるものと解される」と判示している。
33　ただし，相手方に対して，民訴規則 25 条の催告をし，相手方が意見を述べた後に，職権において当事者の申し立てない費用種目を追加することは，相手方が意見陳述の機会を失い，衡平性を害するおそれがあることに留意すべきである。
34　訴訟費用の額の中には，郵便料金を参考にして最高裁判所が定めた額によるとされているもの（民訴費用法 2 ⑦，⑫，⑱）があり，これらについては，郵便料金の改定に伴い当然に金額が変更されるものではなく，また，郵便料金の改定に伴い最高裁判所において定めた額（民訴費用規 2 の 3，2 の 4，2 の 5）が改定される場合においても，経過措置の内容によっては，費用を要した当該行為時の郵便料金と最高裁判所が定めた額が一致しない場合がある。
　民事訴訟費用等に関する規則の一部を改正する規則（平成 26 年最高裁判所規則第 4 号）による改正の際には，第三債務者の供託に伴って生ずる費用を除き，基本事件の申立日と前記改正規則の施行日の先後を基準として経過措置が定められた（同規則附則 2，3）。この経過措置の結果，実質額で定める官庁等に支払う手数料の標準時と最高裁判所が定める加算額として適用される規則の郵便料についての基準時が異なる場合があるので注意が必要である（講義案Ⅱ143 頁）。

- 88 -

の端数があるとき，又はその支払うべき金額の全額が五十銭未満であるときは，その端数金額又は支払うべき金額の全額を切り捨てて計算するものとし，その支払うべき金額に五十銭以上一円未満の端数があるとき，又はその支払うべき金額の全額が五十銭以上一円未満であるときは，その端数金額又は支払うべき金額の全額を一円として計算するものとする。ただし，特約がある場合には，この限りでない。

2　前項の規定は，国及び公庫等（国等の債権債務等の金額の端数計算に関する法律（昭和25年法律第61号）に規定する国及び公庫等をいう。）が収納し，又は支払う場合においては，適用しない。

国等の債権債務等の金額の端数計算に関する法律（昭和25年法律第61号）

第2条（国等の債権又は債務の金額の端数計算）

1　国及び公庫等の債権で金銭の給付を目的とするもの（以下「債権」という。）又は国及び公庫等の債務で金銭の給付を目的とするもの（以下「債務」という。）の確定金額に一円未満の端数があるときは，その端数金額を切り捨てるものとする。

2　国及び公庫等の債権の確定金額の全額が一円未満であるときは，その全額を切り捨てるものとし，国及び公庫等の債務の確定金額の全額が一円未満であるときは，その全額を一円として計算する。

3　国及び公庫等の相互の間における債権又は債務の確定金額の全額が一円未満であるときは，前項の規定にかかわらず，その全額を切り捨てるものとする。

5　相殺処理

　訴訟費用の負担の裁判において，当事者双方が案分して負担すべきと定められている場合は，以上で述べた方法により具体的に算出した各当事者ごとの償還請求権を基に，費用負担の裁判の示した割合に従って各当事者の相手方に対する償還請求額を算出した上で，それぞれ対当額での相殺処理を行う（民訴法71Ⅱ）。当事者双方のために常に各別に訴訟費用額確定処分をしなければならないとすると，双方が互いに相手方に執行し合う事態となり煩雑で経済性にも反することになるからである[35]。相手方が民訴規則25条1項の規定による費用計算書等を提出しないときは，申立人の訴訟費用のみについて訴訟費用額確定処分をする（民訴規則25Ⅱ本文）[36]。もっとも，これによって相手方が訴訟費用額確定処分の申立てを行う権利を失うものではない（民訴規則25Ⅱただし書）。

35　訴訟費用を案分負担すべき相手方が民訴規則25Ⅰの規定による催告に基づき費用計算書等を提出したときには，法律上当然に相殺処理を行うもので，当事者が相殺の意思表示を行う必要はない。

36　この場合には，相手方の訴訟費用等の額が不明であるから，申立人の訴訟費用等の負担の額を定める処分のみを行えば足り，職権で調査するなどして相手方の訴訟費用等の負担の額を定める処分をする必要はないとする趣旨である。

第4章　訴訟費用額確定処分

第4節　処分

第1　処分の方式

　　　訴訟費用額確定処分は，これを記載した書面を作成し，その書面に処分をした書記官が記名押印してしなければならない（民訴規則26）。旧民訴法下の訴訟費用等の額を確定する決定については，決定書が作成されることが通例であったし，訴訟費用額確定処分は，債務名義となる（民執法22④の2）ものであるから，書記官の記名押印のある書面作成によることとしたものである（条解民訴規則55頁）。

第2　処分の内容

　　　処分の内容としては，第3節の審理により得られた結果，すなわち，誰が誰に対して具体的にいくらの額の償還をすべきかということを費用計算書を添付して明示することになる。また，訴訟費用の負担の裁判の内容が具体的な費用との関係で不明確な場合であっても，書記官は，処分を拒否することは許されず，当事者の提出した費用計算書や相手方の意見を斟酌し，費用負担の裁判を合理的に解釈して費用の種目及び額を定めて処分を行うことを妨げないとされている（注解民訴81頁，菊井・村松Ⅰ636頁，新堂ほか注釈(2)484頁）。

　　　なお，訴訟費用額確定処分は，訴訟費用の負担の裁判を前提とし，その内容を補充する性質のものであるから，訴訟費用の負担の裁判で定められた事項を変更する内容の処分を行うことができないことは当然である。

1　申立てを却下すべき場合

　　　訴訟費用額確定処分の申立てが法が定める申立ての要件を満たさず補正が不能であるか申立人が補正に応じない場合や訴訟記録が廃棄され当事者からも費用額を疎明する書面が提出されない場合には，申立てを却下する処分をする[37]。

2　申立人のみの費用額について確定すべき場合

　　　①訴訟費用の負担の裁判において相手方のみが負担すべきものと定められている場合，又は②案分負担が定められているが民訴規則25条1項の規定に従う催告に対して相手方からの応答がない場合には，相手方が負担すべき訴訟費用の具体的な額を主文中に明示し，個別の費用の種目及びその額を記載した費用計算書を添付すべきである。申立ての種目又は額の一部が認容できない場合には，理論的には一部却下になるが，一部却下の主文を掲げる必要はない。

　　　②の場合には，申立人に生じた費用だけについて，訴訟費用の負担の裁判に定められた負担割合に従って現実に償還すべき額を定めることになるから，申立人に生じた費用全額を相手方に償還すべき額として定める処分をすることはできない。この場合には，処分の理由中で，まず別紙費用計算書を引用する方法で申立人に生じ確定した訴訟費用額全額を明示し，それを訴訟費用の負担の裁判で示された負担割合に

37　この点，訴訟記録が廃棄され当事者からも費用額を疎明する書面が提出されないなど訴訟費用額がいずれも疎明されない場合には，申立てを棄却するとする見解もある（注解民訴81頁参照）。

- 90 -

従って案分した上で，その結果算出された，相手方が申立人に対して現実に償還すべき額を明示すべきである。

3　案分及び相殺処理後の費用額を確定すべき場合

訴訟費用の負担の裁判において当事者双方が訴訟費用を案分して負担すべきものとされ，かつ，民訴規則25条の規定に従い相手方から費用計算書が提出された場合には，まず，第1に，申立人及び相手方にそれぞれ生じた訴訟費用額を算出し，第2に，訴訟費用の負担の裁判において定められた負担割合に従ってそれぞれが有する償還請求権の額を算出する。そして，第3に，民訴法71条2項に従い，双方が有する償還請求権を対当額で相殺処理し，その結果の残額を現実に償還すべき額として主文に掲げることになる。処分書においては，この過程を明示するのが相当であると考えられる。すなわち，処分の理由中で，第1に，別紙費用計算書を引用する方法で申立人及び相手方に生じた訴訟費用額全額を明示し，第2に，訴訟費用の負担の裁判で示された負担割合に従って算出される償還請求権額を明示し，第3に民訴法71条2項の規定によって対当額で相殺処理し，償還義務者たる当事者が償還権利者たる当事者に対して現実に償還すべき額を明示すべきである。相殺処理の結果，相手方が負担すべき訴訟費用額がないときは，処分書の主文に負担すべき額のないことを掲げれば足りる（注解民訴82頁参照）[38]。

38　この場合，申立却下の処分をするという見解（講義案Ⅱ146頁（注1）参照）や棄却すべきであるとする見解もあるが，費用額確定処分は，償還請求権の額を定めるものであるから，このように解するのが相当である（注解民訴83頁，菊井・村松Ⅰ644頁，斎藤注解93頁，新堂ほか注釈(2)491頁参照）。

第4章　訴訟費用額確定処分

【参考例　訴訟費用額確定処分】

平成○○年（モ）第○○号訴訟費用額確定処分申立事件
（基本事件・平成○○年（ワ）第○○号）

訴 訟 費 用 額 確 定 処 分

○○市○○町○丁目○番○号

申立人（原告）　○　○　○　○

○○市○○町○丁目○番○号

相手方（被告）　○　○　○　○

申立人から，当庁が平成○○年○月○日言い渡した判決についての訴訟費用額確定処分の申立てがあったので，別紙計算書に基づき，次のとおり定める。

主　　文

相手方は，申立人に対し，○○万○○○○円を支払え[39]。

平成○○年○月○日

○○地方裁判所民事第○部

裁判所書記官　○　○　○　○　㊞

39　訴訟費用額確定処分の主文を給付命令の形式で記載する理由については，本編第6章第3節第1（139頁）を参照されたい。

```
（別紙）                        計 算 書
  （申立人分）
 1  訴え提起手数料[40]                              ○○円
 2  書類の作成及び提出費用[41]                       ○○円
 3  訴状副本等及び第1回口頭弁論期日被告呼出状各送達費用[42]  ○○円
 4  固定資産評価証明書交付手数料及び同送付費用[43]      ○○円
 5  原告代理人口頭弁論期日出頭日当及び旅費（第1回，第2回）[44]  ○○円
 6  原告代理人弁論準備手続期日出頭日当及び旅費（第1回，第2回）[45] ○○円
 7  証人呼出状送達費用（証人甲，乙，丙3名分）[46]      ○○円
 8  証人旅費，日当及び宿泊料（証人甲，乙，丙3名分）[47]  ○○円
 9  原告本人出頭日当及び旅費（第2回口頭弁論）[48]      ○○円
10  判決正本送達費用[49]                            ○○円
  （以上の小計）                                （○○○○円）
11  催告書送付費用[50]                              ○○円
12  双方に対する訴訟費用額確定処分正本送達費用[51]     ○○円
  （以上の小計）                                （○○○○円）
合計                                        ○○万○○○○円
案分計算（相手方負担分）
    ○○万○○○○円×○／○                      ○万○○○○円
  （相手方分）
 1  書類の作成及び提出費用                           ○○円
 2  被告本人出頭日当及び旅費（第2回口頭弁論）          ○○円
合計                                          ○万○○○○円
案分計算（申立人負担分）
    ○○万○○○○円×○／○                      ○万○○○○円
法定相殺（民事訴訟法71条2項）
相手方負担額○万○○○○円－申立人負担額○万○○○○円  ○万○○○○円
```

40　民訴費用法2①，3別表第1・1
41　民訴費用法2⑥，民訴費用規2の2Ⅰ，別表第2・1イ
42　民訴費用法2②，11Ⅰ①
43　民訴費用法2⑦，民訴費用規2の3，地方公共団体条例等
44　民訴費用法2⑤，民訴費用規2
45　民訴費用法2⑤，民訴費用規2
46　民訴費用法2②，11Ⅰ①
47　民訴費用法2②，11Ⅰ①，18Ⅰ，21〜25，民訴費用規6〜8
48　民訴費用法2④，民訴費用規2
49　民訴費用法2②，11Ⅰ①
50　民訴費用法2②，11Ⅰ①，民訴規則25Ⅰ
51　民訴費用法2②，11Ⅰ①。訴訟費用額確定処分正本を送付する場合には，送付費用を認めることになる（あらかじめ計上しておく）。

第4章　訴訟費用額確定処分

【参考例　訴訟費用額確定処分申立却下処分】

> 平成○○年（モ）第○○号訴訟費用額確定処分申立事件
> （基本事件・昭和○○年（ワ）第○○号）
>
> 申 立 却 下 処 分
>
> ○○市○○町○丁目○番○号
>
> 申立人（原告）　○　○　○　○
>
> ○○市○○町○丁目○番○号
>
> 相手方（被告）　○　○　○　○
>
> 　当庁の民事通常訴訟事件簿及び○○によれば，本件訴訟記録（昭和○○年（ワ）第○○号）は，既に保存期間徒過により廃棄されている。また，申立人提出の費用計算書記載の金額を疎明する書類の提出もない。したがって，本件訴訟費用額確定処分の申立ては認めることができないので，却下する。
>
> 平成○○年○月○日
>
> ○○地方裁判所民事第○部
>
> 裁判所書記官　○　○　○　○　㊞

第3　処分の告知

　　訴訟費用額確定処分は，申立人と相手方の双方に告知しなければならない。その方法は，相当と認める方法によってすれば足りる（民訴法71Ⅲ）が，少なくとも負担を命じられた者に対しては，処分正本を送達して告知するのが相当である。この書記官の処分に対しては異議の申立てが認められており（民訴法71Ⅳ），異議期間の起算日を明確にする必要があること，また，訴訟費用額確定処分は独立して債務名義となるので，執行開始要件を充足させておくべきだからである。

第4　処分の効力

1　債務名義性

　　訴訟費用額確定処分は，独立して債務名義になる（民執法22④の2）[52]。この処分によって償還請求権者とされた者は，執行文の付与を得て，強制執行の実施を申し立てることができる（民執法25，26，27）。なお，訴訟費用額確定処分に対して異議の申立てがされた場合は，同処分の執行力が停止されるから（民訴法71Ⅴ），その場合には執行文を付与することはできないと解する（「執行文講義案（改訂再訂版）」（平

---

[52]　旧民訴法下においては，訴訟費用額確定処分が強制執行のための債務名義となり得るかについて，学説上争いがあり，費用負担の裁判，すなわち，本案の裁判と合わせて債務名義になるとする議論もあった（菊井・村松Ⅰ637頁参照）が，費用負担の裁判で給付を命じられた費用償還義務の存在を認めて，給付義務の内容を具体的に宣言するのであるから，それだけで強制執行のための債務名義となると解するのが通説であった（基本法コンメⅠ190頁）。そこで，民訴法の施行に伴い改正された民執法22条4号の2において，費用額確定処分は，単独で債務名義となることが規定され，立法的解決が図られた。

成 26 年 10 月研修教材第 21 号，裁判所職員総合研修所）38 頁参照）。

2 訴訟費用の負担の裁判及び本案訴訟の請求に対する請求異議の裁判との関係

訴訟費用額確定処分は，訴訟費用の負担の裁判に依拠するものであるから，訴訟費用の負担の裁判を含む裁判が上訴審において取り消されるなどの事由によって失効すれば，その効力も失われる（斎藤注解 82 頁，新堂ほか注釈(2)482 頁）。訴訟費用額確定処分に基づいて既に強制執行手続が開始されている場合には，上訴審の裁判を執行取消文書（民執法 40 Ⅰ，39 Ⅰ①）として執行機関に提出することになる。

これに対し，本案訴訟の請求に対する請求異議の訴えにより，本案の請求の執行力が排除されても訴訟費用の負担の裁判の執行力は当然には消滅しないから，訴訟費用額確定処分も執行力を失わない。訴訟費用額確定処分は，それ自体が単独で債務名義となるからである。訴訟費用額確定処分において費用償還義務者とされている者は，本案に対するものとは別に，訴訟費用額確定処分についての請求異議の訴えを提起し，その判決を得なければならない（基本法コンメⅠ190 頁，注解民訴 86 頁，菊井・村松Ⅰ638 頁参照）。

3 再度の確定処分の申立て

訴訟費用額確定処分がされた後，費用種目に記載漏れがあったこと又は確定処分後に再送達費用等の新たな費用が生じたことを理由として，再度確定処分を求めることができる。ただし，前の確定処分の際に処分書添付の計算書に記載されて確定された費用種目及び金額については，再度確定処分の申立てをすることはできないと解する。

第 5 節　不服申立て

第 1　異議申立て

訴訟費用額確定処分に対して，不服のある者は，告知を受けた日から 1 週間の不変期間内に，その処分をした書記官の所属する裁判所に対して異議の申立てをすることができる（民訴法 71Ⅳ，121）[53]。訴訟費用額確定処分の申立てを却下する処分もこの異議申立ての対象となると解される[54]。

異議の申立ては，執行停止の効力を有する（民訴法 71Ⅴ）。

第 2　異議申立てに対する裁判

この異議申立てに対しては，処分をした書記官の所属する裁判所が，決定をもって

---

[53] 書記官の処分に対しては，一般的な不服申立方法として民訴法 121 条により異議申立てができるが，これには申立期間の制限はなく，独立の債務名義となっている訴訟費用額確定処分に対して民訴法 121 条によっていつまでも異議申立てを許すことは法的安定性を害するおそれがあることから，特別の異議申立制度を認めたものである（講義案Ⅱ148 頁）。

[54] 民訴法 71 条 4 項が指示する 3 項は「第 1 項の申立てに関する処分」として特に何らの限定も付加していないからである。なお，旧民訴法下においては，訴訟費用額確定処分の申立てを不適法として却下する決定については，通常抗告（民訴法 328 Ⅰ）をすることができると解されていた（菊井・村松Ⅰ640 頁，斎藤注解 88 頁，新堂ほか注釈(2)487 頁参照）が，民訴法 71 条 3 項は，上記のとおり旧民訴法とは異なる規定形式を採用している（注解民訴 84 頁）。

- 95 -

第4章　訴訟費用額確定処分

裁判する（民訴法121）。

1　裁判所が，書記官の訴訟費用額確定処分又は申立却下処分について誤りがないと判断した場合

異議申立却下決定をする。

2　裁判所が，異議の申立てを理由があると判断した場合

(1)　書記官がした訴訟費用額確定処分について，異なる額で負担の額を定めるべきと判断した場合には，裁判所は，原処分を取り消して，自らその額を定めなければならない（民訴法71Ⅵ）。異議審の裁判所が訴訟費用額確定処分に対する異議の申立てを理由があると判断した場合に，原処分を取り消して，改めて書記官に確定処分をさせるものとすると，裁判所が具体的な額まで指示したうえで処分をやり直させた場合を除き，書記官の確定処分に対する異議の申立てが繰り返され，いつまでも訴訟費用額が確定されないという事態になるおそれがあるからである（民訴一問一答71頁）。

(2)　書記官がした訴訟費用額確定処分について，裁判所が確定処分申立てを却下すべきと判断した場合には，原処分を取り消した上で，書記官に申立て却下を命ずることになる。

(3)　書記官がした申立却下処分について，裁判所が異議の申立てを理由があると判断した場合には，原処分を取り消して，書記官に対し訴訟費用額確定処分をすべき旨を命ずることになる。

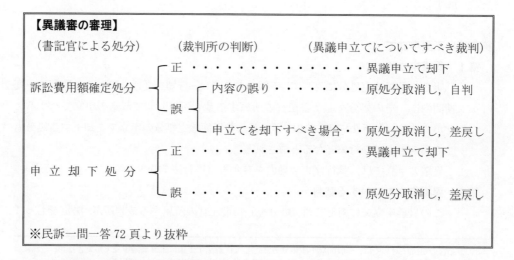

※民訴一問一答72頁より抜粋

第3　異議の裁判に対する即時抗告

異議の申立てに対する裁判所の決定に対し，当事者は，告知を受けた日から1週間の不変期間内に即時抗告をすることができる（民訴法71Ⅶ，332）。

第4 処分の方式

第6節 更正処分

訴訟費用額確定処分に誤記等の明白な誤りがある場合，書記官は，申立てにより，又は職権で，いつでも更正の処分をすることができる（民訴法74Ⅰ）[55]。

第1 処分の対象

訴訟費用の負担の裁判がされた場合の訴訟費用額確定処分（民訴法71Ⅰ），和解の場合の訴訟費用額確定処分（民訴法72），訴訟が裁判及び和解によらないで完結した場合の訴訟費用額確定処分（民訴法73Ⅰ）について，いずれも更正することができる（民訴法74Ⅰ）。

対象となる「誤り」に当たるか否かの判断基準については，それが書記官の処分であるからといって，裁判所による各種の更正決定と別異に解すべきところはない。更正の対象となるのは，書記官が処分において表現しようとした意思と表示とに不一致が生じた場合である。したがって，書記官の意思形成過程に誤りがあったため誤った結論に達した場合は，原則として更正の対象とはならないが，計算違いのように意思と表示に不一致がなく，計算過程に誤りがあっても更正の対象に含まれるから，結局，誤りが明白であるか否かで判断するほかはないと考えられる（基本法コンメⅠ192頁，注解民訴97頁）。

第2 処分の主体，時期

処分の主体は，第一審裁判所の書記官である。訴訟費用額確定処分をした書記官が所属する裁判所の書記官であれば足り，訴訟費用額確定処分をした書記官に限られない（注解民訴97頁）。この更正処分については時期の制限がなく，訴訟費用額確定処分の異議申立期間経過後でも可能である。

第3 処分の申立て

更正処分は職権でも行えるが，当事者が更正処分の申立てをする場合は，書面でしなければならない（民訴規則28）[56]。申立手数料は不要である。

第4 処分の方式

訴訟費用額確定処分について規則でその書面性が要求されていること（民訴規則26），民訴規則160条1項のような付記する旨の規定も置かれていないことから，特に明文の規定はないが，更正処分は，別個に書面を作成し，書記官が記名押印をしなければならないと解される（注解民訴98頁参照）。

---

55 旧民訴法下では，費用額確定は決定によって判断がされていたところ，費用額確定決定に計算違い，誤記その他これらに類する明白な誤りがあったときは，旧民訴法207条により，判決に関する更正決定の規定（旧民訴法194）が準用されていた結果，その更正が可能であった。現行民訴法では，費用額確定につき，書記官が訴訟費用額確定処分をすることになった（民訴法71Ⅰ，72，73Ⅰ）。そこで，判決についての更正決定の規定（民訴法257），決定及び命令についてのその準用規定（民訴法122）とは別個に，書記官がする処分について更正処分の規定が必要となり，本条が設けられた（基本法コンメⅠ192頁）。

56 債務名義である訴訟費用額確定処分の是正を求めるものであり，訴訟費用額確定処分を求める申立てに準ずる性格を持つものであること，申立て自体において数額を示す場合も少なくないことから，正確を期するために，書面によることとされている（条解民訴規則57頁）。

- 97 -

第4章　訴訟費用額確定処分

```
                    更 正 処 分

               ○○市○○町○丁目○番○号
                 申立人（原告）　 ○　○　○　○
               ○○市○○町○丁目○番○号
                 相手方（被告）　 ○　○　○　○

        上記当事者間の平成○○年（モ）第○○号訴訟費用額確定処分申立事件（基
       本事件：平成○○年（ワ）第○○号○○請求事件）について，平成○○年○月
       ○日行った訴訟費用額確定処分に明白な誤りがあったので，申立てにより，
       次のとおり処分する。
                      主　　文
        訴訟費用額確定処分中，「○○」とあるのを「○○○」と更正する。
               平成○○年○月○日
                 ○○地方裁判所民事第○部
                   裁判所書記官　○　○　○　○　㊞
```

第5　告知

　　更正処分は訴訟費用額確定処分の申立人及び相手方に対し，相当と認める方法により告知することによってその効力を生ずる（民訴法74Ⅱによる71Ⅲの準用）。告知の方法については，規定上，必ずしも送達によることは要求されていないが，告知を受けた日から1週間の異議申立ての不変期間が進行する（民訴法74Ⅱによる71Ⅳの準用）ことから，更正処分正本を送達するのが相当である（講義案Ⅱ150頁参照）。

第6　不服申立て

　　更正処分に不服のある当事者は，その処分をした書記官の所属する裁判所に対して異議を申し立てることができる（民訴法74Ⅱによる71Ⅳの準用，121）。異議申立期間は，告知を受けた日から1週間の不変期間である（民訴法74Ⅱによる71Ⅳの準用）。訴訟費用額確定処分に対し適法な異議の申立てがあったときは，更正処分に対して更に異議の申立てをすることはできない（民訴法74Ⅲ）。異議申立ての手続の中で更正処分の当否も判断されることになるからである。

　　異議申立てがあると，更正処分の執行力は停止する（民訴法74Ⅱによる71Ⅴの準用）。

　　異議申立てを受けた裁判所は，決定で，異議申立てについての裁判をする（民訴法121）。この決定について不服のある者は，告知を受けた日から1週間の不変期間内に即時抗告をすることができる（民訴法74Ⅱによる71Ⅶの準用，332）。

（参考）　　　　　　**訴訟費用関係の裁判等の不服申立て期間一覧表**

	不服申立て期間	
	2週間	1週間
不服申立ての対象	過納手数料等の還付決定（民訴費用法9Ⅰ，Ⅲ） 　⇒即時抗告（民訴費用法9Ⅸ，非訟法66Ⅰ，67Ⅰ，Ⅱ）	支払督促又は差押処分の過納手数料等についての書記官の還付処分（民訴費用法9Ⅱ，Ⅴ） 　⇒異議申立て（民訴費用法9Ⅷ）
	支払督促の過納申立て手数料等についての書記官の還付処分に対する異議申立てについての決定（民訴費用法9Ⅷ） 　⇒即時抗告（民訴費用法9Ⅸ，非訟法66Ⅰ，67Ⅰ，Ⅱ）	訴訟救助付与申立てに対する決定（民訴法82Ⅰ） 　⇒即時抗告（民訴法86，332） ※救助申立却下決定に対する不服申立てについては，第4編第5章第3節参照
	再使用証明付収入印紙の現金還付決定（民訴費用法10Ⅱ） 　⇒即時抗告（民訴費用法10Ⅲ，9Ⅸ，非訟法66Ⅰ，67Ⅰ，Ⅱ）	訴訟救助取消決定（民訴法84） 　⇒即時抗告（民訴法86，332）
	予納がない場合の取立決定（訴訟上の救助によらない立替費用の取立決定）（民訴費用法15Ⅰ） 　⇒即時抗告（民訴費用法15Ⅱ，9Ⅸ，非訟法66Ⅰ，67Ⅰ，Ⅱ）	訴訟救助を受けた者に対する支払決定（民訴法84） 　⇒即時抗告（民訴法86，332）
	訴訟上の救助等により納付を猶予された費用の相手方からの取立決定（民訴費用法16Ⅱ，15Ⅰ） 　⇒即時抗告（民訴費用法16Ⅱ，15Ⅱ，9Ⅸ，非訟法66Ⅰ，67Ⅰ，Ⅱ）	訴訟救助を受けた者に訴訟承継が生じた場合の承継人に対する支払決定（民訴法83Ⅲ） 　⇒即時抗告（民訴法86，332）
		訴訟費用の負担の裁判を脱漏した場合の補充決定（民訴法258Ⅱ） 　⇒即時抗告（民訴法258Ⅲ，332）
		裁判及び和解によらないで完結した場合等の費用負担決定（民訴法73Ⅰ） 　⇒即時抗告（民訴法73Ⅱ，71Ⅶ，332）
		訴訟費用額確定処分（民訴法71Ⅰ） 　⇒異議申立て（民訴法71Ⅳ）
		訴訟費用額確定処分に対する異議申立てについての決定（民訴法71Ⅳ，Ⅶ） 　⇒即時抗告（民訴法71Ⅶ，332）
		訴訟費用額確定処分の更正処分（民訴法74Ⅰ） 　⇒異議申立て（民訴法74Ⅱ，71Ⅳ）
		訴訟費用額確定処分の更正処分に対する異議申立てについての決定（民訴法74Ⅱ，71Ⅳ，Ⅶ） 　⇒即時抗告（民訴法74Ⅱ，71Ⅶ，332）

　即時抗告期間の整理：①民訴法上の即時抗告は1週間（民訴法332），②非訟法上の即時抗告（終局決定に対するもの）は2週間（非訟法67Ⅰ）

第4章　訴訟費用額確定処分

第7節　具体的な計算方法
第1　費用償還額の算出順序

前述したことを踏まえて，費用償還請求額の算出順序を整理すると，次のとおりとなる。

1　訴訟費用の負担の裁判において，相手方全額負担と定められている場合[57]

⑴　申立人に生じた訴訟費用のうち，相手方に対する償還請求額を確定する。

ア　費用種目ごとに，訴訟費用該当性，費用額の検討

①当事者から提出された費用計算書に計上されている個々の費用について，民訴費用法2条各号に定めるいずれかの項目に該当するのか[58]，②該当する場合には計上されている費用額が種目ごとに同条各号が定める額に照らして適正かを検討し，次に，③基本となる本案訴訟事件記録その他関連事件記録及び費用額の疎明資料等に基づいて，費用計算書提出者が現実に支出しているかどうかを検討する。

イ　費用総額の算出

アの検討の結果，当事者の支出した費用計算書の各項目，数額が適正であれば，種目ごとの費用額を合算し，費用総額を算出する。なお，この費用総額は当事者の申立総額を超えてはならないことに注意する[59]。

ウ　償還請求額の算出

相手方全額負担の場合には，イで算出した費用総額が，相手方の負担額であり，申立人から相手方への償還請求額となる。

⑵　処分内容

ウで算出した申立人から相手方への償還請求額を主文に掲げる。

57　例えば，「訴訟費用は被告の負担とする。」というような判決である。
58　費用該当性に関する留意点等について第1編第4章第2節を参照されたい。
59　処分権主義が適用されることについて，本章第3節第3の2参照

2 訴訟費用の負担の裁判において，当事者双方案分負担と定められている場合

「訴訟費用はこれを5分し，その2を原告の負担とし，その余は被告の負担とする。」という判決主文に基づいて訴訟費用額確定処分を行う場合のイメージは次の図のとおりとなる。

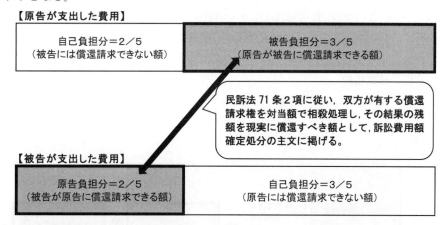

(1) 申立人に生じた訴訟費用のうち，相手方に対する償還請求額を確定する。

　ア 費用種目ごとに，訴訟費用該当性，費用額の検討
　　　1(1)アと同じ。
　イ 費用総額の算出
　　　1(1)イと同じ。
　ウ 償還請求額の算出
　　　上記イの総額に基づいて，訴訟費用の負担の裁判において定められた負担割合のとおりに当事者の負担額を確定する。
　　　この場合，費用総額に相手方の負担割合を乗じて算出した額が，相手方の負担額であり，申立人から相手方への償還請求額である。
　　　　申立人の費用総額×相手方の負担割合＝（a）
　　　費用負担の裁判において，当事者双方案分負担と定められているが，民訴規則25条1項の規定に従う催告に対して，相手方からの応答がない場合には，相手方の訴訟費用の額が不明であるから，申立人の訴訟費用の額を定める処分のみを行えば足りる（本章第4節第2の2参照）。この場合は，処分内容として，申立人から相手方への償還請求額（a）を主文に掲げる。
　　　相手方から費用計算書が提出された場合には，次の(2)以下を行う。

(2) 相手方に生じた訴訟費用のうち，申立人に対する償還請求額を確定する。

　ア 費用種目ごとに，訴訟費用該当性，費用額の検討
　　　上記(1)アと同じ。
　イ 費用総額の算出

第4章　訴訟費用額確定処分

　　　上記(1)イと同じ。
　ウ　償還請求額の算出
　　　上記イの総額に基づいて，訴訟費用の負担の裁判において定められた負担割合のとおりに当事者の負担額を確定する。
　　　この場合，費用総額に申立人の負担割合を乗じて算出した額が，申立人の負担額であり，相手方から申立人への償還請求額である。
　　　相手方の費用総額×申立人の負担割合＝（ b ）
(3) **法定相殺**
　　民訴法71条2項に従い，双方が有する償還請求権を対当額で相殺処理する。
　　　（ a ）－（ b ）＝（ c ）

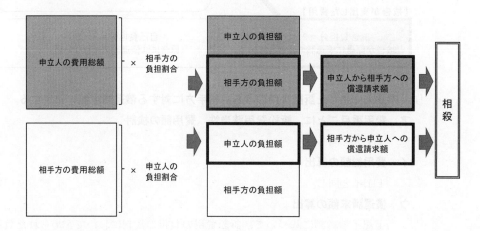

(4) **処分内容**
　　(1)ウで算出した申立人から相手方への償還請求額と，(2)ウで算出した相手方から申立人への償還請求額とを，(3)により対当額で法定相殺した残額（ c ）を，現実に償還すべき額として主文に掲げる。
　＜留意点＞
1　処分書においては，この過程を明示する[60]。
2　個々の費用額算定の標準時は，費用を要した当該行為時である。訴訟費用額の算定に当たっては，裁判所に納める費用，証人等に対する給付関係，旅費，郵便料等の改正の有無に注意する。

60　本章第4節第2の3の【参考例　訴訟費用額確定処分】参照。

第2　事例による検討

第2　事例による検討

1　申立人のみの費用額について確定すべき場合

⑴　訴訟費用の負担の裁判において相手方のみが負担すべきものと定められている場合

【事例1】

「訴訟費用は，被告の負担とする。」との主文の確定判決に基づいて，原告は，被告を相手方として訴訟費用額確定処分を申し立てた。書記官はどのような処分をすべきか。

【原告の費用計算書に記載された費用】

訴え提起手数料	10,000円
書類作成提出費用	1,500円
送達費用	3,500円

　訴訟費用の負担の裁判において，相手方（被告）のみが負担すべきものと定められている場合には，申立人（原告）の支出した費用総額を算出して，その額の支払を命ずる処分をする。

　処分の理由中において，別紙費用計算書を引用する方法で申立人（原告）に生じた訴訟費用額全額を明示する。

ア　申立人（原告）の償還請求額の確定

㈠　訴訟費用該当性，費用額の検討

　記録及び添付資料等により，費用計算書記載の各項目及び金額が適正であることを確認する[61]。

　訴え提起手数料　　10,000円（民訴費用法2①，3別表第1・1）

　書類作成提出費用　　1,500円（民訴費用法2⑥，民訴費用規2の2Ⅰ別表第2・1イ）

　送達費用　　　　　3,500円（民訴費用法2②，11Ⅰ）[62]

㈡　費用総額の算出

　㈠の種目ごとの費用額を合算し，費用総額を算出する。

　10,000＋1,500＋3,500＝15,000

㈢　償還請求額の算出

　相手方（被告）全額負担のため，㈡と同額となる。

イ　処分内容

　相手方は，申立人に対し，15,000円を支払え。

61　以下の計算事例においては，訴訟費用該当性，費用額の検討の際，この確認を行っていることを前提とする。

62　以下の計算事例においては，計算をわかりやすくするため，送達費用等は実際とは異なる金額を用いている。

第4章　訴訟費用額確定処分

(2)　訴訟費用の負担の裁判において案分負担が定められているが，民訴規則 25 条の規定に従う催告に対して，相手方から応答がない場合

【事例2】

「訴訟費用は，これを3分し，その1を原告の負担とし，その余を被告の負担とする。」との主文の確定判決に基づいて，原告は，被告を相手方として訴訟費用額確定処分を申し立てた。書記官は，被告に対して催告（民訴規則 25 条）をしたが，被告から応答はない。書記官はどのような処分をすべきか。

【原告の費用計算書に記載された費用】

訴え提起手数料　　　　10,000 円

書類作成提出費用　　　 1,500 円

送達費用　　　　　　　 3,500 円

　訴訟費用の負担の裁判において，当事者双方が訴訟費用を案分して負担すべきものとされているが，民訴規則 25 条の催告に対し，相手方（被告）から応答がない場合は，申立人（原告）の支出した費用総額を算出し，費用負担の裁判において定められた負担割合に従って償還請求額を算出し，その額の支払を命ずる処分をする。

　処分の理由中において，別紙費用計算書を引用する方法により申立人（原告）に生じた訴訟費用額全額を明示し，それを訴訟費用の負担の裁判で示された分担割合に従って案分し，算出された相手方（被告）が申立人（原告）に対し現実に償還すべき額を明示する。

ア　申立人（原告）の償還請求額の確定

(ア)　訴訟費用該当性，費用額の検討

訴え提起手数料　　10,000 円（民訴費用法2①，3別表第1・1）

書類作成提出費用　　1,500 円（民訴費用法2⑥，民訴費用規2の2Ⅰ別表第2・1イ）

送達費用　　　　　　3,500 円（民訴費用法2②，11Ⅰ）

(イ)　費用総額の算出

(ア)の種目ごとの費用額を合算し，費用総額を算出する。

10,000＋1,500＋3,500＝15,000

(ウ)　償還請求額の算出

(イ)の総額に基づいて，訴訟費用の負担の裁判において定められた負担割合のとおりに当事者の負担額を確定する。

15,000×2/3（相手方（被告）の負担割合）＝10,000

イ　処分内容

相手方は，申立人に対し，10,000 円を支払え。

※案分負担の場合には，次のような表を作成して考えるとわかりやすい。

（参考）（原告 1/3，被告 2/3 負担）

	支出総額	自己負担分	反対当事者負担分
原告	15,000 円	5,000 円	10,000 円
被告	費用計算書の提出なし		
被告が原告に対して現実に償還すべき額　10,000 円			

第4章　訴訟費用額確定処分

2　案分及び相殺処理後の費用額を確定すべき場合

(1)　差額がある場合

【事例3】

「<u>訴訟費用は，これを3分し，その1を原告の負担とし，その余を被告の負担とする。</u>」との主文の確定判決に基づいて，原告は，被告を相手方として訴訟費用額確定処分を申し立てた。書記官はどのような処分をすべきか。

【原告の費用計算書に記載された費用】

訴え提起手数料　　　　　10,000円

書類作成提出費用　　　　1,500円

送達費用　　　　　　　　3,500円

【被告の費用計算書に記載された費用】

被告本人出頭旅費日当　　4,500円

書類作成提出費用　　　　1,500円

　訴訟費用の負担の裁判において，当事者双方が訴訟費用を案分して負担すべきものとされ，かつ，民訴規則25条の規定に従い相手方（被告）から費用計算書が提出された場合には，①申立人（原告）及び相手方（被告）にそれぞれ生じた訴訟費用額を確定し，②訴訟費用の負担の裁判において定められた負担割合に従ってそれぞれが有する償還請求額を算出する。そして，③民訴法71条2項に従い，双方が有する償還請求権を対当額で相殺処理し，その残額を現実に償還すべき額として主文に掲げることになる。処分書においては，上記過程を明示する（本章第4節第2の3の【参考例　訴訟費用額確定処分】参照）。

ア　申立人（原告）の償還請求額の確定

(ア)　訴訟費用該当性，費用額の検討

訴え提起手数料　　10,000円（民訴費用法2①，3別表第1・1）

書類作成提出費用　　1,500円（民訴費用法2⑥，民訴費用規2の2Ⅰ別表第
2・1イ）

送達費用　　　　　　3,500円（民訴費用法2②，11Ⅰ）

(イ)　費用総額の算出

(ア)の種目ごとの費用額を合算し，費用総額を算出する。

10,000＋1,500＋3,500＝15,000

(ウ)　償還請求額の算出

15,000×2/3（相手方（被告）の負担割合）＝10,000

イ　相手方（被告）の償還請求額の確定

(ア)　訴訟費用該当性，費用額の検討

被告本人出頭旅費日当　　4,500円（民訴費用法2④，民訴費用規2）

－ 106 －

書類作成提出費用 　　　1,500 円（民訴費用法2⑥，民訴費用規2の2Ⅰ別
　　　　　　　　　　　　　　　表第2・1イ）

(イ)　**費用総額の算出**

4,500＋1,500＝6,000

(ウ)　**償還請求額の算出**

6,000×1/3（申立人（原告）の負担割合）＝2,000

ウ　**法定相殺**

10,000－2,000＝8,000

エ　**処分内容**

相手方は，申立人に対し，8,000円を支払え。

（参考）（原告 1/3，被告 2/3 負担）

	支出総額	自己負担分	反対当事者負担分
原告	15,000 円	5,000 円	10,000 円
被告	6,000 円	4,000 円	2,000 円
法定相殺により被告が原告に現実に償還すべき額			
10,000 円－2,000 円＝8,000 円			

第4章　訴訟費用額確定処分

⑵　法定相殺により相手方の負担すべき費用額がない場合

【事例４】

「訴訟費用は，これを３分し，その１を原告の負担とし，その余を被告の負担とする。」との主文の確定判決に基づいて，原告は，被告を相手方として訴訟費用額確定処分を申し立てた。書記官はどのような処分をすべきか。

【原告の費用計算書に記載された費用】

訴え提起手数料　　　　　3,000 円

【被告の費用計算書に記載された費用】

被告本人出頭旅費日当　　4,500 円

書類作成提出費用　　　　1,500 円

ア　申立人（原告）の償還請求額の確定

　㋐　訴訟費用該当性，費用額の検討

　　　訴え提起手数料　　　3,000 円（民訴費用法２①，３別表第１・1）

　㋑　費用総額の算出

　　　㋐と同額

　㋒　償還請求額の算出

　　　3,000×2/3（相手方（被告）の負担割合）＝2,000

イ　相手方（被告）の償還請求額の確定

　㋐　訴訟費用該当性，費用額の検討

　　　被告本人出頭旅費日当　　4,500 円（民訴費用法２④，民訴費用規２）

　　　書類作成提出費用　　　　1,500 円（民訴費用法２⑥，民訴費用規２の２Ⅰ別
　　　　　　　　　　　　　　　　　　　　　表第２・1イ）

　㋑　費用総額の算出

　　　4,500＋1,500＝6,000

　㋒　償還請求額の算出

　　　6,000×1/3（申立人（原告）の負担割合）＝2,000

ウ　法定相殺

　　2,000－2,000＝0

エ　処分内容

　　相殺処理の結果，相手方が申立人に負担すべき訴訟費用額がない場合については，①費用額確定の申立てを棄却すべきとする見解（訴訟費用の研究 78 頁）と，②相手方が負担すべき費用額は零である旨の主文とすべきとの見解（秋山ほかコンメⅡ60 頁，注解民訴 83 頁，斎藤注解 93 頁，新堂ほか注釈⑵491 頁）がある。

　　この点，費用額確定処分は，償還請求額を定めるものであるから，②説が妥当と考える。

　　処分内容は，「相手方が申立人に対して支払うべき訴訟費用額はない。」となる。

－ 108 －

(参考)(原告 1/3, 被告 2/3 負担)

	支出総額	自己負担分	反対当事者負担分
原告	3,000 円	1,000 円	2,000 円
被告	6,000 円	4,000 円	2,000 円

法定相殺により被告が原告に現実に償還すべき額

2,000 円－2,000 円＝0 円

第4章　訴訟費用額確定処分

(3)　原告が償還請求権を受け得る金額のあることを予定して申立てをしたが，相殺の
結果，かえって原告から被告に対して償還すべき金額が生じた場合

> 【事例5】
> 「訴訟費用は，これを3分し，その1を原告の負担とし，その余を被告の負担とする。」との主文の確定判決に基づいて，原告は，被告を相手方として訴訟費用額確定処分を申し立てた。書記官はどのような処分をすべきか。
> 【原告の費用計算書に記載された費用】
> 　訴え提起手数料　　　　　　　3,000円
> 【被告の費用計算書に記載された費用】
> 　被告本人出頭旅費日当　　　　7,500円
> 　書類作成提出費用　　　　　　1,500円

ア　申立人（原告）の償還請求額の確定

(ア)　**訴訟費用該当性，費用額の検討**

　　訴え提起手数料　　　　3,000円（民訴費用法2①，3別表第1・1）

(イ)　**費用総額の算出**

　　(ア)と同額

(ウ)　**償還請求額の算出**

　　3,000×2/3（相手方（被告）の負担割合）＝2,000

イ　相手方（被告）の償還請求額の確定

(ア)　**訴訟費用該当性，費用額の検討**

　　被告本人出頭旅費日当　　7,500円（民訴費用法2④，民訴費用規2）

　　書類作成提出費用　　　　1,500円（民訴費用法2⑥，民訴費用規2の2Ⅰ別
　　　　　　　　　　　　　　　　　　表第2・1イ）

(イ)　**費用総額の算出**

　　7,500＋1,500＝9,000

(ウ)　**償還請求額の算出**

　　9,000×1/3（申立人（原告）の負担割合）＝3,000

ウ　**法定相殺**

　　2,000−3,000＝−1,000

エ　**処分内容**

　　本件のような場合，相手方に償還請求権が残るため，確定処分の主文で相手方が償還すべき額が零であることを掲げるだけで足りるかという問題がある。

　　この点，相手方は，催告に応じて費用計算書及び訴訟費用額の疎明に必要な書類を提出しており，訴訟費用額確定処分の申立てをしたのと同視できること，相殺処理を定めた民訴法71条2項の規定は費用額確定処分の一本化を意図していること，費用額確定処分は，非訟事件としての性質を有することなどから，本件手続におい

－ 110 －

て，申立人が相手方に償還すべき費用額を主文において明示するのが相当と解する見解もある（注解民訴 83 頁，48 年研究 158 頁参照）。しかしながら，確定処分の際に，処分権主義を適用し，申立人が計算した訴訟費用の総額を超えて，申立人が相手方に償還すべき額の処分を行うことを認めないとしながら，一方で，こうした場合に，相手方からの申立てがないにもかかわらず，申立人の費用計算書に計上された訴訟費用の総額を超えて，申立人が相手方に償還すべき費用額を明示した確定処分を行うことは，申立人にとって不意打ちとなり，処分権主義に反すると考えられる[63]。

　本件の場合，相手方が費用計算書に計上した費用については，申立人の費用計算書に計上された訴訟費用との相殺の限度において考慮し，【事例４】と同様に，相手方が償還すべき額が零である旨の処分を行うのが相当である[64]。相殺で考慮しなかった相手方の費用については，別途相手方からの訴訟費用額確定処分の申立てを待って確定処分を行うべきであろう。

　したがって，処分内容は，「相手方が申立人に対して支払うべき訴訟費用額はない。」となる。

（参考）（原告 1/3，被告 2/3 負担）

	支出総額	自己負担分	反対当事者負担分
原告	3,000 円	1,000 円	2,000 円
被告	9,000 円	6,000 円	3,000 円
法定相殺により被告が原告に現実に償還すべき額 2,000 円－3,000 円＝－1,000 円			

---

[63] このように解する理由として，訴訟費用額確定処分正本の送達費用は，訴訟費用額確定処分の対象となり得るとしても，申立人の予納郵便切手を用いて，申立人が相手方に償還すべき訴訟費用額を明示した確定処分を送付することは，申立人の理解が得にくい点も挙げられる。

[64] この点，【事例４】と同様に，訴訟費用額確定処分の申立てを棄却すべきとする見解もある。

第5章　共同訴訟における訴訟費用額確定処分

第5章　共同訴訟における訴訟費用額確定処分

第1節　総論

　　共同訴訟とは，一方又は双方の当事者が複数である場合の訴訟形態である。共同訴訟においても，訴訟費用償還請求権は費用を支出した者について個別に生じ，訴訟費用償還義務も個別に負担すると考えられることから，どの共同訴訟人が支出した費用か，又は，どの共同訴訟人が負担すべき費用かを認定し，請求者又は義務者ごとに償還請求額を算出するため，訴訟費用額算出方法が複雑となる。

　　本章では，共同訴訟における費用額の計算方法について，実務で採られていると思われる主な考え方を記載する。

第2節　共同訴訟の場合の費用負担（民訴法65）

第1　共同訴訟人の全員が敗訴した場合

1　均等分割負担の原則（民訴法65Ⅰ本文）

　　共同訴訟人全員が敗訴した場合は，原則として，訴訟費用は共同訴訟人が平等の割合で負担する（民訴法65Ⅰ本文）。

　　共同訴訟人は，訴訟物の価額や攻撃防御方法が必ずしも同じではないが，多くの訴訟資料が共通となり，同一の訴訟手続を利用して審判を受ける場合，裁判費用は大部分共通になり，裁判外の費用もだいたい近似し，共同訴訟の要件（民訴法38）である実体法上の関係でも共同訴訟人間に共通のものがあることなどが考慮されたためである。したがって，訴訟手続の態様又は訴訟物である実体法上の関係からみて，平等負担ではかえって衡平を失するときは，この原則によらないで，別途に負担を定めることになる。

　　なお，判決主文において，「訴訟費用は被告ら（原告ら）の負担とする。」と定められた場合には，平等に分割して負担することになる[65]（大判明35.11.11民録8輯10巻85頁，秋山ほかコンメⅡ32頁，注解民訴50頁，基本法コンメⅠ175頁，斎藤注解52頁）。

2　連帯負担（民訴法65Ⅰただし書）

　　必要的共同訴訟（民訴法40）の場合又は連帯債務者が共同訴訟人である場合には，原則として，訴訟費用を連帯して負担させるのが適当とされている[66]。

---

[65]　平等の割合による分割負担とされた場合，訴訟費用を取り立てる者は，全共同訴訟人について費用額確定処分を得て，個別に取立行為をしなければならないので，連帯負担とされた場合と比べて手続が煩雑となるが，実務上は，共同被告が連帯債務者である場合にも，訴訟費用を連帯負担とする裁判を求める例は少なく，単に「訴訟費用は被告らの負担とする。」との裁判がなされるのが通例である（注解民訴50頁参照）。

[66]　訴訟の目的たる債務と，訴訟費用の債務は別個であり，必ずしも常に共同訴訟人間に一律に訴訟が進行するとは限らないから（例えば，連帯債務者の一人が債務を認め，他がこれを否認しているような場合），訴訟費用が当然に連帯となると解すべきではなく，民訴法65条1項ただし書により，主文で連帯負担を命ずべきである（斎藤注解52頁）。

- 112 -

必要的共同訴訟の場合は，判決の合一確定の必要から，各共同訴訟人について，手続の進行を一律にする必要があり，共同訴訟人の訴訟行為は相互に影響を及ぼすこと，訴訟費用を分割負担とすれば，相手方が一人一人から取り立てるので手続が煩雑なばかりではなく，取立てが事実上不可能な者がいる場合には，債権者として不衡平になることからである（秋山ほかコンメⅡ33頁，基本法コンメⅠ175頁参照）。

3　他の方法による負担（民訴法65Ⅰただし書）

訴訟費用の負担を共同訴訟人の平等負担又は連帯負担としては不衡平になる場合，裁判所は，その裁量により，共同訴訟人ごとに異なる事情を勘案して異なる割合により費用の負担を命じるなど，他の方法で訴訟費用を負担させることができる[67]。

4　特別な訴訟行為による費用の負担（民訴法65Ⅱ）

ある共同訴訟人が，他の者の攻撃防御方法と無関係な行為をし，そのために特別な訴訟費用を生じ，かつ，その費用が他の部分と明確に区分できる場合には，その費用をその者に別に負担させることができる。

例えば，鑑定費用などの特定の費用は一人の共同訴訟人の負担とし，その他の費用は共同訴訟人の分割負担とする場合である（注解民訴51頁）。

第2　共同訴訟人の全員が勝訴した場合

共同訴訟人全員が勝訴した場合には，原則として，敗訴した当事者が民訴法61条により，各共同訴訟人に対しそれぞれ訴訟費用を負担することになり，民訴法65条の適用はない（秋山ほかコンメⅡ31頁，基本法コンメⅠ175頁参照）。

第3　共同訴訟人の全員が一部勝訴し，一部敗訴した場合

例えば，共同訴訟人が原告として各自1000万円を請求したのに，それぞれ800万円のみが認容され，200万円の請求が棄却された場合，逆に，共同訴訟人が被告として，各自1000万円の請求を受けたのに，800万円が棄却され，200万円のみが認容された場合は，民訴法64条と民訴法65条を準用して，裁判所が衡平の観点から訴訟費用の負担を決めることとされている（秋山ほかコンメⅡ31頁参照）。

第4　共同訴訟人の一部の者が勝訴し，一部の者が敗訴した場合

二人の共同訴訟人のうち，一方が全部勝訴し，他方が全部又は一部敗訴した場合は，全部勝訴した者と相手方との関係は民訴法61条により定められ，全部又は一部敗訴した者と相手方との関係は61条又は64条により定められることになる（注解民訴49頁）。

第5　民訴法65条が適用される手続

訴えの主観的併合（民訴法38），必要的共同訴訟（民訴法40），共同訴訟参加（民

---

[67]　例えば，同一事故に基づく数人の被害者が共同で損害賠償請求の訴訟をして全員敗訴した場合において，一人の請求額が500万円で他の者のそれが50万円であった場合，又は，一人については攻撃防御方法が多く証拠調べも多かったが他の者については簡単であった場合には，そこで要した費用に差異が生ずる。これらの場合に，訴訟費用を平等負担又は連帯負担としては不公平になるので，裁判所はその裁量で，各共同訴訟人ごとに異なる事情を勘案して，異なる割合により費用の負担を命ずるなどの他の負担方法を採ることができるとした（基本法コンメⅠ176頁）。

第5章　共同訴訟における訴訟費用額確定処分

訴法 52）に適用される。また，通常の補助参加には適用はないが（民訴法 66），共同訴訟的補助参加（民訴法 45）には本条が適用される（秋山ほかコンメⅡ31 頁以下参照）。

　共同訴訟の進行中に弁論が分離された場合（民訴法 152 Ⅰ）や一部判決（民訴法 243 Ⅱ）により単独訴訟になった場合は，それまでの訴訟費用の負担について民訴法 65 条が適用される（秋山ほかコンメⅡ32 頁，基本法コンメⅠ175 頁参照）。

　なお，弁論が分離された場合，弁論の分離前に要した訴訟費用については，結局，別々の当事者ごとに判決をすることになるから，それまでの訴訟費用を分割したうえ，分離後に生じた費用とともに裁判することになり，費用を分割するに当たって民訴法 65 条の基準に従うことになる。なお，共同訴訟人の一人に対して一部判決をするときには，訴訟費用について別に裁判する場合が多い（民訴法 67 Ⅰただし書）。

　おって，共同訴訟人相互間の訴訟費用の負担については，民訴法に規定はなく，当事者の内部関係として，当事者間の合意又は実体法の規定により解決すべきものとされている（秋山ほかコンメⅡ31 頁以下，注解民訴 49 頁，基本法コンメⅠ175 頁参照）。

第3節　共同訴訟における費用償還請求権の考え方

第1　共同訴訟人の相手方（単独）が訴訟費用の負担を命じられ，共同訴訟人が費用償還請求権を有する場合

　償還請求権者が共同訴訟人である場合，各当事者の償還請求額については，共同訴訟人の一人が支出した費用については，その支出者のみが償還請求権を有する。共同訴訟人が共同して支出した費用で，共同訴訟人のいずれの訴訟行為に基づくものといえない費用は，原則として，その人数で案分する[68]。ただし，訴え提起手数料については，訴額に応じて案分する[69,70]。

第2　共同訴訟人が平等の割合をもって訴訟費用の負担を命じられ（民訴法 65 Ⅰ本文）相手方（単独）が償還請求権を有する場合

1　共同訴訟人に生じた費用全体について，均等分割負担とする考え方（A説）

　共同訴訟人全員が敗訴した場合には，特別の費用負担の定め（民訴法 65 Ⅰただし書，65 Ⅱ）がある場合以外は，民訴法 65 条 1 項本文の文言どおり，訴訟費用は共同訴訟人が平等の割合で負担するとして，均等分割負担とする考え方である[71]。

---

[68]　例えば，原告Ｘ1及びＸ2と被告Ｙとの間の訴訟において，原告らが共同して納付した被告Ｙに対する期日呼出状の送達費用は，原告Ｘ1及びＸ2が2分の1ずつを支出したものとする。

[69]　例えば，原告Ｘ1が 70 万円，原告Ｘ2が 30 万円の各支払を求めて訴えを共同して提起した場合の訴え提起手数料 1 万円は，そのうち 7,000 円を原告Ｘ1が，3,000 円を原告Ｘ2がそれぞれ支出したものとする。

[70]　これに対し，訴訟費用の研究 89 頁は，「どの共同訴訟人がいくらの費用を支出したのか判明しない場合には，訴え提起手数料を含めて各自平等に支出したものとみなし，ただし，両者の訴額が著しく異なっている場合には，各訴額に応じて案分した支出額を算出する。」とする。

[71]　訴訟費用の研究 88 頁は，「原告である共同訴訟人全部が敗訴したとき「訴訟費用は原告らの負担とする。」と

－ 114 －

第2　共同訴訟人が平等の割合をもって訴訟費用の負担を命じられ（民訴法65Ⅰ本文）相手方（単独）が償還請求権を有する場合

　　　前述のとおり，共同訴訟人は，多くの訴訟資料が共通となり，訴訟費用も共通となることが多いこと，共同訴訟の要件（民訴法 38）である実体法上の関係でも，共同訴訟人間に共通のものがあることなどが考慮されたためである。

2　民訴法 65 条 1 項本文の適用を，共同訴訟人に共通に生じた費用に限定し，共同訴訟人に共通して生じた費用についてのみ均等分割負担とする考え方（B説）

　　　民訴法 65 条 1 項の「等しい割合で訴訟費用を負担する」場合について，共同訴訟人に共通に生じた費用に限定して解釈する考え方である。この見解では，共同訴訟人中の一人に掛かる費用については，その者のみに負担させることとし，他の共同訴訟人には負担させない。共同訴訟人に対して共通に生じた費用で，共同訴訟人のいずれの訴訟行為に基づくものといえない費用は，原則として，その人数に応じて案分負担させる[72]。ただし，訴え提起手数料については，訴額に応じて案分負担させる[73]。旧民訴法の時代から実務で用いられてきた見解である[74]。

　　　共同訴訟の費用額確定処分に関する文献は少なく，この見解の根拠については明らかではないが，民訴法 65 条 1 項にいう均等分割の原則は共通費用について適用されるのが衡平の理念に合致することから，民訴法 65 条 1 項本文で均等分割負担とする費用を共同訴訟人に共通に生じた費用に限定して考えるものと推察する[75, 76]。

　　　の費用負担の裁判があったとすると，原告らは訴訟費用を平等に負担することになる。よってこの場合の費用額の計算に当たっては，まず被告の総支出費用額を算出しそれを原告の数で割れば，各原告の賠償額が確定される」とあり，A説に立つと考えられる。

[72]　例えば，原告Xの期日出頭日当は，被告Y1及び同Y2に2分の1ずつ負担させる。

[73]　例えば，原告Xが被告Y1に対しては 140 万円，被告Y2に対しては 60 万円の各別支払を求める併合請求の訴え提起手数料1万 5,000 円は，そのうち1万 500 円を被告Y1に，4,500 円を被告Y2にそれぞれ負担させる。

[74]　裁判所書記官研修所の民事実務講義案については，昭和 39 年 6 月研修教材第 59 号（改訂）「民事実務講義案Ⅰ」の項から，「共同訴訟の場合の計算については，個別化できるもの（たとえば，請求額の異なる場合の訴状貼用印紙・送達費用・出頭日当など）と，共通費用（これは（旧民訴法）93 条によって平等負担の割合となる）とに分けて計算することになる。したがって，「訴訟費用は被告らの負担とする」との裁判の場合でも，共同訴訟人間において額の異なる計算が生ずることもあるわけである。」との記述がある。その後，昭和 52 年 5 月研修教材第 119 号「新・民事実務講義案Ⅱ（改訂版）」の項には，「(ｱ)共同訴訟人中の一人が支出した費用については，その支出者のみが償還請求権を有する。・・(ｲ)共同訴訟人が共同して支出した費用については，(A) 原則として，その頭数に応じて案分する。・・(B)ただし，訴え提起手数料については，訴額に応じて案分する。」「(ｱ)共同訴訟人中の一人にかかる費用については，その者のみに負担させることとし，他の共同訴訟人には負担させない。・・(ｲ)共同訴訟人に対して共通に生じた費用については，(A) 原則として，その頭数に応じて案分負担させる。・・(B)ただし，訴え提起手数料については，訴額に応じて案分負担させる。」などとする記述になった。現在の講義案Ⅱは昭和 52 年の新・民事実務講義案Ⅱ（改訂版）と同様の記述である。以上から考えると，少なくとも，裁判所が決定で訴訟費用額を確定していた旧民訴法下の昭和 39 年頃から共同訴訟の費用負担について，このような考え方が採られていたことがわかる。

[75]　佐藤研究 13 頁は，「訴訟費用中，原告甲と被告乙の間に生じた部分は，被告乙の負担とし，原告甲と被告丙との間に生じた部分は全部原告甲の負担とする。」という形式の主文で費用額確定処分の計算を行った場合について，「乙と丙に対する請求額や送達費用などに差異があるときはどうするかが問題のあるところであるが，平分負担の原則は共通費用について適用されるのが衡平の理念に合するという見地に立って，右のような場合には，訴状ちょう用の印紙額は請求額に応じて按分し，送達費用など各別に生じているものは，各共同訴訟人毎に全額を計上して，算出した額を負担額として確定すればよいと解する。実務の取扱いも同様になされているものと考える。」としており，同様の見解に立っている。

[76]　秋山ほかコンメⅡ28 頁は，「実務上，「本訴に関する訴訟費用は本訴被告，反訴に関する訴訟費用は反訴被告の負担とする。」という形で裁判されることがあるが・・本訴と反訴の手数料は，前述の双方の請求の目的が同一の場合を除けば，これを分けることができるが，口頭弁論及び証拠調べに関する訴訟費用などは，区別をつけ

－ 115 －

第5章　共同訴訟における訴訟費用額確定処分

かねる場合が多く，区別がつかないときには，半々にする，訴訟物の価額に従って案分するなどの方法が考えられるが，このような主文では，これを判定する基準が示されていないことになるからである。」と指摘する。実務においてB説が採られてきた背景には，費用負担の主文にも関係があるのではないかと推察する。

第2 共同訴訟人が平等の割合をもって訴訟費用の負担を命じられ（民訴法65 I 本文）相手方（単独）が償還請求権を有する場合

【共同訴訟における費用償還請求権の考え方】

1 共同訴訟人が費用償還請求権を有する場合

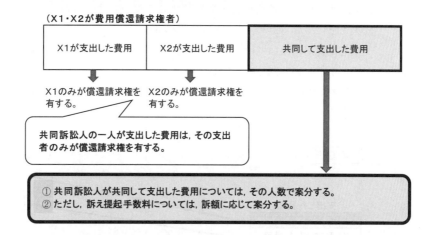

2 共同訴訟人が費用償還義務を負担する場合

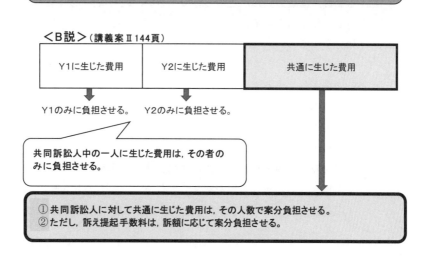

- 117 -

第5章 共同訴訟における訴訟費用額確定処分

第4節 具体的な計算方法
第1 共同訴訟人が償還請求権を有する場合
1 償還請求権者の認定

共同訴訟における訴訟費用額確定処分においては，訴訟費用償還請求権は共同訴訟人ごとに生じるため，書記官は，どの共同訴訟人が支出した費用か調査し，一人が支出した費用については，その支出者を償還請求権者とし，共同訴訟人ごとの支出額が明らかでない共同して支出した費用については，共同訴訟人の人数で案分し，償還請求権者を認定する。ただし，訴え提起手数料については訴額で案分する（共同訴訟－図1参照）。

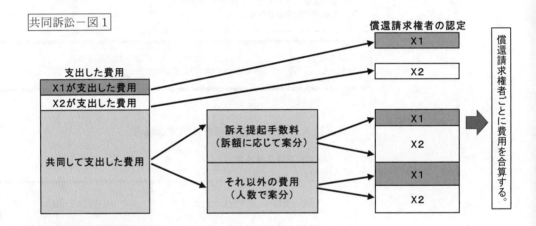

2 償還請求額の算出
(1) 申立人のみの費用額について確定すべき場合

①訴訟費用の負担の裁判において相手方のみが負担すべきものと定められている場合，②案分負担が定められているが，民訴規則25条1項の規定に従う催告に対して相手方からの応答がない場合には，申立人のみの費用額についてのみ確定処分をする。

①の場合，1で認定した償還請求権者ごとの費用を合算したもの（費用総額）が，そのまま各請求者ごとの償還請求額となる。

②の場合，1で認定した償還請求権者ごとの費用を合算したもの（費用総額）に相手方の負担割合を乗じたものが，各請求者ごとの償還請求額となる（共同訴訟－図2参照）。

(2) 案分及び相殺処理後の費用額を確定すべき場合

当事者双方が訴訟費用を案分して負担すべきものとされ，かつ，民訴規則25条1項の規定に従い，相手方から費用計算書が提出された場合には，(1)の②により案

分して各請求者ごとの償還請求額を算出した後、さらに相殺処理（民訴法71Ⅱ）[77]をして費用額を確定する。

共同訴訟－図2

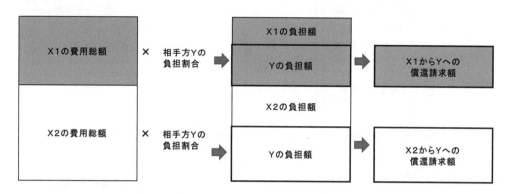

第2　共同訴訟人が償還義務者である場合
1　償還義務者の認定

　　共同訴訟における訴訟費用額確定処分においては、訴訟費用償還義務は共同訴訟人ごとに生じるから、どの費用をどの共同訴訟人が負担すべきかという問題が生じる。この点について、前述（本章第3節第2）の二つの考え方があり、これに沿うと償還義務者は次のようになる。

　　A説[78]は、共同訴訟人に生じた費用全体について均等分割負担と考えるため、費用全体について共同訴訟人の人数で案分したものにつき、それぞれが償還義務者となる。B説[79]は、共同訴訟人中の一人に生じた費用についてはその者が償還義務者となり、共同訴訟人のいずれの訴訟行為に基づくものといえない共通に生じた費用については、共同訴訟人の人数で案分（ただし、訴え提起手数料については、訴額に応じて案分）したものについて、それぞれが償還義務者となる（共同訴訟－図3参照）。

77　相殺処理については、本編第4章第3節第3の5（89頁）及び本編第4章第7節第1の2の図（101頁）を参照
78　本章第3節第2の1参照
79　本章第3節第2の2参照

第5章 共同訴訟における訴訟費用額確定処分

共同訴訟-図3

【A説】

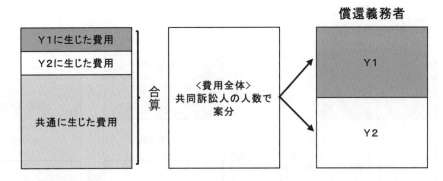

【B説】

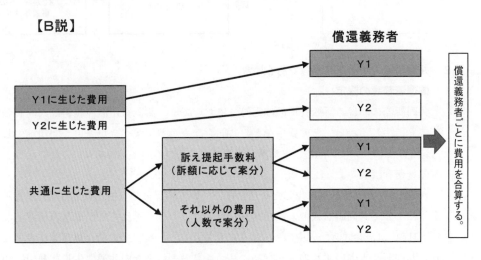

2 償還義務額（相手方から償還義務者に対する償還請求額）の算出
(1) 償還義務者のみが訴訟費用を負担すべきものと定められた場合
　　訴訟費用の負担の裁判において償還義務者のみが訴訟費用を負担すべきものと定められている場合，1で認定した償還義務者ごとの費用を合算したもの（費用総額）が，そのまま償還義務額（相手方から各義務者に対する償還請求額）となる。
(2) 当事者双方が訴訟費用を案分して負担すべきものと定められた場合
　　当事者双方が訴訟費用を案分して負担すべきものと定められた場合には，1で認定した償還義務者ごとの費用を合算したもの（費用総額）に共同訴訟人の負担割合を乗じて，それぞれの償還義務額（相手方から各義務者に対する償還請求額）を

- 120 -

算出した後，さらに相殺処理（民訴法71Ⅱ）[80]をして費用額を確定する（共同訴訟－図4参照）。

共同訴訟－図4

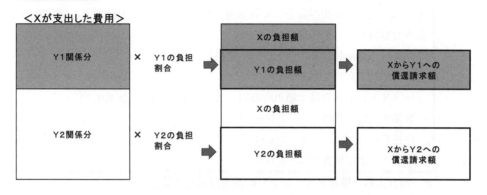

---
80 相殺処理については，本編第4章第3節第3の5（89頁）及び本編第4章第7節第1の2の図（101頁）を参照

第5章　共同訴訟における訴訟費用額確定処分

第3　事例による検討

1　原告が複数の場合（被告全部負担の主文）　【Ｘ１・Ｘ２　➡　Ｙ】

> **【事例6】**
>
> 「訴訟費用は，被告の負担とする。」との主文の確定判決に基づいて，原告Ｘ１，Ｘ２は，被告Ｙを相手方として訴訟費用額確定処分を申し立てた。書記官はどのような処分をすべきか。
>
> **【原告らの費用計算書に計上された費用】**
>
> 　訴え提起手数料　30,000円
>
> 　　（Ｘ１のＹへの請求額100万円，Ｘ２のＹへの請求額400万円）
>
> 　書類作成提出費用　　　1,500円
>
> 　送達費用　　　　　　　3,000円
>
> 　Ｘ１本人出頭旅費日当　4,000円

ア　申立人ら（原告Ｘ１，Ｘ２）の償還請求額の算出

(ｱ)　訴訟費用該当性，費用額の検討

　　訴え提起手数料　　　　30,000円（民訴費用法2①，3別表第1・1）

　　書類作成提出費用　　　 1,500円（民訴費用法2⑥，民訴費用規2の2Ⅰ別表
　　　　　　　　　　　　　　　　　　 第2・1イ）

　　送達費用　　　　　　　 3,000円（民訴費用法2②，11Ⅰ）

　　Ｘ１本人出頭旅費日当　 4,000円（民訴費用法2④，民訴費用規2）

(ｲ)　費用総額の算出

　　共同訴訟における償還請求権者の認定の考え方については，共同訴訟－図1 を参照されたい。一人が支出した費用については，その支出者を償還請求権者とし，共同訴訟人ごとの支出額が明らかでない共同して支出した費用については，人数で案分する。ただし，訴え提起手数料については訴額に応じて案分する。

　a　訴え提起手数料（訴額に応じて案分）

　　　$30,000 \times 100/500 = 6,000$　【Ｘ１の費用】

　　　$30,000 \times 400/500 = 24,000$　【Ｘ２の費用】

　b　書類作成提出費用（人数で案分）

　　　$1,500 \times 1/2 = 750$　【Ｘ１の費用】

　　　$1,500 \times 1/2 = 750$　【Ｘ２の費用】

　c　送達費用（人数で案分）

　　　$3,000 \times 1/2 = 1,500$【Ｘ１の費用】

　　　$3,000 \times 1/2 = 1,500$【Ｘ２の費用】

　d　Ｘ１本人出頭旅費日当　4,000　【Ｘ１の費用】

　e　aからdの費用を請求権者ごとに合算し，費用総額を算出する。

　　　【Ｘ１の費用】$6,000 + 750 + 1,500 + 4,000 = 12,250$

【Ｘ２の費用】24,000＋750＋1,500＝26,250

(ウ) **償還請求額の算出**

相手方（被告）全額負担のため，(イ)と同額となる。

イ **処分内容**

相手方は，申立人Ｘ１に対し，12,250円を支払え。

相手方は，申立人Ｘ２に対し，26,250円を支払え。

第5章　共同訴訟における訴訟費用額確定処分

2　原告が複数の場合（案分負担の主文）　【Ｘ１・Ｘ２　➡　Ｙ】

【事例７】

「訴訟費用は，これを５分し，その２を原告らの負担とし，その余を被告の負担とする。」との主文の確定判決に基づいて，原告Ｘ１，Ｘ２は，被告Ｙを相手方として訴訟費用額確定処分を申し立てた。書記官はどのような処分をすべきか。

【原告らの費用計算書に計上された費用】

　訴え提起手数料　30,000円

　　（Ｘ１のＹへの請求額100万円，Ｘ２のＹへの請求額400万円）

　書類作成提出費用　　　　1,500円

　送達費用　　　　　　　　3,000円

　Ｘ１本人出頭旅費日当　4,000円

【被告の費用計算書に計上された費用】

　書類作成提出費用　　　　1,500円

　Ｙ本人出頭旅費日当　　　6,000円

ア　申立人ら（原告Ｘ１，Ｘ２）の償還請求額の算出

(ｱ)　訴訟費用該当性，費用額の検討

　訴え提起手数料　　　　30,000円（民訴費用法2①，3別表第1・1）

　書類作成提出費用　　　1,500円（民訴費用法2⑥，民訴費用規2の2Ⅰ別表
　　　　　　　　　　　　　　　　　第2・1イ）

　送達費用　　　　　　　3,000円（民訴費用法2②，11Ⅰ）

　Ｘ１本人出頭旅費日当　4,000円（民訴費用法2④，民訴費用規2）

(ｲ)　費用総額の算出

　共同訴訟における償還請求権者の認定の考え方については，　共同訴訟－図1
を参照されたい。

　a　訴え提起手数料（訴額に応じて案分）

　　　30,000×100/500＝6,000　【Ｘ１の費用】

　　　30,000×400/500＝24,000　【Ｘ２の費用】

　b　書類作成提出費用（人数で案分）

　　　1,500×1/2＝750　【Ｘ１の費用】

　　　1,500×1/2＝750　【Ｘ２の費用】

　c　送達費用（人数で案分）

　　　3,000×1/2＝1,500【Ｘ１の費用】

　　　3,000×1/2＝1,500【Ｘ２の費用】

　d　Ｘ１本人出頭旅費日当　4,000　【Ｘ１の費用】

　e　aからdの費用を償還請求権者ごとに合算し，費用総額を算出する。

　　　【Ｘ１の費用】6,000＋750＋1,500＋4,000＝12,250

－ 124 －

第3　事例による検討

　　　　　　【X2の費用】24,000＋750＋1,500＝26,250

　(ｳ)　**償還請求額の算出**

　　　　共同訴訟における償還請求額算出の考え方については，共同訴訟－図2 を参
　　照されたい。

　　　　　　【X1 ➡ Yの償還請求額】12,250×3/5（相手方（被告）の負担割合）＝7,350

　　　　　　【X2 ➡ Yの償還請求額】26,250×3/5（相手方（被告）の負担割合）＝15,750

イ　**相手方（被告Y）の償還請求額の算出**

　(ｱ)　**訴訟費用該当性，費用額の検討**

　　　　書類作成提出費用　　1,500円（民訴費用法2⑥，民訴費用規2の2Ⅰ別表第
　　　　　　　　　　　　　　　　　　　2・1イ）

　　　　Y本人出頭旅費日当　6,000円（民訴費用法2④，民訴費用規2）

　(ｲ)　**費用総額の算出**

　　　　ここは，相手方（被告Y）の償還請求権を算出する場面であり，権利者と義務
　　者が上記アの場合と逆となる。したがって，以下の計算は，義務者が共同訴訟人
　　である場合の考え方（本節第2の共同訴訟人が償還義務者である場合）で行う。

　　　　共同訴訟における償還義務者認定の考え方については，共同訴訟－図3 を参
　　照されたい。A説は，費用全体について，共同訴訟人の人数で案分する。B説は，
　　一人に生じた費用については，その者を償還義務者とし，共同訴訟人のいずれの
　　訴訟行為に基づくものとはいえない共通に生じた費用については，共同訴訟人
　　の人数で案分する。ただし，訴え提起手数料については訴額に応じて案分する。

　　A説の場合

　　　　1,500＋6,000＝7,500（合算）

　　　　7,500×1/2＝3,750（人数で案分）

　　B説の場合

　　　a　書類作成費用（人数で案分）

　　　　　1,500×1/2＝750　　【X1関係分】

　　　　　1,500×1/2＝750　　【X2関係分】

　　　b　Y本人出頭旅費日当（人数で案分）

　　　　　6,000×1/2＝3,000【X1関係分】

　　　　　6,000×1/2＝3,000【X2関係分】

　　　c　a，bの費用を償還義務者ごとに合算し，費用総額を算出する。

　　　　　【X1関係分】750＋3,000＝3,750

　　　　　【X2関係分】750＋3,000＝3,750

　(ｳ)　**償還請求額の算出**

　　　　義務者が共同訴訟人である場合における償還請求額算出の考え方については，
　　共同訴訟－図4 を参照されたい。

－ 125 －

第5章　共同訴訟における訴訟費用額確定処分

> A説・B説共に（両説同額のため）
>
> 【Y➡X1の償還請求額】　3,750×2/5（申立人ら（原告ら）の負担割合）
>
> 　　　　　　　　　　　　　＝1,500
>
> 【Y➡X2の償還請求額】　3,750×2/5（申立人ら（原告ら）の負担割合）
>
> 　　　　　　　　　　　　　＝1,500

ウ　法定相殺

> A説・B説共に（両説同額のため）

(ア)　X1・Y間

　【X1➡Yの償還請求額】7,350

　【Y➡X1の償還請求額】1,500

　7,350－1,500＝5,850

　YがX1に対して支払うべき訴訟費用額　5,850円

(イ)　X2・Y間

　【X2➡Yの償還請求額】15,750

　【Y➡X2の償還請求額】1,500

　15,750－1,500＝14,250

　YがX2に対して支払うべき訴訟費用額　14,250円

エ　処分内容

> A説・B説共に（両説同額のため）

相手方は，申立人X1に対し，5,850円を支払え。

相手方は，申立人X2に対し，14,250円を支払え。

（参考）（原告ら2/5，被告3/5負担）

		支出総額	自己負担分	反対当事者負担分
原告X1		12,250円	4,900円	7,350円
原告X2		26,250円	10,500円	15,750円
被告Y	X1	3,750円	2,250円	1,500円
	X2	3,750円	2,250円	1,500円
法定相殺により被告Yが原告X1に現実に償還すべき額 7,350円－1,500円＝5,850円 法定相殺により被告Yが原告X2に現実に償還すべき額 15,750円－1,500円＝14,250円				

－126－

第3　事例による検討

3　被告が複数の場合（被告ら全部・分割負担の主文）【X ➡ Ｙ１・Ｙ２】

【事例８】

「訴訟費用は，被告らの負担とする。」との主文の確定判決に基づいて，原告Xは，被告Ｙ１，Ｙ２を相手方として訴訟費用額確定処分を申し立てた。書記官はどのような処分をすべきか。

【原告の費用計算書に計上された費用】

訴え提起手数料　30,000円

　　（Ｙ１への請求額100万円，Ｙ２への請求額400万円）

Ｘ本人出頭旅費日当　　4,000円

送達費用　　　　　　　4,000円

$\begin{bmatrix} 内訳　Ｙ１　訴状等送達　1,000円，判決正本０円（交付送達） \\ 　　　　Ｙ２　訴状等送達　2,000円，判決正本1,000円） \end{bmatrix}$

ア　申立人（原告Ｘ）の償還請求額の算出

(ア)　訴訟費用該当性，費用額の検討

訴え提起手数料　　　　30,000円（民訴費用法2①，3別表第1・1）

Ｘ本人出頭旅費日当　　4,000円（民訴費用法2④，民訴費用規2）

送達費用　　　　　　　4,000円（民訴費用法2②，11Ｉ）

(イ)　費用総額の算出

共同訴訟における償還義務者認定の考え方については， 共同訴訟－図3 を参照されたい。

A説の場合

30,000＋4,000＋4,000＝38,000（合算）

38,000×1/2＝19,000（人数で案分）

B説の場合

a　訴え提起手数料（訴額に応じて案分）

　　30,000×100/500＝6,000【Ｙ１関係分】

　　30,000×400/500＝24,000【Ｙ２関係分】

b　Ｘ本人出頭旅費日当（人数で案分）

　　4,000×1/2＝2,000【Ｙ１関係分】

　　4,000×1/2＝2,000【Ｙ２関係分】

c　送達費用

　　1,000　【Ｙ１関係分】

　　2,000＋1,000＝3,000　【Ｙ２関係分】

d　aからcの費用を償還義務者ごとに合算し，費用総額を算出する。

　　【Ｙ１関係分】6,000＋2,000＋1,000＝9,000

　　【Ｙ２関係分】24,000＋2,000＋3,000＝29,000

－ 127 －

第5章　共同訴訟における訴訟費用額確定処分

(ウ) **償還請求額の算出**

被告ら全額負担のため，(イ)と同額となる。

イ　処分内容

A説の場合

相手方Y1は，申立人に対し，19,000円を支払え。

相手方Y2は，申立人に対し，19,000円を支払え。

B説の場合

相手方Y1は，申立人に対し，9,000円を支払え。

相手方Y2は，申立人に対し，29,000円を支払え。

第3 事例による検討

4 被告が複数の場合（被告ら全部・連帯負担の主文）【X ➡ Y1・Y2】

> 【事例9】
>
> 「訴訟費用は，被告らの連帯負担とする。」との主文の確定判決に基づいて，原告Xは，被告Y1，Y2を相手方として訴訟費用額確定処分を申し立てた。書記官はどのような処分をすべきか。
>
> 【原告の費用計算書に計上された費用】
>
> 　訴え提起手数料　30,000円
>
> 　　（Y1への請求額100万円，Y2への請求額400万円）
>
> 　X本人出頭旅費日当　　4,000円
>
> 　送達費用　　　　　　　4,000円
>
> 　　[　内訳　Y1　訴状等送達　1,000円，判決正本0円（交付送達）
> 　　　　　　Y2　訴状等送達　2,000円，判決正本1,000円）]
>
> ※判決主文以外，【事例8】と同一の事案

　必要的共同訴訟（民訴法40）の場合や連帯債務者が共同訴訟人である場合には，訴訟費用を連帯して負担させることができるとされている（民訴法65Iただし書）。

　この場合には，償還請求権者である申立人の支出した費用総額を算出し，それを義務者に対し連帯負担させることとなる。

ア 申立人（原告X）の償還請求額の算出

㋐ 訴訟費用該当性，費用額の検討

　　【事例8】のとおり

㋑ 費用総額の算出

　　30,000＋4,000＋4,000＝38,000

㋒ 償還請求額の算出

　　被告ら全額負担のため，㋑と同額となる。

イ 処分内容

　　相手方らは，申立人に対し，連帯して38,000円を支払え。

－ 129 －

第5章　共同訴訟における訴訟費用額確定処分

5　被告が複数の場合（案分・分割負担の主文）【Ｘ　➡　Ｙ１・Ｙ２】

> **【事例10】**
> 「<u>訴訟費用は，これを５分し，その２を原告の負担とし，その余を被告らの負担とする。</u>」との主文の確定判決に基づいて，原告Ｘは，被告Ｙ１，Ｙ２を相手方として訴訟費用額確定処分を申し立てた。書記官はどのような処分をすべきか。
>
> **【原告の費用計算書に計上された費用】**
>
> 　訴え提起手数料　　30,000円
>
> 　　（Ｙ１への請求額100万円，Ｙ２への請求額400万円）
>
> 　Ｘ本人出頭旅費日当　　4,000円
>
> 　送達費用　　　　　　　4,000円
>
> $\left[\begin{array}{l}\text{内訳　Ｙ１　訴状等送達　1,000円，判決正本０円（交付送達）}\\ \text{　　　　Ｙ２　訴状等送達　2,000円，判決正本1,000円）}\end{array}\right]$
>
> **【被告らの費用計算書に計上された費用】**
>
> 　Ｙ１本人出頭旅費日当　8,000円
>
> 　Ｙ２本人出頭旅費日当　4,000円

ア　申立人（原告Ｘ）の償還請求額の算出

(ア)　訴訟費用該当性，費用額の検討

　　　訴え提起手数料　　　30,000円（民訴費用法2①，3別表第1・1）

　　　Ｘ本人出頭旅費日当　4,000円（民訴費用法2④，民訴費用規2）

　　　送達費用　　　　　　4,000円（民訴費用法2②，11Ⅰ）

(イ)　費用総額の算出

　　　共同訴訟における償還義務者認定の考え方については，　共同訴訟－図3　を参照されたい。

　　 A説の場合

　　30,000＋4,000＋4,000＝38,000（合算）

　　38,000×1/2＝19,000（人数で案分）

　　 B説の場合

　　a　訴え提起手数料（訴額に応じて案分）

　　　　30,000×100/500＝6,000【Ｙ１関係分】

　　　　30,000×400/500＝24,000【Ｙ２関係分】

　　b　Ｘ本人出頭旅費日当（人数で案分）

　　　　4,000×1/2＝2,000【Ｙ１関係分】

　　　　4,000×1/2＝2,000【Ｙ２関係分】

　　c　送達費用

　　　　1,000　【Ｙ１関係分】

　　　　2,000＋1,000＝3,000　【Ｙ２関係分】

d　aからcの費用を償還義務者ごとに合算し，費用総額を算出する。

【Y１関係分】6,000＋2,000＋1,000＝9,000

【Y２関係分】24,000＋2,000＋3,000＝29,000

(ウ)　**償還請求額の算出**

義務者が共同訴訟である場合の償還請求額算出の考え方については，共同訴訟－図４を参照されたい。

A説の場合

【X➡Y１の償還請求額】19,000×3/5（相手方ら（被告ら）の負担割合）
＝11,400

【X➡Y２の償還請求額】19,000×3/5（相手方ら（被告ら）の負担割合）
＝11,400

B説の場合

【X➡Y１の償還請求額】　9,000×3/5（相手方ら（被告ら）の負担割合）
＝　5,400

【X➡Y２の償還請求額】29,000×3/5（相手方ら（被告ら）の負担割合）
＝17,400

イ　**相手方ら（被告Y１，Y２）の償還請求額の算出**

ここは，相手方ら（被告Y１，Y２）の償還請求額を算出する場面であり，権利者と義務者が上記アの場合と逆となる。したがって，以下の計算は，権利者が共同訴訟人である場合の考え方（本節第１共同訴訟人が償還請求権を有する場合）で行う。

(ア)　**訴訟費用該当性，費用額の検討**

Y１本人出頭旅費日当　8,000円（民訴費用法２④，民訴費用規２）

Y２本人出頭旅費日当　4,000円（民訴費用法２④，民訴費用規２）

(イ)　**費用総額の算出**

8,000【Y１の支出した費用】

4,000【Y２の支出した費用】

(ウ)　**償還請求額の算出**

共同訴訟における償還請求額算出の考え方については，共同訴訟－図２を参照されたい。

【Y１➡Xの償還請求額】8,000×2/5（申立人（原告）の負担割合）＝3,200

【Y２➡Xの償還請求額】4,000×2/5（申立人（原告）の負担割合）＝1,600

ウ　**法定相殺**

A説の場合

(ア)　X・Y１間

【X➡Y１の償還請求額】11,400

第5章　共同訴訟における訴訟費用額確定処分

　　　　【Y1➡Xの償還請求額】3,200

　　　　　11,400－3,200＝8,200

　　　　　Y1がXに対して支払うべき訴訟費用額　8,200円

　　(イ)　X・Y2間

　　　　【X➡Y2の償還請求額】11,400

　　　　【Y2➡Xの償還請求額】　1,600

　　　　　11,400－1,600＝9,800

　　　　　Y2がXに対して支払うべき訴訟費用額　9,800円

　　　B説の場合

　　(ア)　X・Y1間

　　　　【X➡Y1の償還請求額】5,400

　　　　【Y1➡Xの償還請求額】3,200

　　　　　5,400－3,200＝2,200

　　　　　Y1がXに対して支払うべき訴訟費用額　2,200円

　　(イ)　X・Y2間

　　　　【X➡Y2の償還請求額】17,400

　　　　【Y2➡Xの償還請求額】　1,600

　　　　　17,400－1,600＝15,800

　　　　　Y2がXに対して支払うべき訴訟費用額　15,800円

　エ　処分内容

　　　A説の場合

　　　相手方Y1は，申立人に対し，8,200円を支払え。

　　　相手方Y2は，申立人に対し，9,800円を支払え。

　　　B説の場合

　　　相手方Y1は，申立人に対し，　2,200円を支払え。

　　　相手方Y2は，申立人に対し，15,800円を支払え。

- 132 -

（参考）（原告 2/5，被告ら 3/5 負担）

（A説）

		支出総額	自己負担分	反対当事者負担分
原告X	Y 1	19,000 円	7,600 円	11,400 円
	Y 2	19,000 円	7,600 円	11,400 円
被告Y 1		8,000 円	4,800 円	3,200 円
被告Y 2		4,000 円	2,400 円	1,600 円
法定相殺により被告Y 1 が原告Xに現実に償還すべき額 11,400 円－3,200 円＝8,200 円 法定相殺により被告Y 2 が原告Xに現実に償還すべき額 11,400 円－1,600 円＝9,800 円				

（B説）

		支出総額	自己負担分	反対当事者負担分
原告X	Y 1	9,000 円	3,600 円	5,400 円
	Y 2	29,000 円	11,600 円	17,400 円
被告Y 1		8,000 円	4,800 円	3,200 円
被告Y 2		4,000 円	2,400 円	1,600 円
法定相殺により被告Y 1 が原告Xに現実に償還すべき額 5,400 円－3,200 円＝2,200 円 法定相殺により被告Y 2 が原告Xに現実に償還すべき額 17,400 円－1,600 円＝15,800 円				

第5章　共同訴訟における訴訟費用額確定処分

6　被告が複数の場合（案分・連帯負担の主文）【Ｘ ➡ Ｙ１・Ｙ２】

【事例11】

「訴訟費用は，これを５分し，その２を原告の負担とし，その余を被告らの連帯負担とする。」との主文の確定判決に基づいて，原告Ｘは，被告Ｙ１，Ｙ２を相手方として訴訟費用額確定処分を申し立てた。書記官はどのような処分をすべきか。

【原告の費用計算書に計上された費用】

訴え提起手数料　　　　30,000円

　　（Ｙ１への請求額100万円，Ｙ２への請求額400万円）

Ｘ本人出頭旅費日当　4,000円

送達費用　　　　　　　4,000円

　　　内訳　Ｙ１　訴状等送達　1,000円，判決正本０円（交付送達）
　　　　　　Ｙ２　訴状等送達　2,000円，判決正本1,000円

【被告らの費用計算書に計上された費用】

Ｙ１本人出頭旅費日当　8,000円

Ｙ２本人出頭旅費日当　4,000円

※判決主文以外，【事例10】と同一の事案

ア　申立人（原告Ｘ）の償還請求額の算出

　(ｱ)　訴訟費用該当性，費用額の検討

　　　【事例10】のとおり

　(ｲ)　費用総額の算出

　　　30,000＋4,000＋4,000＝38,000

　(ｳ)　償還請求額の算出

　　　【Ｘ➡Ｙ１・Ｙ２の償還請求額】38,000×3/5（相手方ら（被告ら）の負担割
　　　　　　　　　　　　　　　　　　　　合）＝22,800

イ　相手方ら（被告Ｙ１，Ｙ２）の償還請求額の算出

　　ここは，相手方ら（被告Ｙ１，Ｙ２）の償還請求額を算出する場面であり，権利者と義務者が上記アの場面と逆となる。したがって，以下の計算は，権利者が共同訴訟人である場合の考え方（本節第１共同訴訟人が償還請求権を有する場合）で行う。

　(ｱ)　訴訟費用該当性，費用額の検討

　　　Ｙ１本人出頭旅費日当　8,000円（民訴費用法２④，民訴費用規２）

　　　Ｙ２本人出頭旅費日当　4,000円（民訴費用法２④，民訴費用規２）

　(ｲ)　費用総額の算出

　　　8,000【Ｙ１の支出した費用】

　　　4,000【Ｙ２の支出した費用】

－ 134 －

第3　事例による検討

(ウ)　**償還請求額の算出**

　　共同訴訟における償還請求額算出の考え方については，共同訴訟－図2を参照されたい。

　　【Y1➡Xの償還請求額】8,000×2/5（申立人（原告）の負担割合）＝3,200

　　【Y2➡Xの償還請求額】4,000×2/5（申立人（原告）の負担割合）＝1,600

ウ　**法定相殺**

　　【X➡Y1，Y2の償還請求額】22,800

　　【Y1➡Xの償還請求額】3,200

　　22,800－3,200＝19,600

　　【X➡Y1，Y2の償還請求額】22,800

　　【Y2➡Xの償還請求額】1,600

　　22,800－1,600＝21,200

　　Y1がXに対して支払うべき訴訟費用額　19,600円

　　Y2がXに対して支払うべき訴訟費用額　21,200円

　（共通する19,600円の限度で連帯負担となる。）

エ　**処分内容**

　　相手方Y1は，申立人に対し，相手方Y2と連帯して19,600円を支払え。

　　相手方Y2は，申立人に対し，21,200円（ただし19,600円の限度で相手方Y1と連帯して）を支払え。

（参考）（原告2/5，被告ら3/5負担）

	支出総額	自己負担分	反対当事者負担分
原告X	38,000円	15,200円	22,800円
被告Y1	8,000円	4,800円	3,200円
被告Y2	4,000円	2,400円	1,600円

法定相殺により被告Y1が原告Xに現実に償還すべき額

22,800円－3,200円＝19,600円

法定相殺により被告Y2が原告Xに現実に償還すべき額

22,800円－1,600円＝21,200円

共通する19,600円の限度で連帯負担となる。

　✎★point

　　「訴訟費用は被告らの連帯負担とする。」との裁判の場合でも共同訴訟人間において額の異なる計算になることがある。

－ 135 －

第6章　訴訟費用に関する主文と訴訟費用額確定処分

第6章　訴訟費用に関する主文と訴訟費用額確定処分

第1節　総論

　　書記官による訴訟費用額確定処分は，判決や訴訟上の和解等で定められた費用負担の定めに基づき行うものであるため，判決草稿の点検時や和解条項の点検時において，訴訟費用額確定手続の事務処理に影響を及ぼす事項を発見した際には，担当裁判官等と相談することが必要である。

　　そこで，本章では，訴訟費用に関する主文に関して文献で言及されている点について紹介すると共に，訴訟費用額確定処分の主文との関係について記載し，更にアンケート結果をもとに，判決草稿点検時等における裁判官と書記官の連携について記載する。

第2節　訴訟費用に関する主文

第1　記載の内容，場所

　　訴訟費用については，裁判所は職権をもって裁判をしなければならず（民訴法67），主文に掲げるべきであるとされている。

　　主文中における記載の場所は，請求についての裁判の後，仮執行宣言の前とされている（判決起案の手引23頁）。

　　訴訟費用の負担を命ずる主文については，仮執行宣言を付してもよいと解されている。この裁判は費用の負担者を定める点で形成的な内容を含むとも考えられるが，給付命令の実質に着目して，一般には肯定されている[81]（判決起案の手引29頁）。

第2　主文の記載例

1　一般の場合

(1)　一方当事者が全部勝訴した場合（民訴法61）

①　訴訟費用は被告（原告）の負担とする。
②　控訴費用は控訴人の負担とする。
③　原審及び当審の訴訟費用は全部被控訴人の負担とする。

(2)　両当事者に一部ずつ訴訟費用を負担させる場合（民訴法64本文）

　　一部敗訴の場合の費用負担の割合は，請求額と認容額との比率に対応して定められることが多いが，その比率によることが相当でない場合もあり，一方の敗訴部分がごくわずかである場合などは，民訴法64条ただし書により，全部の費用を相手方の負担と定めることも多いようである（判決起案の手引23頁）。

81　訴訟費用の負担の裁判及び仮執行宣言については，判決書理由の末尾に簡単に理由を示すことになっているが，通常はこの理由として条文を挙げる（例えば「訴訟費用の負担につき民訴法61条を，仮執行の宣言につき同法259条1項を，それぞれ適用して，‥」）（判決起案の手引86頁）。

－ 136 －

> ① 訴訟費用は，これを5分し，その2を原告の負担とし，その余は被告の負担とする。
>
> ② 訴訟費用は，これを2分し，それぞれを各自の負担とする[82]。

(3) 民訴法 62 条（不必要な行為があった場合等の負担），同 63 条（訴訟を遅滞させた場合の負担）が適用される場合（判決起案の手引 23 頁）

> 訴訟費用中，○○円は原告の負担とし，その余は被告の負担とする。
>
> 訴訟費用中，証人 A に支払った旅費，日当は原告の負担とし，その余は被告の負担とする。

(4) 手形判決（小切手判決を含む。）に対する異議申立て後の通常手続における判決

　　手形判決（小切手判決を含む。）に対する異議申立て後の通常手続における判決では，異議を不適法として却下する場合，又は手形訴訟においてされた訴訟費用の裁判を認可する場合には，異議申立て後の訴訟費用についてのみ裁判をする（民訴法 363 I ）ことを明らかにする趣旨で，以下のような主文となる（判決起案の手引 24 頁）。

> 異議申立て後の訴訟費用は被告（原告）の負担とする。

2　共同訴訟の場合

(1) 共同訴訟の一方の数名の当事者がいずれも全部敗訴した場合（民訴法 65 I 本文）

　　共同訴訟の一方の数名の当事者がいずれも全部敗訴した場合において，次のような記載をしたときは，特に「平等」と断らなくても，法律上当然に平等負担となるものと解されている。

> 訴訟費用は被告らの負担とする[83]。

(2) 訴訟費用を共同訴訟人の連帯負担と定める場合（民訴法 65 I ただし書）

　　訴訟物である債務が連帯債務又はこれに準ずるような場合（合同債務，不真正連帯債務のような場合）で，その共同債務者である当事者の敗訴の判決をするような場合である。

> 訴訟費用は被告らの連帯負担とする。

(3) 共同訴訟人中で，相手方との勝敗が分かれた場合

　　原告と被告Y1，Y2間の訴訟で，Y1は全部敗訴し，Y2は全部勝訴した場合を例に考える。

82　この判決主文は，訴訟費用を2分の1ずつ負担する場合であり，和解調書における「訴訟費用は各自の負担とする。」との記載とは，本質的に異なるため，注意を要する。各自負担というのは，双方に費用償還請求権のないことを意味し（したがって，訴訟費用額確定の問題は生じない。），当事者双方の出費が同一額でない限り，この二つの例は同じ結果にならない（判決起案の手引 24 頁）。

83　この判決主文は，原告の支出した訴訟費用については，被告がその人数に応じて平等の割合で償還義務を負う（被告らの支出した費用はその支出者が負担する。）という趣旨である（講義案 II 129 頁）。

第6章　訴訟費用に関する主文と訴訟費用額確定処分

「訴訟費用はこれを2分し，その1を原告の負担とし，その余は被告Y1の負担とする。」という記載は，Y2は自己の支出した費用の2分の1を相被告であるY1から償還を受けることができるようにみえる点に問題があるとされている。訴訟費用の償還は，対立当事者間の問題であって，共同当事者間の問題ではないからである（判決起案の手引25頁）。

「訴訟費用は原告と被告Y2との間に生じたものは全部原告の負担とし，原告と被告Y1との間に生じたものは全部被告Y1の負担とする。」という形式の記載は，その後段の部分の読み方によっては，原告が両被告との関係で支出した訴訟費用を全部Y1に負担させるおそれがないではなく，訴訟費用を当事者の関係別に正確に区分することが困難であるため，妥当とはいえないとされている（秋山ほかコンメⅡ29頁参照）。

「訴訟費用中，原告と被告Y1との間に生じたものは被告Y1の負担とし，原告と被告Y2との間に生じたものは原告の負担とする。」という記載は，訴訟費用がいずれの当事者間で生じたかが判然としていることを前提としているが，実際には，区別することができない場合が少なくなく（例えばY1，Y2が連帯債務者である場合の原告が訴状にちょう用した印紙の額など），そのような場合の処理に困るという問題があるとされている[84]。

そこで，この場合の主文としては，以下のような記載が相当とされている（判決起案の手引25頁）。

訴訟費用は，原告に生じた費用の2分の1と被告Y1に生じた費用を被告Y1の負担とし，原告に生じたその余の費用と被告Y2に生じた費用を原告の負担とする。
訴訟費用は，原告と被告Y1との間においては，原告に生じた費用の2分の1を被告Y1の負担とし，その余は各自の負担とし，原告と被告Y2との間においては，全部原告の負担とする[85]。

⑷　反訴が提起されている場合

「訴訟費用は，本訴について生じた部分は本訴被告（反訴原告）の負担とし，反訴について生じた部分は本訴原告（反訴被告）の負担とする。」という記載は，本訴について生じたか反訴について生じたかを区別することができない場合が少なくなく，そのような場合の処理に困るという問題があるとされている[86]。

84　判決起案の手引26頁は，訴訟費用がいずれの当事者間で生じたか不明の場合，共同当事者の数で頭割りにするほかないであろうが，この主文においてこれを表現しているとみてよいか疑問であるとしている。

85　この判決主文は，原告が被告Y1に対しては勝訴し，被告Y2に対しては敗訴した場合にされる判決で，原告は，被告Y1との関係で原告の支出した費用のうち2分の1については被告Y1から償還を受けることができるが，残余の2分の1については自ら負担し，さらに，被告Y2に対しては被告Y2の支出した費用の償還義務を負う（被告Y2は原告から償還を受けることができる。）という内容の判決である。

86　秋山ほかコンメⅡ28頁は，「反訴請求については，本訴の請求とその目的が同じであるときは，民訴費用法3

－ 138 －

そこで，この場合の主文としては，本訴と反訴の費用を分割することなく，全体を案分して負担させる形式である以下のような記載が相当とされている（判決起案の手引26頁，秋山ほかコンメⅡ28頁）。

> 訴訟費用は，本訴反訴を通じ，本訴被告（反訴原告）の負担とする。

> 訴訟費用は，本訴反訴ともに，これを5分し，その3を本訴被告（反訴原告）の負担とし，その余を本訴原告（反訴被告）の負担とする。

第3節　訴訟費用額確定処分の主文

第1　総論

従来，実務においては，費用額確定処分の主文は，「相手方（被告）が申立人（原告）に負担すべき訴訟費用額は，別紙計算書のとおり，○○万○○○○円と確定する。」という形式であった[87]。しかし，費用額確定処分は独立の債務名義になるから，その主文は給付命令の形式によるべきであると考えられる[88]（菊井・村松Ⅰ636頁，講義案Ⅱ147頁参照）。

第2　主文の記載例

1　一般の場合

> 相手方は，申立人に対し，○○万○○○○円を支払え。

2　訴訟費用を共同訴訟人の連帯負担と定められた場合

訴訟費用が共同訴訟人の連帯負担と定められた場合（民訴法65Ⅰただし書）において，複数の負担者に対して費用額確定処分の申立てが同時になされた場合の費用額確定処分の主文は，次のとおりとなる（第5章【事例9】参照）。

> 相手方らは，申立人に対し，連帯して○○万○○○○円を支払え。

なお，共同訴訟人の債務の一部が連帯関係にあるときは，主文中に括弧書きの形で連帯関係にある部分を明確にする必要があるため，費用額確定処分の主文は，次のとおりとなる（第5章【事例11】参照）。

条，別表第1の6の項により，その本来の手数料額から反訴の目的に対応する本訴の目的の価額に基づく手数料額を控除した額を納付すべきものとされ，その結果，実際には反訴につき新たに手数料を納める必要のない場合が少なくないのであって，このような場合には，本訴と反訴との手数料を区別することができないし，一般に本訴と反訴とでは，証拠調べやその他の費用についても区別することが困難な場合が多い（民訴法146条1項）」ことを理由に挙げている。また，実際上も，「口頭弁論および証拠調べに関する訴訟費用などは，区別をつけかねる場合が多く，区別がつかないときには，半々にする，訴訟物の価額に従って按分するなどの方法が考えられるが，このような主文では，これを判定する基準が示されていない」としている。

87　鈴木訴訟費用の裁判954頁，裁判所書記官研修所監修「新民事訴訟法における書記官事務の研究Ⅱ」（平成10年，裁判所書記官研修所）322頁参照。

88　この点については，給付命令等の文言に債務名義としての本質が存在するものではないから，給付命令の形式によらなければならない論理必然性はないが，現実に誰が誰に対して償還すべきかを主文において明示するのが，当事者にとっても執行機関にとってもわかりやすいことから，給付形式によるのが相当とする見解もある（注解民訴84頁参照）。

第6章　訴訟費用に関する主文と訴訟費用額確定処分

> 1　相手方Ｙ１は，申立人に対し，200万円（ただし100万円の限度で相手
> 　方Ｙ２と連帯して）支払え。
> 2　相手方Ｙ２は，申立人に対し，相手方Ｙ１と連帯して100万円を支払え。

第4節　判決点検時等における裁判官と書記官の連携
第1　訴訟費用の認定で検討を要した事例
　　アンケート調査の結果によれば，地方裁判所本庁50庁及び高等裁判所（支部を除く。）所在地の簡易裁判所8庁のうち，費用額確定処分における訴訟費用の認定で特に検討を要した事例があると回答した庁は約1割であった。主に，次のような事例において検討を要したとする回答であった。
①　「訴訟費用は，本訴について生じた部分は本訴被告（反訴原告）の負担とし，反訴について生じた部分は本訴原告（反訴被告）の負担とする。」という判決主文，あるいは，本訴費用と反訴費用について，それぞれ異なる負担割合で案分負担を定めた判決主文で，本訴，反訴のいずれに生じた費用か区別し得ない費用がある事例
②　数件の訴訟事件を併合審理し，事件ごとに異なる負担割合で案分負担を定めた判決主文で，いずれの事件に生じた費用か区別し得ない費用がある事例
③　「原告と被告に生じた費用を合算し，これを5分し，その2を原告の負担とし，その余を被告の負担とする。」というように，双方の費用を合算して計算することを前提に負担割合を定めた判決主文の事例[89]

第2　判決書草稿や和解条項の点検の段階で，裁判官等と相談した事例
　　判決書草稿や和解条項の点検の段階で，訴訟費用額確定処分に対する影響を考慮して，訴訟費用の負担の定めについて，裁判官等と相談したことがあるかというアンケートに対し，相談した事例があると回答した庁は約4分の1ほどあった。ほとんどが，①本訴，反訴のいずれに生じた費用か区別し得ない費用がある事例，②数件の訴訟事件を併合審理した事件について，いずれの事件に生じたか区別し得ない費用がある事例，③共同訴訟の事案において，いずれの当事者間で生じたのか区別することができない費用がある事例において，判決草稿の点検段階で裁判官と書記官とで相談したことがあるという回答であった。
　　また，訴訟係属中から訴訟費用について，裁判官と書記官とで連携を密に取り，次

89　この事例においては，①民訴規則25条の催告をし，相手方から応答がない場合，申立人側の費用額のみで償還請求額を算出してよいかという点，②費用償還請求権は，本来，自己の支出した費用額以上は生じないところ，相手方の支出した費用額が申立人の支出した費用額より大幅に多い場合などにおいて，償還請求額が実際の支出額を超えてしまう点，③原告と被告の費用を合算して案分していることで，既に実質的に法定相殺と同様の処理をしていると捉えることができ，その後民訴法71条2項の扱いをどうすべきかという点，などの隘路が考えられる。
　　また，「訴訟費用は，原告に生じた費用の5分の3と被告Ａに生じた費用との合計の3分の1を原告の，3分の2を被告Ａの各負担とし，原告に生じた費用の5分の2と被告Ｂに生じた費用との合計の4分の3を原告に，4分の1を被告Ｂの各負担とする。」というような判決主文の事例においても，同様の隘路が生じると考えられる。

のような事例において相談しながら手続を進めたとの回答もあった。

④　通訳人選任の要否について当事者間に争いがあり，係属中から当事者双方が訴訟費用の負担について強い関心を寄せていた事件で，訴訟費用負担の定めに備えて，裁判官と書記官とで認識を共通にしていた。実際の判決主文においては，「通訳人に支払った通訳料は被告の負担とし，その余の訴訟費用はこれを3分し，その1を被告の負担とし，その余は原告の負担とする。」などのように，通訳料を別に取り上げて，費用負担を定めることとなった。

⑤　和解成立に際して，原告が訴訟費用のうち訴え提起手数料だけは支払って欲しいと希望した事案において，和解条項の給付条項の支払金額に「訴え提起手数料○○○○円を含む。」と明示するとともに，訴訟費用の負担の条項において，「訴え提起手数料を除き，訴訟費用は各自の負担とする。」と記載して，訴え提起手数料の負担関係を明確に記載した。

第3　裁判官と書記官の連携の必要性

民事訴訟等の費用に関する法体系は，民訴費用法の定め[90]と民訴法等の各手続法規中の費用に関する定め[91]によって構成されるところ，費用の負担を定める裁判は，各事件について，民訴費用法2条に定められた「民事訴訟等の費用の範囲」内で，どのような費用がどれだけ生じているかを判断したうえ，その事件において生じた費用について，当該手続におけるその費用の原因たる行為の必要性とその他の費用分担の基準（民訴法61条から65条まで等）に照らし，いずれの当事者等の負担とするかを定めるものであるとされている（内田解説48頁，第1編第5章第5節参照）。

そうすると，訴訟係属中から，費用の負担を定める裁判等を行う裁判官と，費用の受入れ，支出等の具体的な事務処理を行う書記官が，当該事件の費用について認識を共有していくことが重要であり，本節第2のアンケートに見られるような裁判官と書記官の連携が，より多くの裁判官と書記官に浸透していくことが必要ではないかと考える。裁判官と書記官の連携の場面としては，例えば，次のようなことが考えられる。

1　判決原稿点検時の連携

判決原稿点検事務は，適正な判決が言い渡されるようにするための期日間準備の一種である。この際に，書記官は費用負担の主文についても点検を行うこととなるが，不明な点があれば裁判官に質問し，費用額確定処分に影響する事項を発見した際には，裁判官と相談することが相当である。こうすることにより，書記官としても，費用負担の主文や，費用額確定処分についての理解が深まると考えられる。

---

[90]　費用の負担を命ぜられた者が相手方に償還すべき費用の一般的な範囲及び額，手続の追行過程において当事者が裁判所に納める手数料等の費用並びに出頭した証人等に対する裁判所の給付などに関しては，民訴費用法が定めるものである。

[91]　いかなる手続により，誰に，どのような分担で費用の負担が命じられるかは，民訴法等の各手続法規が定めるところである。

2 各事件について生じた費用に関する認識の共有

前述のとおり，民訴費用法では，費用の負担を定める裁判の前提として，各事件について民訴費用法2条に定められた「民事訴訟等の費用の範囲」内で，どのような費用がどれだけ生じているかを判断することが予定されている。そのためには，書記官から裁判官に対して，当該事件の費用の状況等について随時報告等を行い，各事件について生じた費用に関する認識を共有することが必要と考えられる。

3 費用に関する当事者の関心事項の共有

書記官は，当事者又は訴訟代理人と接触する機会が最も多いことから，対外的な窓口としての役割が期待されている。すなわち，当事者等から収集した情報を正確に裁判官に伝達し，訴訟運営等に関与していく役割が求められている。書記官が費用の予納等を求めた時などに，費用の負担が当事者の関心事項になっていることを把握することがあるが，その場合には，裁判官に適宜情報伝達し，費用に関する認識を共有することも考えられる（本節第2のアンケート④，⑤の事例参照）。

第1　民訴費用法11条1項の費用

第3編　裁判所に納める手数料以外の費用

　本編では，第1章において民訴費用法11条に定める納付義務について，第2章において同法12条に定める予納義務について，第3章において予納義務の懈怠について，第4章において同法13条に定める郵便切手による予納について，第5章において国庫負担となる費用について，それぞれ記載した。

　なお，予納義務に関連して，第6章において，保管金の受入れと払出しについて，簡潔に記載した。

第1章　納付義務

第1節　総論
第1　民訴費用法11条1項の費用

　　　裁判所が具体的手続を追行する過程で必要とする出費の中には，証人尋問における証人の日当，旅費，鑑定における鑑定料，書類の送達における郵便料金その他，裁判所が個々の手続上の行為の実施につき直接に証人，鑑定人，日本郵便株式会社その他の第三者に支払わなければならないことにより生じる性質のものがある。これらの出費を要する行為は，期日の実施，記録の作成等，手続の追行に一般的に必要であるという性質のものではなく，具体的事件における事案の内容や当事者の態度によりその実施が必要となってくるものであり，実施回数にも違いがある。また，一回の行為に係る出費の額も一様ではない。そこで，裁判所がこうした手続上の行為をするために第三者に支払う出費に見合う金額は，申立手数料とは別個に，費用として当事者等をして裁判所（国）に納めさせるのが，衡平にかない，証拠調べその他の申立ての濫用を防ぎ，手続の経過を訴訟経済に適ったものにするのに寄与することとなるので，相当である（内田解説189頁参照）。

　　　そこで，民事訴訟等における手続上の行為を実施するにつき裁判所が第三者に支払う費用について，当事者等に手数料以外の費用として納付義務を負わせることとした（民訴費用法11 I ①）。

　　　次に，裁判所が手続上の行為を裁判所外で行ったときは，裁判所（国）はその職員に対し，公務員の旅費関係の法規（旅費法及びその附属法令）に基づいて，旅費，宿泊料等を支給しなければならない。この場合の裁判所の職員に対する給付は，広義の裁判所を構成する者に対してするものであり，手続上の行為の実施を直接の法的原因とするよりも当該公務員の職務上の旅行という事実のみを根拠として広義の公務員法上の規定に基づいて生ずるものであるから，民事費用法11条1項1号の規定から当然にその額を費用とすることはできない。しかし，司法事務を裁判所外でする場合，手続の利用者に国の特別の出費を負担させるという衡平の見地から，その一部を

- 143 -

第1章　納付義務

費用として当事者等に負担させるのが相当である（内田解説189頁，193頁参照）。

そこで，一定の場合に，裁判官及び書記官の旅費及び宿泊料について，証人の例により算定したものに相当する金額を，当事者等に手数料以外の費用として納付義務を負わせることとした（民訴費用法11Ⅰ②）。

第2　国庫負担の費用との関係

民訴費用法11条の規定により費用として当事者に納めさせることとしたもの以外には，裁判所（国）は，事件処理に関して出捐を要することがあっても，これを当事者に納めさせることはできず，国庫で負担しなければならない。

他方，民訴費用法11条の規定により当事者が納めるべき費用は，原則として，当事者がこれを予納しなければならない（民訴費用法12，13）。しかし，一部の手続における費用は，国庫において立て替えることができるとしている。そして，結局予納がなかった費用は，裁判所（国）においてこれを納めるべき者から取り立てることができる。

以上の関係を一覧すると，次のようになる（内田解説190頁参照）。

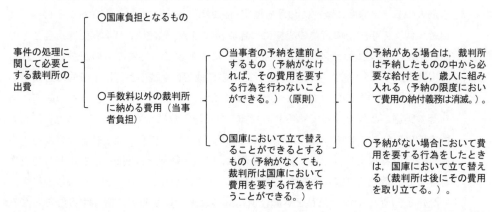

第2節　発生原因

第1　民訴費用法11条1項1号の費用

1　本号の費用は，証拠調べ，送達その他の手続上の行為をするにつき，それを直接の原因として第三者に対して給付をする場合に，当事者がその裁判所（国）の第三者に対する給付に相当する額を納めるものとされ，立替金と称されるものである[1]。

2　この裁判所がする給付は，裁判所が「手続上の行為をするために必要な給付」に限られる。ここにいう「手続上の行為」は，例として「証拠調べ」及び「書類の送達」が挙げられているように，単に手続法規に規定されているばかりでなく，その実施が

---

[1] この費用は，裁判所が同額の給付を他に対してするので，「立替金」と称されることがあるが（第1編第3章第2節第1の2（16頁）参照），この給付は，本来的に裁判所（国）がその名においてすべきものであって，当事者がすべきものを当事者に代わって国がその金額を立て替えるのではない（内田解説197頁）。

手続の遂行につき法律上の効果をもたらすものでなければならない[2]（内田解説 191頁）。

3　手続上の行為をするために必要な給付は，「次章に定める給付」，すなわち，証人に支給する日当及び旅費，鑑定人に支給する鑑定料等が例に挙げられているように，その裁判所の支給義務がこれら個々の手続上の行為の実施を直接の原因として生じるものであり，給付の意思決定が裁判機関によりなされ，かつ，当該裁判所の機関を組織する者以外の者に対して支給するものでなければならない[3]。また，裁判所外における職務の執行につき，裁判官，書記官等の裁判所の職員に対し公務員関係法規に基づいて支給されるものも除かれる（民訴費用法 11 条1項2号の問題である。）。しかし，裁判所が執行官に直接取り扱わせる事務（執行官法2Ⅰただし書）[4]の実施につき，執行官法の規定により執行官に支払う手数料及び費用は民訴費用法 11 条1項1号の費用に含まれる[5]（内田解説 191 頁）。

第2　民訴費用法 11 条1項2号の費用

1　本号の費用は，証拠調べ又は一部の手続における事実の調査その他の行為を裁判所外でする場合の裁判官及び書記官の旅費及び宿泊料について生ずるものである。

2　本号にいう「証拠調べ」は，民訴法の証拠調べに関する規定を適用して（準用，類推適用等を含む。）行う要式行為であって，民訴費用法の適用のある全ての手続におけるものである。これには，実地検証や法廷外の証人尋問等が考えられる。

また，「事実の調査その他の行為」は，非要式な調査活動を除くものではないが，あくまで手続法規に基づき当該事件の処理のためにされるものでなければならず，

2　もっとも，これは，狭義の訴訟法上の法律効果を生じさせるものに限るものではなく，一定の事実を当事者に知らしめて，その訴訟活動が円滑に行われることを確保しようとするものも，手続法規に定められている限り除くものではない。しかし，本項で特に「手続上の行為」という限定が付されたのは，事件に関し裁判所の行う事務のうち，裁判所の内部事務処理としての性格をもつもの，たとえば法廷設営，調書あるいは記録の作成，保管，送付，裁判所間の事務連絡，一定の行政的目的を達するための裁判所と行政機関との間の連絡は除いて，手続遂行面における裁判機関としての本来的な対外活動に属するものに限る趣旨に出たものである（内田解説 197 頁参照）。

3　具体的には，限界が明確でないものもあるが，期日を開くために要する法廷の光熱費，期日の調書の作成費，記録の保管費等を含まないのはもちろん，調停期日，鑑定委員会等のための出頭につき民事調停委員，家事調停委員，司法委員，鑑定委員等に支給する手当，旅費，日当，宿泊料等も除かれる（内田解説 191 頁）。

4　執行官が行う事務については，申立てにより取り扱う事務と，裁判所がその係属する事件の手続の一部として，直接に執行官に取り扱わせる事務がある（執行官法2Ⅰ参照）。執行官の手数料及び職務の執行に要する費用は，法律に別段の定めがある場合を除き，執行官が申立てにより取り扱う事務については申立人が，裁判所が直接に執行官に取り扱わせる事務については裁判所が支払い又は償還するとされている（執行官法12）。前者については，民訴費用法2条3号により費用となり，後者については同法 11 条1項1号の費用に当たり，償還関係においては，同法2条2号の費用となる。

5　執行官は，司法機関の一つではあるが，裁判所が事務を取り扱わせる場合でも，常に裁判機関とは別個に手続法規に基づきその名において外部に対して処分を行うのであり，裁判機関の内側にあってその活動，意思決定に参画するものではない。したがって，これを構成する職員としての執行官も，調停委員会を組織する民事調停委員または家事調停委員や鑑定委員会（借地借家法 47）を組織する鑑定委員とは異なる立場にある（内田解説 198 頁参照）。

第1章　納付義務

　　　調停事件以外の民事事件又は行政事件[6]におけるものに限られる[7]（内田解説 193 頁）。

　3　上記行為を裁判所外でする場合に「必要な裁判官及び裁判所書記官の旅費及び宿
　　泊料」には，裁判官及び書記官以外の裁判所の職員の分は含まれない[8]（内田解説 194
　　頁）[9]。

　4　本号の費用の額は，証人の例により算定したものによる。当該裁判官及び書記官の
　　裁判所（当該事件の係属している本庁又は支部）から裁判所外の職務執行地までの往
　　復旅行について，証人が呼出しに応じて期日に出頭する場合と同様に算定する。具体
　　的には，当該裁判機関（事件が係属する裁判所又は受託裁判官[10]，予納のない場合の
　　取立てにあっては，民訴費用法 15 条の裁判所）が，民訴費用法 21 条，23 条等に基
　　づいて定める（内田解説 194 頁）。

第3節　費用の具体例

　　　民事訴訟事件において，当事者が納付すべき手数料以外の費用の主なものは，次の
　　とおりである（講義案Ⅱ 110 頁参照）。

　①　証人，鑑定人，通訳人に対する給付（民訴費用法 18）

　②　調査嘱託に基づき報告をした団体等，鑑定嘱託に基づき鑑定をした法人等又は
　　専門的な知識経験に基づく意見陳述の嘱託に基づき意見の陳述をした者に対する
　　給付（民訴費用法 20 Ⅰ前段）

　③　訴訟法上の特別代理人（民訴法 35 Ⅰ）に対する給付[11]（民訴費用法 20 Ⅰ後段）

　④　送達を実施した執行官（民訴法 99 Ⅰ）に対する給付（執行官法 8 Ⅰ①，9 Ⅰ，10
　　Ⅰ⑪，11 Ⅰ，執行官手数料等規則 3，36，37），訴え提起前における証拠収集の処
　　分としての現況調査を実施した執行官（民訴法 132 の 4 Ⅰ④）に対する給付（執行
　　官法 8 Ⅰ①の 2，9 Ⅰ，10 Ⅰ⑨，⑪，11 Ⅰ，執行官手数料規則 3 の 2，36，37）

　⑤　郵便による送達（民訴法 99 Ⅰ）をしたときに支払う郵便料

6　「民事事件」に関する手続には，「民事訴訟手続」及び「非訟事件手続」のほか，人事訴訟事件に関する手続，
　強制執行手続，民事調停法による調停手続のように必ずしも民事訴訟手続又は非訟事件手続といわれるものに属
　するとは考えられていないものも含まれるし，執行官が申立てによって取り扱う事務に係る手続をも除くもので
　はない。「行政事件」に関する手続には，行政事件訴訟法による行政事件訴訟手続のほか，労働組合法 27 条の
　20 の規定による緊急命令の申立てのような訴訟手続にはよらない行政関係の事件に関する手続も含まれる（内
　田解説 35 頁参照）。

7　これには裁判所外でする債権者集会等の期日の実施，破産法 155 条による封印等の特殊の処分，事実の調査
　（非訟法 49 条），破産法 8 条 2 項，民事再生法 8 条 2 項，会社更生法 8 条 2 項の「必要な調査」として行う非
　要式な行為等が考えられる（内田解説 193 頁参照）。

8　手続を実施するのに最小限度必要な裁判所職員に限っている（内田解説 198 頁）。

9　本号の費用はたまたま当該裁判官又は書記官が旅費法上の請求権を行使しないことがあったにすぎないとき
　は，すべての当事者に対する公平の見地から，当事者等は，証人の例により算定した金額の本号の費用を裁判所
　に納めなければならないものと解される（内田解説 194 頁，198 頁参照）。

10　証人に対する給付の額を定める場合（民訴費用法 28 条参照）と異なり，受命裁判官がその額を算定すること
　はあり得ないと考えられる（内田解説 199 頁）。

11　特別代理人（民訴法 35 Ⅰ）については，民訴費用法 20 条 1 項後段の「保管人」ないし「管理人」に含めること
　ができると解されている（内田解説 244 頁，246 頁）。

－ 146 －

⑥　各種の書類（例えば，登記嘱託書など）を郵便で送付したときに支払う郵便料

⑦　証拠調べなどを裁判所外で実施する場合に必要な裁判官及び書記官の旅費及び宿泊料

⑧　電話会議の方法による証人等の尋問に要する通話料（民訴法 372Ⅲ）[12]

第4節　納付義務の発生と消滅

第1　納付義務の発生

　　民訴費用法 11 条 1 項 1 号の費用の納付義務は，裁判所が当該給付を受けるべき者に対してその給付としての支払をしたときに確定的に生ずる。したがって，当該費用を要する行為が完了しても直ちに納付義務が生ずるのではなく，裁判所の給付が現実に行われることの停止条件が付されていると考えられる。前払が建前である郵便料金に充てるための費用や鑑定に必要な費用を前払する場合（民訴費用法 18Ⅱ参照）の費用については，当該行為（送達，鑑定）の完了前に納付義務が生ずる。

　　民訴費用法 11 条 1 項 2 号の費用にあっては，裁判官及び書記官に対する旅費等の支給を待たず，当該裁判所外でする行為を完了したときに具体的に生ずると考えられる。もっとも，民訴費用法 11 条 1 項の費用については，裁判所は原則として予納をさせることになっており（民訴費用法 12，13），予納があるときは，その納付義務については結局顕在化することなく終了する（内田解説 194 頁）。

第2　納付義務の消滅

　　民訴費用法 11 条 1 項の費用についての国の請求権は，それが生じたとき（上記第1参照）から 5 年間これを行わないときは，時効により消滅する（会計法 30）。

　　民訴費用法 11 条 1 項 1 号の費用が納められた後（したがって，裁判所から同号の給付がなされた後）に給付を受けた者からその返納があったとき（民訴費用法 18Ⅲ参照）は，当該費用を納めるべき法律上の原因がなかったことになり，納付者は当然裁判所（国）に対してその返納されたものに相当する金額の返還を求めることができる。この返還請求権の消滅時効も 5 年であると解される（内田解説 195 頁）。

第5節　納付義務者

　　民訴費用法 11 条 1 項の費用を納めるべき当事者等は，他の法令に別段の定めがあ

12　なお，テレビ会議の方法による証人等の尋問に要する通信料についても，裁判所が証拠調べを行うために必要な給付（民訴費用法 11Ⅰ①）に該当するが（最高裁判所事務総局「民事訴訟手続の改正関係資料⑶」（民事裁判資料第 221 号）421 頁），テレビ会議装置を利用した裁判所間の通信については，個別の通信料が発生しないため（平成 24 年 12 月 18 日付け最高裁民事局第一課長，家庭局第一課長，総務局第三課長，経理局主計課長，経理局用度課長，経理局監査課長事務連絡「テレビ会議システムのIPネットワーク化後の事務の取扱いについて」。外部機関との接続ができなくなったことについては，平成 27 年 2 月 16 日付け最高裁民事局第二課長，家庭局第二課長事務連絡「テレビ会議システムを用いて外部機関と通信を行うために整備しているISDN回線の停止について」を参照。），当事者に通信料を予納させる必要はない（講義案Ⅱ93 頁（注 2）参照）。

第1章　納付義務

る場合[13]を除き，申立てによってする行為に係る費用についてはその申立人であり，職権でする行為に係る費用については裁判所が定める者である（民訴費用法11Ⅱ）。

第1　申立てによる場合

費用を納めるべき当事者等は，申立てによってする行為に係る費用については，その申立人である。申立てによってする行為であるか否かは，抽象的には定まらず，実際に当該費用を要する行為が申立てによって行うことになったのか職権で行うことになったのかによって判断される。

数人の当事者等の申立てによってする行為（例えば，原告，被告双方申請の証人尋問）に係る費用は，1回分で足りるが，その数人の当事者いずれもがこれを納めるべき義務があると解されている（連帯関係）[14]（内田解説196頁）。

第2　職権による場合

1　納付義務者

職権でする行為に係る費用を納めるべき者を定めるについては，裁判所に自由裁量権があるのではなく，裁判所は，当事者等のうちその行為を行うにつき手続遂行上の利益を有すべき者を納付者として定めなければならないとされている。例えば，証拠調べの費用にあっては，立証責任を負担する者に納めさせるべきであり，当該証拠調べの結果がいずれの有利に帰したかによるべきではない。また，当事者が提出した書類の送達費用にあっては，一般にその提出者である。期日呼出状や事件を完結する裁判の送達費用については，一般には原告，上訴人その他の当該基本となる手続を開始する申立てをした者を納付者に定めるべきであると解するが，その相手方に納めさせるべきものもある[15,16]。

13　本項の規定に対する別段の定めであるかどうかは，他の法令中の明文の規定によるほか，当該規定の解釈による（内田解説195頁参照）。他の法令において特に基本手続開始の申立てをするときに裁判所の相当と認める額の手続費用を予約することを要するものとしていることがあるが（破産法22Ⅰ，会社更生法21Ⅰ等），これは単に予約義務があるものとしたり予約者の指定をしたりしているにとどまらず，当該費用の納付義務者を直接に定めているものと解することができ，本項の別段の定めに当たることになる（内田解説199頁参照）。

14　いずれの当事者もその行為の実施を求めたのであるから，それぞれがその行為に係る本条の費用を納めなければならない。しかし，それらの申立てによってする行為の実施が1回ですむ以上，裁判所の給付も1回ですみ，その給付に係る本条の費用もまた全部で1回分だけ生じたことになる。結局，それら数人の当事者等にとって，その1回分の費用納付義務が不真正連帯債務の関係にあるということができる（内田解説200頁）。

15　たとえば，原告の敗訴判決の正本の送達は，被告もまた利益を有しているから，その費用の納付者を被告と定め，あるいは，原告，被告の双方と定めても，本条の規定に反しないものと解される（内田解説200頁）。

16　東京地判平7.2.27判タ888号239頁は，複数の原告が一つの訴状をもって訴えを提起した場合の第一審の判決正本の送達費用の納付義務者について，「一審判決は，原告が訴えにより裁判所に対して判決を求めたことに対する回答の性質を有するものであるから，費用法11条2項の適用との関係で，それが原・被告のいずれのためにされるものかといえば，原告のために行われるものと解すべきである。したがって，その判決正本の送達も，原告のためにされる行為というべきであるから，それに要する費用の納付義務者も，本来，原告と定められるべきものといわなければならない。また，一つの判決において複数の原告がいる場合，少なくとも，当該原告らが一つの訴状をもって訴えを提起しているとき，すなわち当該原告らの請求を主観的に併合して訴えを提起しているときは，当該原告らは，裁判管轄（民訴法21条），訴額の算定（同法23条1項），審理手続等における利益を享受するために右のような形で訴えを提起したものというべきであるから，そのような訴えに対する回答の性質を有する判決の判決正本の送達についても，それに対応して，当該原告ら各自がその費用全額の納付義務者と定められるべきものといわなければならない。・・納付義務者が複数定められた場合は，当該納付義務者全員がそれぞれ費用を納めなければならないものであるから，それらの者の納付義務は，不真正連帯債務の関係にあるものと解すべきである。」と判示している。

－ 148 －

裁判所は，この基準に従う限り，数人の当事者等に費用を納めさせることができるが，この場合における数人の者の費用納付義務は，前述した数人の者の申立てによってする行為に係る費用におけるのと同様である（内田解説 196 頁，197 頁）。

2 費用の納付者を定める方式

裁判所が職権でする行為に係る費用の納付者を定める方式については，別段の規定はない。当該費用を要する行為を行う前であれば，その者に対し予納命令（民訴費用法 12 条）を発することによりこれを定め，当該行為の実施後であれば，その者に対し，民訴費用法 15 条 1 項の取立てのための決定を発することによりこれを定めることになる。なお，裁判所は，既にその者から任意の予納がされている場合において，その予納金又は予納郵便切手（民訴費用法 13 条）の中から前項の給付をすることによりこれを定めることもできる。いずれにしても，納付者を定めることのみを目的とした別段の裁判の必要はないものと解する（内田解説 197 頁）。

第3 納付義務者以外の当事者の納付

裁判所は，手続の促進のために必要であり，かつ任意に提供する限り，民訴費用法 11 条 1 項の費用を同条 2 項の規定による納付義務者以外の当事者に納めさせることができるものと解する[17]。この場合には，当事者間の費用の負担を定める裁判をするに当たって注意を要することになる（内田解説 197 頁）。

第6節 民訴費用法 11 条の費用の負担者

民訴費用法 11 条 2 項は，裁判所（国）に対して手数料以外の費用を納めるべき者を定めたものであり，当事者間においていずれがその最終的な負担者になるかは，民訴法等に関する法令の定めるところによる（民訴費用法 2 ②）。なお，民訴費用法 11 条 2 項による費用の納付義務者は一般的な義務者であり，予納がなく後に取り立てる場合にあっては，裁判所は，同項に定めるもののほか，費用償還債務を負担する者からも直接に取り立てることができるものとされている（民訴費用法 14）（内田解説 195 頁，196 頁参照）。

---

17 最判昭 32.6.25 民集 11 巻 6 号 1143 頁は，「証人訊問の申請をした当事者が，その費用を予納しなかった場合，相手方が予納したときは，裁判所は，右証人訊問の手続を採り得ると解するのが相当である。」としている。

第2章　予納義務

<h2>第2章　予納義務</h2>

<h3>第1節　総論</h3>
<h4>第1　費用予納の原則</h4>

　　民訴費用法11条1項の費用を要する行為については，他の法律に別段の定めがある場合及び最高裁判所が定める場合を除き，裁判所は，当事者等にその費用の概算額を予納させなければならない[18]（民訴費用法12 I）[19]。

　　予納は費用の納付を確保するためのものである。民事訴訟等においては，裁判有償主義の原則の下に当事者等に一定の限度で費用を納めるべき義務が課されているが，この納付を確保し，裁判有償主義の原則を実効あらしめるためには，納付義務の履行に充てるべき資金をあらかじめ当事者等から提供させておく予納制度が最も効果的であるからである（内田解説201頁）。

　　裁判所には，予納させるべき職責が課せられているから，当事者等の予納義務もまた，裁判所の「予納命令」を待つまでもなく存在する[20]。したがって，当事者等が自ら進んで予納金又はこれに代わる郵便切手を提出した場合（民訴費用法13）には，裁判所は予納命令を発するまでもなく，民訴費用法12条の規定に基づいて，これを受け入れて保管することができる。また，会計法が要求する予納金を保管すべき法律上の根拠（会計法33条参照）は，民訴費用法12条の規定であると解すべきである（内田解説205頁）。

<h4>第2　手数料以外の費用の予納に関する規整の状況</h4>

　　手数料以外の費用の予納に関する規整の状況は，おおむね次の3つに分けることができる（内田解説202頁参照）。

1　費用を要する行為について概算額を予納させることとし，予納がないときは裁判所は当該行為をしないことを建前とするもの（通則）

　　民訴費用法11条1項，2項

2　手続の費用について裁判所が相当と認める金額を予納させることとし，予納がないときは裁判所は当該基本となる手続を開始する申立て自体を棄却することとして

18　民訴費用法12条1項において，「予納させなければならない。」とされている趣旨は，裁判所に費用を予納させる権限を付与するとともに，費用を要する行為をする場合には，裁判所がその権限を行使して当事者等から費用を予納させる職責を負う旨を明らかにしたものである（内田解説204頁）。

19　費用の予納に関する裁判所の権限に対応して，当事者等は，本条により費用を予納しなければならないことになる。民訴費用法12条の見出しの「予納義務」は，この裁判所の権限に対応する当事者等の責任を指している（内田解説204頁）。

20　鈴木訴訟費用の裁判925頁は，従前の規定（旧民訴法106 I）につき予納金の弁済期は当該行為をなすべき旨の決定があり，かつ，予納を命ぜられた時であるとする。しかし，民訴費用法12条の予納命令はいわば同条2項の効果を生ぜしめるための催告の機能を果たすものであり，予納命令により予納義務が発生するものではないから，当事者は予納命令前に予納することができ，また裁判所が当該行為をしないこととするまではその予納をする機会が残っていることになる（内田解説212頁参照）。

第2　手数料以外の費用の予納に関する規整の状況

いるもの[21]

　破産法 22 条 1 項[22]，30 条 1 項 1 号，会社更生法 21 条 1 項[23]，41 条 1 項 1 号，民事
再生法 24 条 1 項[24]，25 条 1 号等

3　国庫において立て替えることができるとし，予納がないときでも裁判所はその費
用を要する行為をするがきるとしているもの

　破産法 23 条[25]，非訟法 27 条[26]，家事法 30 条[27]等

---

[21]　この点，破産事件に関するものであるが，予納は，申立ての適法性に係るものであるから，申立てを却下すべきとする見解もある（条解破産法 171 頁参照）。

[22]　旧破産法（大正 11 年法律第 71 号）では，債権者が破産の申立てをする場合に限り，破産手続の費用として裁判所の定める額を予納しなければならないものとされており（旧破産法 139 I），債権者以外の者が破産の申立てをする場合には，費用の予納の義務を課さず，一律に破産手続の費用を仮に国庫から支弁するものとしていた（旧破産法 140）。しかし，破産手続の費用は，財団債権（破産法 148 I ①）として破産財団の負担に帰すべきものであって，費用の仮支弁の制度は，国が破産手続の費用を一時的に立て替える制度にすぎず，破産手続の費用は，最終的には，破産者（債務者）の負担に帰すこととなる。また，自己破産の申立ての大多数を占める個人債務者の自己破産の申立ては，免責許可を受けるという債務者の利益のために申し立てられ，公益的な要素は乏しいという点をも考慮すると，債権者以外の者が破産手続開始の申立てをする場合にも予納義務を課した上で，必要がある場合には，費用の仮支弁の制度で対応する方が合理的であると考えられる。そこで，破産法 22 条 1 項では，全ての申立人について費用の予納義務を課している（破産一問一答 47 頁参照）。

[23]　会社更生手続を進めるためには，送達，公告等の費用，監督委員，調査委員，管財人の報酬など，様々な費用を要し，これらの費用は，本来は共益債権（会社更生法 127①，②，④）として会社財産から支弁されるものであるが，当面の支出に備えて，申立人に予納させることとし（会社更生法 21 I），予納がないときには，更生手続開始の申立ては棄却されることとした（会社更生法 41 I ①）。なお，破産手続においては，申立人及び利害関係人の利益の保護のため特に必要と認めるときは，裁判所が手続費用について国庫から仮支弁することができるとされているが（破産法 23 I），更生手続においては，再生手続と同様に，手続の性質を考慮して，国庫仮支弁の制度を設けず，一律に予納を求めることとしている（伊藤眞「会社更生法」（平成 24 年，有斐閣）51 頁参照）。

[24]　民事再生手続においては，多くの事件において監督委員による監督を命じる処分（民事再生法 54 I）がなされることが予想され，これに伴い監督委員の報酬等の発生が見込まれるなど，手続を遂行するために相当額の費用を要することが予測される。そこで，民事再生法 24 条 1 項は，申立人に対し，民事再生手続の費用として裁判所の定める金額を予納しなければならないこととし，この予納がないときには，再生手続開始の申立ては棄却されることとした（民事再生法 25①）（山本克己ほか編「新基本法コンメンタール民事再生法」（平成 27 年，日本評論社）59 頁参照）。

[25]　費用の仮支弁の制度については，破産手続が債権者及び債務者をはじめ様々な利害関係人の利益を調整するとともに，公益的な要素をも含む手続であることを考慮し，裁判所が，申立人の資力，破産財団となるべき財産の状況その他の事情を考慮して，申立人及び利害関係人の利益の保護のため特に必要と認めるときは，費用を仮に国庫から支弁することができるとされている（破産法 23 I 前段）。また，職権で破産手続開始の決定をした場合についても，同様に費用の仮支弁をすることができるものとされている（破産法 23 I 後段）（破産一問一答 47 頁参照）。

[26]　旧非訟法では，費用を要する行為についての費用を国庫が立て替えることを原則としていたが（旧非訟法 32 条），非訟法では，「国庫において立て替えることができる。」との規定にとどめ，民訴費用法 12 条に従い，同法 11 条 1 項が定める費用を要する行為について，原則として当事者等にその費用の概算額を予納させることにした。その理由は，職権探知主義を採用している非訟事件の手続においても，基本的には民事上の紛争解決のために利用されることが多いことから，それに要する費用を当事者が予納するのが相当であると考えられることにある。もっとも，非訟事件の後見的・公益的性質から，一時的に国庫が費用を負担してでも，裁判所が必要と認める資料を迅速に得る必要がある場合もあることに鑑み，国庫において立て替えることができることとした（非訟法 27）（非訟一問一答 60 頁参照）。

[27]　家審法の下では，規定上，費用を要する行為についての費用を国庫において立て替えることが原則とされていたが（家審規則 11 条），家事法においては，民訴費用法 12 条に従い，同法 11 条 1 項が定める費用を要する行為について，原則として当事者等にその費用の概算額を予納させることとされた。その上で，当事者の予納がなくても，裁判所が事件の処理のために必要と認める資料を迅速に得ることができるようにするため，国庫において立て替えることができることとした（家事法 30）（家事一問一答 79 頁参照）。

- 151 -

第2章　予納義務

第2節　予納義務

第1　費用を要する行為

　　民訴費用法 12 条にいう「前条第 1 項の費用を要する行為」とは，同法 11 条 1 項 1 号の証拠調べ，書類の送達その他の裁判所の手続上の行為及び同項 2 号の裁判所外でする裁判所の証拠調べ等の行為で，同項の定めにより，当事者等が費用を納めることを要するものをいう（内田解説 203 頁）。

第2　納付義務と予納との関係

　　費用の納付義務は，裁判所が民訴費用法 11 条 1 項 1 号の給付をしたとき，又は，裁判所職員が同項 2 号の裁判所外の行為をしたときに確定的に発生するものであるところ，同法 12 条の予納は，上記納付義務が生ずる前に当事者等がその納付に充てるべき金員をあらかじめ提供するものであるから，この予納金は，会計法上の意味で国庫に帰属したもの（歳入金）とは言えず（保管金扱いとされる。），予納者にはその予納金（保管金）の返還を請求する権利が留保されている状態にある。

　　しかし，同法 11 条 1 項の給付又は行為がなされて納付義務が発生したときには，予納の本来の趣旨から，予納金は法律上当然に納付義務の履行に充てられる（予納の限度において，納付義務は顕在化しない。）とともに，予納金の返還を請求する権利はその限度において消滅することとなる[28]（内田解説 203 頁）。

第3節　予納義務の免除

第1　民訴費用法 12 条にいう「他の法律に別段の定めがある場合」

　　民訴費用法 12 条は，民事訴訟に限らず民訴費用法の適用される全ての手続の費用に関する通則的規定である。しかし，各個の手続法規によっては，予納の原則に対する例外として，予納がないことを理由に費用を要する行為の実施を拒絶することができない旨を定めている場合がある。このような規定がある場合においても，当事者等が任意に費用を予納することは差支えないが，裁判所は費用を要する行為を行わないとすることにより予納を強制することができないのであるから，当事者等に予納義務はない。

　　本条にいう「他の法律に別段の定めがある場合」とは，上記のような規定がある場合[29]を指し，現在，そのような規定としては，訴訟上の救助付与の効果として費用の納付の猶予を定める民訴法 83 条及び手続上の救助付与の効果として費用の納付の猶予を定める非訟法 29 条がある。救助が与えられている場合，納付義務の履行自体が

28　納付義務の履行に充てられる予納金は当該納付義務を負う者が予納したものに限られ，他の当事者等が提供している予納金は，特段の意思表示のない限り，上記履行に充てることはできない（内田解説 203 頁）。

29　本章第 1 節第 2 の 2 に記載した規定は，予納の原則に立ちながら，予納の時期あるいは予納がない場合の効果等について民訴費用法 12 条と異なる定めをしているので，いずれも同条に対する特別規定であるが（同法 1 条の「他の法令」には当たる。），結局予納の原則によっているので，同法 12 条 1 項の「別段の定め」には該当しない（内田解説 212 頁）。

- 152 -

猶予されていることから，予納義務はないことになる（内田解説 205 頁参照）。

第2　民訴費用規5条の規定

　　民訴費用規5条[30]は，証人その他民訴費用法第三章の給付を請求することができる者がその給付を請求しないことが明らかな場合でも，その者が当事者等の同居の親族であるなど給付を請求しない相当の理由がある場合に限り，当事者等の予納義務が免除されると規定している。同条は，特段の事由がないのに当事者等が直接証人等に支払うことになるようなことを防止しようとしたものである[31]（内田解説 206 頁）。

第4節　予納義務の主体，内容等

第1　費用を予納させる権限

　　費用を予納させる権限及び職責は，費用を要する手続上の行為を行うためにこれに附随して存在するものであるから，民訴費用法 12 条にいう「裁判所」は，当該費用を要する行為を行う裁判機関を意味するものと解すべきである。したがって，通常は受訴裁判所その他の訴訟法上の裁判所を意味するが，訴状の送達費用や期日の呼出費用については，裁判長も権限を有し（民訴法 137 条，93 条参照），受命裁判官，受託裁判官が行う手続上の行為に要する費用については，それらの裁判官も民訴費用法 12 条により費用を予納させる権限を有するものと解する（民訴法 206 条）（内田解説 206 頁）。

第2　予納義務者

　　民訴費用法 12 条は，「裁判所は，当事者等に・・予納させなければならない。」と規定し，予納義務者がいずれの当事者等であるかを明らかにしていないが，予納義務が将来発生する納付義務の履行を確保するために認められたものであることからすれば，予納義務者は，同法 11 条 2 項により納付義務を負うこととなるべき当事者等を指し，他の当事者等には予納義務はないと解すべきである。

　　なお，原告，被告双方が同一の証拠方法を申し出た場合など，同法 11 条 2 項の納付義務を負うこととなるべき者が数人ある場合には，同法 12 条の予納義務も連帯関係にあるものと解される[32]（内田解説 207 頁）。

30　予納は将来発生する費用の納付義務の履行を確保する目的でされるものであるから，具体的場合において当該行為を行う前に既に裁判所が民訴費用法 11 条 1 項 1 号の給付をしないですむことが明らかであるのに，必ず当事者等に予納の手続を履践させるのは，当事者等や裁判所の職員に意味のない行為をさせるばかりでなく，手続の円滑な進行を阻害することとなる。一方で，同法 12 条において裁判所に費用を予納させる職責が課された趣旨は，予納が適正に行われることによって裁判の公正を図ることにあるから，各裁判機関が自由に予納なしに手続を進めることは，同法 12 条の趣旨を外れる。そこで，同条は，当事者に予納させなくてもよい場合を最高裁判所が定めることができるようにし，この間の調整を図ることとした。この委任を受けて，民訴費用規5条が規定されている（内田解説 205 頁）。

31　証人等が給付を請求しないことが明らかな場合でも，それが単に当事者等が直接支払うことにあるようなときには，予納義務が免除されず，裁判所は予納させなければならないとされている（内田解説 206 頁）。しかし，実務では，当事者が直接支払を予定する場合は，裁判所は予納を命じないことが多い。この場合，当事者の指示により，証人等の給付請求権者からは，給付請求権放棄書が提出される（講義案Ⅱ114 頁（注1））。

32　数人のうちの一人が全額を予納すればその数人のために当該費用を要する行為を行ってよく，また，その全額

- 153 -

第2章　予納義務

第3　予納義務者以外の当事者の予納

　費用予納の目的は，まず裁判所がなすべき給付の資金を確保することにあり，どの当事者等が費用を予納してもその目的は達せられ，相手方の申し出た証拠方法又は裁判所が職権で取り調べる証拠方法によりかえって自己に有利な結果が得られると考えられる場合もあるから，民訴費用法11条2項により納付義務を負うことが予定されていない当事者等も費用を予納することは可能であり[33]，かつ予納があれば，裁判所は当該費用を要する行為を行うことができるものと解する（内田解説207頁）。

第4　予納の時期

　民訴費用法12条の費用の予納は，遅くとも当該書類の送達，証拠調べ等の手続上の行為をするための具体的措置（当該書類の発送，証人呼出状の発送，旅行の出発等）をすべき時までにはこれをすべきである。しかし，各個の手続法規にあっては，費用の予納をすべき時期を遡らせ，上訴の提起，破産の申立てなどの基本となる手続を開始する申立時に，費用の予納をすべき旨を定めているものがある（破産法22Ⅰ，民事再生法24Ⅰ，会社更生法21Ⅰ等）。

　このような規定がある場合には，通常予納がない場合の効果として，当該基本となる手続を開始する申立て自体を却下又は棄却すべき旨が定められているが，そのような定めがない場合には，所定の時期までに費用の予納がないことを理由として上記の基本手続を開始する申立てを却下することはできず，予納命令を発した上，同法12条2項による手続上の措置を採ることができるにすぎない。

　なお，予納は，同法11条1項1号の費用にあっては，同号の給付をする前にこれに充てるべき金員をあらかじめ提供させるものであるから，当該費用を要する行為が行われた後であっても，裁判所が現実に給付請求権者に上記給付をする前（納付義務の確定的発生前）である限り，当事者等の予納義務が消滅するものではない（内田解説207頁参照）。

第5　予納額

　民訴費用法12条により予納すべき額は，手続上の行為をするために必要な同法11条1項に定める費用としての金額の概算額である。証人尋問の手続のように，複数の行為（呼出状の送達，証人の取調べ等）が合して一定の手続上の目的が達せられるときは，当事者等は，その複数の行為に要する費用の合計額を予納しなければならない。なお，各個の手続法規によっては，各個の行為に要する費用の概算額ではなく，今後要すべき費用を包括的に予納させることができるものとしているものがあることは前述したとおりである（破産法22Ⅰ，民事再生法24Ⅰ，会社更生法21Ⅰ等）（内田

の予納がなければ，その数人の全てに対して当該行為を行わないことができる（内田解説207頁参照）。

33　予納義務者でない当事者が納めた予納金は，その予納の趣旨により，予納義務者が負う納付義務の弁済に充てることができる。この場合には，民訴費用法2条2号の規定により，予納をした当事者等のため費用の償還関係に組み入れられ，費用の負担を定める裁判の内容により，後にこれを相手方が負担することになるものと解するのが相当である（内田解説212頁）。

解説 208 頁参照）。

第5節　予納命令

　　裁判所が予納義務者に費用を予納させるには必ずしも予納命令を発する必要はな
いが，当事者等が予納しない場合に民訴費用法12条2項に定める効果を生じさせよ
うとするには，裁判所は予納命令を発しなければならない。予納命令を発する主体は，
費用を予納させる権限を有する裁判機関であって，裁判所に限らず，裁判長，受命裁
判官等を含む。裁判所が発するときは決定で，裁判長その他の裁判官が発するときは
命令で行うが，いずれの場合も，予納命令中において費用を要する行為，予納を命ず
る額及び予納すべき期間を明示しなければならない。予納命令の告知の方法につい
ては制約はないが，同項との関係で命令の内容及び告知の事実を記録上明らかにし
ておくことが必要である[34]（内田解説 208 頁）。

第6節　予納の実施等

　　予納は，金銭でするのが原則である。ただし，郵便物の料金に充てるための費用に
限り，金銭に代えて郵便切手で予納させることができるものとされている（民訴費用
法13条）。金銭でされた予納（予納金）については，裁判所（国）は，これを当事
者等の私有の現金として保管する[35]（会計法33）。したがって，予納金は，裁判所の
事件に関する保管金として，その受入れ，保管，払出し等の手続が行われることにな
る。また，費用を要する行為の実施については，その予納金たる保管金の中から次章
に定める給付その他の給付がなされ，又は所要の場合における歳入への組入れがな
される。

　　予納者は，予納を継続すべき事由が消滅したとき（個々の具体的な行為の実施のた
めの費用に係る予納金にあっては，当該費用を要する行為が行われないこととなっ
たとき）には予納金の返還を求めることができる[36]。この予納金は，裁判所の保管義
務が解除された[37]日の翌日から5年間返還を請求しないときは，国に帰属し，返還請
求権は消滅する（保管金規則（明治23年法律第1号）1条1号）（内田解説 209 頁）。

34　期日外でされた予納命令を告知するには送達の方法によることが望ましく，期日においてしたときは調書に
　記載する（内田解説 209 頁）。
35　裁判所所掌の歳入歳出外現金となる。もっとも，これは会計法規ないし国の予算の取扱いによりそのようにな
　るのであり，民訴費用法12条の規定が予納についてこのような取扱いをすることを要求しているわけではない
　（内田解説 213 頁）。
36　この裁判所（国）の返還債務も，取立債務であると解する（内田解説 213 頁）。
37　いつ裁判所の保管義務が解除されたとすべきかは，一概にいうことができない。ある行為のために予納したも
　のは，他の費用を要する行為のために用いることもできると解すべきであるから，予納者において特に返還を求
　めない限り，当該予納に係る行為が行われないこととされ，又は，それが終了した後も，なお裁判所の保管義務
　は解除されないこととなる。一般には，事件の完結と同時に上記保管義務も解除されると考えるが，手続中に行
　われた費用を要する行為について所要の給付が完了していない場合には，その給付請求権が消滅し又はこれを
　行使することができなくなるまで，さらに保管義務が継続することとなる（内田解説 213 頁）。

- 155 -

第3章　予納義務の懈怠

第3章　予納義務の懈怠

第1節　総論

「予納義務」を負う当事者等は，裁判所から予納を命じられながら費用を予納しないときは，民訴費用法12条2項の規定により，当該費用を要する行為が行われないという不利益を受ける。予納義務懈怠の効果は，一定の手続上の不利益であって，同法11条の納付義務が債務の性質を有するのに対し，同法12条の予納義務は，いわゆる負担ないし責任としての性質を有するにとどまる。したがって，同条の予納義務の履行を強制するために，強制執行の方法を用いることはできない（内田解説210頁）。

第2節　予納義務懈怠の効果

第1　予納義務懈怠の効果が発生する場合

民訴費用法12条2項の規定による予納義務懈怠の積極的効果は，裁判所が同条1項の規定により予納を命じた場合に，その予納がないときのみ発生する。

「予納を命じる」とは，予納命令が予納義務者に告知されることをいい，「予納がないとき」とは予納命令中で定められた期間内に予納命令で示された金額の予納がされないことをいう。予納があるか否かは，予納義務のある者についてのみ考慮し，予納義務を負わない当事者等の予納金はこれに算入してはならない（内田解説210頁）。

第2　積極的効果

予納命令に定めた期間内に定められた金額の予納をしない場合には，裁判所は，当該費用を要する行為を「行わない」ことができる。すなわち，当該費用を要する行為が当事者等の申立てに基づく場合は，裁判所は申立てに基づいてした処分を取り消してその申立てを排斥することができ，職権による行為についても，裁判所はその行為をすることとした処分を取り消して手続を終了することができる。この手続上の措置は，費用の予納がないことのみを理由として採ることができるものであるから，その費用を要する行為が証拠調べである場合において，その当事者の唯一の証拠方法であっても当該証拠決定を取り消して，その証拠調べをしないことができる（最判昭28.4.30民集7巻4号457頁参照）。

なお，裁判所がこの項の規定により「行なわない」ことができるのは，当該費用を要する行為のみに限られる（内田解説210頁）。

第3　手続規定における措置

個々の手続規定において，予納がないときは，当該費用を要する行為を行わないだけでなく，基本手続を打ち切ることとなる措置を採ることを認めている場合がある。すなわち，訴状，上訴状等の送達費用の予納がないときは，その送達をしないだけでなく，送達ができないものとして，訴状や上訴状を却下することができるとされてい

る（民訴法 138 II，137 II，民訴規則 57，民訴法 297，313，331）。また，手続法規により，費用一般として裁判所の定める金額を予納しないときに，基本手続を開始する申立て自体の却下又は棄却を直接認めるものがある（破産法 30 I ①，22 I，民事再生法 25①，24 I，会社更生法 41 I ①，21 I 等）（内田解説 211 頁参照）。

第4 国庫立替えができる場合

　民訴費用法 12 条において，費用を要する行為を行わないことができるとされているのは，当該費用を要する行為を行わないこととして手続上の措置を採ることを裁判所の権限とする趣旨である。したがって，予納命令に反して予納がない場合においても，国庫において立て替えて，費用を要する行為を実施することが全く禁止されているわけではない[38]。しかし，弁論主義の下にある民事訴訟その他の手続においては，国庫において立て替えてまでその手続上の行為を行わなければならない法律上の要請を見出すのは困難なことであり，しかも立て替えたものを必ず回収することができるとは限らないのであるから，国庫において立て替えて費用を要する行為を行うことができるのは，やむを得ないごく例外的な場合に限られるものと解すべきである[39,40]（内田解説 211 頁）。

38　裁判所としては，費用を要する行為を実施した以上は，給付を受けるべき者の請求があれば，予納がなくても支払をしなければならないし，国庫における立替えの規定がなくても立替支出ができないわけではない（内田解説 211 頁）。
39　次のような場合，通達により，国庫で立て替えて支出することが認められている（昭和 25 年 12 月 1 日付け最高裁経理，民事第 1 号経理局長，民事局長通達「民事訴訟の迅速処理に伴う経費の支出について」記二，三）。①職権で証拠調べをする場合において，その証拠により証すべき事実につき立証義務を負う当事者が証拠調べ費用を予納しないため，訴訟の進行が著しく阻害されるときの，その証拠調べの費用及び②訴訟費用の予納を要する行為につき当事者が予納した額以上の費用を要し，その不足額の納入を督促しても当事者がこれに応じない場合においてやむを得ないときの，その不足額。なお，訴状，控訴状等の補正命令又は却下命令の告知費用について予納を督促しても当事者が応じないときの，その告知費用も同通達により国庫立替が認められる（昭和 34 年 8 月 4 日付け最高裁経監第 74 号経理局長通知「民事訴訟における費用を国庫から支出または立替するについて」参照）。
40　旧破産法（大正 11 年法律第 71 号）140 条に関するものであるが，破産事件の手続費用の仮支弁に関するものとして，昭和 28 年 5 月 8 日付け民事，経理甲第 1 号民事，経理局長通知「破産事件の処理について」（「裁判所の事件に関する保管金等の取扱いに関する規程の解説」（昭和 38 年 1 月訟廷執務資料第 36 号）129 頁参照）がある。

第4章　郵便切手による予納

第4章　郵便切手による予納

第1節　総論

　　民訴費用法13条は，同法12条の特則として，手数料以外の費用のうち郵便物の料金に充てるためのものに限り，その予納を金銭に代えて郵便切手でさせることができることを定めたものである[41]。なお，同法29条において，同法13条の規定により予納された郵便切手の管理について，所要の定めをしている[42]（内田解説 214 頁）。

第2節　郵便物の料金に充てるための費用

　　「郵便物の料金に充てるための費用」を要する手続上の行為の例としては，①手続法規の定めるところにより行う郵便による送達（民訴法99，107），②送達の形式によらないで郵便でする場合の期日の呼出し又は決定若しくは命令の告知，③登記の嘱託をするための登記所宛ての書類の郵送，④郵便でする場合の受継申立ての通知（民訴法127），上告審の記録到達通知（民訴規則197Ⅲ）等の裁判所から当事者その他の訴訟関係人に対してする各種の通知等が考えられる。これらの行為をするために要する郵便物の料金に充てるための費用の予納は，「郵便切手」でさせることができる（内田解説215頁参照）[43]。

第3節　郵便切手の還付時期

　　民訴費用法 13 条の規定により予納された郵便切手は，金銭に代わるものとして，その所有権はいったん裁判所（国）に移転するものと解されている[44]。しかし，予納

41　民訴費用法制定前，実務の慣行として，訴状，呼出状，準備書面，判決等の送達その他の手続上の行為を行う場合に，それが郵便によってされるときは，原則としてそれに要する郵便料金に充てるべき費用を当事者等から金銭で予納させることなく，郵便切手を提出させ，係書記官においてこれを直接受領，保管した上，上記郵便による送達の実施等に使用するという取扱いが行われてきた。本条は，その実務慣行に法的な根拠を与えたものである（内田解説 214 頁）。

42　民訴費用法13条の規定により当事者等から予納された郵便切手は，元来，物品管理法上の「物品」であると解され，同法の規定による物品管理官等が同法の規定によって管理すべきものである。しかし，物品管理法の規定は，一般の行政官庁において行政目的のために供用する財産の管理に親しむように作られており，これをそのまま裁判所における予納郵便切手の管理について適用するときは，裁判所の機構の特殊性と裁判事務における特殊の消耗品である郵便切手の使用の実情とに鑑み，郵便切手による予納の制度の運営に重大な支障を来すことになる。そこで，民訴費用法 29 条において，物品管理法の特則を設け，①予納された郵便切手の管理に関する事務は，物品管理法の規定による物品管理官ではなく，最高裁判所が指定する裁判所書記官がその資格において取り扱うこととし（1項），②そのかわり，その裁判所書記官の管理責任を物品管理官の管理責任に準じたものとし（2項），③予納された郵便切手の管理方法については，最高裁判所が別段の手続を定めることができる（3項）とされている（内田解説262頁参照）。この3項を受けて予納郵券取扱規程が定められ，その運用について予納郵券取扱通達が定められている。

43　仮処分事件及び本案事件に要した印紙代，予納郵券代等を不法行為による損害として上記本案事件において請求することができるとした裁判例として，東京高判平6．2．28判タ873号198頁がある。

44　裁判所書記官等は当事者からの予納郵便切手の金種別使用明細に関する問合せに対して回答すべき法的義務がなく，上記当事者に郵便切手の不足額を請求する場合にもその金種別使用明細を明らかにしてこれをすべき法的義務がないとして，郵便切手を予納した原告からの国に対する慰謝料請求が棄却された裁判例として，東京地判平7.2.27判タ888号239頁がある。

－ 158 －

第1 納付方法

された郵便切手に残余が生じたときは，予納者に返還すべきである。その時期，方法
等は，予納金と同様に考えることになる。返還時期については，終局裁判の告知，申
立ての取下げ，和解の成立その他の事由により事件が終局しているときは[45]，一般的
には終局裁判の送達その他郵便料金に充てるための費用を要する行為も終了してい
るので，予納郵便切手の残余については，裁判所の何らかの行為（例えば，還付決定
など）を待つことなく当事者において当然に返還を求めることができることとなる
と解すべきである。

予納者の裁判所（国）に対する残余郵便切手の返還請求権は，民法の消滅時効の規
定（民法166，167）に従い，返還の事由が生じたときから10年を経過したときに時
効により消滅することになる[46]。

なお，残余の予納郵便切手の返還債務も，残余予納金におけると同様に，取立債務
であると解され，その返還手続に要する費用は当事者等の負担となる（内田解説217
頁参照）。

第4節　現金予納

民訴費用法13条は，同法11条によって現金で予納すべきものを例外的に郵便切
手等で予納させることができる旨定められたものであることから，同条に規定する
費用については当然に現金でも予納することができる（以下，本章において，「現金
予納」という。）[47,48]。

第1　納付方法

納付方法は，他の費用の予納と同じ（本編第6章第2節第2参照）であり，具体的
には次のとおりである。

1　会計課等の窓口に現金を納付する方法（保管金規程5Ⅰ①）

2　裁判所の当座預金口座へ振り込む方法（保管金規程5Ⅰ①[49]。平成28年9月30
日付け最高裁経監第1304号経理局長通達「保管金の預金口座による受入れ等に関
する事務の取扱いについて」記第2の1）

3　裁判所の保管金を取り扱う日本銀行の本店，支店又は一般代理店の窓口に現金

45　終局判決の送達その他の事件の終了に伴い職権で行わなければならない手続上の行為がすべて完了している
状況をいう（内田解説218頁）。

46　予納郵券取扱規程第8条において予納者に返還することができない予納郵便切手を返還の事由が生じたとき
から10年間保管することとしているのも，上記のような解釈を前提としていると考えられる。その期間は，予
納金の場合と同様に，事件の完結した日の翌日から起算すべきである（内田解説217頁）。

47　この場合の予納金（保管金）も事件に関する保管金（保管金規程参照）であり，後記第6章記載の保管金に関
する法令，規程，通達等に従って事務処理を行う。

48　なお，現在のところ，現金予納の場合に，業務システムを利用して予納，払出し（郵便料の支払）等ができる
のは，民事裁判事務支援システム及び民事執行事件処理システムが導入され，各業務システムが保管金事務処理
システムと連携している庁においてこれらの業務システムを利用して事務を行う場合，並びに督促手続オンラ
インシステムを利用する場合である。

49　この方法は，本編第6章第2節第2の1⑵のとおり，保管金規程5条1項1号に定める現金納付の一つと考え
られている。

－ 159 －

第4章　郵便切手による予納

を持参する方法（保管金規程５Ⅰ②。日銀納付）

4　国が予納者の場合に国庫内移換の手続による方法（保管金規程５Ⅰ③）

5　電子納付（保管金規程５Ⅰ④）

第2　現金予納のメリット

現金予納のメリットとして，①予納金の残額について裁判所の窓口で交付する方法又はあらかじめ指定された銀行口座へ振り込む方法により現金で返還されること，②本節第1の1，3の方法によれば，手数料が不要であること並びに③同第1の5の電子納付は，インターネットバンキング，ペイジー（Pay-easy）対応のＡＴＭ等で24時間365日いつでも納付が可能であり，原則として手数料が不要であること，一度利用者登録（無料）をすれば，付与された利用者登録コードを全国の現金予納の取扱いのある裁判所で共通して利用できること及び裁判所への保管金提出書の提出が不要であること，などが挙げられる。

このうち，特に電子納付については，上記のとおり当事者の利便性に優れているほか，本節第1の1の方法（現金納付）とは異なり裁判所において実際の現金を管理する必要がないことなどの理由から，裁判所全体の事務にとって最も合理的な方法であるということができる。

書記官としては，訴状等の提出時や電話対応時における費用の納付方法の説明の際には，現金予納の納付の方法やメリットなどについて，積極的に手続教示を行うことが望ましい。

第2 通知，回答等の先例により国庫負担と考えられているもの

第5章　国庫負担となる費用

第1節　総論

　　民事手続の遂行過程で生じる裁判所の出費であっても，民訴費用法11条1項に解釈上含まれないものについては国庫負担となり，これを当事者に負担させることはできず，予納を命ずることはできない。

　　民事訴訟事件において，国庫負担とされる主な費用として，次節のようなものがある。

第2節　国庫負担となる費用の具体例

第1　性質上国庫負担であるもの

　　① 司法委員に対する給付（民訴法279Ⅴ）

　　② 専門委員に対する給付（民訴法92の5Ⅳ）

第2　通知，回答等の先例により国庫負担と考えられているもの（講義案Ⅱ111頁参照）

費用の種類	備考（資料）
事件の移送，回付等の場合における記録の送付	・昭和47年6月28日付け最高裁総務局長書簡「民事訴訟費用等に関する規則等の一部を改正する規則の施行に伴う事件記録の送付費用について」
事件を回付した旨の当事者への通知	
支払督促異議に伴う記録の送付（民訴規則237）	
和解嘱託（民訴法89）に伴う記録の送付及び返還，付調停（民調法20，家事法274Ⅰ）に伴う記録の送付及び返還	・昭和47年7月12日付け最高裁総三第37号総務局長事務代理回答「事件記録の送付費用について」
上訴に伴う事件記録の送付及び返還（民訴規則174，185，197Ⅱ）	・昭和47年11月13日付け最高裁総三第70号総務局長回答「事件記録の送付費用等について」
差戻しによる記録の送付（民訴規則185，202）	
上訴審判決に対し，再審（民訴法340）の申立てがあったためにする第一審裁判所から上訴（再審）裁判所への記録の送付（訴訟記録が保存期間の経過により廃棄されている場合を除く。）及び上訴（再審）裁判所から第一審裁判所への記録の返還	
控訴裁判所における更正決定申立事件審理のためにする控訴裁判所から第一審裁判所への記録送付請求書の送付並びにその記録の送付及び返還	

訴え提起前の和解から訴訟手続への移行に伴う記録の送付（民訴法 275Ⅱ）	
訴え提起前の和解，督促手続から手形訴訟又は小切手訴訟への移行に伴う記録の送付（民訴法 365, 366, 367）	
訴訟進行上の打合せのためにする通知及び費用予納の督促等	・昭和 25 年 12 月 1 日付け最高裁経理，民事第 1 号経理局長，民事局長通達「民事訴訟の迅速処理に伴う経費の支出について」記一 ・昭和 34 年 8 月 4 日付け最高裁経監第 74 号経理局長通知「民事訴訟における費用を国庫から支出または立替するについて」
電話会議システムの利用に係る基本料及び弁論準備手続，書面による準備手続及び進行協議期日の手続において，電話会議の方法を利用する場合の通話料	・最高裁判所事務総局「民事訴訟手続の改正関係資料(3)」（民事裁判資料第 221 号）412 頁
テレビ会議システムの利用に係る基本料及び通信料	・平成 24 年 12 月 18 日付け最高裁民事局第一課長，家庭局第一課長，総務局第三課長，経理局主計課長，経理局用度課長，経理局監査課長事務連絡「テレビ会議システムの IP ネットワーク化後の事務の取扱いについて」別紙記載第 3 の 1
テレビ会議又は電話会議の方法を利用した手続を行う際のファクシミリ送信費用	・平成 9 年 12 月 8 日付け最高裁民事局第一課長，総務局第三課長，経理局監査課長事務連絡「テレビ会議の方法又は電話会議の方法を利用した証人尋問における証人に対する旅費等の支給手続及び通信料の支払手続について」
当事者等に対する点字文書の作成及び交付又は送付に要する費用	・平成 26 年 9 月 29 日付け最高裁総務局長，民事局長，刑事局長，行政局長，家庭局長事務取扱総務局長書簡

第6章　保管金の受入れと払出し

　前述のとおり，予納金については，裁判所の事件に関する保管金として，受入れ，保管，払出し等の手続が行われることになる。保管金に関する手続については，次の一覧表に記載した法令，規程，通達等が規定しており，これに従って事務処理を行う[50]。

【保管金に関する法規，通達等一覧表】

（基本法令等）（主なもの）	
1	会計法（昭和 22 年法律第 35 号）
2	予算決算及び会計令（昭和 22 年勅令第 165 号）
3	保管金規則（明治 23 年法律第 1 号）
4	保管金取扱規程（大正 11 年大蔵省令第 5 号）
5	日本銀行国庫金取扱規程（昭和 22 年大蔵省令第 93 号）
6	出納官吏事務規程（昭和 22 年大蔵省令第 95 号）
7	保管金払込事務等取扱規程（昭和 26 年大蔵省令第 30 号）
（最高裁判所規程）	
8	裁判所会計事務規程（平成 29 年最高裁判所規程第 4 号）（以下，本章において，「事務規程」という。）
9	裁判所の事件に関する保管金等の取扱いに関する規程（昭和 37 年最高裁判所規程第 3 号）（保管金規程）
（通達等）	
10	平成 4 年 9 月 2 日付け最高裁総三第 31 号事務総長通達「裁判所の事件に関する保管金等の取扱いに関する規程の運用について」（保管金通達）
11	平成 5 年 3 月 30 日付け最高裁総三第 11 号事務総長依命通達「コンピュータを利用した事務処理について」
12	平成 7 年 3 月 29 日付け最高裁経監第 27 号事務総長依命通達「裁判所会計事務規程等に規定する保管金等の処理に関する書類及び帳簿諸票の様式について」（以下，本章において，「様式通達」という。）
13	平成 7 年 3 月 29 日付け最高裁経監第 76 号経理局長通達「保管金提出書等の取扱いについて」
14	平成 7 年 3 月 30 日付け最高裁経監第 29 号経理局長通達「保管票送付簿の備付け等に関する事務の取扱いについて」
15	平成 12 年 8 月 31 日付け最高裁総三第 96 号事務総長通達「事件の受付を担当する裁判所書記官が保管金に関する事務を取り扱う場合について」

50　通達等については，Ｊ．ＮＥＴポータルを利用して改正の有無を確認する等，改廃に留意する必要がある。

16	平成 12 年 8 月 31 日付け最高裁経監第 114 号事務総長通達「コンピュータを利用した事務処理システムによる保管金の取扱いについて」
17	平成 12 年 8 月 31 日付け最高裁経監第 115 号経理局長通達「民事裁判事務処理システムによる保管金の取扱いについて」
18	平成 15 年 5 月 6 日付け最高裁経監第 45 号経理局長通達「民事執行事件処理システムによる保管金の取扱いについて」
19	平成 17 年 3 月 31 日付け最高裁総三第 000101 号総務局長通達「保管金事務処理システムを利用した裁判所の事件に関する保管金の取扱いについて」（以下，本章において，「システム取扱通達」という。）
20	平成 17 年 3 月 31 日付け最高裁総三第 000103 号総務局長通達「民事執行事件処理システムを利用した事務処理の運用について」（以下，本章において，「執行システム運用通達」という。）
21	平成 20 年 2 月 5 日付け最高裁総三第 000023 号総務局長通達「民事裁判事務支援システムを利用した事務処理の運用について」（以下，本章において，「民裁支援システム運用通達」という。）
22	平成 27 年 6 月 19 日付け最高裁総三第 133 号総務局長通達「民事裁判事務支援システムを利用した家事事件等の事務処理の運用について」[51]
23	平成 28 年 9 月 30 日付け最高裁経監第 1304 号経理局長通達「保管金の預金口座による受入れ等に関する事務の取扱いについて」（以下，本章において，「受入通達」という。）
24	平成 29 年 3 月 31 日付け最高裁経監第 462 号経理局長通達「国庫内の移換の手続による保管金の受入れ等に関する事務の取扱いについて」
25	平成 29 年 3 月 31 日付け最高裁経監第 463 号経理局長通達「保管金事務処理システムを利用した保管金に関する事務処理の運用について」（以下，本章において，「システム運用通達」という。）
26	平成 29 年 6 月 29 日付け最高裁経監第 877 号経理局長通達「保管金の還付手続に関する事務の取扱いについて」（以下，本章において，「還付通達」という。）
27	平成 29 年 6 月 29 日付け最高裁経監第 879 号経理局長通達「出納官吏の支払金について債権差押命令があった場合等の事務の取扱いについて」

第 1 節　概説

　　本章における「保管金」とは，裁判所が事件に関し法令の規定により保管する予納金，保証金，売却代金その他の現金で，歳入歳出外現金出納官吏（以下，この章において「出納官吏」という。）が保管するものをいう（保管金規程 2 I）。保管金の種

51　家事事件において，民事裁判事務支援システムは保管金事務処理システムと連携していない。

目としては，民事予納金，家事予納金などがある（保管金通達別表第１参照）。

　本章では，予納金（保管金）の受入手続のほか，払出（還付を含む。）手続について記載する。

　保管金に関する事務は，保管金事務処理システム（以下，「保管金システム」という。）を利用して取り扱うことができる（平成５年３月 30 日付け最高裁総三第 11 号事務総長依命通達「コンピュータを利用した事務処理について」，システム取扱通達，システム運用通達参照）。また，保管金システムと連携している民事裁判事務支援システム（以下，「ＭＩＮＴＡＳ」という。）及び民事執行事件処理システム（以下，「執行システム」という。）による事務処理については，民裁支援システム運用通達及び執行システム運用通達において特段の定め[52]が置かれている。

　本章においては，原則としてＭＩＮＴＡＳを利用した事務処理について記載し，必要に応じ執行システムを利用した事務処理に触れる。

第２節　予納金（保管金）の受入手続
第１　保管金提出書の作成

　書記官は，ＭＩＮＴＡＳを利用して保管金提出書を作成し（民裁支援システム運用通達記第４の１の(1)），記名押印の上（保管金規程５Ⅰ①，②，③），事件記録とともに訟廷管理官又は主任書記官（以下，本章において「主任書記官等」という。）に提出し，主任書記官等の認印を受ける（民裁支援システム運用通達記第４の１の(1)のエ）[53]。

52　ＭＩＮＴＡＳと保管金システムが連携している庁においては，保管金システムに必要な情報を登録すべき場合，ＭＩＮＴＡＳのサーバーに記録する方法による（民裁支援システム運用通達記第４の１参照）。執行システムと保管金システムが連携している庁においては，保管金の受入れに関する事務を行うについては，保管金システムに必要な情報を登録して行い，保管金の払出しに関する事務を行うについては，買受申出保証金の還付について保管金システムに必要な情報を登録して行うほか，執行システムのサーバーに必要な情報を記録する方法による（執行システム運用通達記第４参照）。

53　保管金システムを利用して事務処理を行う場合，保管金通達記第２の１の(3)及び(5)のイに定める保管金受払票については，作成することを要しないが（システム取扱通達記第１の２），移送や上訴等により他の裁判所に事件記録を送付する場合等，保管金の受払状況を事件記録上明らかにすべき事情が生じたときは，係書記官は，当該事件についての保管金の受払いに関する明細書をＭＩＮＴＡＳにより印刷して事件記録につづり込む（民裁支援システム運用通達記第４の１の(3)，システム取扱通達記第３）。民事執行事件においては，事件が終局した場合にも，保管金の受払いに関する明細書を執行システムにより印刷して事件記録につづり込む（執行システム運用通達記第４の３）。

第6章　保管金の受入れと払出し

【保管金提出書】（システム運用通達別紙様式第3）

（別紙様式第3）

保　管　金　提　出　書 （兼還付請求書）		管理番号	第　　　　　　号
		受入年月日	平成　　年　　月　　日

種目		主任書記官印		係書記官	印

事件番号	平成　　年（　　）第　　　　　号											
金額		百	十	億	千	百	十	万	千	百	十	円

※提出年月日	平成　　年　　月　　日

※提出者	住所	〒　　－
	電話	（　　　　　）
	フリガナ	
	氏名	印

<※還付金の振込先等>

※振込先 金融機関名		銀行 金庫 組合 店
※口座番号		
※預金種別	普通　・　当座　・　別段　・　通知	

※口座名義人	住所	〒　　－
	（フリガナ）	
	氏名	

◎　注意　　1　※の箇所は，提出者が記入の上，押印（朱肉使用のもの）してください。
　　　　　　2　「還付金の振込先等」欄に所要の事項を記載した場合は，保管金の残額はその口座に振
　　　　　　　　込む方法により払渡します。
　　　　　　3　振込先金融機関名は，本・支店名まで記載してください。
　　　　　　4　電子納付を利用しない提出者は，この書面（提出書）に現金又は受入手続添付書を添え，
　　　　　　　　会計担当者（歳入歳出外現金出納官吏）に提出してください。
　　　　　　5　保管金を提出した場合には，保管金受領証書を発行しますから必ず受け取ってください。

以下の欄に収納機関番号，納付番号，確認番号が印字されてい
る場合は，従来の納付方法に加えPay－easy（ペイジー）対応の
ATM，インターネットバンキング等を利用して保管金の電子納付
をすることができます。

		登録コード	

収納機関番号		納付番号		確認番号	

－ 166 －

第2 予納手続

1 現金納付

(1) 現金納付

　　提出者が保管金提出書に現金を添えて出納官吏に提出する方法である（保管金規程5 I ①）。

　　この方法による場合，書記官は，保管金提出書を交付し，提出者はこれに現金を添えて出納官吏に提出する[54]。

(2) 当座納付（預金口座納付）

　　日本銀行以外の銀行に開設した裁判所（出納官吏）名義の当座預金口座に提出者が金融機関から保管金を振り込む方法である（受入通達記第2の1）。保管金規程5条1項1号の現金納付の一つと考えられている[55]。この方法による場合，書記官は，提出者に対し，保管金提出書及び振込依頼書（振込依頼書（兼入金伝票），保管金受入手続添付書及び振込金（兼手数料）受取書との3枚複写）を交付し，振込手続について説明をする（受入通達記第2の2の(1)）。提出者は金融機関から裁判所名義の預金口座に振り込み[56]，保管金提出書に保管金受入手続添付書を添えて出納官吏に提出する（受入通達記第2の2，4参照）。

54　交付した保管金提出書について，提出者から，保管金提出書の亡失又は毀損のために保管金提出書の再交付の申出があった場合等には，再交付することができる。この場合，MINTASで従前交付した保管金提出書に係る納付指示情報を取り消し，保管金提出書を新たに作成して交付することになる。なお，従前交付した保管金提出書は使用させないこととされているため，保管金提出書を再交付した際，書記官は，提出者に対し，従前交付した保管金提出書は使用しないように注意喚起する（できれば回収することが望ましい。）（民裁支援システム運用通達記第4の1の(1)のイの(ｱ)，システム取扱通達記第1の3の(1)）。

55　後記2の日銀納付（保管金規程5 I ②）とは異なるものである。

56　提出者が保管金を提出すべき裁判所を誤って預金口座に振り込んだ場合や，事件の取下げ等により保管金提出の必要がなくなった場合などにおいては，提出者が振込依頼を撤回し，振込金を提出者に返還する手続（振込金の組戻し。受入通達記第3）をすることになるので，会計課（出納官吏）と連携し，通達に定められた事務を行う。

－ 167 －

第6章 保管金の受入れと払出し

【振込依頼書（兼入金伝票）】 （受入通達別紙様式第2）

（注）
1　第1片から第3片までは，複写式とする。
2　用紙は，縦10.5センチメートルと，横17センチメートルとし，用紙左側に1.5センチメートル以上の余白をとる。

【保管金受入手続添付書】

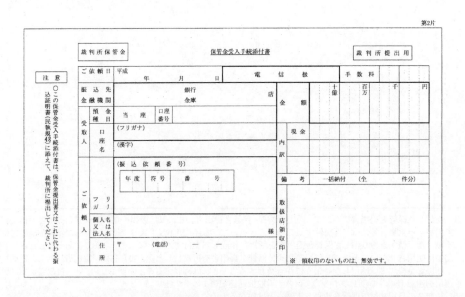

- 168 -

第2　予納手続

【振込金（兼手数料）受取書】

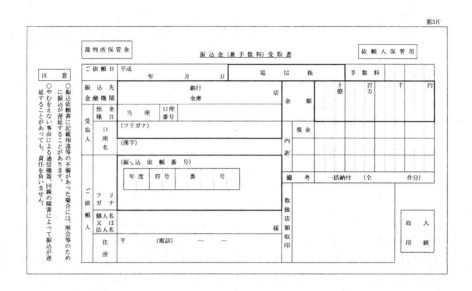

第6章　保管金の受入れと払出し

2　日銀納付

　　提出者が保管金振込書を用いて裁判所（出納官吏）名義の日本銀行（代理店を含む。以下同じ。）の口座に振り込む方法である（保管金規程５Ⅰ②）。

　　この方法による場合，書記官は，提出者に対し，保管金提出書及び保管金振込書を交付し，提出者は，保管金を，日本銀行の窓口で裁判所名義の口座に振り込んだ後，当該保管金提出書に保管金領収証書を添えて出納官吏に提出する。

【保管金振込書・保管金領収証書】（保管金払込事務等取扱規程４条第２号書式）

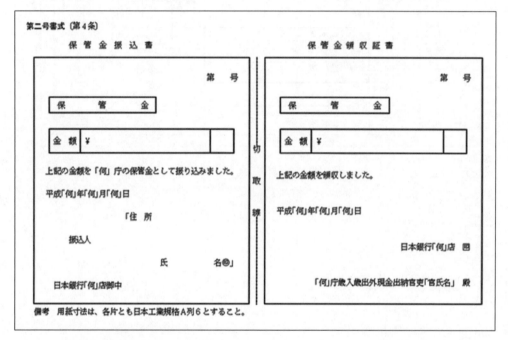

3　国庫内移換の手続による納付

　　国庫内移換の手続による納付とは，国が保管金の提出者である場合に，国庫内の移換の手続により保管金を日本銀行に払い込む方法である（保管金規程５Ⅰ③）。

　　この方法による場合，書記官は，保管金提出書を提出者（国）に交付し，提出者（国）は，国庫内移換の手続により日本銀行に払込みをした上，保管金提出書を出納官吏に提出する（システム運用通達記第６の１の(6)及び平成29年3月31日付け最高裁経監第462号経理局長通達「国庫内の移換の手続による保管金の受入れ等に関する事務の取扱いについて」参照）。

4　電子納付

　　電子納付とは，電子情報処理組織を使用して得られた納付情報（収納機関番号，納付番号及び確認番号）により，提出者が保管金を裁判所（出納官吏）名義の日本銀行

の口座に振り込む方法である（保管金規程5Ⅰ④。システム運用通達記第2の3参照）。

　この方法による場合，電子納付を希望する提出者は，事前に「電子納付利用者登録申請書」を会計課に提出して利用者登録コードの交付を受ける（システム運用通達記第3）。提出者は，納付の際に，書記官に電子納付をする旨と，利用者登録コードを申し出て保管金提出書の発行を受け[57]，ペイジー（Pay-easy）対応のＡＴＭ若しくはインターネットバンキングを利用して日本銀行に電子納付を行う[58]。なお，保管金提出書を出納官吏に提出する必要はない。

57　この場合，ＭＩＮＴＡＳで保管金提出書を作成する際，納付指示情報と併せ電子納付をする旨を登録する必要がある（民裁支援システム運用通達記第4の1の(1)のアの(ｱ)）。また，電子納付の場合，保管金提出書を提出者に交付することは必要ではないが，保管金提出書の下部に電子納付に必要な納付情報が表示されることや，電子納付を希望している当事者においても，現実に納付する段階で他の方法による納付をすることもあろうから，実務的には，保管金提出書を交付する扱いが考えられる。

58　電子納付を行うについては，保管金提出書に記載された納付情報（収納機関番号，納付番号及び確認番号）が必要となる。

第6章　保管金の受入れと払出し

【電子納付利用者登録申請書】（システム運用通達別紙様式第１）

（別紙様式第１）

裁判所
歳入歳出外現金出納官吏　殿

電子納付利用者登録申請書

保管金の提出に際し，電子納付を利用するため，以下のとおり登録を申請します。
この申請により付与される利用者登録コードを使用して保管金の電子納付を行った場合，当該
保管金について還付事由が発生したときは，以下の口座へ振り込んでください。

平成　　年　　月　　日
住　所
氏　名　　　　　　　　　　　　　㊞

提出者情報

氏　名　（　カ　ナ　）	
氏　　　名	
住　　　所	〒　　－
電　話　番　号	

還付先情報

金　融　機　関　名	銀行・金庫・組合　　　　　　店
預　金　種　別	普　通　・　当　座　・　別　段　・　通　知
口　座　番　号	
口　座　名　義　（　カ　ナ　）	
口　座　名　義	
口　座　名　義　住　所	〒　　－
Ｆ　Ａ　Ｘ　番　号	

※　電子納付とは，保管金をインターネットバンキング，モバイルバンキング及び電子納付対応のATMを用いて納付する
ことです。
　　事前に利用者登録をしないと保管金の提出に際し，電子納付を利用することは出来ません。
　　この申請により付与される利用者登録コードは，全ての裁判所において共通して利用でき，利用者登録コードを申立
書等に記載若しくは書記官室又は執行官室において口頭で告げることにより電子納付に対応した保管金提出書の交付
を受けることができます。ただし，電子納付が可能な保管金の種目には制限がありますので，保書記官等に確認してくだ
さい。
　　この申請により付与される利用者登録コードに基づいて電子納付をすると，当該保管金について還付事由が発生した
場合に還付先情報欄記載の口座に振込払い請求があったものとして扱われます。
　　提出者情報に変更が生じた場合は，速やかに変更申請書を提出してください。ただし，還付先情報については変更で
きませんので，登録の抹消及び新たな登録の申請を行ってください。
　　登録後，保管金の提出や払渡しが2年間行われない場合は，利用者登録コードが抹消されます。

第1　証人等に対する給付手続

第3　保管替えによる受入れ

　前記第2記載の予納手続以外に，保管金の受入れをすべき場合として，保管替えがある（保管金規程5Ⅱ参照）[59]。

　この場合，出納官吏は，保管替元の出納官吏からの保管替通知書及び日本銀行からの振替済通知書の送付があれば，その旨を書記官に連絡する（システム運用通達記第6の1の(5)）[60]。書記官は，これを受け，保管替えを事由とする受入れに必要な情報をMINTASに登録する方法により，出納官吏に対し，保管金受入通知をする（保管金規程5Ⅱ，民裁支援システム運用通達記第4の1の(1)のウ）。

第4　事前還付請求

　保管金を提出しようとする者は，当該保管金を提出するに際し，あらかじめ，還付事由を生じた場合に振込みの方法によって還付金の払渡しを受ける旨の請求（事前還付請求）をすることができる（還付通達記1。システム運用通達記第5参照）。書記官は，明らかに還付の余地がない場合を除き，提出者に事前還付請求ができる旨及びその請求の方法を教示することとされている（還付通達記2）。提出者から事前還付請求があれば，出納官吏は，書記官から本章第3節第4の1の還付のための払出通知を受けて速やかに指定口座に振り込む方法で還付をすることができ（還付通達記6の(1)），提出者が還付請求をしないことによる期満失効（本章第3節第5参照）を防ぐことに繋がる。

第5　保管金等の受入通知

　当事者等から保管金が納付された場合，出納官吏は書記官に通知する（事務規程26）。この通知は，納付済情報を保管金システムに登録する方法により行う（システム運用通達記第6の2）。

第3節　予納金（保管金）の払出手続
第1　証人等に対する給付手続

　証人等に対する給付の費用を保管金から支払うには，書記官は，事件記録に基づき，出納官吏に保管金の払出しを指示するための情報（払出指示情報）をMINTASに登録し，当該事件記録及び請求書を主任書記官等に提出する（民裁支援システム運用通達記第4の1の(2)のア）。

　なお，期満失効起算年月日は，必要があるものについて，その年月日をMINTASに登録する（民裁支援システム運用通達記第4の1の(2)のア）。

　おって，期満失効について本節第5を参照されたい。

---

[59] 保管替えは，他の裁判所で受け入れた保管金を，上訴や移送，共助などの理由で保管替先の裁判所の保管金に替える手続である。保管替元の出納官吏は，保管替えをしたときは，保管金保管替通知書により，又は保管金システムを用いて，保管替先の出納官吏等にその旨を通知する（事務規程29Ⅱ，システム運用通達記第8の2の(3)）。

[60] 通達上は本文のとおりであるが，実務的には，保管替先の出納官吏において自庁における事件番号等が不明であるため，保管替先の書記官から出納官吏に対し，自庁における事件番号等を適宜の方法で連絡する必要がある。

- 173 -

第6章　保管金の受入れと払出し

　　主任書記官等は，当該事件記録及び請求書を点検し，併せて書記官が登録した保管
金の払出指示情報に誤りがないか確認の上，誤りがなければ，払出指示情報を承認す
る旨をMINTASに登録する。これにより出納官吏に対する保管金の払出通知を
する（保管金規程6Ⅰ，民裁支援システム運用通達記第4の1の(2)のイ及びウ）。併
せて請求書（過納手数料等通達別紙様式第6）を出納官吏に送付する（第8編第3章
第3節参照）。

　　出納官吏は，払出指示情報に基づき払渡手続[61]をとる（システム運用通達記第8の
2）。

第2　歳入組入れの手続

　　歳入組入れに伴う保管金の払出手続について，歳入徴収官に対し歳入組入通知書
（システム取扱通達別紙様式）を送付して歳入組入れを通知する（保管金規程6Ⅱ，
民裁支援システム通達記第4の1の(2)のエ）ほか，MINTASへの払出指示情報の
登録，主任書記官等による払出指示の承認等については，本節第1の証人等に対する
給付の場合と同じである。

　　なお，期満失効起算年月日の入力は不要である。

61　払渡方法としては，口座振込，小切手払，国庫金送金等のほか，窓口で現金を交付する方法があるが，現金で
の交付には会計課で準備（現金の用意）が必要なため，現金による支払を要することが判明した場合は，あらか
じめ①請求予定日と②支払予定額を会計課（出納官吏）に連絡する。

【歳入組入通知書】（システム取扱通達別紙様式）

（別紙様式）

主任書 記官印	

歳 入 組 入 通 知 書

裁判所歳入徴収官　　殿

　　　平成　　年　　月　　日

裁判所

裁判所書記官

　次の保管金は，歳入に組み入れるべきものにつき，通知します。

保 管 金 管 理 番 号		種　目	
事件番号 （被告人）	平成　年（ ）第　　号	提 出 者 氏　　名	
金　額	円	事　由	

内 訳	金　　額	摘　　　　要
	円	

（歳入組入通知書）

第6章　保管金の受入れと払出し

第3　保管替えの手続

　　上訴や移送，共助に伴い，他庁へ保管替えをする場合の手続について，保管替えも払出しの一種であり，ＭＩＮＴＡＳへの払出指示情報の登録，主任書記官等による払出指示の承認により出納官吏に払出しの通知をすることについて，本節第1の証人等に対する給付の場合と同じである。

　　なお，期満失効起算年月日の入力は不要である。

第4　還付手続

1　保管金の払出手続

　　予納金（保管金）は，予納を継続すべき事由が消滅したとき（保管金の保管目的が消滅したとき）は，予納者（提出者）に還付すべきことになる（本編第2章第6節参照）[62]。

　　この場合の保管金の払出手続について，ＭＩＮＴＡＳへの払出指示情報の登録，主任書記官等による払出指示の承認により出納官吏に払出しの通知をすることについて，本節第1の証人等に対する給付のための支払の場合と同じである[63]。

　　なお，提出者が事前還付請求（本章2節第4）をしている場合でも，係書記官による払出指示及び主任書記官等による承認がないと，出納官吏は保管金を還付することができないから，還付事由が発生した場合は，速やかに保管金の払出手続をとる必要がある。

2　提出者への通知

(1)　提出者が事前還付請求をしている場合

　　提出者が事前還付請求をしている場合は，提出者への通知は不要である。

(2)　提出者が事前還付請求をしていない場合

　　提出者が事前還付請求をしていない場合は，予納金の還付があることを，適宜の方法で，提出者に通知する（還付通達記6の(2)）。

　　ＭＩＮＴＡＳで払出処理を行うと，出納官吏においては，係書記官において還付通知をしたか否かをシステム上確認することはできず，還付通知をしているものとしてその後の処理を行うことになる。このため，事前還付請求がない場合，係書記官は還付通知を忘れずに行う必要がある。

第5　期満失効

---

[62] 予納金の還付時期について，原則として事件の完結により保管義務が解除された予納金は，提出者へ還付すべきものであるから，事件完結時に残額があれば直ちに還付をすることになる。ただし，例外として，事件が判決によらずに完結した場合において，事件完結当時費用の請求がなく，未払分のある場合は，保管義務はまだ解除されないので，還付ができないことになる。もっとも，この場合において，その支給額が確定している限り，それを控除して残額があれば，その分の保管義務は解除されたものとみることができるので，残額の還付は可能であるとされる（費用に関する執務資料144頁）。

[63] 民事執行事件において，通常の払出事務においては，払出指示情報は執行システムのサーバーに記録するのに対し，期間入札における買受申出保証金を還付するときは，還付を指示するための情報は保管金システムに登録する（執行システム取扱通達記第4の2の(3)）。

－ 176 －

保管金の払渡請求権は，保管義務が解除された日の翌日を起算日（期満失効起算年月日）[64,65]として５年間これを行使しないと消滅し，保管金は国庫に帰属して歳入に組み入れられる（保管金規則１）。これを期満失効という。

　期満失効期間は，係書記官が出納官吏に対し払出通知をするかどうかに関わらず，保管義務の解除（払渡事由・還付事由の発生）により進行する。例えば期満失効起算年月日から５年経過後に予納金（保管金）残金について還付通知を行った場合，当該予納金（保管金）はすでに国庫に帰属しており，還付することはできない。このため，書記官は，速やかに，かつ，確実に予納金（保管金）還付手続を取らなければならない[66]。

64　期満失効起算年月日については，保管金規則１条１項に「保管義務解除ノ期アルモノハ其義務ヲ解除シタル翌日ヨリ起算ス」と定めている。具体的に期満失効起算年月日がいつであるかは，「明治38年８月16日会検甲第６号司訓保管金期満失効並ニ計算証明ニ関スル件」によれば，保管義務解除の期限の確定しないものについては，権利者の請求，事件の結了，その他の原因により払渡しをなすべき日をもって義務解除の日とし，保管金規則１条１号によりその翌日から起算することとしている（「裁判所書記官会同協議要録（民事関係）」（昭和47年３月訟廷執務資料第42号）163頁参照）。

65　判決によらないで完結した事件について，証人等に対し旅費，日当，宿泊料その他の給付がなされていない場合の予納金残額を提出者へ還付するときの期満失効起算年月日については，次によることとなる。①事件完結までの間に証人等から旅費等の請求があった場合には，事件完結日の翌日。②事件完結後民訴費用法27条に定める２月を経過した日までに請求があった場合には，払出通知の日の翌日。③事件完結後，民訴費用法27条に定める２月を経過した日までに請求がない場合には，特段の事情（民訴費用法27条ただし書に定める事由が裁判所に顕著な場合）のない限り，当該２月を経過した日の翌日。なお，特段の事情があり，当該事情消滅後２週間以内に請求があった場合には，払出通知の日の翌日，請求がない場合は２週間の期間満了日の翌日（費用に関する執務資料145頁）。

66　還付手続を確実に行うためには，担当事件の保管金の有無を正確に把握しておくことが必要であるところ，保管金システムやＭＩＮＴＡＳの機能を利用することにより保管金の残高の有無を一覧的に把握することが可能であるから，これらの機能を用いて保管金の有無を把握し，還付手続の遅滞や遺漏を防止することが有用と考えられる。

第1章　総論

第4編　訴訟上の救助

　本編では，まず，第1章において，訴訟上の救助（以下，本編において「訴訟救助」という。）の意義や沿革及び制度趣旨といった制度を理解する上で前提となる基本的事項について簡潔に記載し，第2章において，手続の開始から裁判までの手続について記載し，第3章において一部救助について，第4章において救助の効力について，第5章において不服申立てについてそれぞれ記載した。

　なお，国庫立替手続や救助の取消しを含む猶予費用の清算手続については，第5編国庫立替え及び立替費用の取立てにおいて具体的に記載することとした。

第1章　総論

第1節　訴訟救助の意義

　　　　訴訟救助とは，訴訟の準備及び追行に必要な費用を支払う資力がない者又はその支払により生活に著しい支障を生ずる者に対し，勝訴の見込みがないとはいえない場合に，裁判費用，執行官の手数料及び職務執行に要する費用並びに裁判所において付添いを命じた弁護士の報酬及び費用の支払を猶予し，さらに訴訟費用の担保義務を免除する制度である（民訴法82，83）。

第2節　沿革及び制度趣旨

　　　　訴訟救助の沿革及び制度趣旨は，以下のとおりである[1]。

第1　最初の訴訟救助の制度

　　　　我が国においては，民事訴訟用印紙規則（明治17年太政官布告第5号）3条ただし書が，「人事ニ於テ極貧ノ者ニシテ戸長ノ証書ヲ所持スル者ハ裁判官ニ於テ印紙ノ貼用ヲ免スルコトアル可シ」と規定し，特に公益的要請の強い人事訴訟に限り，極貧層を対象として，裁判官の裁量により印紙のちょう用を免除することができるとしたのが，最初の訴訟救助の制度であるとされている。

第2　旧々民訴法の規定

　　　　その後，いわゆる旧々民訴法（以下，本章において，大正15年法律第61号による改正（以下「大正15年改正」という。）以前の民事訴訟法（明治23年法律第29号）を「旧々民訴法」といい，同改正以後のものを「旧民訴法」という。）においては，訴訟救助に関し，①敗訴者が原則として最終的な訴訟費用の負担者となること（旧々民訴法72）を前提として，②「自己及ヒ其家族ノ必要ナル生活ヲ害スルニ非サレハ訴訟費用ヲ出タスコト能ハサル者」に対しては，訴訟の「目的トスル権利ノ伸長又ハ防

1　訴訟救助の沿革及び制度趣旨については，最決平19.12.4判解848頁以下を引用した。

－ 178 －

禦ノ軽忽ナラス又ハ見込ナキニ非スト見ユル」ときに限り救助を与えることができ（同法91），③受救助者に対しては裁判費用等の納付を猶予し（同法97），④受救助者の相手方が訴訟費用の負担者となったときは，国庫等が猶予費用を取り立てることができる（同法99）などとする，現在の訴訟救助制度の原型となる規定が設けられた。

第3　旧民訴法の規定

　　大正15年改正を経た後の旧民訴法においては，訴訟救助に関する規定は，現在の民訴法とほぼ同様のものとなった。旧民訴法の規定も，①敗訴者が原則として最終的に訴訟費用を負担すること（旧民訴法89）を前提に，②「訴訟費用ヲ支払フ資力ナキ者」に対しては，「勝訴ノ見込ナキニ非サルトキ」に限り救助を与えることができるとし（同法118），③受救助者に対して裁判費用等の納付を猶予し（同法120 I ①，②），④受救助者の相手方が訴訟費用の負担者となったときは，国庫等が猶予費用を取り立てることができる（同法123）等といったものであり，基本的な制度の枠組みは，旧々民訴法と同様のものであるということができる。

第4　我が国における訴訟救助の制度

　　我が国における訴訟救助の制度は，元々は，正当な権利を有しながら無資力のために十分な保護を受けられない者を社会政策的な観点から救済することを目的として設けられたものである。

　　戦後，憲法において裁判を受ける権利の保障（憲法32）が規定されるなどすると，訴訟救助の制度は，無資力者に対し裁判を受ける権利を実質的に保障するためのものであるとの理解の下，その権利性が強調されるようになった（注解民訴150頁，斎藤注解202頁，内田救助173頁参照）[2]。しかし，現在の民訴法における訴訟救助制度の基本的な枠組みは，旧々民訴法及び旧民訴法におけるそれと異なるところはない（民訴法61，82，83 I ①，②，85参照）。したがって，訴訟救助の制度趣旨について，憲法の規定との関連で理解すべきであるとしても，少なくとも，正当な権利を有しながら無資力のために十分な保護を受けられない者を救済するという制度の基本的な目的は，現在においても訴訟救助制度の基礎とされていると考えられる[3]。

2　石川救助288頁は，「訴訟救助の本質について，かつてはこれを国家の恩恵とみる見解もあったが，現在では，憲法14条及び32条に根拠を有する無資力者の訴訟上の権利とする見解が一般的である。」としている。また，救助研究1頁は，「公害訴訟に端的に現れるように，国民が何らかの被害の回復を求める裁判は，憲法25条の権利実現としての性格を帯びている。」としている。

3　訴訟救助の制度趣旨についてどう考えるか（正当な権利を有しながら無資力のために十分な保護を受けられない者を社会政策的な観点から救済するという訴訟救助制度の基本的な目的を出発点とするか，無資力者に裁判を受ける機会を保障するためのものであることを強調するか，訴訟行為を行うために必要となる訴訟費用の納付を猶予するものであることを強調するか）により，訴訟完結後に受救助者に対し訴訟救助により支払を猶予した費用の支払を命ずるに当たり，救助決定の取消しを要するか否かについて，説の対立がある。詳細は，最決平19.12.4判解870頁以下及び第5編第5章第2節第5（241頁）を参照されたい。

第1章　総論

第3節　現行民訴法における改正点

旧民訴法は，訴訟救助の要件のうち，資力に関する要件について，「訴訟費用ヲ支払フ資力ナキ者」と定めていたが，現行民訴法は，「訴訟の準備及び追行に必要な費用を支払う資力がない者又はその支払により生活に著しい支障を生ずる者」とし，要件を緩和している。その理由は，以下のとおりである。

第1　「弁護士費用等の訴訟の準備および追行に必要な費用」の考慮

旧民訴法 118 条は，「訴訟費用」だけを基準として訴訟救助の要件（資力の有無）を判断するものとしていた[4]。しかし，裁判を受ける権利を行使するために弁護士等に委任して訴訟を追行しなければならない場合があることを考えると，訴訟救助の要件の判断基準としては，「訴訟費用」だけでなく，「弁護士費用等の訴訟の準備および追行に必要な費用」をも考慮するのが適当であると考えられ，実務上もそのような解釈が有力となっていた[5]。現行法は，このような実務の考え方を規定上も明確にしたものである（民訴一問一答 77 頁）。

第2　訴訟救助の対象者の拡大

旧民訴法は，訴訟救助の対象者を無資力者に限定していた。しかし，自然人の場合，他から生活の扶助を受けている場合は別として，定職を持ってある程度の収入を得ている者については，その信用や労力も考慮される結果，無資力と認定されることは実際上少なく，実務においては，「支払フ資力ナキ者」だけではなく，支払によって通常の生活に著しい支障が生ずる者についても，訴訟救助を認める解釈が有力になっていた。現行法は，このような実務の考え方を規定上も明確にし，訴訟救助の対象者の範囲を拡大し，訴訟手続を利用しやすくしたものである（民訴一問一答 77 頁）。

第4節　法律扶助制度

第1　訴訟救助との関係

訴訟救助の検討に当たっては，訴訟救助と同様に訴訟に関する費用の立替えを行う法律扶助制度についても理解する必要がある。

訴訟救助は，裁判所に納付すべき手数料の支払の猶予などに限られており，弁護士の報酬等は救助の対象にはなっていない。しかし，実際に訴訟に要する費用としては，

4　ここでいう「訴訟費用」の解釈については，①旧民訴法 120 条に規定する訴訟救助の対象となる裁判費用に限られるとする見解（裁判費用説），②①の裁判費用の他にいわゆる当事者費用（民訴費用法が定める当事者の出張旅費，日当，訴状等の書記料等）を含めて考える見解（当事者費用説），③旧民訴法 120 条に規定する訴訟救助の対象となる裁判費用に限定することなく，民訴費用法所定の訴訟費用（当事者費用）や具体的な訴訟の追行に伴って当然に必要となることが推測される調査費用，弁護士費用等の必要経費を含むとする見解（必要訴訟経費説）に学説や裁判例が分かれていた。学説や裁判例の概要については，秋山ほかコンメ II 113 頁，基本法コンメ I 203 頁，注解民訴 154 頁，斎藤注解 205 頁，山口救助 238 頁を参照されたい。

5　旧民訴法下では，公害訴訟や薬害訴訟等に関し，訴訟の準備や追行に必要な調査費用や弁護士費用等の必要経費を含めて訴訟に要する費用を支払う資力があるかを判断するべきであるとの裁判例が有力であった（名古屋高金沢支決昭 46. 2. 8 下民 22 巻 1・2 号 92 頁，東京高決昭 51. 11. 18 高民 29 巻 4 号 186 頁など）（秋山ほかコンメ II 113 頁）。

- 180 -

訴訟救助の対象である裁判費用ではなく，弁護士費用が多くを占める。こうしたことから，訴訟救助を補充する制度として，法律扶助事業がある。

第2　法律扶助事業の拡充

法律扶助事業は，司法制度改革の中でその拡充が目指され，平成12年の民事法律扶助法により，法律扶助事業の公共性とこれを整備することが国の責務として明らかにされた。また，平成16年には，国民が裁判等の法による解決制度の利用をより容易にするとともに，弁護士・司法書士その他の法律専門職者のサービスをより身近に受けられるようにするための総合法律支援法が公布され，民事法律扶助・国選弁護に関する業務などを総合的に担う新たな組織として「日本司法支援センター」の設置が定められた。これに伴い，民事法律扶助法は廃止され，法律扶助協会が実施していた民事法律扶助事業は日本司法支援センター（法テラス）に引き継がれている（秋山ほかコンメⅡ111頁，中野貞一郎ほか編「新民事訴訟法講義（第2版補訂版）」（平成18年，有斐閣）59頁参照）。

第3　法律扶助の内容

法律扶助の内容には多様なものがあるが，民事訴訟との関係においては，収入が一定の基準に満たない人に対して，弁護士費用や司法書士費用などの代理援助のほか，自分で訴訟をするに際して，書類作成だけを弁護士等に依頼する書類作成援助などがあり，いずれもその費用を国が立て替えることとされている。代理援助，書類作成援助の許否は，収入額等[6]，勝訴の見込みと民事法律扶助の趣旨に照らして決定され，申請者が支払うべき費用等が立て替えられている（兼子条解352頁参照）。

6　資力基準としては，収入基準と資産基準の双方を満たす必要があるとされている。このうち，収入基準としては，申込者等と同居している家族の収入を合算し，手取月収額の基準について，単身は18万2,000円（20万200円）以下，2人家族は25万1,000円（27万6,100円）以下，3人家族は27万2,000円（29万9,200円）以下，4人家族は29万9,000円（32万8,900円）以下とされている（東京，大阪など生活保護一級地の場合，()内の基準が適用される。）。資産基準としては，申込者及び配偶者が不動産（自宅や係争物件を除く。），有価証券などの資産を有する場合は，その時価と現金，預貯金との合計額が，単身は180万円以下，2人家族は250万円以下，3人家族は270万円以下，4人家族以上は300万円以下とされている。詳細は，法テラスのWEBサイトを参照されたい。

第2章　申立てと裁判

第2章　申立てと裁判

第1節　申立て
第1　申立人

　　　訴訟救助の申立てができる者は，訴訟を提起しようとする者又は訴訟係属後の両当事者である。この当事者の中には，参加人，訴訟引受人が含まれる。自然人（外国人を含む。）に限られず，法人[7]その他の社団，財団も申し立てることができる。

　　　なお，法律上他人の権利関係につき自己の名で訴訟当事者となる者[8]，他人の計算において訴訟をする者[9]，他人の権利関係につき権能を付与されたために自己の名で訴訟の当事者となる者[10]も，申し立てることができる。

第2　申立ての方式
1　申立てと立件

　　　申立ては，書面でしなければならない（民訴規30Ⅰ）[11]。申立手数料は不要である。申立ては，民事雑事件簿（行政事件のときは行政雑事件簿）に登載して立件する（「受付分配通達」別表第1の59の⑿）。

　　　なお，控訴状と一緒に提出された控訴審における訴訟救助付与申立書は，原審においては立件せず，日付印を押捺して，控訴審に送付するのが通例である（控訴審における訴訟救助申立てに対する判断は，原審ではできない（民訴法82Ⅱ）。）。

　　　一方で，上告状と一緒に提出された上告審における訴訟救助付与申立書は，原裁判所において雑事件として立件する（訴訟救助付与の判断は，原裁判所が行うことができる。）。

2　申立書

　　　申立書には，申立人及び相手方の氏名及び住所，救助を受けるべき訴訟の概要並びに救助を受けなければならない事情を記載する。訴えを提起するため訴訟救助を申し立てる場合には，訴えが勝訴の見込みがないとはいえないことを審査するのに必要な程度に事実関係を記載し，証拠方法についても開示しておく必要がある。

3　書類の編てつ

7　法人を除外する規定はなく，また，立法政策上これを別に取り扱う理由もないから公法人，私法人を問わず訴訟救助を請求できると考えられている（訴訟費用の研究472頁）。
8　例えば，破産管財人（破産法80），更生管財人（会社更生法74Ⅰ），遺言執行者（民法1015）などである。
9　手形上の取立裏書の被裏書人（手形法18Ⅰ）がこれに当たる。
10　選定当事者（民訴法30），第三債務者に対して取立訴訟（民執法157）を提起した差押債権者がこれに当たる。
11　民事訴訟規則の一部を改正する規則（平成27年最高裁判所規則第6号）による改正前の民訴規則においては，訴訟救助の申立て（民訴法82条1項本文）について，申立てを書面ですべきことを定める規定はなかったが，裁判費用等の支払を猶予するといった重要な効果をもたらすものであることから，書面によって申立ての存在および理由を明確にさせる必要性があり，実務上も専ら書面で申立てがされているため，非訟規則18条と同様，訴訟救助の申立てを書面でしなければならないこととされた（柴田啓介「民事訴訟規則の一部を改正する規則および消費者の財産的被害の集団的な回復のための民事の裁判手続の特例に関する規則の概要」金融法務事情2032号42頁）。

申立書等は，本案訴訟記録の第3分類に編てつする（「民事編成通達」記1の(3)のキ）。

第3　管轄裁判所

1　訴訟手続

　　訴訟救助の申立ては，救助を受けようとする者が，受訴裁判所に対して行う。すなわち，訴訟係属前においては，申立人が将来提起する本案の訴えについて管轄権を有する裁判所に申し立てる（秋山ほかコンメⅡ117頁）。訴訟係属中の応訴，当事者参加，反訴を提起する場合において，これらについて救助を受けようとするときは，訴訟の係属する裁判所に申し立てる。

　　控訴，上告及びこれらに対する応訴についての救助は，控訴裁判所，上告裁判所に対して申し立てる（斎藤注解217頁）。もっとも，上告状の提出と同時に訴訟救助を申し立てる場合には，上告の適否を審査する原裁判所（民訴法316）にすることができる[12,13]。

　　事件が原判決破棄により原審に差し戻され，又は他の同等な下級裁判所に移送された場合は，訴訟救助の申立ては差戻し又は移送された裁判所に対してなすべきである[14]。再審の訴えについての救助は，再審裁判所に対して申し立てる（斎藤注解217頁）。

2　その他の手続

　　督促手続についての救助は，支払督促を発する裁判所書記官の所属する簡易裁判所に対して申し立てる。

　　保全事件は，被保全権利の本案訴訟とは別個の事件とみるべきであるから，これについての救助は，保全事件の管轄裁判所に申し立てる。

12　上告と同時に訴訟救助の申立てがされると，勝訴の見込みがあるかを判断しなければならない。しかし原裁判所は，上告の適法性は判断するが，理由の有無は判断できないのが建前である（民訴法314Ⅱ，288，137，316）。しかしながら，この場合は，一種の上告審としての手続関係ではあるが，原裁判所に係属するという特殊な関係であると考えることもできる。そうすると，救助申立人としては，救助の申立書に上告理由として主張すべきことを掲げて，それを救助の事由とし，原裁判所はそれによって一応救助を与えるか否かの限定された範囲内で理由の有無を判断し得る（「民事裁判官会同要録」（民事裁判資料52号）146頁）。これによれば，原裁判所による救助決定も，民訴法82条の審級別の効力に反することなく，上告審において救助の効力を有するものと考えられる（救助研究7頁）。

13　東京高決昭35.1.25東高時11巻1号8頁は，「控訴審としてなした判決に対して上告を提起するには民事訴訟法第397条以下の規定に従って上告状を原裁判所に提出することを要し，原裁判所は同条以下第399条の規定に則り上告審の前段階的手続として上告適法の要件を審査する権限を有するものであって，この段階においては事件はなお原裁判所に係属するものというべく，これは一種の上告審としての手続ではあるが，事件がなお原裁判所に係属するという点において特殊の手続的関係を生ずるというべきである。従って前示手続の段階においては当該審級の訴訟上の救助の申立に対する裁判も上告適法の要件を審査すべき原裁判所の権限に属すべきものと解する」としている。同旨の裁判例として，仙台高秋田支決昭32.8.13高民集10巻6号363頁がある。

14　なお，取消差戻し，破棄差戻しされた場合に，上訴前に原審で付与された救助決定の効力は，差戻し後の手続に及ぶと解されるため，原審で訴訟救助の申立てがなされ，訴訟救助が付与されている場合には，差戻しされた裁判所に新たに訴訟救助の申立てを行う必要はない（本編第4章第3節第2の10（211頁）参照）。

－ 183 －

第2章　申立てと裁判

　　強制執行のみについての救助は，執行裁判所に対して申し立てるべきである[15]。
　　訴訟手続から派生する裁判に対する抗告（民訴法 328 I）は，別個の審級において
審理されるものである以上，抗告についての救助は，抗告審（裁判所法7②，16②，
24④）の裁判所に対して申し立てる（斎藤注解 218 頁）。

第4　訴訟救助の申立てと本案

1　補正命令との関係

　　訴訟救助の申立書は，通常，訴状や控訴状等と同時に提出される。この場合，訴え
提起，控訴提起等の手数料が納付されていなくても，救助の申立てについての裁判が
確定するまで，手数料を納付すべき旨の補正命令（民訴法 137 I，289 II）を発する
ことを差し控えるのが相当と考えられる（菊井・村松 I 713 頁，秋山ほかコンメ II 117
頁）。

2　本案審理との関係

　　本案と救助申立ては別個の事件であり，手続も別個に進行するから，本案の審理は
救助申立ての審理の進行程度に関係なく，独自に進行させることができる。実務上は，
救助申立てに対する判断をした上で本案の期日を指定する例が大部分であり，本案
を救助申立ての審理に関係なく進行させている例は，救助申立ての審理に多くの日
数を要する場合に限られているようである[16]。

15　債務名義が形成された裁判所の方が，救助申立ての審理をするのに適当であること，執行が数個の執行裁
　判所の管轄にわたる場合も管轄裁判所を統一的に見ることができること，執行行為に対する救助は受訴裁判
　所に対する救助請求の一部分に該当すると考えられること，などの理由に基づき，管轄裁判所は，執行裁判所
　ではなく，第一審の受訴裁判所であると解する説もある。しかし，勝訴の見込みに代わり，執行の目的を達成
　する見込みがないわけではないことが要件となるのであるから，執行裁判所と解するのが相当である（兼子
　条解 355 頁，斎藤注解 218 頁，内田救助 183 頁参照）。
16　大阪地裁の大阪国際空港騒音訴訟では，救助の決定は1次訴訟については申立てより約8か月，2次訴訟
　については約 10 か月を要しており，その間，本案の手続は進行されている。富山地裁のイタイイタイ病訴訟
　では，救助決定は申立てより約1年4か月を経過しているが，その間，本案の手続は進行している。東京地裁
　スモン3次訴訟，福岡地裁カネミ1次訴訟でも救助決定前に訴状の送達がなされ，本案の手続が進められて
　いる（救助研究8頁）。

- 184 -

第4　訴訟救助の申立てと本案

【参考例　訴訟救助付与申立書】

訴訟救助付与申立書

平成〇〇年〇月〇日

〇〇地方裁判所　御中

申立人（原告）〇　〇　〇　〇　㊞

〇〇市〇〇町〇丁目〇番〇号
申立人（原告）　〇　〇　〇　〇
〇〇市〇〇町〇丁目〇番〇号
相手方（被告）　〇　〇　〇　〇

　上記当事者間の〇〇地方裁判所平成〇〇年（ワ）第〇〇〇〇号損害賠償請求事件について，申立人は訴訟費用の支払により生活に著しい支障を生じ，かつ，勝訴の見込みがないとはいえないので，訴訟上の救助を付与されるよう申し立てます。
第1　訴訟関係
　　別紙訴状写し記載のとおり
第2　疎明方法
　1　申立人の資力について
　　　疎甲第1号証　生活保護の証明書　　1通
　　　疎甲第2号証　源泉徴収票　　　　　1通
　　　疎甲第3号証　陳述書　　　　　　　1通
　2　勝訴の見込みについて
　　　別紙訴状写し記載のとおり

第2章　申立てと裁判

第2節　救助の要件

　　　救助の要件としては，①訴訟の準備及び追行に必要な費用を支払う資力がない者
又はその支払により生活に著しい支障を生ずる者であること（資力要件），及び②勝
訴の見込みがないとはいえないこと，である（民訴法 82）。

第1　資力要件

1　「訴訟の準備及び追行に必要な費用」とは，民訴法 83 条1項1号に規定する訴訟
救助の対象となる裁判費用，民訴費用法所定の訴訟費用（当事者費用[17]）のほかに，
弁護士費用や事前の調査研究費用など勝訴するために合理的に必要と考えられる経
費を全て含むと解される（注解民訴 157 頁）。

2　「支払う資力がない者」とは，広義の意味での訴訟費用（第1編第3章第1節第1
参照）を支払うことができない状態をいう。自然人については，自己及び同居の親族
の必要な生活を害するのでなければ広義の訴訟費用を出すことができない者をいい，
単なる生活保護受給者や社会通念上の貧困者であるとか，債務超過又は支払不能と
いう場合に限定されない，幅の広い概念である（斎藤注解 205 頁，注解民訴 157 頁）。

3　「その支払により生活に著しい支障を生ずる者」とは，訴訟がなければ暮らしに困
るというわけでなく，一般的な生活水準を維持しており，広義の訴訟費用を支払うこ
とは可能であっても，その支払によって生活に著しい支障をきたす者を指す（注解民
訴 157 頁）。国民の平均的生活水準を基準としてこれに支障をきたす程度であれば，
生活に著しい支障が生ずると解しうる場合も少なくないと考えられている（基本法
コンメⅠ204 頁）。

第2　資力要件の考慮要素

1　考慮要素

　　　上記要件を満たしているかどうかは，収入や資産の絶対額を基準とするのではな
く，収入等の経済的状態と，当該訴訟の難易等その内容に照らして準備に必要であっ
たと認められる費用及び今後支出が予想される費用を対比して，相対的に決められ
ることになる（注解民訴 157 頁，基本法コンメⅠ203 頁，兼子条解 354 頁，斎藤注解
205 頁，石川救助 291 頁参照）[18]。

　　　その際，考慮される要素としては，①人的範囲，②物的範囲，③生活水準，④相手
方の資力との格差，⑤勝訴の蓋然性，⑥訴訟の性格などが挙げられる。各要素の考え
方，裁判例の状況については，次のとおりである。

2　各要素の考え方，裁判例の状況

17　訴訟救助の要件判断（民訴法 82）の際には，当事者費用も考慮する必要があるが，訴訟救助の効力（民訴
　　法 83）は原則として当事者費用には及ばないことに留意する必要がある（本編第4章第2節第1（206 頁）参
　　照）。
18　秋山ほかコンメⅡ113 頁によれば，「資力要件を満たしているかについては，申立人の資産・収入から必要
　　な生活費を控除したうえで，当該訴訟に要すると考えられる裁判費用，調査費用，弁護士費用等の諸経費を支
　　出することが可能かどうかを，全体的に判断することになる。治療費等の特別の出費があれば当然これを考
　　慮に入れて資力を判断することになる。」とされている。

－ 186 －

(1) 人的範囲

誰を基準に資力の有無を判定すべきかという人的範囲に関して，次のような問題がある。

ア 家族の収入の考慮

資力の判定は，申立人本人の資力について判定するのが原則であるが（注解民訴 159 頁），具体的事情に応じて，申立人と生計を同じくする家族の収入や支出も資力の判定に当たり考慮し得るとの裁判例が旧民訴法下では一般的であり（名古屋高金沢支決昭 46.2.8 下民 22 巻 1・2 号 92 頁[19]，前橋地決昭 47.9.18 判時 686 号 77 頁[20]，東京地決昭 48.2.23 判時 709 号 60 頁[21]，東京高決昭 51.9.27 下民 27 巻 9 ～ 12 号 608 頁[22]，東京高決昭 53.1.30 判時 883 号 27 頁[23]，東京高決

---

[19] 名古屋高金沢支決昭 46.2.8 下民 22 巻 1・2 号 92 頁（イタイイタイ病抗告審）は，「資力の有無は原則として申立人本人について判断すべきであるが，申立人が未成年の子である場合は親権者の資力をも斟酌考慮すべきである。」とし，「妻が申立人の場合の夫の資力，父又は母が申立人の場合の成人の子の資力その他扶養義務ある親族の資力」について，「これら親族間には前記の如き親権と未成年の子間の如き関係がない上，申立人の個人的な訴訟のための費用の如きは一般に親族間の身分関係維持のための結合，共助に直接奉仕するものでないから夫婦間における協力，扶助義務，又は婚姻費用負担義務，親族間の扶養義務等の履行としてその負担又は立替を要求することはできないものであり，従って特段の事情の認められない限り申立人とこれらの親族との間に訴訟費用や必要経費の支弁を求むべきであるとして，これらの者の資力を斟酌考慮するのは相当でない。」としている。

[20] 前橋地決昭 47.9.18 判時 686 号 77 頁（安中公害訴訟）は，「申立人が申立人と生計を同一にする一家の世帯主である場合には，申立人と生計を同一にする家族の経済的能力も現に申立人の生計に貢献ないし負担となっている範囲において，またその家族と申立人との間に親族法上扶養義務関係が存在する範囲において，申立人の経済的能力を増加ないし減少させるものとして考慮すべきである。」としている。なお，この事件の抗告審である東京高決昭 48.9.27 下民 24 巻 9 ～ 12 号 697 頁は，「資力の有無の判断にあたっては，申立人のほか，申立人の訴訟の追行につき直接かつ一体となって経済的利害関係を有する者がある場合には，その者の資力をも申立人の資力に加えて判断すべきである。」として，更に範囲を広げている。

[21] 東京地決昭 48.2.23 判時 709 号 60 頁（スモン訴訟）は，「ある未亡人である単身の申立人が 200 万円位の年収があり，他に考慮すべき特段の事情がないため，申立を棄却されたことがあるとすれば，年収 500 万円もある夫と同居している申立人が平素家事に従事しているため無収入であることを理由に，これに全面的に救助を認めることは，前者との均衡上，生活感情のうえで公平ではなく，非常識のそしりを免れえないと思われる。なるほど，民法は夫婦別産制をとっており，夫の財産と妻の財産とは法律上一応区別されてはいるが，民事訴訟法（旧民訴法）118 条にいう「訴訟費用を支払う資力なき者」の判定にあたっては，申立人の資産収入の多寡にかかわらず，その生活の実態を直視して，それほど甚大な犠牲を払うことなしに，実際問題として，とにかく訴訟費用を出せる者といえるかどうか，気の毒な生活情況のため，事案の性質上，国が立替え支弁するのが相当かどうかという観点に立って，諸般の事情を考慮することが，解釈論としても穏当であり，かような態度の方がむしろ，国民感情にもマッチするのではないかと思われる。」としている。

[22] 東京高決昭 51.9.27 下民 27 巻 9 ～ 12 号 608 頁は，「資力の有無は原則として申立人本人について個々的に判断されるべきではあるが，申立人が未成年者である場合，あるいは無収入の妻である場合等については，特段の事情のない限りそれら申立人と同一世帯に属し，かつ申立人の訴訟追行につき直接かつ一体となって経済的利害関係を有する者といいうる父であり，かつ夫である者の資力を申立人の資力に加味して判断すべきである。」としている。

[23] 東京高決昭 53.1.30 判時 883 号 27 頁は，「資力の有無は原則として申立人本人について個々的に判断されるべきではあるが，申立人の生活が自己及びその家族の収入によって維持されている場合であって，その家族が申立人の訴訟追行につき共同当事者となる等訴訟の結果につき直接かつ一体となって経済的利害関係を有する場合等には，特段の事情の認められない限りその家族の収入，資力を加味して判断すべき」であるとしている。

昭 54.5.31 判時 935 号 61 頁[24]，広島高決平 16.9.14（判例秘書登載）[25]，松山救助 14 頁参照），現行法についても同様に解すべきとされている（秋山ほかコンメII114 頁，注解民訴 159 頁参照）[26]。

また，生計を同一にしない家族であっても，訴訟の共同当事者となっている場合等訴訟の結果につき本人と共同の利害関係を有している場合は，互いに訴訟費用支弁の資力の不足を融通しあう基盤が存在することから，家族の資産や収入を考慮すべきであるとの裁判例がある（東京高決昭 51.11.18 高民 29 巻 4 号 186 頁[27]，秋山ほかコンメII115 頁参照）。

申立人が未成年者である場合は，未成年者の訴訟における費用や経費は，親権者自身の資力をもってこれに充て後日精算する方法をとることが十分可能であり，財産管理方法としても妥当であるから，親権者の資力も斟酌考慮すべきであるとされている（名古屋高金沢支決昭 46.2.8 下民 22 巻 1・2 号 92 頁[28]，注解民訴 159 頁，新堂ほか注釈(2)598 頁，石川救助 297 頁）。

イ　訴訟担当の場合

24　東京高決昭 54.5.31 判時 935 号 61 頁は，「申立人の資力の有無を判定するに当りその家族の収入を考慮すべきであるかどうかは，所論のごとく協力扶助義務（民法 752 条），互助扶養義務（同法 730 条，877 条）等の親族法の法律問題ではなく，資力の有無は当該申立人が現実に営んでいる生活の実態を斟酌して判定するのが妥当であるかどうかという事実問題にすぎない。」とし，「申立人の資力の有無を判定するに当り，当該申立人及びその家族の日常生活が本人の収入と家族の拠出によって賄なわれているとか，少くとも，日常生活の実態からみて家族につき不時の出費の融通を期待することができる生活基盤の存する場合には，拠出金額ないしは融通を期待し得る金額の限度において，家族の収入を合算し，然らざる場合には，家族も当該申立人の訴訟追行につき共同当事者となっている等特段の事情がない限り，家族の収入を切り離して本人の資産，収入のみに基づき，本人の資力の有無を判断するのが相当である，といわなければならない。」としている。
25　広島高決平 16.9.14（判例秘書登載）は，「資力要件の有無を判断するに当たっては，生計を共にして同居する家族については，単に同居等していることだけから当然にそれらの家族の収入を申立人の収入に合算するというのは相当ではなく，少なくとも，本来申立人から独立して生計を営むことのできる者がたまたま何らかの事情により生計を共にするなどして同居している場合における当該同居人の収入は，これを申立人の収入として合算すべきものではないと考えるのが相当である。」としている。
26　なお，東京高決昭 63.3.25 判時 1272 号 97 頁（豊田商事事件抗告審）は，「もっとも配偶者以外の親族と同居し同一世帯を構成している者も少なからず存在するが，本件のように核家族化の進行した都市部の世帯においては，世帯を同じくするからといって必ずしも同居の親族の収入をも含めて本人の資力とみるのが相当であるとはいえず，そのようにみることを相当とするような特別の事情の疎明がある場合に限り同居の親族の収入をも含めて本人の資力とみることができるものというべきである。」としている。
27　東京高決昭 51.11.18 高民 29 巻 4 号 186 頁は，「家族に経済的余力がある場合には，本人においてその融通をうけ得る可能性の基盤が客観的に存在するから，そのような場合には，本人の信用として右家族の経済的余力は本人の収入と合算すべきである。また次に，収入ある家族に必ずしも右の意味の経済的余力があるとはいえないような場合であっても，例えば訴訟の共同当事者となっている等訴訟の結果につき本人と共同の利害関係を有している場合には，相互に一致協力して訴訟追行するのが当然であるから，その意味で互いに訴訟費用支弁の資力の不足を融通し合う可能性の基盤が客観的に存在し，したがってこの場合にも本人の信用として右家族の収入を加えて本人の資力を考慮すべきである。」としている。
28　名古屋高金沢支決昭 46.2.8 下民 22 巻 1・2 号 92 頁（イタイイタイ病抗告審）は，「資力の有無は原則として申立人本人について判断すべきであるが，申立人が未成年の子である場合は親権者の資力をも斟酌考慮すべきである。即ち親権者は未成年の子の財産を管理し，又はその財産に関する法律行為についてその子を代表するものであり，従って未成年の子を当事者とする訴訟においては，親権者が法定代理人として自己のためにすると同一の注意義務をもって訴訟を遂行することができる点に照らせば，当該訴訟における訴訟費用や必要経費は親権者自身の資金をもってこれに充て後日精算する方法をとることは充分に可能であり，むしろ財産管理権行使の方法としては妥当であると解されるから，訴訟救助申立については，未成年の子の資力のみならずその親権者の資力をも斟酌考慮するのが相当である。」としている。

破産管財人，会社更生法上の管財人，遺言執行者など，自己の名で訴訟当事者となる場合については，形式上の当事者自身（例えば，破産管財人）の固有の財産を基準とするものではなく，背後にある実質上の当事者の財産（例えば，破産財団に属する財産）を基準にする（斎藤注解 207 頁，破産管財人につき，秋山ほかコンメ II 115 頁，注解民訴 159 頁参照）。そして，管理財産からも利害関係人からも，必要な資力が得られない場合には，救助を認めるべきであるとされている（内田救助 177 頁）。

取立訴訟や債権者代位訴訟，株主代表訴訟等については，申立人（訴訟担当）を基準に資力の有無が判断されている（注解民訴 159 頁）。

ウ 選定当事者の場合

選定当事者が訴訟を追行する場合については，申立人である選定当事者の資力だけでなく，各選定者の資力も基準としなければならないとされている（札幌高決昭 49.1.23 下民 25 巻 1 ～ 4 号 14 頁[29]，秋山ほかコンメ II 115 頁，注解民訴 159 頁）。

エ 補助参加，共同訴訟の場合

補助参加人が訴訟救助の申立てをした場合については，被参加人ではなく，補助参加人を基準に資力の有無が判断されている。共同訴訟にあっては，資力は原則として，各共同訴訟人について各別に判断することになる（注解民訴 159 頁）。

(2) 物的範囲

資力判定の対象に含める財産等の範囲に関して，次のような問題がある。

ア 不動産

不動産は，宅地や農地などが自己及び家族の生活維持又はこれらの必要な生活費を得るための生産手段となっており，これを処分するとその生活を害することになるときは資力判定の基礎にすべきではないとの裁判例がある（名古屋高金沢支決昭 46.2.8 下民 22 巻 1・2 号 92 頁，札幌高決昭 49.1.23 下民 25 巻 1 ～ 4 号 14 頁，大阪地決昭 60.5.16 判時 1180 号 91 頁）。

しかし，これ以外の不動産を有する場合には資力判定の基礎としてよいとされている（注解民訴 161 頁，松山救助 14 頁，石川救助 296 頁参照）。

イ 預貯金

29　札幌高決昭 49.1.23 下民 25 巻 1 ～ 4 号 14 頁は，「選定当事者制度は，共同の利益を有する多数者が特定の訴訟につき原告または被告とならざるをえない場合において，訴訟を単純化しその円滑な追行を期するため，このような多数者（選定者）の中から選定された訴訟追行権者（選定当事者）に訴訟実施権の一切を委ね，爾後その者をその訴訟の当事者としてこれを追行させようとするもので，いわゆる任意的訴訟担当の一場合である。したがって，訴訟上の救助について抗告人らの資力の有無を判定するに当っては，選定当事者であるこれら抗告人らの資力のみを基準とすべきでなく，実質上の当事者である各選定者の資力をも基準としなければならないというべきである。」としている。

第2章　申立てと裁判

　　　　預貯金を有する場合には，当然資力判定の基礎に加えられるべきであるが，当
　　　事者が預金の有無に関する疎明資料を提出することは少なく，その存否及び額
　　　を疎明させることは困難であると考えられている（注解民訴 161 頁，斎藤注解
　　　206 頁，松山救助 15 頁参照）。

ウ　労災給付，公害健康被害補償給付

　　　労災保険給付や公害健康被害補償給付などの給付も資力判定の基礎となる収
　　　入に該当するといえるが（高松高決平 2.12.17 判時 1383 号 136 頁[30]参照），疾病
　　　治療のための入通院費用等に支出されているような場合は資力として算定する
　　　ことはできないとされている（大阪地決昭 60.5.16 判時 1180 号 91 頁[31]，秋山ほ
　　　かコンメⅡ 114 頁，注解民訴 161 頁，松山救助 15 頁参照）。

エ　仮執行によって金員を取得した場合

　　　申立人が一審で勝訴し仮執行によって一定の金員を取得した場合，この仮執
　　　行による支払金を申立人らの資力に含めて考慮すべきかという問題がある。
　　　仮執行による支払金は，将来返還を要する可能性があっても，処分可能な資産と
　　　して資力の有無の判断にあたり考慮されるが（東京高決昭 54.6.15 判タ 394 号
　　　71 頁参照[32]），被害回復のため消費されることが予想される場合は資産に加算され
　　　るべきではないとされている（名古屋高金沢支決昭 53.9.19 判時 922 号 65 頁[33]，
　　　秋山ほかコンメⅡ 114 頁，注解民訴 161 頁，斎藤注解 206 頁，松山救助 15 頁参
　　　照）。

30　高松高決平 2.12.17 判時 1383 号 136 頁は，「労災保険給付は，労働者災害補償法により労働者の社会復帰
　　の促進，援護，適正な労働条件の確保等を図り労働者の福祉の増進を図るために給付されるものであるが，労
　　働者がこれにより社会生活を営む点では広義の収入に当たり，民事訴訟法（旧民訴法）118 条にいう「資力」
　　に当たると解するのが相当である。」としている。
31　大阪地決昭 60.5.16 判時 1180 号 91 頁は，「申立人らの大部分は，公害健康被害補償法により，障害の程度
　　に応じ，年間 20 万円から 170 万円程度の障害補償費の給付を受けていることが認められる。しかし，右申立
　　人らは，いずれも同法所定の指定疾病のため健康体の人に比して，入通院雑費等において，右障害補償費を超
　　える多額の生活費の出費を余儀なくされていることが容易に推認しうるから，障害補償費についても，資力
　　の有無の判断にあたっては考慮しないこととするのが相当である。」としている。
32　東京高決昭 54.6.15 判タ 394 号 71 頁は，子供が駅のホームから落ちて死亡したことを理由に両親（申立人
　　ら）が提訴した損害賠償請求訴訟において，申立人らは第一審で一部勝訴し，仮執行宣言付判決に基づく強制
　　執行により相手方から各 1,000 万円余の弁済を受けているという事実関係の下で，「仮執行宣言に基づく強制
　　執行とはいっても，法律に定められた手続により権利の実現として収受した金員である以上，申立人らの収
　　入としてその資産を構成し，申立人らはこれを自由に処分し得るものというべきである。」としている。
33　名古屋高金沢支決昭 53.9.19 判時 922 号 65 頁は，「本案訴訟の第一審判決には申立人ら勝訴部分の 5 分の
　　2 の金額につき仮執行宣言が付されており，右金額については既に相手方らからの支払いがなされたものと
　　認められるところ・・申立人（訴訟承継人である申立人についてはその被承継人）らは，約 10 年前にスモン
　　病に罹患し，その療養のために本来有する経済的負担能力をはるかに超える金銭支出を余儀なくされ，それ
　　らの累積により経済的に大きな欠損状態が形成されていると一応認められる。そして前記包括的損害に対す
　　る賠償のうちには積極的財産損害に対する賠償も当然含まれているのであって，この部分は右欠損状態の解
　　消に充てられるべきものである。もっとも請求認容額の中には精神的損害に対する賠償金のように処分可能
　　な資産を形成するとみるべき部分もあるが，仮執行宣言が請求認容額の 5 分の 2 に止っていることからすれ
　　ば，仮執行宣言に基く支払金の大部分は事実上右欠損状態の解消のため直ちに費消されることが予想され，
　　資産を形成する余裕はないとみるのが相当である。」としている。

(3) 生活水準

訴訟費用を支払うことによって害される生活水準をどこに求めるかという問題である。

ア 自然人

自然人については，旧民訴法 118 条の「訴訟費用ヲ支払フ資力ナキ者」の解釈について，訴訟費用を支払うときは自分とその家族の生活に窮迫をきたす者と考えられていた（名古屋高金沢支決昭 46. 2. 8 下民 22 巻 1・2 号 92 頁[34]，菊井・村松 I 708 頁ほか）。そのため，裁判例においては，国民の一般的生活水準をもって無資力判断の生活水準と考えられていた（大阪地決昭 60. 5. 16 判時 1180 号 91[35]，秋山ほかコンメ II 113 頁，松山救助 13 頁参照）。

なお，公害訴訟や薬害訴訟などでは，総理府の統計による標準勤労者世帯の平均年収や労働省の賃金統計による労働者の平均賃金等を一応の収入基準として，これに訴訟に要する費用や個別事情を勘案し，資力の有無を判断するものが多かった（東京高決昭 51. 11. 18 高民 29 巻 4 号 186 頁，東京高決昭 54. 5. 31 判時 935 号 61 頁，大阪地決昭 60. 5. 16 判時 1180 号 91 頁，秋山ほかコンメ II 114 頁，松山救助 16 頁参照）。

現行法は，このような実務の解釈運用を踏まえ，また，「国民に利用しやすいものに」との法改正の理念の下に，訴訟救助の資力要件を「費用を支払う資力がない者又はその支払により生活に著しい支障を生ずる者」に緩和したものである。すなわち，現行法は，資力要件を，訴訟の費用を支払う資力がない無資力者に限らないことを明確にするとともに，一般的な生活水準を損なうことなしには訴訟の費用を支払うことが困難な者にも訴訟救助を付与するとしたものである（秋山ほかコンメ II 114 頁参照）。

イ 法人その他の団体

法人その他の団体については，広義の訴訟費用を支払うことによって，その目的事業の継続に著しい支障が生ずる場合が無資力の判断基準とされている[36]（京

---

[34] 名古屋高金沢支決昭 46. 2. 8 下民 22 巻 1・2 号 92 頁は，「訴訟救助は，「訴訟費用ヲ支払フ資力ナキ者」に対して与えられる（旧民訴法 118 条）。右にいう訴訟費用を支払う資力がないとは，貧困で自己及び家族に必要な生活を害するのでなければ訴訟費用を支払うことができない状態をさすと解するのが相当である。」としている。

[35] 大阪地決昭 60. 5. 16 判時 1180 号 91 頁は，「民事訴訟法（旧民訴法）118 条にいう訴訟費用を支払う資力の有無は，先に述べた意味における訴訟費用を支払うときは，自己及びその家族の平均的生活（国民の一般的水準）に支障をきたすか否かを基準として判断すべきであると解する」としている。

[36] 申立人が法人である場合については，ドイツ民事訴訟法 116 条が，自ら又は訴訟物に経済的に関与している者から訴訟の遂行に必要な資金を調達できず，かつ権利の伸長又は防御をしないことが公共の利益に反する場合としていることを参考に，旧民訴法 118 条の解釈として，「訴訟費用ヲ支払フ資力ナキ者」とは，「訴訟費用を支払うときはその法人の事業の遂行に重大な支障があり，しかも訴訟による権利の伸長又は防御をしないと公共の利益に反することになるようなその法人のことをいう」とする見解がある（菊井・村松 I 708 頁参照）。この点につき，民訴法は訴訟救助の要件として資力と勝訴の見込み以外の要件を規定しておらず，旧

都地決昭 46.11.10 下民 22 巻 11・12 号 1117 頁[37]，大阪高決平 16.10.25（判例秘書登載）[38]，注解民訴 161 頁，訴訟費用の研究 111 頁，斎藤注解 207 頁）。

⑷　相手方の資力との格差

相手方の資力と申立人の資力との格差を，申立人の資力判定の要素にする考え方があるが，裁判例はこの見解を認めていない（名古屋高金沢支決昭 46.2.8 下民 22 巻 1・2 号 92 頁，大阪地決昭 60.5.16 判時 1180 号 91 頁[39]）。相手方の資力との格差の大きさが「必要訴訟経費」の算定上，事実上増額に働くことはあるとしても，資力判定の要素にはならないと考えられている（注解民訴 160 頁，松山救助 13 頁参照）。

⑸　勝訴の蓋然性

勝訴の蓋然性が高い場合には，無資力要件は緩和されるべきであるとの考え方があるが，裁判例はこの見解を認めていない（東京高決昭 48.9.27 下民 24 巻 9～12 号 697 頁，大阪地決昭 60.5.16 判時 1180 号 91 頁[40]）。民訴法 82 条 1 項ただし書の規定から明らかなように，「勝訴の見込みがないとはいえない」ことが訴訟救助の独立要件とされていることから考えても，資力の有無の判断に当たっては，勝訴の蓋然性を斟酌すべきではないと考えられている（注解民訴 160 頁，松山救助 13 頁参照）。

⑹　訴訟の性格

公害訴訟等の複雑かつ大規模な訴訟においては，原告団という集団として取り組まざるを得ないのであるから，資力の認定も，申立人ごとの個別判断を避け，集団的・画一的に行うべきであるとの見解がある。しかし，通説・裁判例では，現行法の訴訟救助の規定が属人的に規定されている以上，個別的に認定せざるを得な

民訴法・現行民訴法いずれの解釈としてもこのような要件を特に加える必要があるか疑問とする見解もある（秋山ほかコンメⅡ115 頁，石川救助 297 頁参照）。

37　京都地決昭 46.11.10 下民 22 巻 11・12 号 1117 頁は，ドイツ民訴法の条文と解釈を参考に，法人に対する旧民訴法 118 条による訴訟救助付与の要件は，「⑴法人には，訴訟を追行するに必要な資金がなく，その訴訟の追行について経済的利害のある者から，その資金を借用しようと十分努力したこと（その努力の結果は問題でない），⑵その訴訟を追行しないと，法人の存在が脅かされ，そのことによって一般公共の利益が害されること，⑶勝訴の見込がないでもないこと，の以上三要件であると解するのが相当である。」としている。

38　大阪高決平 16.10.25（判例秘書登載）は，「法人につき，民事訴訟法 82 条 1 項本文所定の「訴訟の準備及び追行に必要な費用を支払う資力がない」との要件が具備される場合とは，一般的には，訴訟費用を支払うことでその法人の事業の遂行に重大な支障が生ずる場合を指すと解されるが，具体的にそのような場合に該当するかどうかは，当該訴訟費用の額と，当該法人の営業規模，資産及び負債の状況，当該法人の信用力（資金調達能力）等の諸事情を検討して判断すべきである。」としている。

39　大阪地決昭 60.5.16 判時 1180 号 91 頁は，「訴訟救助は，無資力者に対する国の救助制度であって，相手方の資力と対比して相対的に劣る者を経済的に援助するものではないから相手方の資力の有無を参酌さるべきでないといわざるを得ない」としている。

40　大阪地決昭 60.5.16 判時 1180 号 91 頁は，民事訴訟法（旧民訴法）118 条但書の規定から明らかなように勝訴の見込みが訴訟救助の独立の要件とされていることから考えても，資力の有無の判断にあたっては，本案訴訟についての勝訴の蓋然性も参酌すべきではないとしている。

いとされている（名古屋高金沢支決昭 46.2.8 下民 22 巻 1・2 号 92 頁[41]，大阪地決昭 60.5.16 判時 1180 号 91 頁，注解民訴 160 頁，松山救助 14 頁参照）。

第3　勝訴の見込みに関する要件

「勝訴の見込みがないとはいえないとき」とは，必ずしも勝訴の見込みがないことはないという意味で，勝訴の見込みがあるというよりも緩やかである（秋山ほかコンメⅡ116 頁，基本法コンメⅠ204 頁，兼子条解 355 頁，斎藤注解 207 頁）。すなわち，積極的に勝訴する可能性が強いというのではなく，勝訴の見込みがないことが確実でない，ということである（斎藤注解 207 頁）。

申立人の事件が，明らかに敗訴するであろうと予測されるときに救助を与えるのは，それに要する経費が無駄になるのみでなく，救助を与えなければ応訴をせずに済んだであろう相手方にも，無益の時間と経費の消費を強いる結果となる。したがって，救助を与えるには，ある程度事件の実体についての価値判断が必要になる。そこで，申立人の訴訟上の主張が無茶や軽率でなく，法律上及び事実上是認される可能性があることが必要になる（内田救助 178 頁）。

これは，救助の制度を利用して濫訴が行われることを防止するための要件であり[42]，訴えが併合されている場合は，各訴えごとにこの要件を審査することになる。

なお，訴えの変更，反訴の提起がされたときは，従前の訴えとは別個に勝訴の見込みを判断しなければならないから，従前の訴えの救助決定の効力はこれらの訴えには及ばないとされている（秋山ほかコンメⅡ118 頁，注解民訴 163 頁，斎藤注解 214 頁参照）[43]。

第4　勝訴の見込みに関する考慮要素

1　「勝訴の見込みがないとはいえないとき」の考え方

⑴　勝訴の見込みがないとはいえないとき

41　名古屋高金沢支決昭 46.2.8 下民 22 巻 1・2 号 92 頁は，「訴訟救助は無資力者に対する国の扶助制度であり，本来補充的なものとみれば，その認定ないしは適用は個別的，属人的にならざるを得ない（旧民訴法 121 条）し，また右の如く本案訴訟を集団的に遂行しているという事と訴訟救助を誰に与えるかという事は無関係であり，原告団の中に救助を与えられた者とそうでない者がいるため費用の予納等の点に関し事務上若干の繁雑さを生ずることはあっても，右資力の認定まで画一的，集団的に行わなければならないという要請は全くない。」としている。

42　最決平 19.12.4 判解 852 頁は，この要件が設けられた趣旨について，「訴訟救助は，正当な権利を有する無資力者の保護という目的を基礎とする制度であるが，救助決定に際して「正当な権利の有無」を厳格に審査すべきものとすると，結果として正当な権利を有する者が訴訟救助による救済を受けることができないことになってしまうおそれがあるため（訴訟の初期段階で正当な権利の有無を確定することは困難なことが多いであろう。），救助決定に際しては，制度の濫用防止という観点から，「勝訴の見込みがないとはいえない」という緩やかな要件を定めるにとどめたと考えられる。」としている。

43　なお，大阪高決平 18.6.21 判タ 1216 号 112 頁は，原告が刑務所で服役中に懲罰処分を受けたので，その取消等を求める訴えを提起し，その提起に当たり訴訟救助を申し立てたが，訴訟救助付与決定が相手方に告知された時点で懲戒処分の執行が終了していた事案において，「訴訟の審理の過程で懲罰の執行が終了し，取消しを求める訴えの利益が失われたとしても，国家賠償請求に訴えを変更することにより勝訴する見込みがなお残されていることをも見通して本案における勝訴の見込みを判断するのが相当であって，訴え提起後に処分の執行が終了して取消しの訴えの利益が失われていることのみを理由として本案の勝訴の見込みがないと判断することは，相当でないといわなければならない。」としている。

- 193 -

申立人の請求が，主張それ自体は正当であり，訴訟の進展次第で勝訴することもないとはいえないと考えられるのであれば，勝訴の見込みがないとはいえないと考えることができるとされている（東京高決昭 45.11.30 判時 614 号 59 頁，同昭 54.11.1 判時 949 号 64 頁，斎藤注解 208 頁）。また，申立人の主張自体が論理にかない，法律的にも成立し得る場合は，立証の点に不確実性が存在しても，要件を充足するとされている（注解民訴 162 頁参照）。

(2) 勝訴の見込みが否定される場合

申立人の請求の内容が不法であるとか，その主張する権利の発生原因である契約が公序良俗に反し無効であるとか，その主張事実が明らかに虚偽であることが判然としているとか，その主張事実につき，何らの証拠方法も表示されていない場合など，申立人の主張自体に理由がないときや，敗訴の公算が極めて大きいときは，勝訴の見込みがないとして，救助の要件を欠くとされている（東京高決昭 54.2.27 判時 923 号 83 頁，東京地決昭 56.4.27 判時 1013 号 71 頁[44]，名古屋地決昭 59.4.13 判時 1124 号 195 頁，秋山ほかコンメ II 116 頁，斎藤注解 208 頁）。

また，多額の請求中ごくわずかの部分につき勝訴の見込みがあるにすぎないような場合は，一部につき救助を与えるというよりも，訴訟を全体としてみて，勝訴の見込みの点で救助の要件を欠くことになるとされている（東京高決昭 39.5.11 下民 15 巻 5 号 1057 頁[45]，秋山ほかコンメ II 116 頁，斎藤注解 209 頁）。

2 上訴審における勝訴の見込みに関する考え方

(1) 控訴審

控訴審は続審であって，原則として第一審では提出しなかった新主張と新証拠を提出することが許される関係上，申立人が第一審で敗訴したというだけで当然勝訴の見込みがないとして，訴訟救助の要件を具備しないと判断することは許されない（斎藤注解 208 頁）。しかし，控訴審において，第一審で敗訴した控訴人から訴訟救助が申し立てられた場合には，既に申立人敗訴の判決が存在するため，第一審におけるよりも高度の勝訴の見込みがないとはいえないことについての疎明

---

44 東京地決昭 56.4.27 判時 1013 号 71 頁は，不動産引渡命令に基づく建物の引渡執行の違法を理由とする損害賠償請求事件の事案において，「「勝訴ノ見込ナキニ非サルトキ」は，勝訴の見込みがあることに比して，多少緩やかな内容のものと解すべきではあるけれども，申立人の主張が，主張自体からみて失当であるときはもとより，たとえ主張自体において失当であるとまではいいきれないにもせよ，本案たる当該訴訟の事案の内容及び今後における訴訟の推移を推測するのと併せて，その争点の有無・大小及び多少・立証の難易等をも可能な限り展望・予想した場合，その敗訴の公算が極めて大であるとされるときもまた，「勝訴ノ見込ナキ」ときに当たるものと解するのが相当である」としている。

45 東京高決昭 39.5.11 下民 15 巻 5 号 1057 頁は，「2030 万円もの多額の請求中僅か 20 万円につき勝訴の見込みがあるにすぎないような場合は，民事訴訟法（旧民訴法）第 118 条にいう「勝訴の見込なきに非ざるとき」には該当しないものと解するのが相当であるから，本件申立はこの点において救助の要件を具備しないものといわなければならない。」としている。

を要するものとされている[46]（秋山ほかコンメⅡ 116 頁，注解民訴 162 頁，松山救助 12 頁参照）。

(2) 上告審

上告審における訴訟救助の判断に際しては，上告審は法律審であって，新たな事実の収集を行わず，従前の手続において収集された資料を基礎にすることから，勝訴の見込みがないとはいえないかどうかを，当事者の主張だけで判断することになる。この場合でも，無資力の点については，疎明が必要であるとされている（秋山ほかコンメⅡ 119 頁，斎藤注解 220 頁）。

3 当事者双方から訴訟救助申立てがされた場合の対応

原被告の当事者双方からそれぞれ訴訟救助の申立てがされた場合は，それぞれについて訴訟救助の要件の有無を判断することになる。一方に訴訟救助を認めても，当然に相手方の救助申立てがその要件を欠くものとしてこれを却下することはできない。双方とも勝訴の見込みがないとはいえないとして，双方の当事者に対し，訴訟救助を付与することもできるとされている（秋山ほかコンメⅡ 116 頁，斎藤注解 209 頁）。

第3節　審理手続

第1　進行方針の共有

書記官は，申立書及び疎明資料の確認を行い，補正事項の有無等を調査し，裁判官に報告する。なお，手続の進行方針は，裁判官が決定するから，書記官の上記点検事務は，裁判官の判断補助を目的とする。

裁判官の補正の要否等の判断により，書記官が行うべき事務は異なるから，書記官が事務を能率的に進めるためには，日頃から裁判官との間で申立書及び疎明資料等の点検についての方針を共有しておくとともに，当該事件の進行について早期に打合せをすることが重要と思われる。

第2　申立書の確認

申立書については，管轄の有無，申立人及び相手方の住所，氏名，救助を受けるべき訴訟の概要や救助を受けなければならない事情等の記載事項に明らかな誤記や脱漏がないか等を確認する。なお，申立書によっては，訴訟救助を求める範囲が曖昧なものがあるので，全部救助の申立てなのか，訴え提起の手数料のみの一部救助申立てなのかなど，救助を求める範囲にも注意する。

46　旧民訴法第 118 条にいう「勝訴ノ見込ナキニ非サルトキ」の控訴審における判断基準について，第一審の原被告と第二審の控訴人とでは，要件の疎明の程度は同一ではなく，控訴人が第二審において訴訟救助を申し立てるには，当該当事者が第一審では敗訴しているが，①証拠関係からいって，逆に第二審では勝訴の見込みがないとはいえないこと，②第一審判決に含まれる事実上，法律上の瑕疵のため，判決の取消の蓋然性がなくはないこと，③控訴人が第二審で提出する新たな主張が新たな証拠によって裏付けられることにより，控訴人勝訴の見込みがないとはいえないことなどを具体的に明示して疎明しなければならないとしている（東京高決昭 52.3.18 判時 851 号 185 頁，札幌高決昭 53.11.30 判タ 374 号 117 頁，東京高決昭 56.7.9 判時 1013 号 37 頁）。

第2章　申立てと裁判

第3　疎明資料の確認

　　訴訟救助の要件を疎明する資料（民訴規則30Ⅱ）の添付の有無を確認する。なお，疎明方法及び疎明資料の留意点は，次の1から3までのとおりである。

1　疎明方法

　　疎明が求められている「訴訟上の救助の事由」とは，民訴法82条1項に規定されている，①申立人が「訴訟の準備及び追行に必要な費用を支払う資力がない者又はその支払により生活に著しい支障を生ずる者」であること，及び②「勝訴の見込みがないとはいえない」ことの2点である（条解民訴規則66頁参照）。

　　疎明は，即時に取り調べることができる証拠によってしなければならないとされている（民訴法188）。

2　資力要件の疎明資料

　　資力要件の疎明方法は，従来から，作成の真否を争う余地の少ない公的機関の証明書類を提出することが慣例として行われており，それは裁判所に対する最も効果的な手段であるとされている（斎藤注解220頁）。しかし，必ずしもこれに限定されるものではなく，種々の疎明方法が考えられる[47, 48, 49]。具体的な資料としては，以下のものが考えられる。

　　なお，この点についてのアンケート調査の結果については，後述の「アンケート調査の結果について」（198頁）のとおりである。

⑴　収入に関するもの

　　所得証明書，非課税証明書，納税証明書，源泉徴収票，給与証明書，年金振込通知書

⑵　資産に関するもの

　　固定資産評価証明書，預貯金通帳

⑶　公的扶助に関するもの

　　生活保護受給証明書，医療扶助受給証明書，失業保険受給証明書，労働者災害補償保険受給証明書，身体障害者手帳

⑷　生活の実情に関するもの

　　家計簿，家計収支表，申立人の陳述書，上申書

47　名古屋高金沢支決昭46.2.8下民22巻1・2号92頁は，「被抗告人らは，従来より訴訟救助申立事件につき慣例として提出されている（中略）公的機関の証明書を提出せず，被抗告人本人作成の報告書，又はイタイイタイ病対策協議会会長Aなど第三者作成の報告書その他住民の所得に関する統計書類等を提出し，被抗告人らの無資力を疎明せんとしている。しかし右無資力は疎明することを要するものであるが，法律上疎明方法に関する特別の制限はないから，前記公的な証明書に限定されることなく，その他の疎明方法によることも許される。」としている。

48　もっとも松山救助20頁は，「何ら裏付けのない私的な証明書には注意すべきであるし，そのような場合には補充の疎明を要求することも考えるべきである。」としている。

49　東京高決昭63.3.25判時1272号97頁（豊田商事事件抗告審）は，「訴訟費用を支払う資力を有しないことは救助申立人において疎明すべきものであるから，単に本人の申述のみで足りるものではなく，容易に提出することができる客観的資料を提出する努力を怠ってはならないのであって，このような資料の提出のないことが斟酌されるべきことは当然である。」としている。

第3 疎明資料の確認

(5) **その他**

法テラスの援助開始決定，代理人弁護士の上申書・報告書，貧困（無資力無収入）
であることの民生委員の証明書，住民票写し

(6) **交通事故の場合**

事故証明書，診断書，治療費等予想される出費の状況が分かる一覧表

(7) **法人などが申立人の場合**

ア 法人

貸借対照表，損益計算書，財産目録

イ 刑事施設の被収容者

領置金（所持金）証明書

第2章　申立てと裁判

【アンケート調査の結果について】

1　申立人の資力の疎明資料として，一般的にどのような資料の提出を求めていますか（複数回答可）。

		【地裁】	【簡裁】
①	法テラスの援助開始決定	49庁	8庁
②	所得証明書	48庁	8庁
③	非課税証明書	37庁	5庁
④	源泉徴収票，給与明細書	47庁	7庁
⑤	年金振込通知書	27庁	6庁
⑥	預貯金通帳	35庁	7庁
⑦	生活保護受給証明書	44庁	7庁
⑧	申立人の陳述書，上申書	33庁	8庁
⑨	代理人弁護士の報告書，上申書	24庁	6庁

　なお，その他の資料として，次のような回答があった。

　　家計簿，家計表，家計収支報告書，1か月分の支出の内訳を記載した書面，財産目録及び負債状況一覧表，固定資産評価証明書，解雇通知，失業保険受給証明書，医療扶助受給証明書，身体障害者手帳，休業補償支給決定通知書，世帯全員の住民票写し，法テラスの援助開始審査のため提出した資料等

　　交通事故の場合に，事故証明書，診断書，治療費等予想される出費の状況が分かる一覧表等

2　申立人の資力の疎明資料として，法テラスの援助開始決定写しのみが提出された場合，他に疎明資料の提出を求めていますか（裁判体により異なる場合には複数回答可）。

		【地裁】	【簡裁】
①	求めている。	47庁	7庁
②	求めていない。	8庁	3庁
③	そのような例はなかった。	1庁	3庁

3　同居親族の資力の疎明資料として，一般的にどのような資料の提出を求めていますか（複数回答可）。

		【地裁】	【簡裁】
①	所得証明書	30庁	6庁
②	非課税証明書	20庁	4庁
③	源泉徴収票，給与明細書	27庁	5庁
④	年金振込通知書	16庁	5庁

第4 十分な疎明資料の提出がない場合の取扱い

		【地裁】	【簡裁】
⑤	預貯金通帳	17庁	3庁
⑥	生活保護受給証明書	19庁	5庁
⑦	陳述書，上申書	27庁	5庁
⑧	そのような例はなかった。	14庁	6庁

　なお，その他の資料として，次のような回答があった。

　代理人弁護士の報告書，子ども手当に関する資料，家計収支表，法テラスの援助開始審査のため提出した資料等

4　申立人が被収容者の場合，申立人の資力について，どのような方法で調査しましたか（複数回答可）。

		【地裁】	【簡裁】
①	陳述書の提出を求めた。	15庁	4庁
②	領置金（所持金）証明書の提出を求めた。	31庁	5庁
③	被収容者は，無収入・無資力であると考えて，特に疎明資料を求めなかった。	7庁	1庁
④	職権により，被収容者が収監されている刑務所等に対して照会を行った。	14庁	1庁
⑤	そのような例はなかった。	16庁	5庁

　なお，その他の資料として，次のような回答があった。

　代理人弁護士の報告書，収支報告書，預貯金通帳，作業報奨金残高証明書，財産目録及び負債状況一覧表，在所証明書，刑事事件の判決書写し（刑事訴訟法181条1項ただし書適用の有無の確認のため），法テラスの援助開始決定，申立人及び同居家族の所得証明書（非課税証明書），世帯全員の住民票写し

3　勝訴の見込みに関する疎明資料

　　勝訴の見込みがないとはいえないことについては，裁判所が調査の結果この要件が欠けていると判断した場合，申立ては認められないこととなるという意味で，申立人に疎明責任があるというにとどまると考えられている（兼子一「判例民事訴訟法」上巻（昭和37年，酒井書店）423頁）。申立人は，係争事情を明確にし，立証に用いようとする証拠方法なども開示して，その中で主要なものは疎明資料として提出することになる（訴訟費用の研究468頁参照）。

　　具体的には，訴状，補助参加の申出書等，訴訟救助を求めている手続に関する主張資料，必要があれば立証関係の資料を提出することが考えられる（条解民訴規則 66頁参照）。

第4　十分な疎明資料の提出がない場合の取扱い

第2章　申立てと裁判

　　申立人から十分な疎明資料の提出がない場合は，申立人に対し，速やかに追完する
よう促すことが考えられるが，事案によっては次のような方法で資力要件を確認す
る場合があるので，裁判官と手続の進行について，十分に相談することが必要である。

1　職権による調査嘱託

　　申立人が刑事施設の被収容者の事案では，法務省又は刑務所に対して，留置金等の
状況について，職権で調査嘱託を行うことがある。

2　相手方への意見聴取

　　申立人が刑事施設の被収容者の事案，集団訴訟において多数の申立人が一律に訴
訟救助の申立てをしている事案などでは，事前に相手方に求意見をすることがある。
この場合には，訴訟係属を生じさせるため，求意見の前に訴状副本の送達を実施する
ことが必要である。

3　当事者の審尋

　　訴訟救助に関する裁判手続は，その性質上迅速かつ簡易なことが要求されるため，
書面審理が原則である。しかし，場合によっては，当事者を審尋することもできる（民
訴法87Ⅱ）。救助の申立てを無資力の疎明がないことを理由として却下する場合には，
申立人を審尋するのが相当とされている（秋山ほかコンメⅡ119頁）。

　　審尋をする場合，審尋のための呼出しは送達手続による必要はないが，通常は，期
日呼出状を送達していることが多い。審尋を行った場合は，書記官は審尋調書[50]を作
成する（民訴規則78）。書面により審尋することもできる。

第4節　裁判及び告知

　　申立ての理由があると認めるとき，申立てを受けた受訴裁判所は，救助付与の決定
をするが，申立人の資力の程度等の事情のいかんによっては，裁判費用の一部，例え
ば，比較的高額となる申立手数料や鑑定料などに限定して救助を付与することもで
きる（一部救助，本編第3章参照）。

　　救助付与の決定は，当事者双方（申立人と相手方）に告知することを要する[51]。即
時抗告との関係で決定謄本を送達する方法によるのが相当である。

　　救助の申立てが不適法又は理由がないときは，救助申立却下の決定をする。救助申
立却下決定に理由を付さなくても違法とならない旨の古い決定（大決明31.7.7民録
4輯212頁）があるが，その法的根拠は明らかではなく，当事者及び抗告裁判所のこ
とを考えれば，むしろ理由を必要とすべきである。

　　申立却下決定の告知方法は，救助付与の決定と同様であるが，告知は申立人にすれ
ば足りる。

50　調書の様式は，民事調書通達の第6号様式による。
51　後述のように，相手方にも即時抗告権があると解されるので，告知を要するものと解される。訴訟救助付与
　　決定があったときは，支払猶予をした費用の取立事務に備えて，訴訟記録の表紙に訴訟救助決定がされてい
　　る旨を記載しておくとよい。

【参考例　訴訟救助付与決定】

平成○○年（モ）第○○号

決　　　定

申立人（原告）　○　○　○　○

相手方（被告）　○　○　○　○

本件訴訟上の救助申立事件につき，当裁判所は，次のとおり決定する。

主　　　文

当庁平成○○年（ワ）第○○○号損害賠償請求事件について，申立人（原告）に対し，訴訟上の救助を付与する。

平成○○年○月○日

○○地方裁判所民事第○部

裁　判　官　○　○　○　○　㊞

【参考例　訴訟救助申立却下決定】

平成○○年（モ）第○○号

（本案：平成○○年（ワ）第○○○○号損害賠償請求事件）

決　　　定

申立人（原告）　○　○　○　○

相手方（被告）　○　○　○　○

本件訴訟上の救助申立事件につき，当裁判所は，次のとおり決定する。

主　　　文

本件申立てを却下する。

理　　　由

本件申立ての要旨は，申立人は訴訟費用の支払により生活に著しい支障を生ずるので，訴訟上の救助を求めるというものであるが，申立人提出の疎明資料からは救助の事由を認めることはできないので，主文のとおり決定する。

平成○○年○月○日

○○地方裁判所民事第○部

裁　判　官　○　○　○　○　㊞

第2章　申立てと裁判

第5節　決定後の事務
第1　救助付与に伴う国庫立替手続

　　訴訟救助が付与された場合，納付を猶予された手数料及び手数料以外の費用（立替金）[52]で国庫で立て替えたものについては，記録上明確にしておく必要がある。具体的には，担当書記官は，国庫立替・支払猶予費用計算書（票）を作成して事件記録中の見やすい箇所（各庁の定めによるが，事件記録の冒頭部分とされている例が多い。）に編てつし，手数料納付の猶予又は立替支出の度に，日付及び金額と，例えば「訴え提起手数料」「被告への訴状副本，呼出状送達」「証人〇〇の旅費・日当」等の事項を記入して明らかにするのが相当である。

　　なお，国庫立替手続の詳細は，第5編国庫立替え及び立替費用の取立てを参照されたい。

第2　申立却下と手数料納付命令（任意納付の促し）

　　訴訟救助申立てを却下した場合，裁判所は，原告に対し，手数料の納付を命ずることになる（通常の場合は，納付命令の前に担当書記官が任意納付を促すことになると思われる。）。

　　この場合，救助申立却下決定と同時に納付を命ずるか，同却下決定の確定を待って納付を命ずるかについては取扱いが分かれるが，この点は，救助申立却下決定に対する不服申立方法と関係する。すなわち，通常抗告説によれば，抗告があっても却下決定の効力は停止されないから，却下決定と納付命令を同時に発しても支障を生じないのに対し，即時抗告説によれば，抗告により却下決定の効力は停止されるから（民訴法334Ⅰ），却下決定の確定を待ち，その上で納付命令を発することになる。

　　本編第5章第3節のとおり，却下決定に対する不服申立てについては，即時抗告説が妥当であるとされているので，却下決定の確定を待って納付命令を発すべきである。

52　民訴費用法11条1項に定める費用であり，「立替金」と呼ばれることがある。詳細については，第1編第3章第2節第1の2（16頁）を参照されたい。

－ 202 －

第1　手続費用の一部についての救助

第3章　一部救助

第1節　一部救助の可否
第1　意義

　　一部救助とは，民訴法83条1項1号に定める裁判費用等の量的・質的一部につい
て，訴訟救助の決定をすることをいう。

第2　一部救助の可否

　　一部救助の可否について，本人が自発的に放棄しない限り一部救助は許されない
という考えもあった（兼子一「条解民事訴訟法（上）」293頁（昭和30年，弘文堂））。
その根拠は，訴訟費用の裁判は，原則として訴訟事件の過程の全般にわたる費用であ
るから，統一的包括的にすべきであり（訴訟費用不可分の原則），その一部について
の訴訟救助は認められないと考えられること，民訴法82条には一部救助に関する明
文の規定がないことを考慮したものと思われる。

　　しかし，①無資力者といっても，その中には一部の訴訟費用を支出することが可能
な者がいること，②勝訴の見込みのある被害者が訴えを起こすことについて，できる
だけその道を閉ざさないようにすることが社会的正義に合致すること，③民訴法は，
訴訟費用について原則として不可分の原則を採っているが，例外的に訴訟費用の分
割を容認することは民訴法62条ないし66条の示すところであること，④勝訴の見
込みの点でも請求の一部について勝訴の見込みはないが，他の部分は見込みがある
という疎明が可能な場合もあること，などを理由に一部救助を認めるのが通説・実務
である（秋山ほかコンメⅡ121頁，注解民訴170頁，菊井・村松Ⅰ718頁，斎藤注解
229頁，新堂ほか注釈(2)611頁，内田救助180頁など）。なお，裁判例，法曹会決議も
これを積極的に解している[53,54]。

第2節　一部救助の態様

　　一部救助の態様は，次の第1から第3までのとおり，3つの態様に分類できる。

第1　手続費用の一部についての救助

53　名古屋高金沢支決昭44.7.30下民集20巻7・8号549頁は，「救助の制度は，一般に裁判制度を利用する特
　　定の者に費用の一部を負担させる原則に対する例外を規定したものであると解せられ，従って，その適用は
　　必要限度に止まるべきものであり，かりに一部といえども費用支弁の能力があるときには，同支弁可能の部
　　分につき救助を与える必要はこれを見出すことができないこと，また右訴訟救助自体が訴訟費用全部につき
　　効力を生ずるものでなく，前述の如く訴訟費用中当事者費用については必要性の点から救助を認めていない
　　ものであり，救助は訴訟費用全部につき不可分的に与えられなければならないとの要請はなく，当事者の資
　　力の程度如何によっては，右裁判費用等に関する救助の申立のうち一部についてのみ救助を与えることも理
　　論上は許されると考えられること等の理由により，明文の規定はないが訴訟上の救助申立については申立の
　　一部認容（一部棄却）も可能であると解するのが相当である。」としている。
54　法曹会決議昭40年12月15日決議要録には，「訴訟上の救助の申立てについては，当事者が例えば鑑定費
　　用に限りというように範囲を限定して救助を申し立てた場合，これを許すことができるのはもとより，当事
　　者が範囲を限定しないで救助を申し立てた場合においても，例えば，訴訟物の価額100万円を超える部分を
　　除き救助を与えるというように，範囲を限定して救助を与えることが許されるものと解する。」とある。

第3章　一部救助

訴え提起手数料，書類の送達費用，鑑定費用など，個々の手続費用だけについて救助を与える場合である。実務上この形態がほとんどである。

第2　請求の客観的併合の一部救助

請求の客観的併合のうちの一部の請求についてだけ，勝訴の見込みがないわけではないとして，当該請求についてのみ救助を与える場合である[55,56]。

第3　訴額の数量的一部についての救助

高額な請求のうち，訴額の数量的一部について勝訴の見込みがないとはいえないとして，その一部にのみ救助を与える場合である。

第3節　一部救助の裁判

一部救助の裁判をする場合には，申立人が例えば「鑑定費用に限り」というように範囲を限定して救助を申し立てている場合もあろうし，申立人が範囲を限定せずに申立てをしたのに対して，裁判所が範囲を限定して救助を与えることもある。いずれにしても，決定主文において，救助の範囲を明確にする必要がある。

全部救助の申立てがあり，裁判所が一部救助の裁判をした場合には，同時にその余の部分の申立てを却下しておく必要があると思われる。しかし，実務上は，却下の裁判をしていないことが多いと思われる[57]。

第4節　金銭債権の数量的一部救助決定と補正命令

訴額の算定は訴え提起時を基準とすべきものであり，原告がその後に請求を減縮しても，当初に貼用すべき印紙額がそれに応じて減額されるものではない（最判昭47.12.26 判時 722 号 62 頁）。では，金銭債権の支払を請求する訴え提起と同時に，訴訟救助の申立てがなされたところ，請求金額の一部についてのみ勝訴の見込みがないとはいえないとして，この部分に対応する訴え提起手数料につき訴訟救助を付与する決定が確定し，かつ，請求がこの部分に減縮された場合に，訴訟救助が付与されなかったその余の訴え提起手数料を納付しない限り，当該訴えの全部が不適法となると解すべきであろうか。

この点につき，最判平成 27 年 9 月 18 日民集 69 巻 6 号 1729 頁は，「訴え提起時にされた訴訟上の救助の申立てに対する一部救助決定には，勝訴の見込みがないとはいえないとされた数量的な一部に請求が減縮された場合，これに対応する訴え提起

55　これを肯定するものとして，訴訟費用の研究 116 頁。
56　第2及び第3の態様での一部救助が理論的には許されるとしても，救助を与えた部分と与えない部分との間で現実の費用をどう案分するかという問題が残り，請求の減縮などが加わると手続も煩雑であるため，実例は少ないようである。
57　一部救助の裁判において，その余の申立てが却下されていない場合，例えば手数料について一部救助し，更に鑑定費用で救助を必要とする場合，再度の申立ては必要であろうか。この点，受救助者が最初の申立てを利用し，上申書をもって裁判所に職権の発動を促すという方法も考えられなくはないが，実務上は再度の申立てをさせているようである。

- 204 -

の手数料全額の支払を猶予し，その結果，訴え提起時の請求に対応するその余の訴え提起の手数料の納付がされなくても，減縮後の請求に係る訴えを適法とする趣旨が含まれるものというべきである。」として，「金銭債権の支払を請求する訴えの提起時にされた訴訟上の救助の申立てに対し，当該債権の数量的な一部について勝訴の見込みがないとはいえないことを理由として，その部分に対応する訴え提起の手数料につき訴訟上の救助を付与する決定が確定した場合において，請求が上記数量的な一部に減縮されたときは，訴え提起の手数料が納付されていないことを理由に減縮後の請求に係る訴えを却下することは許されないと解すべきである。」と判示している[58]。

【参考例 一部救助付与決定】

平成〇〇年（モ）第〇〇号

決　　　定

申立人（原告）　〇　〇　〇　〇

相手方（被告）　〇　〇　〇　〇

本件訴訟上の救助申立事件につき，当裁判所は，次のとおり決定する。

主　　　文

当庁平成〇〇年（ワ）第〇〇〇号損害賠償請求事件について，申立人（原告）に対し，訴え提起手数料〇万〇〇〇〇円について訴訟上の救助を付与する。

平成〇〇年〇月〇日

〇〇地方裁判所民事第〇部

裁　判　官　〇　〇　〇　〇　㊞

58　このような一部救助決定が確定した場合，訴え提起時の請求に対応するその余の訴え提起手数料については，原告にその納付義務があるから，理論的には，原告に対し，これを納付するよう命ずる補正命令を発することができることになる。しかしながら，上記判決によれば，補正命令を発した後であっても，請求が減縮されたときは，補正命令に応じないことを理由に減縮後の請求に係る訴えを却下することは許されないこととなるから，実務上の運用としては，このような一部救助決定が確定した後，可能であれば原告に請求を減縮するか否かを確認等した上で，請求の減縮がされない場合に，補正命令を発することになると思われる（判時2280号66頁以下，判タ1419号77頁以下参照）。

第4章　救助の効力

第4章　救助の効力

第1節　効力発生時期
第1　救助付与決定の効力発生時期
　　救助付与決定は，一般の決定と同様，告知によって効力を生ずる（民訴法119）。しかし，救助付与決定に対する相手方からの即時抗告は，執行停止の効力を有する（民訴法334 I）。手数料は救助申立てにより納付義務の発生が阻止されているので，即時抗告があってもその状態が続くだけであるが，立替金については，即時抗告があると，抗告審の裁判があるまで立替支出することができなくなる。

第2　効力発生の基準時（効力遡及の有無）
　　訴訟救助の効力は，将来に向かって生ずるのか，救助申立て時に遡及して効力を生ずるのかという問題がある。この点については，決定告知の時から将来に向かって効力を生ずるのが原則であり，救助決定においてその効力発生時期を救助申立ての時に遡らせることができると考えるべきである（訴訟費用の研究116頁）[59]。したがって，支払（納付）が猶予される裁判費用等は，決定の告知日以降に納付又は予納義務が発生するものに限られ，それより前に発生しているものは猶予されない。
　　しかし，訴状提出と同時に訴え提起の手数料を納付することなく訴訟救助の申立てがされたときは，訴え提起の時に遡って救助付与の効力を生ぜしめることを求める趣旨と解し，効力遡及の裁判がなくても，訴え提起時に遡って救助の効力が生じ，訴え提起手数料の納付が一時猶予されると解されている（講義案II 123頁，秋山ほかコンメII 121頁）。

第2節　物的範囲
　　民訴法83条1項は，訴訟救助決定は，訴訟及び強制執行について，①裁判費用並びに執行官の手数料及び職務執行費用の支払の猶予（1号），②裁判所において付添いを命じた弁護士の報酬及び費用の支払の猶予（2号），③訴訟費用の担保の免除（3号）の効力を有する旨定めている。

第1　裁判費用の支払猶予
　　訴訟費用は，裁判費用と当事者費用に分かれるところ（第1編第3章第2節（15頁）参照），訴訟救助決定による支払猶予の対象となるのは，原則として裁判費用のみであり，当事者費用は，執行官の手数料及び職務執行に要する費用（民訴費用法2③）と付添弁護士の報酬及び費用（民訴費用法2⑩）を除き，訴訟救助の対象とならない（民訴法83 I ①，②）（注解民訴167頁，秋山ほかコンメII 122頁参照）。

---

[59] 救助決定の効力は，決定において将来に向かってのみ生じると明記しない限り，申立て時に遡って生じるとする説もある（兼子条解356頁，救助研究26頁）。

裁判費用とは，当事者が訴訟を追行するについて裁判所に納入しなければならない費用のことで，手数料（民訴費用法2①，3）及び手数料以外の費用（立替金）（民訴費用法2②，11Ⅰ）がある。

手数料は，国の制度を利用するために当事者が国庫に納入する一種の受益者負担的な性質を有し，訴状その他の提出書類に収入印紙を貼って納入する費用である。

手数料以外の費用（立替金）は，当事者から裁判所に予納しなければならない送達費用，証人・鑑定人・通訳人などに支給すべき旅費・日当・宿泊料，裁判官・裁判所書記官の証拠調べ等に必要な旅費・宿泊料などの費用である。

また，強制執行の費用については，執行準備費用と執行実施費用に分かれるが，これらについては，判決手続において受けた救助の効力は当然に及ぶ[60]。

第2　執行官の手数料等の支払猶予

当事者が，執行官に対し，送達又は強制執行の申立てをする場合には，それらに必要な手数料や職務執行に要する費用の概算額の予納が必要となることがある（執行官法15Ⅰ本文）。しかし，訴訟救助を受けた当事者は，この予納をすることを要しない（執行官法15Ⅰただし書）。

受救助者が執行の申立てをする際には，救助を受けたことを証する書面（訴訟救助決定の正・謄本又は裁判所書記官のその旨の証明書）を執行官に提出すべきである。

第3　付添弁護士の報酬・費用の支払猶予

裁判所が弁護士の付添いを命じた場合には，その弁護士の報酬及び費用は訴訟救助の対象となる（民訴法83Ⅰ②）。裁判所が当事者に弁護士の付添いを命ずるのは，民事訴訟で当事者に弁論能力が欠けるものとして陳述を禁じた場合において，必要があると認めて弁護士の付添いを命じる場合（民訴法155Ⅱ）と，人事訴訟において行為能力に制限を受けた者について，申立てにより又は職権をもって裁判長が弁護士を訴訟代理人に選任する場合（人訴法13Ⅱ，Ⅲ）である（秋山ほかコンメⅡ123頁，注解民訴169頁，基本法コンメⅠ205頁，斎藤注解228頁，新堂ほか注釈(2)609頁）。

受救助者は，付添弁護士の報酬のほか，弁護士が訴訟追行のために要する費用についてもその支払が猶予される。弁護士に対する報酬は，付添いの任を解いたとき，又はその審級の終局したときに，裁判所が裁量により定めることになる。弁護士が訴訟追行のために要する費用としては，通信料，旅費，宿泊料のような費用をいう（注解民訴168頁，斎藤注解228頁）。

第4　訴訟費用の担保の免除

原告が訴訟救助を受ければ，訴訟費用の担保を供する義務が免除される（民訴法83Ⅰ③）。したがって，原告が日本国内に住所，事務所及び営業所を有しない場合であっ

60　執行実施費用及び執行準備費用の詳細については，16年費用執務資料50頁以下を参照されたい。また，受救助者が強制執行の申立てをした場合の猶予を受ける費用の範囲，救助の取消し，猶予した費用の取立て等については，昭和41年度書記官実務研究「執行費用に関する実務上の問題の研究」（裁判所書記官研修所）29頁以下を参照されたい。

ても，担保提供の決定前に訴訟救助の決定がされていれば，担保提供を命じること（民訴法 75）はできないし，担保提供命令後に訴訟救助の決定があれば，担保不提供を利用として，原告の訴えを却下することはできない（民訴法 78 参照）。無資力の原告は費用担保提供の能力がないわけであるから，訴訟救助が与えられたにもかかわらず，訴訟費用の担保責任を負担するというのであれば，被告の応訴拒絶によって，自己の裁判を受ける権利を全うすることができなくなるからである（斎藤注解 229頁）。

第3節　事件の範囲
第1　審級別付与

訴訟救助を各審級において付与し，その効力を当該審級にのみ限定すべきか，その効力を上訴審においても維持させるかは立法政策上の問題である。前者は，上訴の濫用を防止する利益があり，後者においては，各審において救助を受ける裁判を求めなければならない労力・費用・時間等を節約する訴訟経済上の利益が認められるからである。民訴法 82 条 2 項は，訴訟救助の決定は，審級ごとにすると規定し，前者の考えによっている。これは，上記理由のほかに，勝訴の見込みの有無の判断は各審級ごとに変わり得るものであって，第一審の段階で上級審の結果の判断は困難であることや，申立人の資力も変化することがあり得るためである。したがって，ある審級で与えられた救助の効力は当該審級にのみ有効であり，他の審級には及ばない（内田救助 183 頁，秋山ほかコンメⅡ117 頁，注解民訴 162 頁，斎藤注解 212 頁）。

第2　救助の効力の及ぶ事件の範囲

訴訟救助の効力が当該事件と関連する事件に及ぶかという問題がある。この点については，①基本事件との関連性，②審級別の効力の点から検討することになる。

1　訴えの変更，反訴

原告が本訴事件について訴訟救助が与えられている場合に，被告の提起する反訴に対して応訴することについて，原告は新たに救助を受けなければならないであろうか。この点，反訴は，被告の提起する訴えで，本訴とは別個の事件であり，勝訴の見込みも本訴とは別に判断すべきものであるから，本訴について与えられた救助の効力は反訴に対する応訴には及ばないと考えられ，原告は新たに救助決定を得なければならないと解する。

同様に，受救助者の行う訴えの追加的変更，訴えの交換的変更，本訴の被告として救助を受けた場合の反訴についても，従前の救助の効力がこれらに対して及ぶことはないと解する（講義案Ⅱ123 頁（注1），訴訟費用の研究 485 頁，秋山ほかコンメ

Ⅱ118 頁，注解民訴 163 頁，菊井・村松Ⅰ714 頁，斎藤注解 214 頁）[61]。救助の効力が及ばない実質的な理由は，変更後の訴えや反訴について，勝訴の見込みについての判断がなされていないからである。

これに対し，主たる請求とともに一の訴えでする附帯請求の追加，変更（例えば，利息，損害金の算定基準の変更など）の場合は，主たる請求に変更があるわけではないので，従前の救助の効力はそのまま及ぶと解する（講義案Ⅱ123 頁(注２)）。

2 訴訟参加に対する応訴

訴訟の係属中，第三者が原告又は被告に対する自己の請求について審判を求めるため，その訴訟手続に参加する独立当事者参加（民訴法 47），第三者が原告又は被告の共同訴訟人として参加する共同訴訟参加（民訴法 52）などの参加訴訟への受救助者（原告又は被告）の応訴は，別個の事件に対するものであり，勝訴の見込みは別に判断されるから，これについては原告と被告との間の訴訟について与えられた救助の効力は及ばない。

補助参加（民訴法 42）の場合は，補助参加人は共同訴訟人のように相手方との間で直接に自己の訴訟をして判決を求める者でなく，専ら被参加人に付随してその訴訟を追行するにすぎない。受救助者がこれに応訴するのは被参加人との間の訴訟の範囲内であるから，被参加人との間の訴訟について付与された救助の効力は，補助参加人との間にも及ぶ（秋山ほかコンメⅡ118 頁，注解民訴 163 頁，斎藤注解 215 頁）。

3 移送

第一審裁判所で救助を付与された事件が，他の裁判所に移送（民訴法 16～19）された場合，移送前に与えられた救助の効力は，移送を受けた裁判所においても及ぶ。移送を受けた裁判所が地方裁判所でも簡易裁判所でも第一審の審級であることに変わりはないから，移送前の第一審裁判所が与えた救助の効力に，何らの影響を及ぼさない（訴訟費用の研究 115 頁，斎藤注解 213 頁）。

4 手形小切手訴訟

手形小切手訴訟において付与された救助の効力は，異議申立てによる通常訴訟手続に及ぶ（秋山ほかコンメⅡ118 頁，注解民訴 163 頁，菊井・村松Ⅰ713 頁）。

5 支払督促に対する異議

督促事件について付与された救助の効力は，異議申立て後の第一審の訴訟手続にも及ぶ（菊井・村松Ⅰ713 頁）。これは，適法な異議の申立てにより，支払督促申立てのときに訴えの提起があったものとみなされ（民訴法 395），救助の要件を再検討する必要性がないからである。この場合，訴訟物の価額の関係から事件が地方裁判所の管轄となった場合においても，救助の効力は及ぶと解する（訴訟費用の研究 115 頁，

---

61 この点につき，兼子一ほか「条解民事訴訟法」（弘文堂，昭和 61 年）295 頁（ただし，平成 8 年改正前の旧民訴法 119 条に対する解説部分）は，訴えの変更があっても，訴えの実質的目的が同一と見られる限りは，その後の訴訟にも訴訟救助の効力が及ぶとしている。

第4章　救助の効力

秋山ほかコンメⅡ118頁，斎藤注解214頁。これを疑問とする見解として新堂ほか注釈(2)602頁[62])。

6　強制執行

訴訟事件についての救助決定の効力は，強制執行にも及ぶとされている（民訴法83Ⅰ）。仮執行宣言付判決を債務名義とする強制執行については，その判決をした裁判所の救助決定の効力が及ぶと解する。確定判決を債務名義とする強制執行については，どの審級の救助決定でも良いとする見解もあるが，債務名義となった判決をした裁判所の付与した救助決定が，強制執行手続に効力を及ぼすと解すべきである。（秋山ほかコンメⅡ117頁，菊井・村松Ⅰ713頁，斎藤注解214頁参照）。

もっとも，強制執行に効力が及ぶ救助決定でも，強制執行に関連して提起される請求異議の訴え，第三者異議の訴えに応訴することまでは，救助の効力は及ばない（秋山ほかコンメⅡ117頁，菊井・村松Ⅰ713頁，斎藤注解215頁）。

7　仮差押え，仮処分

仮差押え又は仮処分事件は，本案の訴訟事件とは別個であり，事件の勝敗も同一ではないから，仮差押え又は仮処分事件についてされた救助決定の効力は，本案訴訟には及ばず，また，本案訴訟について本案の管轄裁判所がした救助決定の効力は，仮差押え又は仮処分事件には及ばない[63]（秋山ほかコンメⅡ118頁，注解民訴163頁，斎藤注解214頁参照）。なお，一方の救助決定は，他方の救助決定をするにつき有力な資料にはなる。

8　附帯上訴，双方上訴

上訴事件について上訴人に付与された救助決定の効力は，上訴人が被上訴人の附帯上訴に応ずることにも及ぶ。これに応ずることは，救助を受けた事件の範囲内であると認められるからである。これに対して，被上訴人に付与された救助決定の効力は，被上訴人の附帯上訴については，及ばないと解するのが相当である。これは，附帯上訴自体は，上訴によって開始された上訴審手続を利用して，被上訴人が上訴審の審判の範囲を自己に有利に拡張させ，原判決の取消し・変更を求める旨の主張をなし，その当否につき審判を求める攻撃的申立てであるから，被上訴人が救助を受けた事件

62　新堂ほか注釈(2)602頁は，支払督促では，勝訴の見込みは，申立ての内容がそれ自体すじの通ったものであるか否か，いわゆる有理性の有無が判断の対象となり，しかも債権者から提供される資料だけで判断されるから，質的にも量的にも異なる材料に基づいて判断される移行後の勝訴の見込みまでも担保し得るものではないことを理由とする。

63　本案訴訟の訴訟代理人の代理権は，仮差押え・仮処分事件に及ぶのに（民訴法55Ⅰ），本案訴訟の訴訟救助決定が仮差押え・仮処分事件に効力を及ぼさないのは，もともと事件としては別個であるところ，前者においては，事件の円滑な進行の要請から効力を及ぼすことにしたのに対し，後者においては，事件の勝敗が重要な問題であり，それぞれ別個に判断されることだからである（菊井・村松Ⅰ714頁）。

の範囲とはいえないからである[64]。(秋山ほかコンメⅡ118頁, 注解民訴164頁, 斎藤注解215頁)。

請求の一部を認容し, 一部を棄却する判決は, 被告, 原告にとってそれぞれ不利益な判決であるから, 双方が敗訴部分について上訴することがある。この場合, 一方が上訴人として救助決定を得れば, 相手方の上訴に応ずることについても救助決定の効力は及ぶだろうか。上記附帯上訴について述べたことに準じて考えれば, 一方の上訴人が自己の勝訴部分について相手方の上訴に応ずることは, 救助を受けた事件の範囲として救助決定の効力を及ぼして差し支えないと解する(救助研究30頁参照)。

9 抗告

第一審手続から派生する決定, 命令に対する抗告事件は, 救助決定をした裁判所とは別個の審級で裁判される別事件であるから, 第一審の訴訟事件についての救助の効力は及ばない (秋山ほかコンメⅡ118頁, 斎藤注解215頁)。抗告については, 独自に勝訴の見込みが問題となるからである。

10 取消差戻し, 破棄差戻し, 破棄移送

上訴審で与えられた救助決定は, 取消差戻し (民訴法307, 308), 破棄差戻し又は破棄移送 (民訴法325Ⅰ, Ⅱ) された場合の原審又は第一審に及ぶことはない (斎藤注解213頁)。審級別効力からこのように考えられる。

これに対して, 取消差戻し, 破棄差戻しされた場合に, 上訴前に原審で付与された救助決定の効力は, 差戻し後の手続に及ぶと解する。差戻しを受けた裁判所は, 事件について改めて口頭弁論を開いて審判する (民訴法325Ⅲ) が, この口頭弁論は, 実質上は従前の弁論の再開続行にほかならないからである。

第4節 人的範囲

第1 一身専属性

訴訟救助は, 訴訟費用を支払う資力のない者に与えられる一身専属的な性質を有する (民訴法83Ⅱ)。したがって, 救助を受けた当事者が死亡したり, あるいは, 救助を受けた法人などが合併によって消滅した場合には, 訴訟救助の効力は, 当該訴訟を承継する相続人, あるいは, 合併後の法人などには及ばない。

民訴法49条の権利承継人の訴訟参加は, 承継人が自ら進んで既存の訴訟に加入し得ることを認めたものであり, また, 同法50条の義務承継人の訴訟引受は, 従来の当事者が承継人を強制して訴訟に参加させ得ることを認めたものであるが, これらの場合の承継人 (参加当事者) は, 既存の訴訟の当事者が受けていた訴訟救助の効力

---

64 上訴人が附帯上訴を受ける場合は, 上訴人としては, すでに敗訴部分についてさえ救助の要件を満たすものと判断されて救助決定を得たのであるから, その勝訴部分に対して相手方から附帯上訴があっても, それに応訴することは, 救助を受けた事件の範囲として, 救助決定の効力を及ぼしても差し支えないが, 逆に, 被上訴人として救助決定を受けた場合には, その勝訴部分に対して救助決定を得たことにより, その敗訴部分についてまで救助の要件を満たすものとは判断しておらず, 救助を受けた事件の範囲とはいえないからである (救助研究30頁)。

第4章　救助の効力

を受けない。このことは，訴訟救助が一身専属的なものであることから当然であり，従前の当事者が脱退した場合（民訴法48）であるか否かは問わない。これらの場合，脱退者が受救助者であったときは，事件について訴訟救助の効力は全く消滅してしまうことになる。

　当事者の法定代理人，破産管財人，信託法による受託者などに一定の資格の喪失が起こり，訴訟適格の変更を生じ訴訟手続が中断し，新たな法定代理人，破産管財人，受託者などが訴訟を承継した場合には，現実に訴訟を担当する者の変動があっただけで，基本たる訴訟の実質は同一である（訴訟物の実体法上の主体は変わらない。）から，従前付与された訴訟救助の効力はそのまま持続する（秋山ほかコンメⅡ125頁，注解民訴171頁，斎藤注解233頁，内田救助179頁）。

　受救助者が後見開始の審判を受けて訴訟能力を失ったため，成年後見人が法定代理人として訴訟を受継した場合においても救助の効力に影響はない。

　救助の効力は一身専属的である結果，受救助者は，救助の権利を他人に譲渡することはできない（斎藤注解233頁）。

　以上は，救助付与後の効力の問題であるが，訴訟救助の申立人が，その救助決定前に死亡した場合はどうであろうか。この場合も，一身専属的な性質上，相続人に申立人の地位が承継される余地はなく，したがって，裁判所が申立てを却下することも，申立人が申立てを取り下げることも不可能であるから，救助申立事件は，当然終了するが，裁判所は，必要があれば申立人死亡により終了した旨の宣言をすることになる[65]。

第2　承継人が無資力の場合

　訴訟救助は，受救助者の一般承継人及び特定承継人にその効力を及ぼさないから，訴訟の承継人自身も訴訟救助を受け得る要件を備えている場合には，自己のために新たに訴訟救助を申し立てることができる。この場合に，承継人はその無資力について新たに疎明すべきであり，被承継人が救助を受けたことが，そのまま承継人の救助申立ての理由となるわけではない。被承継人が救助を受けていたことは単に承継人の救助の必要性について参考資料となるにとどまる。ただし，承継人が被承継人と生計を一にし，被承継人に扶養されていた妻や子の場合には，新たに無資力の疎明を要しないことが多く，身分関係と扶養されていたことの疎明で足りると考えられる。

　もう一つの要件である勝訴の見込みがないとはいえないという点については，新たな審査をすることは許されないと解されている。なぜなら，訴訟の進行中に，先に被承継人の訴訟救助申立てに際して下した判断を今なお維持するかどうかを示すことになって適当でないし，また，救助の取消しに関する民訴法84条が，救助取消原

---

[65]　大阪高決昭46.3.30下民22巻3・4号360頁は，「訴訟救助は，それを求めるものの一身専属的性質を有する以上，訴訟救助の申立てをしていたところ，一審で却下され，抗告中に死亡した場合，その地位が相続人に承継されず，相続人が訴訟救助の付与を得ようとするときに，改めて，本訴の係属する一審にこの申立てをするほかない」とし，この場合の裁判の主文は，「抗告人〇〇〇〇に関する本件訴訟救助の申立ては同抗告人の死亡によって終了した。」としている。

因として単に資力の保持のみを取り上げ，勝訴の見込みがなくなったことを救助取消しの原因としていないこととの均衡を考慮すべきだからである（秋山ほかコンメⅡ125頁，注解民訴171頁，斎藤注解232頁，内田救助179頁参照）。

原告が印紙を貼用しない訴状を提出し，口頭弁論期日呼出状送達後死亡した場合（原告は救助の申立てをしていたわけではない。），相続人として訴訟手続を承継した者は，訴状に印紙を貼用する義務も承継するが，承継人が訴訟救助の申立てをして付与決定を得れば，被承継人自身が訴訟救助を得たのと同様であって，訴状は有効であり，訴えも無効ではない（大判大5.10.28民録22輯2005頁）。

第3　承継人に対する猶予費用の支払を命ずる裁判

1　総論

訴訟救助を受けた者の訴訟の承継人は，当然に被承継人のために国庫が立て替えた費用を納めることになるのではなく，受訴裁判所によりその支払を命ずる裁判がされる（民訴法83Ⅲ）。逆にいえば，訴訟の承継人が新たに訴訟救助の決定を受けない限り，裁判所は承継人に猶予していた費用の支払を命じなければならない（秋山ほかコンメⅡ125頁）[66]。

ここにいう承継人とは，一般承継人のみを指し，特定承継人の場合は，当初から適用の余地はない（訴訟費用の研究124頁，斎藤注解234頁）。法人合併の場合は，合併後存続する法人が承継人である（兼子条解358頁）。民訴法49条による参加人や同法50条による引受人は特定承継人であって，これらの者に対して費用の支払は命じられない（秋山ほかコンメⅡ126頁，斎藤注解234頁）。

受救助者が死亡し，相続人全員が相続を放棄した場合は，相続人について訴訟の承継ということは考えられないから（民法939），民訴法83条3項が適用されることはない。ただし，この場合，相続人のないことが明らかな場合についても，民法951条の適用があるとして，相続財産は法人となるとすれば，相続財産法人が訴訟の承継人になる。

相続人が限定承認をした場合は，相続人は被相続人に属した一切の権利義務を承継するが，相続財産について一応清算して完済できなかった債務に対しては責任を負わないという効果が与えられる（民法896，922）。単純承認と比較すれば，債務に対する責任が有限である点だけが異なる（民法920，922）。したがって，相続人が限定承認をした場合は，民訴法83条3項は，責任財産の限度で適用を受ける。

相続人が数人いて，そのうちの1名が相続を放棄した場合は，その相続人は初めから相続人とならなかったものとみなされるから（民法939），他の相続人が訴訟の承継人として，被相続人に対する猶予費用の全額につき支払命令を受けることになる。仮に，同訴訟で相続放棄をした者の相続分相当部分の請求の減縮がされたとしても，他の相続人が責任を負うことに変わりはない。限定承認の場合に相続人が数人ある

---

[66]　ただし，後述のとおり，支払う資力を有するときに限られる。

ときは，その申述は全員が必ず共同してしなければならないから（民法 923），このような問題は起きない。

(1) 承継人の資力

訴訟の承継人に対して，資力の有無に関係なく常に猶予費用の支払を命じなければならないかどうかは，民訴法 83 条 3 項の規定からは判然としないが，承継人が当初からの訴訟費用を支払う資力を有するときに限って，猶予した費用の支払を命じることができると解するのが相当である（秋山ほかコンメⅡ125 頁，注解民訴 172 頁，斎藤注解 234 頁，内田救助 179 頁）。その理由は，被承継人に対して猶予していた訴訟費用の支払を命ずるものである以上，救助の取消しに関する民訴法 84 条と対比して，訴訟費用を支払う資力を有することを要件にするのが自然だからである。そうすると，遺言執行者や相続財産法人あるいは限定承認をした相続人が訴訟の承継人である場合などは，通常支払は命じられないことになる（兼子条解 358 頁）。

(2) 前提としての取消決定の要否

受救助者の死亡により猶予費用の支払をその承継人に命ずるには，前提として，救助の取消決定（民訴法 84）を要するであろうか。救助を受けた者の死亡その他の事由により訴訟の承継があった場合は，承継人は訴訟上の権利義務を承継するが，訴訟救助はこれを受けた者のみにつき効力を有し，その承継人といえども効力は及ばない。救助の効力は受救助者の死亡（法人その他の団体にあっては消滅）により消滅するほかない。この場合，救助の取消しをなすまでもなく，承継人に対し，猶予費用の支払を命ずることができると解すべきである。

(3) 再承継など

訴訟の承継人に対し猶予費用の支払を命じた後，その訴訟の係属中に更に承継を生じるときは，再承継人に対して猶予費用の支払を求めるためには更に猶予費用の支払命令が必要であり，先の支払命令の承継を認めることはできない。猶予費用の支払義務は，第 1 の承継人から再承継人に移転するものではなく，当事者の消滅によって，目的達成不能のため当然消滅するものである。再承継人の支払義務は裁判所の支払命令によって初めて発生する。

訴訟の承継当時，承継人が無資力であるとして，猶予費用の支払命令の手続がされておらず，訴訟完結後に資力のあることが判明し，又は資力を有するに至ったときは，その時点において支払命令手続を開始することができる。なぜならば，その者の訴訟の承継人という地位は失われていないからである。

訴訟完結後に訴訟救助を受けていた当事者が死亡その他の原因で一般承継を生じたとか，訴訟完結後の再承継の場合については何らの規定はない。完結後の一般承継人に対して猶予費用の支払を命じ得るとの説があるが，これらの承継人又は再承継人は訴訟の承継人とはいえないから民訴法 83 条 3 項は適用されない。そう

すると，この者らに猶予費用の支払義務を負担させるとすれば，相続の一般規定た
る民法920条を適用して，別訴で訴求することも考えられるが，民訴法83条2項，
3項の趣旨からすると，この場合の承継人又は再承継人には猶予費用の支払義務
はないと解してよいと考える。

2　裁判及び告知

承継人に対してする猶予費用の支払を命ずる裁判は，受訴裁判所が職権で行うも
のであり，方式は決定である。裁判所は，承継人が一般承継人であるかどうか，承継
人に猶予費用を支払う資力があるかについて調査し，猶予費用の支払を命ずる決定
を行う。なお，決定中には猶予費用の具体的金額を明示しなければならない。この裁
判と別個に訴訟費用額確定処分を求める必要はない。

訴訟完結後の一般承継人に対して猶予費用の支払を命じ得るとの説によれば，そ
の管轄裁判所は，訴訟記録の存する裁判所である（民訴法84条の準用）。

承継人に対して猶予費用の支払を命ずる決定は，承継人及び相手方に告知する。
告知の方法としては，決定正本を送達するのが相当である。

この猶予費用の支払を命じる決定は，執行力ある債務名義と同一の効力を有し，執
行文なくして強制執行をすることができる（民訴費用法16Ⅰ）。

3　決定に対する不服申立て

猶予費用の支払を命ずる決定に対しては，その告知を受けた日から1週間の不変
期間内に即時抗告をすることができる（民訴法86，332）。

4　被承継人の訴訟行為の効力

承継人に猶予費用の支払を命じた場合，それは従前立替え又は猶予した費用の支
払を命ずる効果があるのみで，承継人が仮にそれを支払わなかったとしても，被承継
人が一旦有効になした訴訟行為の効力に影響はない。したがって，訴状その他の訴訟
書類に印紙の貼用がないとしても訴訟書類として有効であり（訴訟費用の研究494頁，
斎藤注解235頁），また，その後の訴訟手続の進行にも影響はない（訴訟費用の研究
489頁）。ただ，国は，猶予費用の支払を命ずる決定をもって，その履行を強制する
ほかない。

第4章　救助の効力

【参考例　承継人に対する猶予費用の支払を命ずる決定】

> 平成○○年（モ）第○○号
>
> （本案：平成○○年（ワ）第○○○○号　損害賠償請求事件）
>
> 決　　　定
>
> ○○市○○町○丁目○番○号
>
> 原　告（○○○○承継人）
>
> ○　○　○　○
>
> ○○市○○町○丁目○番○号
>
> 被　告　　○　○　○　○
>
> 　上記事件について，当裁判所は，原告の被承継人○○○○に平成○○年○月○日訴訟上の救助を付与したが，同人は平成○○年○月○日死亡したので，次のとおり決定する。
>
> 主　　　文
>
> 　原告（○○○○承継人）に対し，支払を猶予した訴え提起手数料○万○○○○円を国庫に支払うことを命ずる。
>
> 平成○○年○月○日
>
> ○○地方裁判所民事第○部
>
> 裁　判　官　○　○　○　○　㊞

- 216 -

第5章　不服申立て

第1節　不服申立方法

　　民訴法86条は,「この節に規定する決定」については,即時抗告ができることを定めている。

　　「この節に規定する決定」とは,①訴訟救助を与え,又はその申立てを却下する決定（民訴法82）,②承継人に対する猶予費用の支払を命ずる決定（民訴法83Ⅲ）,③訴訟救助の取消し及び猶予費用の支払を命ずる決定,又は,その決定を求める申立てを却下する決定（民訴法84）をいう（秋山ほかコンメⅡ135頁,基本法コンメⅠ208頁,注解民訴180頁）。

第2節　救助付与決定に対する相手方の不服申立て

　　救助付与決定に対する受救助者の相手方の不服申立ての許否については,相手方も即時抗告ができるとする積極説,相手方からは即時抗告ができないとする消極説,相手方は訴訟費用の担保の申立てができる場合に限り即時抗告ができるとする制限説に分かれる。裁判例も分かれていたが,最決平16年7月13日民集58巻5号1599頁は,「民訴法86条は,同条に基づく即時抗告の対象となるべき決定から,同法82条1項に基づいてされた訴訟救助の決定を文言上除外していない。また,訴訟上の救助の決定を受けた者が同項本文に規定する要件を欠くことが判明し,又はこれを欠くに至った場合における救助の決定の取消しについて,同法84条は,利害関係人が裁判所に対してその取消しを申し立てることができる旨を規定している。訴訟上の救助の決定は,訴え提起の手数料その他の裁判費用等についてその支払の猶予等の効力を有し（同法83Ⅰ①等）,それゆえに訴えの適法性にかかわるものであるほか（同法137Ⅰ後段,Ⅱ,141Ⅰ参照）,訴訟の追行を可能にするものであるから,訴訟の相手方当事者は,訴訟上の救助の決定が適法にされたかどうかについて利害関係を有するものというべきである。以上の点に照らすと,訴訟上の救助の決定に対しては,訴訟の相手方当事者は,即時抗告をすることができるものと解するのが相当である。」として,積極説を採用した。

　　したがって,救助付与決定に対して,相手方はその告知を受けた日から1週間の不変期間内に即時抗告をすることができると解される（民訴法86,332）。

第3節　救助申立却下決定に対する不服申立て

　　救助申立てを却下した決定が「この節に規定する決定」に該当するかどうかについては解釈上争いがあり,上記決定に対する不服申立てが通常抗告によるか,即時抗告によるかの差異を生ずることになる。すなわち,消極説は,救助申立却下決定は,「この節に規定する決定」に該当せず,これに対する不服申立ては,民訴法328条の通常

－217－

第5章　不服申立て

抗告によるべきとする。これに対し，積極説は，訴訟救助に関する争いを迅速に解決することが民訴法86条の立法趣旨と解されることを根拠に，「この節に規定する決定」に該当するとして，民訴法86条の即時抗告によるべきとする。

消極説においても，告知により直ちに発生した申立却下決定の効力は，通常抗告がされても執行停止の効果として阻止されることはなく（民訴法334 I），訴訟の進行に支障をきたすことはないが，訴訟救助に関する決定は，その性質上迅速に解決されることが要請されるから，申立却下決定に対する不服申立てについても，救助付与決定と同様に即時抗告によるのが相当であり，積極説が妥当である（講義案 II 122 頁。即時抗告の立場を採る裁判例として盛岡地決昭31.2.3下民7巻2号227頁）。

したがって，訴訟救助申立却下決定に対して，申立人は抗告できるが，その方法については即時抗告によるべきである（民訴法86）。即時抗告は，決定の告知を受けた日から1週間の不変期間内にしなければならない（民訴法332）。

第5編　国庫立替え及び立替費用の取立て

　本編では，第1章において国庫立替え及び立替費用の取立事務の概略に触れた上，第2章において立替事由と立替手続について，第3章において立替費用の取立手続について，第4章において債権管理事務についてそれぞれ記載した。そして，訴訟上の救助（以下，本編において「訴訟救助」という。）により支払を猶予された費用の取立てについては，訴訟救助の取消しの手続を含め第5章に記載した。

第1章　総論

　民事事件に要する費用のうち民訴費用法11条1項に定める費用については，当事者が負担するものであり，これらの費用については，当事者が予納しなければならないのが原則である（民訴費用法12）。しかし，例外的に，法令の規定又は通達等により国庫で立て替えて支出することがあり，これを「国庫立替え」という。そして，国庫立替えを行った場合には，裁判所は，立て替えた費用について，国の債権として管理を行い，適時・適切に回収を図る必要がある[1]。この債権の回収のため，裁判部では，適切な時期に納付義務者又は費用負担者に対する支払決定や取立決定を行う[2]。そして，支払決定等がされた場合，歳入徴収官[3]は，支払決定等をした裁判所の書記官から債権発生通知（債権管理法12）を受けて債権の徴収を行うことになる。

　書記官は，以上の過程において，国庫立替えに関する事務，支払決定・取立決定を始めとする立替費用の取立てに関する事務を行うほか，債権管理事務として債権発生通知の事務を行う（平成29年6月29日付け最高裁経監第867号経理局長通達「債権管理及び歳入徴収事務の取扱いについて」記第1）。

1　訴訟救助により猶予された費用の回収は，正当な権利を有しながら無資力のために十分な保護を受けられない者を救済するという訴訟救助制度の基本的な目的と債権管理法10条に定める国の債権管理の原則（「財政上もっとも国の利益に適合するように処理しなければならない」）を踏まえて行う必要がある。
2　支払決定及び取立決定の意義につき，本編第5章第1節第1参照。
3　「歳入徴収官」とは，歳入の調査決定と納入告知を行う機関である（会計法6。なお，後記「書記官事務と関連のある会計用語」（236頁）参照）。

第2章　国庫立替え

第2章　国庫立替え

第1節　立替事由

　　　民事事件において民訴費用法 11 条1項に定める費用[4]を法令の規定又は通達等によって国庫で立て替える場合があることは前述したが，具体的には，法令の規定による場合として，民事訴訟事件においては後記第1の訴訟救助による場合[5]があり，通達等による場合として後記第2の場合がある。

第1　訴訟救助による国庫立替え

　　　法令の規定による立替事由である。

　　　訴訟救助の決定の法的効果として，裁判費用の支払が猶予される（民訴法 83 I ①前段）が，手数料（民訴費用法2①，3）については，その納付を猶予するだけであって現実の支出を伴わないため，国庫立替えを要するのは，例えば，特別送達の郵便料，証人や鑑定人に対する旅費，日当及び鑑定料など，手数料以外に当事者等が裁判所に納付を要する費用である。これらの費用は，現実に直ちに支出を伴うため，国庫において立替支出する。

第2　通達に基づくもの（迅速処理通達による国庫立替え）

　　　次のような場合，通達により，国庫で立て替えて支出することが認められている（昭和25年12月1日付け最高裁経理，民事第1号経理局長，民事局長通達「民事訴訟の迅速処理に伴う経費の支出について」記二，三。以下，この通達による国庫立替えを「迅速処理通達による国庫立替え」と，この通達により国庫立替えした費用を「迅速処理通達による立替費用」と，それぞれいうことがある。）。

①　職権で証拠調べ[6]をする場合において，その証拠により証すべき事実につき立証義務を負う当事者が証拠調べ費用を予納しないため，訴訟の進行が著しく阻害されるときのその証拠調べの費用

②　訴訟費用の予納を要する行為につき当事者が予納した額以上の費用を要し，その不足額の納入を督促しても当事者がこれに応じない場合においてやむを得ないときのその不足額

4　手数料以外に当事者等が裁判所に納付を要する費用であり，国が支出義務を負担しているが，当事者に対して発生する償還請求権につき，当事者に予納義務を認めることから，あたかも国が立て替えているかのようにとらえ「立替金」と呼ばれることがある（講義案II94頁（注1）参照）。訴訟費用の分類については，第1編第3章参照

5　法令の規定による立替事由として，民事訴訟事件以外では，非訟事件及び家事事件における手続上の救助（非訟法29，家事法32）や，非訟法27条による手続費用の立替え，家事法30条による手続費用の立替え等がある。

6　民事訴訟手続における職権証拠調べについて定めた旧民訴法261条は，昭和23年法律第149号により削除されている。しかし，現行の民訴法においても，職権による証拠調べがまったく認められていないわけではない。調査の嘱託（民訴法186），鑑定の嘱託（民訴法218）等，職権による証拠調べが認められている場合がある（秋山幹男ほか著「コンメンタール民事訴訟法IV」（平成22年，日本評論社）74頁参照）。

なお，訴状，控訴状等の補正命令又は却下命令の告知費用について予納を督促しても当事者が応じないときのその告知費用も同通達により国庫立替えが認められる（昭和34年8月4日付け最高裁経監第74号経理局長通知「民事訴訟における費用を国庫から支出または立替するについて」参照）。

第2節　国庫立替手続[7]

第1　訴訟救助による国庫立替え

1　金銭で支払う場合

⑴　手続

　　証人らに対する給付など金銭で支払をする場合は，給付を受けるべき者（請求者）から請求書3通を提出させ，うち1通に裁判長（官）の支給決定印を受け，国庫立替請求書とともに会計課（官署支出官又は資金前渡官吏[8]）に送付して立替払の請求をする。

　　最初の国庫立替請求の際には，訴訟救助決定謄本を添付する。

　　証人等に対する支給後は，会計課（官署支出官又は資金前渡官吏）から支払済みの記載をした請求書副本（あるいは写し）1通が裁判部（支給決定をした裁判所）に送付される（過納手数料等通達記第2の1の⑵及び⑴参照）。担当書記官は，これを訴訟記録の第3分類に編てつする（民事編成通達記1の⑶のキ）。

⑵　会計課との連携

　　金銭の支払を要する場合，予算上申等が必要になることがあるので，立替えの予定が分かれば，速やかに，会計課（官署支出官又は資金前渡官吏）に，立替日や立替予定額等を連絡する。また，予定が変更になった場合（証人尋問の期日変更等）や取消しになった場合（証拠申出の撤回等）は，その旨を直ちに連絡する。

2　郵便切手等で支払う場合

　　郵便による送達料など日本郵便株式会社等に郵便切手等で支払う場合は，国庫立替請求書[9]とともにその郵便物自体を会計課（物品管理官[10]）に送付して立替請求をする。

　　文書送付嘱託等をする際に，返送用郵便切手を同封することがあるが，この場合には，会計課（物品管理官）から郵便切手の供用を受けて同封，送付する[11]。なお，嘱

7　本節においては，一般的な方法について記載をするが，国庫立替手続については，各庁において，より具体的に定められている場合があるので，事務処理に当たっては，各庁の定めを併せて確認されたい。

8　振込払の場合は官署支出官，現金払の場合は資金前渡官吏となる。以下，「官署支出官又は資金前渡官吏」とある場合に同じ。なお，「官署支出官」及び「資金前渡官吏」について，後記「書記官事務と関連のある会計用語」（236頁）参照

9　庁によって，簿冊式の国庫立替請求書（「国庫立替請求及び負担額通知簿」等の名称となっていることがある。）を使用している例がある。各庁の定めに従う。

10　「物品管理官」について，後記「書記官事務と関連のある会計用語」（236頁）参照

11　この国庫立替えにより供用を受けた郵便切手については，予納郵券取扱規程は適用されない（費用法に関する執務資料167頁）。

－ 221 －

第2章　国庫立替え

託先から返送料として同封した郵便切手の全部又は一部が返還されたときは，会計課（物品管理官）に返還することになる。

3　事件記録への記載

立替支出が行われたときは，後に行われる取立事務に備え，立替支出した費用を明確にしておくため，国庫立替・支払猶予費用計算書（票）[12]を作成し，事件記録中の見やすい箇所（各庁の定めによるが，事件記録の冒頭とされている例が多い。）に編てつして，記録上明らかにしておく。この計算書（票）には，その後，必要事項を追記していく。

第2　迅速処理通達による国庫立替え

1　金銭で支払う場合

事務の流れについては，訴訟救助の場合（本節第1の1）と同様である。

なお，立替費用が少額で強制執行の費用に満たない場合，取立決定をする必要はないため，国庫立替請求時に債権発生通知を行う（本編第3章第2節第3参照）。債権発生通知の事務については，本編第4章第3節を参照されたい。

2　郵便切手等で支払う場合

事務の流れについては，訴訟救助の場合（本節第1の2）と同様である。

立替費用が少額で強制執行の費用に満たない場合に取立決定を要せず国庫立替請求時に債権発生通知を行うことについては，前記1と同様である。

なお，文書送付嘱託等の返送料として郵便切手を同封した後，嘱託先からその全部又は一部が返還された場合で，国庫立替請求時に債権発生通知をしているときは，債権変更通知をしなければならないことに留意する（債権変更通知につき，本編第4章第3節第2の4参照）。

3　事件記録への記載

立替支出が行われたときは，国庫立替・支払猶予費用計算書（票）を作成し，事件記録中の見やすい箇所（各庁の定めによるが，事件記録の冒頭とされている例が多い。）に編てつして，記録上明らかにしておく。この計算書（票）には，その後，必要事項を追記していく。

12　庁によって形式が異なる。なお，訴訟救助の範囲が訴え提起手数料のみの場合（国庫立替えを要せず手数料の納付を猶予しただけの場合）も，後の取立事務のため作成を要する（第4編第2章第5節第1参照）。

第2　迅速処理通達による国庫立替え

【国庫立替請求書】

事務局	所　長	局　長	会計課長	係　長	係

立替済確認

国 庫 立 替 請 求 書

　　　　裁判所　　　　　　　　殿

主　任 書 記 官	

平成　　　年　　月　　日

　　　　　　裁判所
　　　　　　裁判所書記官

下記のとおり国庫より立替えを求めます。

1　立替えを求める金額	金
2　立　替　金　の　内　容	
3　事　件　の　表　示	平成　　　年（　　）第　　　　　号 　　　　　　　　　　　　　　　　　事件
4　立替えを必要とする理由	
5　添　付　書　類　の　有　無	
6　そ　の　他　参　考　事　項	

領収済	

（注）　立替金の内容欄は，郵便切手，証人旅費等のように記載する。
　　　　訴訟救助事件は初回の請求の際に決定書の謄本を添付する。
　　　　領収済欄は，郵便切手を受領した際に書記官が押印するものとし，その他必要
　　　　のないときは欄に斜線を引くこと。

第2章　国庫立替え

【国庫立替・支払猶予費用計算書（票）】

国　庫　立　替 支払猶予費用　計　算　票						
平成　　年（　　）第　　　号						
受救助者						
年　月　日	立替 猶予　事項	係書記 官　印	主任書 記官印	立替 猶予　額（円）		係　印
・　・						
・　・						
・　・						
・　・						
・　・						
・　・						
・　・						
・　・						
・　・						
・　・						
・　・						
・　・						

支払を命ずる裁判	年　月　日	・　・	確　　定	・　・
	負　担　者	債権額（円）	通 知	年月日	・　・
				係書記 官　印	主任書 記官印	通知書 受領印

- 224 -

第1 決定等

第3章 立替費用の取立て

第1節 根拠
第1 訴訟救助により支払を猶予された裁判費用の取立て

　　　　訴訟救助により猶予された裁判費用の取立てについては，本編第5章を参照され
　　　たい。なお，取立ての対象となる裁判費用には，国庫立替えした費用のほか納付が猶
　　　予された手数料（民訴費用法2①，3）も含まれる。

第2 迅速処理通達による立替費用の取立て

　　　　民訴費用法11条1項の費用で，迅速処理通達による国庫立替えを行った費用につ
　　　いては，当該費用の本来の納付義務者（民訴費用法11条2項の納付義務者）から取
　　　り立てることができるほか，裁判，又は裁判上の和解若しくは調停により当該費用を
　　　負担することとされた者からも取り立てることができる（民訴費用法14）[13, 14]。

　　　　「裁判」，「裁判上の和解」若しくは「調停」とは，当該費用を生じさせた手続にお
　　　いてされたものであり，当該費用の償還関係を定めたものをいう[15]。「費用を負担する
　　　こととされた者」とは，上記裁判において，本来の納付義務者の相手方として費用を
　　　負担すべき旨を命じられ，又は裁判上の和解若しくは調停において合意により費用
　　　を負担することとなった者をいう。

第2節 迅速処理通達による立替費用の取立手続
第1 決定等
1 民訴費用法11条2項の納付義務者

　　　　立替支出した費用の本来の納付義務者（民訴費用法11条2項の納付義務者）に対
　　　しては，記録の存する裁判所が，額を定めてその支払を命ずる決定（取立決定）をす
　　　る（民訴費用法15Ⅰ）。

　　　　この決定は，立替支出後，いつでも（事件完結前においても）行うことができる[16]。

13　本来の納付義務者は，裁判により費用を負担することとされた相手方等に対して，その償還請求権を有するの
　　であるから，手続が終了し費用の最終的な負担者が定まった以上，国庫において立て替えたものの取立てもこれ
　　らの者に対して直接にするようにすることは，相手方等に対する償還請求権を有するに至った本来の納付義務
　　者の利益に沿うばかりでなく，当事者間でさらに取立てのための手続を行う必要が残らない点において広義の
　　訴訟経済に合致するとされる（内田解説220頁）。
14　本来の義務者の納付義務と裁判により費用を負担することとされた相手方等が負う納付義務とは不真正の連
　　帯関係にあると解される（内田解説222頁参照）。
15　その費用が全く別個の手続において請求され，その別個の手続において裁判，和解等によりこれを償還するこ
　　ととされた場合は含まれない（内田解説221頁）。
16　立替支出した費用の消滅時効の起算日は，立替支出したときと解される（昭和48年1月10日付け最高裁総三
　　第1号総務局長，経理局長回答「民事訴訟の迅速処理に伴う経費の支出について」の通達により立替支出した費
　　用の取立ての事務処理手続について」（回答）二の前段について）。このため，事件完結を待って取立決定をする
　　との運用では，審理期間が長期にわたる場合，時効消滅してしまうおそれがないとはいえないから，立替支出し
　　た費用については，速やかに取立決定をするのが相当であると考えられる。なお，訴訟救助により猶予された費
　　用の消滅時効の起算日は，受救助者に対する支払決定のとき又は受救助者以外の訴訟費用の負担者に対する取
　　立決定のときと解される（同回答参照。なお，受救助者が猶予費用の支払義務を負うのは，具体的な額を定めた

－ 225 －

第3章　立替費用の取立て

　　この決定は，執行力のある債務名義と同一の効力を有する（民訴費用法15Ⅰ後段）
から，当事者の特定のため，支払を命じられる者の住所を記載する必要がある。また，
決定の告知について，後記のとおり支払を命じられた者はこの決定に対し即時抗告
ができることから，決定の正本を送達する方法により行うのが相当である。

　　この決定に対しては，決定の告知を受けた日から2週間の不変期間内に即時抗告
をすることができる（民訴費用法15Ⅱ，9Ⅸ，非訟法66Ⅰ，67Ⅰ，Ⅱ）。

　　なお，前記のとおり，この決定は，執行力のある債務名義と同一の効力を有するか
ら，執行文の付与を受けずに強制執行することができる。

2　裁判等により費用を負担することとされた者

　　裁判等により費用を負担することとされた者に対しては，第一審裁判所が，額を定
めてその支払を命ずる決定をする[17]（民訴費用法15Ⅰ）。

　　決定の時期について，費用の負担の裁判が確定したとき，又は和解，調停が成立し
たとき以降となる。

　　決定が執行力のある債務名義と同一の効力を有すること，決定の告知方法，決定に
対する不服申立て，執行文の付与を受けずに強制執行することができることについ
ては，前記1の民訴費用法11条2項の納付義務者に対する決定の場合と同じである。

第2　債権発生通知

　　本節第1の民訴費用法11条2項の納付義務者に対する取立決定があったとき又は
裁判等により費用を負担することとされた者に対する取立決定があったときは，取
立決定をした裁判所の書記官は，歳入徴収官に対し，債権発生通知をしなければなら
ない（平成29年6月29日付け最高裁経監第867号経理局長通達「債権管理及び歳
入徴収事務の取扱いについて」記第1）。債権発生通知事務の詳細については，本編
第4章第3節を参照されたい。

第3　立替支出をした費用が少額の場合

　　立替支出をした場合において，同一債務者に対する債権総額が強制執行の費用に
満たないような少額債権[18]については，取立決定をする必要はなく，立替支出をした
ときに当該裁判所の書記官が直ちに歳入徴収官に債権発生通知をする（昭和48年1
月10日付け最高裁総三第1号総務局長，経理局長回答「「民事訴訟の迅速処理に伴う
経費の支出について」の通達により立替支出した費用の取立ての事務処理手続につ
いて」（回答）一についての2の㈠）。

　　支払決定を受けた時からと解すべきとする裁判例として東京高決平9.12.12判時1649号130頁がある。）。

17　この場合において，裁判によりその相手方が本来の納付義務者に対する関係において訴訟費用の全部を負担
　しなければならないこととされているときは，裁判所としてもその相手方から立替額の全部を取り立てること
　ができる。裁判により訴訟費用を案分負担することとされた場合については，訴訟救助により猶予された費用の
　取立ての場合と同様の問題があると考えられるところ，本編第5章第4節第3の2⑷を参照されたい。

18　少額かどうかの基準となる金額は，債務者の住所が裁判所の管轄区域内である場合は2,200円未満，管轄区域
　外の場合は3,200円未満である（平成16年4月15日付け最高裁経監第118号経理局長依命通達「徴収停止及び
　履行延期の特約等の基準について」参照）。

第2　訴訟救助により裁判費用の支払を猶予した事件の進行管理

第4章　債権管理事務

第1節　債権管理事務と書記官事務
第1　会計部門との連携の必要性

　　国の債権の管理に関する事務は，法令の定めるところに従い，債権の発生原因及び内容に応じて，財政上，もっとも国の利益に適合するように処理しなければならない（債権管理法10）。

　　裁判手続から発生する債権の主なものとして，訴訟救助により支払を猶予した裁判費用及び迅速処理通達により国庫立替えした費用があるところ，これらの債権[19]の適正な管理として，書記官は，適時・適切に猶予した費用の取立事務を行うほか，会計部門が行う債権回収について，裁判事務に支障のない範囲で，債務者の住所，資産状態等の情報を提供するなど会計部門と連携を図る必要がある。

　　この点，アンケート調査の結果によると，事務処理要領や申合せ等により，あるいは明示的な申合せはなくとも何らかの形で，債務者の連絡先に関する情報を会計部門と共有しているとの回答をした庁が大半であった[20]。

　　さらに，アンケート調査によると，他に会計部門との連携について工夫していることとして，①事件部の研修において会計部門における清算手続に関する講話の機会を設けている例，②初任の書記官向けの研修で会計事務との連携についてカリキュラムを組んでいる例，③地方裁判所の本庁，支部及び簡易裁判所の書記官と会計事務担当者を参加者とする事務打合せ等を実施している例，④異動の時期に事務処理要領等の取決めについて注意喚起を行っている例等があった。

　　事務処理要領の作成や事務処理についての申合せを行うほか，事件部と会計部門の連携に当たっては，それぞれの基本的な事務の内容や流れを相互に知ることは重要であると考えられ，上記の各工夫例は参考になるものであろう。

第2　訴訟救助により裁判費用の支払を猶予した事件の進行管理

　　訴訟救助により猶予された費用（以下「猶予費用」という。）につき，適切な時期に取立てを行うためには，訴訟救助決定により裁判費用の支払が猶予された事件を把握し，その進行を管理する必要がある[21]。

　　猶予費用について，支払決定や取立決定を行うのが，多くは事件完結後になること（実務上，訴訟進行中に救助決定の取消し・支払決定をすることが少ないことにつき本編第5章第4節第2参照），殊に，支払決定をするにつき受救助者の資力回復を要する場合には，事件完結後すぐに支払決定をすることができず，受救助者の資力が回

19　これらの債権は，国の歳入金に係る債権となる。なお，歳入予算科目の区分としては，「雑収入」（部），「諸収入」（款），「弁償及返納金」（項），「弁償及違約金」（歳入の目），「費用弁償金債権」（債権の目）となる。

20　なかには定型書式を定め，債権発生通知とともに会計部門に送付していると回答した庁もあった。

21　迅速処理による国庫立替えについては，比較的少額のことが多く，少額債権の場合は取立決定を要せず直ちに債権発生通知をすることから，事件を一覧的に把握して進行を管理する必要性はそれほど高くないといえる。

－ 227 －

第4章　債権管理事務

復したと認められるまで資力回復調査を継続する必要があり，その期間が長期間に及ぶ可能性もあること，また，取立事務の遅滞を防ぐ必要性[22]から，訴訟救助が付与された事件を一覧的に把握し，救助付与の段階から（あるいは申立ての段階から）猶予費用の取立ての終了まで，その進行を管理することが必要であると考えられる。

この点，アンケート調査の結果によると，救助が付与された事件について，民事部（あるいは庁）全体で一元管理していると回答した庁が約半数，部（あるいは係）単位で一覧表を作成していると回答した庁が約4分の1あった[23]。さらに，一覧表による管理を実効性があるものとするには，単に表を作成するのみならず，定期的・組織的にこれを点検する態勢作りが必要と考えられるところ，各庁において様々な工夫（訟廷管理官と主任書記官とで，毎月1回，救助付与事件一覧表，国庫立替請求及び負担額通知簿，民事裁判支援システム等を照合し，猶予費用の取立事務に遺漏がないようにしている例，定期の事件記録等対象調査時に救助付与事件一覧表と照合し，取立手続の停滞がないか点検・確認している例）がされていた。

第2節　債権徴収手続

第1　債権徴収手続の概略

国の歳入金に係る債権の管理を行うのは，歳入徴収官[24]である。

猶予費用の支払決定又は取立決定があった場合，若しくは迅速処理により国庫で立て替えた費用について取立決定があった場合，歳入徴収官は，書記官からの債権発生通知（詳細については本章第3節参照）を受けて，債権の徴収に当たる。その手続の概略は次のとおりである。なお，後記債権徴収手続の流れ図を併せて参照されたい。

1　歳入徴収官等は，債権発生通知を受けたときは，遅滞なく，債務者（上記各決定において費用の支払を命じられた者）の住所及び氏名，債権金額，履行期限等を調査し，確認の上，帳簿に記載する[25]（債権管理法11）。

2　次に，調査決定（会計法6，予決令28）をした上，債務者に対し納入告知を行う（会計法6，予決令29）。具体的には，財務省会計センターを通じ，債務者に納入告知書を送付する[26]。

3　納入告知書で指定された期限までに履行されないときは督促の手続を行う（歳入徴収官事務規程（昭和27年大蔵省令第141号）21）。

4　それでも履行されない場合には，確定した支払決定，取立決定を債務名義として，

22　例えば訴訟救助が付与された事件が受救助者が和解金を受領する内容の和解により終局した場合には，その履行期を待って資力回復調査など取立事務を行う運用があるところ，和解成立後履行期までに多少の期間があることが多いから，進行の管理をしない場合，失念等による取立事務の遅滞のおそれがないとはいえない。

23　債権管理についての処理要領を定めている庁も多い。

24　地方裁判所では，事務局長が歳入徴収官となるが，債権の管理に関する事務は，裁判所会計事務規程（平成29年最高裁判所規程第4号）8条2項により歳入徴収官に委任される。

25　当該確認にかかる債権について変更があった場合は，変更事項について調査確認し，帳簿に記載する（債権管理法11 I）。

26　納入告知書を送付する費用にも満たないときは，納入告知をしない。

- 228 -

第1　債権徴収手続の概略

　　法務大臣に対して強制執行の手続措置を求めるため，その裁判所に対応する法務
　　局長に対し，強制執行の手続を依頼する（債権管理法15②）。
5　また，1から4までの間，必要に応じ，担保の提供を求める（債権管理法18Ⅰ），
　　時効中断の措置を執る（債権管理法 18Ⅴ）等債権保全のための措置を執ったり，
　　債務者が無資力の場合又はこれに近い状態にあるとき等に履行期限を延長する特
　　約又は処分（債権管理法24）等をする。
　　　さらに，債務者が所在不明でありかつ差し押さえる財産の価額が強制執行の費
　　用を超えないと認められるとき等は，徴収停止の措置をする（債権管理法21）。

第4章　債権管理事務

【債権徴収手続の流れ図】

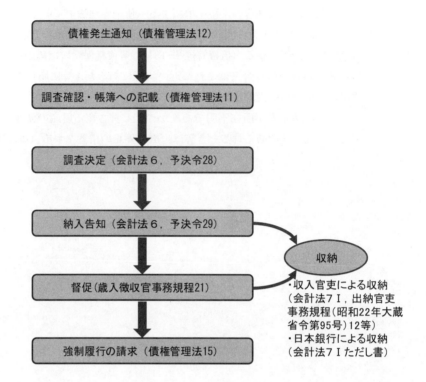

【債権管理において執られるその他の措置】

債権の保全措置（債権管理法18）
・時効中断のための措置（債権管理法18Ⅴ）等

債権の内容変更（債権管理法24）
・履行期限延長の特約等

債権の免除（債権管理法32）

徴収停止（債権管理法21）
・債務者が所在不明かつ差し押さえることのできる財産の価額が強制執行の費用を超えない場合
・債権金額が少額で、取立てに要する費用に満たない場合

※　債権徴収の手続の流れ（強制徴収に至る流れ）の概略は一応上記図のとおりであるが，必ずしもこのとおり進められるものではないことに留意する。債権の管理に関する事務は，法令の定めるところに従い，債権の発生原因及び内容に応じて，財政上もっとも国の利益に適合するように処理しなければならないとされ（債権管理法10），必要に応じ，臨機に，その他の措置が執られることもある。

第2 書記官事務と徴収事務の連携

　　書記官は，債権発生通知を確実に行うとともに，債権発生通知の際には，債務者の資産又は業務の状況についても併せて通知しなければならないこととされている（債権管理法施行令10Ⅰ⑥，11Ⅰ④参照）。

　　なお，債権発生通知後に債権に変更があった場合は，債権変更通知をしなければならない（債権管理法施行令12）。また，支払決定等の送達を実施したところ，郵便物が宛所尋ね当たらずとの理由で還付された場合，債務者の所在不明は，債権の徴収停止の事由となり得るので（債権管理法21Ⅰ②），会計課（歳入徴収官）に連絡をするのが相当である。

第3節　債権発生通知

第1　根拠

　　債権の発生又は帰属の事実を職務上知り得る立場にある者は，歳入徴収官に対して債権が発生又は帰属したことを通知しなければならない（債権管理法12）。

　　裁判部において発生する債権について債権発生通知を行うのは，書記官である（平成29年6月29日付け最高裁経監第867号経理局長通達「債権管理及び歳入徴収事務の取扱いについて」記第1）。

　　そこで，猶予費用について，受救助者の承継人に対する支払決定（民訴法83Ⅲ）があったとき，受救助者に対する支払決定（民訴法84）があったとき若しくは受救助者の相手方に対する取立決定（民訴法85前段）があったとき，又は迅速処理通達による立替費用について，納付義務者に対する取立決定（民訴費用法15Ⅰ）若しくは納付義務者の相手方等に対する取立決定（民訴費用法14，15Ⅰ）があったとき[27]，書記官は，遅滞なく，歳入徴収官に対し，債権の発生を通知しなければならない[28]。

　　なお，第一審裁判所が，上級審の猶予費用について支払決定又は取立決定をした場合には，債権発生通知は，第一審裁判所の書記官が，第一審裁判所の歳入徴収官に通知すれば足りる（「裁判所書記官会同協議要録」昭和47年3月訟廷執務資料第42号6頁）。

第2　債権発生通知の事務

1　債権発生通知を行う時期

　　債権発生通知を行う時期について，①訴訟救助による猶予費用の場合と②迅速処理通達による立替費用の場合で次のような差異がある。

【債権発生通知をすべき時期の差異】

①　訴訟救助による猶予費用

27　なお，少額債権の場合に取立決定をせずに債権発生通知をすることにつき本編第3章第2節第3参照
28　会計課（歳入徴収官）は，債権発生通知により債権管理を開始するので，適切な時期に債権発生通知を行わなかった場合，会計課（歳入徴収官）において適切な債権管理ができず，徴収手続に支障が生じたり，5年の消滅時効（会計法30参照）にかかる可能性もある。

- 231 -

第4章　債権管理事務

支払決定又は取立決定をしたとき

② 迅速処理通達による立替費用

取立決定をする場合は同決定をしたとき

少額債権の場合（取立決定を行わない場合）は立替支出をしたとき

なお，支払決定又は取立決定に伴い債権発生通知をする場合，決定の確定を待たずに直ちに債権発生通知を行う運用と，決定の確定を待って債権発生通知を行う運用があるが，各庁の定めに従う。

2　債権発生通知書の作成と送付

債権発生通知は，債権発生通知書を作成して歳入徴収官に送付する方法により行う。

支払決定，取立決定に伴い債権発生通知をする場合，決定の正本を添付する。

なお，債権発生通知時に，債務者の住所や資力に関する情報，資料を併せて提供することとされている庁もある。

3　債権発生通知書作成の際の留意点

(1)　債権発生通知書の様式は，平成7年3月30日付け最高裁経監第45号経理局長通達「債権管理簿等の様式について」別紙様式第3による。様式には，その1[29]，その2があるが，その2は債権金額が一時に弁済される比較的少額な債権及び納入告知の費用（郵便料）にも満たない債権等について使用することとされている。どの場合にどちらの様式を使用するかについて各庁に定め等がある場合はこれに従う。

(2)　債権発生通知書の作成に当たっては，債務者の住所及び氏名，債権金額，債権の発生原因等について正確に記載しなければならない[30]。

具体的には，債務者の住所や氏名，債権金額（数額）といった形式面のほか，債権の内容の面について，裁判体の判断を正確に反映する必要がある。例えば，猶予費用について，支払決定又は取立決定により，複数人（共同訴訟人の場合等）に連帯して負担を命じる場合，債権発生通知書及び添付資料である決定正本から連帯債務であることが明らかになっている必要がある[31, 32]。なお，当事者複数の場合の支払決定及び取立決定の主文例並びに債権発生通知書の記載について，本編第5章第4節第3の2(3)末尾の参考例を参照されたい。

29　対象たる債務が連帯債務である場合にも債務者1名につき1枚の用紙を使用し，連帯債務であることは備考欄に記載して明らかにする（なお，255頁の【参考例　債権発生通知書の記載例（主文例1（連帯負担）の場合）】参照）。

30　会計課では債権発生通知及びその添付資料（決定正本）に基づいて債権管理をするのであり，債権発生通知の内容に誤りがあるとその後の債権管理事務に大きな影響が生じることになるため，書記官においては，債権発生通知書及びその添付資料に記載された事項が，その後の債権管理事務の重要な要素となることを意識し，疑義が生じることのないよう留意して債権発生通知書を作成する必要がある。

31　当然のことながら，訴訟費用負担の裁判はもちろん支払決定及び取立決定も裁判体の判断事項である。

32　決定により分割債務とされた場合は，債権発生通知書及び添付資料である決定正本により分割債務であることが明らかになっている必要がある。

第2　債権発生通知の事務

【債権発生通知書（様式第3　その1）】

別紙様式第3（その1）

発生年度	平成　　　年度	調査確認	歳入徴収官印
番号		平成　　年　　月　　日	

債　権　⬭発生/変更　通　知　書
（ 債 権 管 理 簿 ）

平成○○年○○月○○日

○○地方裁判所歳入徴収官　　殿

次 の と お り 通 知 し ま す 。

○○地方裁判所民事第○部
官 職 氏 名　　裁判所書記官　　○　○　○　○　印

（債務者）　　〒		債 権 金 額	
住　所		履 行 期 限	
氏　名		債権発生年月日	
発　生		延滞金に関する事項	
原　因		備　考　(1)	

債 権 の 種 類	歳 入 科 目	歳 出 科 目

【債権発生通知書（様式第3　その2）】

別紙様式3（その2）

発生年度	平成　　　年度	調査確認	歳入徴収官印
番号		平成　　年　　月　　日	

債 権 種 類	歳 入 科 目

債　権　⬭発生/変更　通　知　書
（ 債 権 管 理 簿 ）

平成○○年○○月○○日

○○地方裁判所歳入徴収官　殿

次 の と お り 通 知 し ま す 。

○○地方裁判所民事第○部
官 職 氏 名　　裁判所書記官　　○　○　○　○　印

発生年月日	債　務　者		債権金額	調査決定		納入告知番号	履行期限	消　　滅				備　考
	氏　名	住　所		年月日	印			年月日	弁済額	欠損額	残額	

－ 233 －

第4章　債権管理事務

4　債権発生通知の内容に変更を生じた場合

⑴　債権発生通知後にその内容等に変更を生じた場合，速やかに会計課（歳入徴収官）に連絡を行う必要がある。例えば次のような場合がある。

① 支払決定又は取立決定に対し即時抗告の申立てがされたとき

② ①の抗告審で，原決定が取り消されたとき

③ 債権発生通知書に記載した債務者に関する情報や債権発生通知時に情報提供した債務者の資力に変更があった場合

④ 調査嘱託又は送付嘱託の際に返送用郵券を国庫立替えした場合に，当該郵券が全部又は一部使用されずに返送される等，債権発生通知書に記載した債権額に変更が生じたとき

⑤ 支払決定又は取立決定の更正決定があったとき

⑵　債権の内容に変更を生じた場合，書記官は，債権変更通知書を作成して送付する方法により変更を通知しなければならない。

第4節　立替費用の納付

第1　納付方法

1　納入告知書に基づく納付

納付義務者は，支払決定又は取立決定の告知を受けることにより，国に対しその金額を支払わなければならないが，具体的には，歳入徴収官から納入告知を受けて国庫に納付することになる。

納付場所としては，日本銀行（本・支店，又は歳入代理店[33]）又は裁判所会計課窓口（収入官吏[34]）がある。

収入官吏は，納入者から納入告知書を添えて現金の納付を受けたときは，納入者に領収書を交付し，その都度，歳入徴収官に報告書を送付する（出納官吏事務規程（昭和22年大蔵省令第95号）12 I）。

2　収入印紙による納付

このほか，裁判所会計課窓口で納付する場合は，収入印紙による納付も認められる[35]。納付義務者が歳入金を収入印紙で納付したときは，歳入徴収官は，これを調査して消印をする（平成29年6月29日付け最高裁経監第867号経理局長通達「債権管理及び歳入徴収事務の取扱いについて」記第2の1）。納付義務者から収入印紙の受領に関する書面を求められたときは，歳入徴収官の印を押した書面を納付者に交付するものとされている（同通達記第2の2）。

なお，国庫が立て替えた郵便切手を納付義務者が郵便切手をもって納付すること

33　日本銀行の歳入金等の受入に関する特別取扱手続（昭和24年大蔵省令第100号）1条参照。大部分の市中銀行及び郵便局が該当する。

34　「収入官吏」について，後記「書記官事務と関連のある会計用語」（236頁）参照

35　印紙をもってする歳入金納付に関する法律（昭和23年法律第142号）1条，2条参照

- 234 -

はできない。

第2　納付手続

1　支払決定又は取立決定後の任意納付

　　猶予又は国庫立替えした費用について，支払決定又は取立決定があった後は，全て債権管理法による債権管理に入るのであるから，納付義務者から事件部に手数料相当の収入印紙の提出があっても，決して事件部で消印することはせず，会計課（歳入徴収官）に提出するよう促すか，又は送付する。

2　支払決定又は取立決定前の任意納付

　　この場合，支払決定又は取立決定をし[36]，会計課（歳入徴収官）に対し同決定正本と債権発生通知書を送付した上で，納付義務者（来庁している場合）を会計課（歳入徴収官）に案内する。収入印紙による納付の場合，消印せず[37]，会計課（歳入徴収官）に提出するよう促すか，又は送付する[38]。

第5節　国が費用負担者の場合の処理

　　受救助者が国を相手方として提起した訴訟で勝訴し，国が費用負担者となった場合，国に対し猶予費用の取立決定をしこれが確定すれば，混同（民法520）により債権が消滅することになる[39]。

　　国を費用負担者とする裁判の確定後取立決定[40]をし，国に対し，同決定正本を送達する方法により告知する[41]。

　　取立決定が確定したら[42]，債権消滅通知書を，取立決定正本とともに会計課（歳入徴収官）に送付する（債権管理法23）。

36　歳入徴収官において，債権発生通知とその前提となる支払決定又は取立決定なく徴収手続を行うことはできないため，任意納付の申出があったとしても支払決定，取立決定を要することになる。

37　歳入徴収官が調査の上消印することになり，書記官にはその権限がないからである。

38　ただし，訴訟救助に基づく猶予費用が申立手数料のみの場合に限り，支払決定又は取立決定をせず，収入印紙を事件部で受け付けかつ消印して記録に編てつする扱いもある。申立手数料については，支払猶予がされているだけで，国庫立替えした費用と異なり現実に金銭の支出がされているわけではないからである。

39　人事訴訟で当事者たる検察官が敗訴すると，費用は国庫の負担となる（人訴法16Ⅰ）。この場合に，反対当事者が訴訟救助を受けているときも同様である。

40　取立決定の根拠は，訴訟救助に基づく猶予費用については，民訴法85条，民訴費用法16条2項，15条1項により，迅速処理通達による立替費用については，民訴費用法14条，15条1項によることとなる。なお，通常支払決定（民訴法84条）をすることはない（国が受救助者となることは考えられないからである。）。

41　国はこの決定に対し即時抗告をすることができるから決定正本を送達する方法により告知することが相当と解するが，事案によっては適宜の方法による告知で足りる場合もあると考えられる。

42　即時抗告期間は，決定の告知を受けた日から2週間である（民訴費用法16Ⅱ，15Ⅱ，9Ⅸ，非訟法66Ⅰ，67Ⅰ，Ⅱ）。

第4章　債権管理事務

書記官事務と関連のある会計用語

1　会計の機関等

⑴　歳入徴収官　歳入の調査決定と納入告知を行う機関である（会計法6）。

　　　　　　　また，歳入徴収官は，歳入金にかかる債権の管理機関でもある（債権管理令5Ⅰ①）。

　　　　　　　→よって，債権発生通知は，歳入徴収官に対して行う。

　　　　　　　地方裁判所では，事務局長が歳入徴収官となる(裁判所会計事務規程（平成29年最高裁判所規程第4号）3条1項，別表第2)。

⑵　官署支出官　歳出の支出の決定を行う機関である（会計法24，予決令1②,40Ⅰ）。

　　　　　　　地方裁判所では，所長が官署支出官となる（裁判所会計事務規程3条1項，別表第2）。

⑶　出納官吏　現金の出納保管を掌る職員をいう（会計法38）。

　　ア　収入官吏（出納官吏事務規程1Ⅲ）

　　　　　　歳入金の収納を行う出納官吏である。

　　　　　　→猶予費用を当事者が窓口で現金納付する場合，収入官吏が収納をし，歳入徴収官に対し通知することになる。

　　イ　資金前渡官吏（出納官吏事務規程1Ⅳ）

　　　　　　センター支出官（予決令1③）から前渡を受けた資金の出納保管をする出納官吏である。

　　ウ　歳入歳出外現金出納官吏（出納官吏事務規程1Ⅴ）。

　　　　　　保管金（後記2の⑴の※のとおり「歳入歳出外現金」である。）の出納保管をする出納官吏である。

⑷　物品管理官　物品の管理（取得，保管，供用及び処分）に関する事務を掌理する機関である（物品管理法8）。

　　　　　　　地方裁判所では，事務局長が物品管理官となる（裁判所会計事務規程3条1項，別表第2）。

2　「歳入」とは

⑴　定義　一会計年度における一切の収入※をいい（財政法2Ⅳ），歳入は全てこれを国庫に納めなければならず，直ちに，これを使用することはできないものとされている（会計法2）。

　　　　　取立決定等により発生する債権も歳入である。

　　　　※「収入」とは，国の各般の需要を充たすための支払の財源となるべき現金の収納である（財政法2Ⅰ）。現金の収納であっても，「保管金」は国の各般の需要を充たすものではないため，「歳入歳出外現金」として取り扱われる。

⑵　歳入事務の準則

　　ア　歳入の法定

－ 236 －

歳入は，法令の定めるところにより，これを徴収又は収納しなければならないとされている（会計法3）。

イ　徴収と収納

「徴収」とは，収入すべき金額を調査決定して，これを納めるべき者に納入の告知をする行為をいい（会計法6），この行為は歳入徴収官でなければ行うことができない（会計法5）。

「収納」とは，現金を受け入れる行為であって，この行為は出納官吏若しくはこれに所属する出納員又は日本銀行以外には行うことができない（会計法7）。

3　「歳出」とは

(1)　定義　一会計年度における一切の支出をいう（財政法2Ⅳ）。

(2)　支出の決定の調査

官署支出官が支出の決定をするときは，所属年度や歳出科目等について調査しなければならない（予決令42）。

第5章　訴訟救助により支払を猶予された費用の取立て

第5章　訴訟救助により支払を猶予された費用の取立て

第1節　総論
第1　取立ての必要性

　　訴訟救助は，裁判費用の免除ではなく，その支払を一時猶予するにすぎないから，訴訟救助の効力が消滅したとき，又は訴訟が完結し訴訟費用の負担者が定まったときには，猶予費用の支払を命じ，又はこれを取り立てる必要がある。

　　猶予費用については国の債権であり，国の債権管理事務としてこれを適時・適切に取り立てる必要があることは，前述（本編第4章第1節第1）のとおりであり，書記官としては，訴訟進行中に取立事由が発生した場合のほか，特に訴訟救助を付与した事件が完結した場合には，速やかに取立事務に着手しなければならない。

　　なお，受救助者又は承継人に対し猶予費用の支払を命じる決定（民訴法 83Ⅲ，同法 84）を「支払決定」[43]といい，受救助者の相手方に対し猶予費用の支払を命じる決定（民訴法 85）を「取立決定」という。

第2　取立ての根拠と書記官事務

　　猶予費用の取立事務に関する民訴法の規定としては，承継人に対し支払を命じる決定について定めた民訴法 83 条 3 項のほか，救助決定の取消し，支払決定について定めた同法 84 条，取立決定について定めた同法 85 条があるのみであり[44]，訴訟救助を付与した事件が完結した場合に訴訟救助の効力がどうなるかについての明確な規定はない。

　　このため，訴訟完結後に受救助者に対し取立てを行うに当たって救助決定の取消しを要するかどうか（訴訟完結により救助の効力が消滅すると考えれば，救助決定の取消しを要しないこととなる。），その前提として，受救助者の資力回復を要するかどうかについて考え方が分かれる結果となっており[45]，その考え方の違いは書記官の行う取立事務にも影響してくる。

　　本章においては，まず，第2節において訴訟救助の決定の取消しや支払決定の手続について記載するとともに，前記の考え方の違いにも触れた。そして，第3節において取立決定の手続について記載した。その上で，取立てに関する書記官事務（実務的な処理）については，節を改めて第4節に記載した。ほかに，付添弁護士・執行官に

43　実務上「支払命令」「追払決定」といわれることもある。

44　ほかに猶予費用の取立事務に関する規定として，民訴費用法 16 条（同条 2 項により準用される 15 条を含む。）がある。

45　平成 8 年の現行民訴法制定の際の「民事訴訟手続に関する検討事項」（法務省民事局参事官室・平成 3 年 12 月）においては，訴訟救助を付与した事件が終了した場合には，①当然に訴訟救助の効力が失われるものとするとの考え方，②裁判所は，受救助者が，資力を有することが判明するか，又は資力を有するに至った場合に限り，訴訟救助を取り消し，猶予した訴訟費用の支払を命ずるものとするとの考え方があるがどうか，との問題提起がされていたが，その後に公表された「民事訴訟手続に関する改正要綱試案」（法務省民事局参事官室・平成 5 年 12 月）等にこの問題に関する記載はなく，現行民訴法には，旧民訴法と同様に，訴訟救助を付与した事件が完結した場合における訴訟救助の効力について，正面から定めた規定は置かれず，現行の民訴法下において，この点は，旧民訴法下と同様，解釈に委ねられていると解される（最決平 19.12.4 判解 855 頁，856 頁参照）。

－ 238 －

第2　取消事由についての調査（資力回復調査）

よる取立てについて第5節，第6節にそれぞれ記載している。

第2節　訴訟救助の決定の取消しと支払を命じる裁判

第1　取消事由

　　　救助決定の取消事由は，受救助者が民訴法82条1項本文に規定する要件を欠くことが判明し，又はこれを欠くに至った（民訴法84）ことであり，より具体的には①受救助者が救助決定の当時から，訴訟の準備及び追行に必要な費用を支払う資力がないか若しくはその支払により生活に著しい支障を生ずるという要件を欠いていたことが判明したこと，又は②その後にこれを欠くに至ったことである。

　　　②の場合において「資力」とは，通常の場合，猶予されていた従前の訴訟費用と将来生じる訴訟費用の両方の支払をするに足りる資力のことである。しかし，従前の訴訟費用までも支払うには資力が足りないが，将来生じる訴訟費用を支払うに足りる資力を有するに至る場合もあり，このような場合，将来に向かってだけ救助を取り消すこともできると解される（秋山ほかコンメⅡ127頁，基本法コンメⅠ206頁，注解民訴174頁）。

　　　なお，民訴法84条は，資力要件のみを問題とし，「勝訴の見込みがないとはいえないとき」という要件を欠くに至ったことは取消事由としていない点に留意が必要である[46]。

第2　取消事由についての調査（資力回復調査）

　　　利害関係人から救助決定の取消しの申立てがあった場合は，申立人から必要な資料を提出させるなどして，受救助者の資力回復の状況を審理判断すれば足りるが，裁判所が職権によってするには，取消事由があることを認めるに足る資料を職権により得なければならない。訴訟進行中にあっては，証拠調べの結果などにより，受救助者の生計状況などが知れる場合があるが，訴訟完結後においては，確定判決，和解，調停などに基づく履行状況，受救助者のその後の収入の変動について，裁判所が調査することになる。この調査のことを，実務上，資力回復調査と呼んでいる。

　　　調査方法としては，当事者に対する審尋（民訴法87Ⅱ），官公署その他適当な機関に対する調査の嘱託（民訴法151Ⅰ⑥），訴訟代理人への照会[47]等が考えられる。書記官は，この調査の経過について，記録上明らかにしておく必要がある。資力回復調査については，本章第4節第3の3でも触れている。

46　旧々民訴法（以下，本編において，特に大正15年法律第61号による改正前の旧民訴法を指すときに「旧々民訴法」という。）では，勝訴の見込みがなくなったことを救助取消の原因としていたが（旧々民訴法95），旧民訴法では救助取消の事由とはされなかった（旧民訴法122）。現行民訴法84条は旧民訴法122条と同内容の規定となっている。先の救助付与の決定の際の判断が明らかに誤りであったような場合は格別，訴訟の進行に応じて受救助者の勝訴の見込みがないことが明らかになった場合に訴訟救助の取消しをすることになれば，その当事者を上訴の提起も含めてその後の訴訟を追行できない状態に追い込むことになり，訴訟救助の制度の趣旨に沿わなくなるからである（秋山ほかコンメⅡ127頁，基本法コンメⅠ206頁）。

47　この場合，訴訟代理人から報告書等を提出させるか，書記官が電話聴取書を作成することが考えられる。

第3 取消しの手続

1 申立人

救助決定の取消しは，利害関係人の申立て又は職権により行う（民訴法84）。

利害関係人とは，受救助者の相手方及び報酬・手数料等の支払を受け得る執行官ないし付添弁護士である（秋山ほかコンメⅡ128頁，基本法コンメⅠ207頁，注解民訴174頁）。

2 申立てと立件

申立ては，書面又は口頭ですることができる（民訴規則1）。申立手数料は不要である。申立ては，民事雑事件簿（行政事件のときは行政雑事件簿）に登載して立件する（「受付分配通達」別表第1の59の(13)）。

3 管轄裁判所

救助決定を取り消す裁判所が，救助決定をした裁判所ではなく，救助の対象である訴訟が係属し，あるいは係属したため当該訴訟記録が現に存する裁判所である[48]。これは，訴訟記録の存する裁判所が訴訟救助の取消事由の有無を最も調査，確認しやすく，判断するのに適切な機関といえるからである。

したがって，例えば，第一審判決に対する上訴の結果，訴訟記録が上訴裁判所に存する場合には，第一審裁判所のした救助決定について，上訴裁判所が取り消すことができる。

4 裁判及び告知

(1) 救助決定の取消しの裁判は決定である。口頭弁論を開くかどうかは，裁判所の裁量による（民訴法87Ⅰただし書）。審尋をすることもできる（民訴法87Ⅱ）。

取消決定をするときは受救助者を，救助取消しの申立てを却下するときは申立人を審尋するのが適切であるとされる（秋山ほかコンメⅡ130頁，基本法コンメⅠ206頁，注解民訴176頁）。

(2) 裁判所は，取消事由があるときには，必ず救助を取り消さなければならない。民訴法84条に「できる」との文言があるが，これは「いつでも」を受けるのであって，行使が裁判所の裁量に任される趣旨ではないとされる（兼子条解360頁，注解民訴175頁）。

(3) 救助決定の取消しとともに猶予費用の支払を命ずるとき[49]は，金額を確定してしなければならない（支払決定）。支払決定については，本節第6で後述する。

救助の取消決定は，当事者双方及び申立人（救助取消申立人）に対し告知する（民訴法119）。その方法は，決定正本を作成して送達するのが相当である。

---

48 記録取寄せによって記録の送付を受けたにすぎない場合は含まれない（基本法コンメⅠ206頁）。
49 救助決定の取消しと猶予した訴訟費用の支払を命じる決定が可分か不可分かについても争いがあるが，可分と解するのが多数説である（基本法コンメⅠ207頁）。

(4)　救助決定の取消しの申立てに理由がないと認めるときは，申立てを却下する決定をする。告知の方法について，却下決定に対しては後記5のとおり即時抗告ができる（民訴法 86）と解されるから，申立人に対し決定正本を送達して行うのが相当である。

5　不服申立て

救助決定の取消決定に対して，受救助者は，決定の告知を受けた日から1週間の不変期間内に即時抗告をすることができる（民訴法 86，332）。

取消しの申立ての却下決定に対して，申立人は抗告できるが，その方法については，即時抗告（民訴法 86）によるべきであると解される[50]。

第4　取消決定の効果

救助の取消決定が遡及効を有するか否かに関しては，肯定説も否定説もあるが，①過去の猶予費用も将来の訴訟費用も支払える状態になった場合には，取消決定と支払決定とが同時にされることになり，この場合の取消決定には遡及効があるが，②将来の訴訟費用の支払だけができる状態であれば，将来に向かってのみ取消決定ができるとする制限付肯定説（折衷説）が通説である（秋山ほかコンメⅡ130頁，基本法コンメⅠ207頁，注解民訴176頁）。

第5　訴訟完結後に受救助者に対し支払決定をする場合の訴訟救助の取消しの要否

1　問題の背景

訴訟完結後に受救助者に対し支払を猶予した費用の支払を命ずるに当たって，救助決定の取消しを要するかどうか（訴訟完結後の救助決定の効力をどのように解するか）について，本章第1節第2のとおり，考え方が分かれている[51]。

この点に関する判例として，最決平 19.12.4 民集 61 巻 9 号 3274 頁（以下，「平成19 年最決」という。）があるが，同決定について解説した最決平 19.12.4 判解において，上記の点についての考え方（学説や判例の状況）の整理，検討がされている[52, 53,]

50　通常抗告によるべきとする説もあるが，救助に関する争いの迅速なる解決という観点から即時抗告説が妥当である。不服申立てについては，第4編第5章第3節を併せて参照されたい。

51　訴訟救助の制度趣旨（第4編第1章第2節第4参照）についてどう考えるか（正当な権利を有しながら無資力のために十分な保護を受けられない者を救済するという訴訟救助制度の基本的な目的を出発点とするか，無資力者に裁判を受ける機会を保障するためのものであることを強調するか，あるいは，訴訟行為を行うために必要となる訴訟費用の納付を猶予するものであることを強調するか）により，考え方が異なる（最決平 19.12.4 判解870頁以下参照）。

52　最決平 19.12.4 判解による学説の整理の概要は次のとおりである。
①訴訟の完結後は，救助決定は失効し，民訴法 84 条による救助決定の取消しなくして支払決定をすることができるとする見解（A説）
　A説を修正して，救助決定は原則として訴訟の完結により効力を失うが，受救助者による強制執行の可能性が残る部分（受救助者の勝訴部分）については，効力を失わないとする見解（修正A説）
②訴訟の完結後も，救助決定は失効せず，民訴法 84 条に従って救助決定を取り消さない限り，支払決定をすることができないとする見解（B説）
③訴訟の完結事由が，受救助者の全部敗訴・訴訟費用全部負担の裁判等の場合には救助決定は失効するが，訴訟上の和解等の場合には失効しないとする見解（C説）

53　最決平 19.12.4 判解においては，B説につき，訴訟救助制度の基本的な目的（正当な権利を有しながら無資力のために十分な保護を受けられない者の救済）や，訴訟救助制度が訴訟費用の「免除」ではなく，飽くまでも訴

第5章　訴訟救助により支払を猶予された費用の取立て

[54, 55]。本研究では，学説の状況等については必要な限度で触れるにとどめるので，詳細は最決平19.12.4判解を参照されたい。

2　書記官が行う取立事務との関連及び裁判官との進行方針の共有

訴訟救助を付与した訴訟が完結すれば，書記官は取立事務を行うことになるが，その際，救助の取消決定が必要とされれば，その前提として資力回復調査が必要となる[56]など，救助決定の取消しの要否により取立事務の内容は異なることになる。そして，当然のことながら，救助決定の取消しを要するかどうか（その前提として資力回復調査を行うかどうか）は裁判体の判断事項であるから，書記官が取立事務を行うに当たっては，裁判官とこの点について認識を共有し，その方針を踏まえて事務を進めなければならない[57]。

3　訴訟救助の取消しの要否の検討（訴訟の完結事由別の整理）

訴訟完結後に受救助者に対し猶予費用の支払を命じるに当たって救助決定の取消しを要するかどうかについて，訴訟の完結事由別に検討するのが実務の現状であり，本研究でも次の(1)から(5)のとおり，訴訟の完結事由別に整理，検討をする。

(1)　受救助者全部敗訴の判決が確定し，受救助者が訴訟費用を全部負担することとなったとき

この場合，救助決定は当然にその効力を失うから，救助決定を取り消すことなく支払決定をすることができると解される。

正当な権利を有しながら無資力のために十分な保護を受けられない者を救済す

訟費用の納付を一時的に「猶予」するものにとどまるという制度の枠組みを軽視しているものといわざるを得ないと思われる等とされている（最決平19.12.4判解872頁参照）。

54　最決平19.12.4判解は，平成19年最決について，B説を採らないことは明らかであるが，A説（修正A説），C説のいずれを採用すべきかについても判断を示していないとしている（最決平19.12.4判解875頁参照）。

55　C説は，救助研究における考え方（救助研究47頁以下）である（ほかに，最決平19.12.4判解においてC説とされるものとして，五十嵐常之「訴訟救助」裁判実務大系8・民事交通・労働災害訴訟法（昭和60年）365〜366頁）。

救助研究では，以下の問題意識のもと，救助決定の取消しの要否を訴訟の完結事由別に検討するとしている（救助研究47頁，48頁）。

「(a)　救助の取消しをするのは，それまで受救助者に与えられていた訴訟費用の猶予という効果をじ後失わせるためである。もし，訴訟が完結したこと自体で，じ後救助の効果を存続させる余地のない場合（例えば，訴え取下げ）があれば，わざわざ救助の取消しをする必要はない。訴訟完結後も救助の効果が持続している場合としては，訴訟が完結することによって債務名義が生ずる場合（例えば給付判決）がある。受救助者がその債務名義をもって強制執行をする場合，救助の効果は当然に強制執行に及ぶから（民訴法83 I 参照）である。

(b)　救助の付与を受けることは，その前提として，自己の権利主張の正当性が推認されるからである。ところが，訴訟完結事由によっては，権利主張の正当性が失われる場合があろう（例えば，受救助者敗訴の判決）。救助取消しの要件は，受救助者の資力回復であるが，権利主張の正当性が失われた場合にも，受救助者に猶予費用の支払を命ずるにつき，受救助者の資力を調査し，資力回復を待って救助取消しの手続をする必要があるとは思われない。」

56　なお，訴訟完結後に猶予費用の支払を命じるについて，救助決定の取消しは不要としながら，資力回復は必要とする考え方もある（広島高裁岡山支判昭和34.9.11判時207号23頁参照）。

57　この点，あらかじめ裁判官と協議し，訴訟が一定の事由により完結した場合には取消決定は不要とするなど類型別の裁判官の方針があるのであればそれについて認識を共有し，包括的な指示のもとで取立事務を進めることは可能と考えられる。

- 242 -

るという訴訟救助の制度の基本的な目的[58]に照らすと，受救助者の権利主張の正当性が失われた場合には，受救助者の権利保護の面から取消しの要件である資力回復を待って救助取消手続を踏む必要はなく，また，受救助者が敗訴すると，原則として受救助者のための債務名義は生じないから，これを取り消さなくても訴訟における救助の効果が強制執行手続に及ぶことはないからである[59,60]。

なお，平成19年最決は，次のように判示し，この場合に救助決定を取り消すことなく，受救助者に猶予費用の支払を命じることができるとしている。

「民事訴訟において，訴訟上の救助の決定（以下「救助決定」という。）を受けた者の全部敗訴が確定し，かつ，その者に訴訟費用を全部負担させる旨の裁判が確定した場合には，救助決定は当然にその効力を失い，裁判所は，救助決定を民訴法84条の規定に従って取り消すことなく，救助決定を受けた者に対し，猶予した費用の支払を命ずることができると解するのが相当である。なぜなら，訴訟上の救助の制度は，民事訴訟においては原則として敗訴の当事者が訴訟費用を負担すべきこと（同法61条）を前提として，訴訟の準備及び追行に必要な費用を支払う資力がない者等に対し，勝訴の見込みがないとはいえないときに限り，救助決定により，訴訟及び強制執行につき裁判費用等の支払を猶予するものであって（同法82条1項，83条1項），その支払を免除するものではないのであるから，少なくとも，訴訟の完結により，救助決定を受けた者の全部敗訴が確定して勝訴の見込みが完全に失われ，その者が訴訟費用の全部を負担すべきことが確定した場合にまで救助決定の効力が維持されることは予定されていないというべきだからである。」

(2) 受救助者による訴え取下げにより訴訟が完結した場合

この場合，受救助者が訴えを取り下げたことにより，訴訟は初めから係属しなかったものとみなされ（民訴法262 I），受救助者の得た救助決定も失効するから，救助決定を取り消すことなく，猶予された訴訟費用の支払を命じる決定をすることができると解される（盛岡地遠野支決昭34.8.3下民集10巻8号1633頁，福岡

---

58 第4編第1章第2節第4参照
59 受救助者全部敗訴の場合においても，訴訟費用の一部又は全部が相手方負担とされた場合（民訴法62, 63）は，救助の効力はその審級の訴訟費用額確定処分申立手続にも及び，訴訟費用額確定処分がされれば，これが債務名義となり，この債務名義に基づく強制執行についても救助の効力が及ぶことになるから，救助取消を要することになると解する考え方がある（救助研究50, 51頁参照）。
60 この点，アンケート調査の結果によっても，受救助者（原告）の全部敗訴判決確定等（請求棄却判決，訴えの取下げ，請求放棄等）の場合に，支払決定をする際，救助の取消決定をしているかとの質問に対し，ほとんどの庁において「救助の取消決定をしないで支払決定をしている。」との回答であり，残りの庁については，事例がないと回答した庁以外は「救助の取消決定をした上で支払決定をしている。」場合と「救助の取消決定をしないで支払決定をしている。」場合の双方があるとの回答であった。さらに，「救助の取消決定をした上で支払決定をしている」場合，「取消決定の前提として資力回復調査を行っているか。」との質問に対し，行っていると回答した庁は1庁のみ（ただし，同庁については，併せて「行っていない。」とも回答しており，事案，運用又は完結事由により異なる扱いがあるようである。）であった。
受救助者（原告）の全部敗訴判決確定等（請求棄却判決，訴えの取下げ，請求放棄等）の場合には，実務上，救助決定の取消しをせず支払決定を行っている例がほとんどであるといえる。

高決昭 50.8.21 判時 806 号 42 頁，法曹会決議昭和 13 年 7 月 13 日法曹会雑誌 16 巻 10 号 87 頁）[61]。

⑶　受救助者の請求の放棄又は認諾により訴訟が完結した場合

この場合において，費用負担の申立て（民訴法 73 Ⅰ）により受救助者が訴訟費用全額を負担することになったときは，⑴の受救助者が全部敗訴し費用負担者が受救助者である場合と類似の状況となるので，救助決定を取り消すことなく，受救助者に猶予訴訟費用の支払を命じる決定をすることができると解される。

⑷　受救助者一部敗訴，訴訟費用の一部が受救助者負担である場合

この場合，受救助者の資力が回復し，救助決定を取り消さない限り，受救助者に対し猶予費用の支払を命じることはできないと解される[62,63]。

受救助者の権利主張は，一部とはいえその正当性が認められたのであるから，受救助者の権利を保護する必要性は失われていないし，受救助者が一部勝訴により得た債務名義をもって強制執行に進むと，その執行手続について救助の効果が及ぶからである。

⑸　訴訟上の和解により受救助者が訴訟費用の全部又は一部を負担することとなった場合

この場合，⑷の場合と同様，受救助者の資力が回復し，救助決定を取り消さない限り，受救助者に対し猶予費用の支払を命じることはできないと解される。

受救助者の権利主張は，一部とはいえその正当性が認められたのであるから，受救助者の権利を保護する必要性は失われていないし，受救助者が和解調書をもって強制執行に進むと，その執行手続について救助の効果が及ぶことは，前記⑷の場合と同様であるからである。

61　最決平 19.12.4 判解によれば，通説であるとされ，B説の論者も同様に解するとされる（最決平 19.12.4 判解 864 頁）。

62　最決平 19.12.4 判解によると，修正A説では，強制執行の可能性が残る部分（受救助者勝訴部分）についてのみ救助の効力が失われないとされるのに対し（最決平 19.12.4 判解 870 頁参照），C説では，救助決定の効力が全く失われず，一部敗訴部分に対応する猶予費用についても，支払決定をするためには，その前提として，取消決定を経ることを要することになるとされている（最決平 19.12.4 判解 871，874 頁参照）。

　　救助研究においては，「受救助者一部勝訴の場合，受救助者負担部分は直ちに取り立て，相手方負担部分については受救助者の資力回復を待って救助取消手続を取るという方法も考えられないことではないが・・・受救助者は猶予費用全額につき納付義務を有するのであるから，取立手続はこれを一体とし，受救助者の資力を考慮のうえ 84 条の手続をとる・・・のが妥当と思われる。」とされている（救助研究 50 頁）。

　　救助を取り消す範囲を，一部勝訴部分のみとするのか，敗訴部分を含めた全体とするかは，裁判体の判断による。

63　この点，アンケート調査の結果によると，受救助者（原告）が一部敗訴の確定判決や訴訟上の和解により，訴訟費用の一部又は全部を負担することとなった場合に，支払決定をする際，救助の取消決定をしているかとの質問に対し，①「救助の取消決定をした上で支払決定をしている。」，②「救助の取消決定をしないで支払決定をしている。」との選択肢に対し，①と回答した庁，②と回答した庁，両方であると回答した庁（取扱いが分かれている趣旨と解される。）は，ほぼ同程度であった。訴訟救助の対象が手数料のみの一部救助である場合は②であり全部救助の場合は①であると回答した庁もあった。

　　また，上記質問に①と回答した庁（両方であると回答した庁を含む。）のほぼ全庁が，取消決定の前提として資力回復調査を行っているとの回答であった。

第6　猶予費用の支払を命じる裁判（支払決定）

1　総論

救助を取り消され，あるいは救助の効力が消滅したと解される場合[64]に，受救助者に対し猶予費用の納付義務を負わせるに当たっては，裁判所による猶予費用の支払を命ずる裁判を必要とする（民訴法84）[65]。

猶予費用の支払を命ずる裁判は，支払を命ずるに当たって救助決定の取消しを要する場合は取消決定と一体としてされ，救助の効力が消滅したと解される場合は，支払を命ずる裁判のみでされる。

2　裁判及び告知

裁判の形式は決定である。決定には猶予費用の具体的金額を明示しなければならない。この裁判と別個に訴訟費用額確定処分（民訴法71）を求める必要はない。

この決定は，執行力のある債務名義と同一の効力を有する（民訴費用法16Ⅰ）。

決定の告知については，救助決定の取消決定と同様であるので，本節第3の4(3)を参照されたい。

3　不服申立て

この決定に対しては，決定の告知を受けた日から1週間の不変期間内に即時抗告をすることができる（民訴法86，332）[66]。

64　訴訟完結の事由により救助決定の効力が当然に失われると解される場合のあること（救助決定の取消し以外に救助の効力が消滅する場合があると解されること）につき，本節第5参照

65　受救助者が猶予を受けた訴訟費用の支払義務を負うのは，具体的な額を定めた支払決定を受けたときからである（東京高決平9.12.12判時1649号130頁）。国の債権の消滅時効（時効期間は5年。会計法30）は，そのときから進行するものと解される（昭和48年1月10日付け最高裁総三第1号総務局長，経理局長回答「「民事訴訟の迅速処理に伴う経費の支出について」の通達により立替支出した費用の取立ての事務処理手続について」（回答）二の前段について参照）。

66　敗訴判決確定による猶予費用支払決定に対する即時抗告の根拠法条が民訴法86条と解されることにつき，東京高決平21.12.3判タ1310号285頁参照

第5章　訴訟救助により支払を猶予された費用の取立て

【参考例　猶予費用の支払決定】

平成○○年（ワ）第○○○○号　損害賠償請求事件

決　　　定

○○市○○町○丁目○番○号

原　告　　○　○　○　○

○○市○○町○丁目○番○号

被　告　　○　○　○　○

　上記当事者間の上記事件について，当裁判所は，原告に対し，平成○○年○月○日訴訟上の救助を付与したが，同年○月○日請求棄却判決が言い渡され，同年○月○日に確定したので，次のとおり決定する。

主　　　文

　原告に対し，支払を猶予した訴え提起手数料○万○○○○円を国庫に支払うことを命じる。

平成○○年○月○日

○○地方裁判所民事第○部

裁判官　　○　○　○　○　㊞

第3節　相手方からの取立て

第1　根拠

　　受救助者の猶予費用を，承継人（民訴法 83Ⅲ）又は受救助者に支払を命ずる（民訴法 84）ことなく訴訟が完結し，相手方が訴訟費用の負担者と定まったときは，国（裁判所），付添弁護士又は執行官は，費用負担者である相手方から直接に猶予費用を取り立てることができる（民訴法 85）。

　　受救助者の相手方が訴訟費用の負担者となる場合としては，受救助者勝訴の確定判決又は訴訟上の和解により相手方が訴訟費用を負担することになったときのほか受救助者の相手方の請求の認諾，放棄の場合に民訴法 73 条により訴訟費用が相手方負担とされたときなどがある。

　　本来は，受救助者が相手方から訴訟費用の支払を受け，これを国庫等に支払わなければならないが，このような方法は迂遠であるし，受救助者が国庫に支払うために上記のような手数をかけることは期待しがたいので，国等が直接相手方から猶予された訴訟費用等を取り立てることができるものとされた（基本法コンメ I 208 頁，秋山ほかコンメ II 132 頁，注解民訴 178 頁）。

　　費用の取立ての方法は，国が支払を受けるべき費用（裁判費用）と付添弁護士，執行官の受けるべき報酬，手数料等とで異なる部分があるところ，付添弁護士，執行官による取立てについては，後述（付添弁護士につき第5節，執行官につき第6節）す

－ 246 －

る。

第2　裁判及び告知

　　訴訟が完結し，受救助者の相手方が訴訟費用の負担者と定まったとき，これを強制的に取り立てることについて民訴法上別段の規定はなく，民訴費用法16条2項において，民訴法85条前段の規定による費用の取立てについては，民訴費用法15条の規定を準用すると定められている。

　　したがって，第一審裁判所が，決定により，猶予費用の額を明示し，その費用額の支払を命じることになる（取立決定）。

　　取立決定は，当事者双方に告知する。その方法は，決定正本を作成して送達するのが相当と考えられる。

　　なお，この決定は執行力のある債務名義と同一の効力を有し，執行文なくして強制執行をすることができる（民訴費用法16Ⅱ，15Ⅰ）。

第3　不服申立て

　　この決定に対しては，決定の告知を受けた日から2週間の不変期間内[67]に即時抗告をすることができる（民訴費用法16Ⅱ，15Ⅱ，9Ⅸ，非訟法66Ⅰ，67Ⅰ，Ⅱ）。

67　受救助者に対する支払決定（民訴法84）の即時抗告期間は，決定の告知を受けた日から1週間（民訴法86，332）であり，支払決定と取立決定（2週間）とで即時抗告期間が異なることに留意が必要である。なお，平成25年2月5日付け最高裁民事局第二課長，行政局第一課長，家庭局第一課長，刑事局第二課長事務連絡「民事訴訟費用等に関する法律の規定に基づく各種決定に対する即時抗告期間の変更等について」参照

第5章　訴訟救助により支払を猶予された費用の取立て

【参考例　猶予費用の取立決定】

```
平成○○年（ワ）第○○○○号　損害賠償請求事件
                    決　　　　　定
              ○○市○○町○丁目○番○号
                  原　告　　○　○　○　○
              ○○市○○町○丁目○番○号
                  被　告　　○　○　○　○
  上記事件について，当裁判所は，原告に訴訟上の救助を付与したが，平成○
○年○月○日被告に対し訴訟費用の負担を命じる裁判をし，同年○月○日この
裁判は確定したので，次のとおり決定する。
                    主　　　　　文
  被告に対し，原告に支払を猶予した訴え提起手数料○万○○○○円を国庫に
支払うことを命じる。
              平成○○年○月○日
              ○○地方裁判所民事第○部
                  裁判官　　○　○　○　○　㊞
```

第4節　取立ての手続

第1　取立ての時期

　　　訴訟進行中に，受救助者の有資力が判明し救助決定を取り消して支払決定をする場合，又は受救助者に訴訟承継があり承継人に対し支払決定をする場合を除き，本案訴訟事件の完結後に取立手続を開始する。

　　　なお，上訴審における猶予費用について，上訴裁判所で取立事務がされないまま事件記録が第一審裁判所に返還された場合[68,69]，第一審裁判所は，記録の返還を受けて取立手続を開始することになる。

第2　訴訟進行中の取立て

1　訴訟救助の取消しによる受救助者からの取立て

　　　訴訟係属中において，受救助者に取消事由（本章第2節第1）のあることが判明したときは，申立て又は職権により，救助決定を取り消すとともに，受救助者に対し，猶予費用の額を定めて支払決定をする（民訴法84）。

　　　裁判及び告知並びに不服申立てについては，本章第2節第3の4及び5，同第6の

68　受救助者の相手方に対する取立決定をする管轄裁判所は，第一審裁判所である（民訴法85前段，民訴費用法16Ⅱ，15Ⅰ）ので，上訴裁判所で相手方に対する取立決定をすることはできない。

69　上訴裁判所において任意納付催告や資力回復調査が行われている場合は，その経過（通常記録化されている。）を見てその後の進行を検討する。

第2　訴訟進行中の取立て

　2及び3を参照されたい。

　なお，アンケート調査の結果によると，訴訟進行中に救助の取消決定が行われた例
は多くはなかった[70]。

　おって，本章第2節第3の4のとおり，救助決定の取消事由があれば，職権で救助
決定を取り消さなければならないから，裁判所としては，提出された書証について，
受救助者の資力を示すものがないかとの視点で見ることも必要であり，書記官とし
ても，書証の提出を受けこれを点検する際には，同様の視点をもって点検することも
必要であると考えられる。

70　「訴訟進行中に訴訟救助の取消決定をしたことはあるか」との質問に対し，「ある。」と回答したのは，アンケー
ト対象庁58庁のうち8庁であった。なお，回答中には，訴訟救助付与の決定に対し相手方から即時抗告が提起
され，再度の考案（民訴法333）により救助決定の取消しをした例も含まれている。どのような資料に基づいて
決定をしたかとの質問に対し，陳述書で資力回復が判明し，所得証明書の提出を受けて取消決定をした例，受救
助者の相手方から，受救助者が別件で提出した預金通帳の写しを添付して救助決定の取消しの申立てがあり，受
救助者に書面照会した上で取消決定をした例，別事件の過払金請求訴訟で高額の和解金を受領したことが裁判
所に明らかな事案で取消決定をした例，さらに，受救助者が被収容者である場合に，相手方国から訴訟救助の取
消決定の申立てがあり，申立書添付の資料に基づき救助決定を取り消した例等の回答があった。

－ 249 －

第5章　訴訟救助により支払を猶予された費用の取立て

【参考例　救助決定を取り消して猶予費用の支払を命じる決定】

> 平成○○年（ワ）第○○○○号　損害賠償請求事件
>
> 決　　　定
>
> ○○市○○町○丁目○番○号
>
> 原　告　　　○　○　○　○
>
> ○○市○○町○丁目○番○号
>
> 被　告　　　○　○　○　○
>
> 　上記当事者間の上記事件について，当裁判所は，原告に対し平成○○年○月○日訴訟上の救助を付与したが，原告において訴訟費用を支払う資力を有するに至ったことが判明したので，職権により次のとおり決定する。
>
> 主　　　文
>
> 　1　原告に対する訴訟上の救助を取り消す。
>
> 　2　原告に対し，支払を猶予した訴え提起手数料○万○○○○円を国庫に支払うことを命じる。
>
> 平成○○年○月○日
>
> ○○地方裁判所民事第○部
>
> 裁　判　官　　○　○　○　○　㊞

2　受救助者に訴訟承継が生じたときの承継人からの取立て

　訴訟救助は，受救助者のためにのみその効力があり（民訴法83Ⅱ），承継人には及ばないから，受救助者たる当事者が死亡又は法人等が合併により消滅したときは，救助の効力も消滅し，裁判所は，職権で，承継人に対し，猶予費用の支払を命じる決定（支払決定）をしなければならない（民訴法83Ⅲ）。この点について，詳細は，第4編第4章第4節第3を参照されたい。

第3　訴訟完結後の取立て

1　総論

　訴訟救助付与決定がされていた事件が完結した場合，裁判所は，その猶予費用について取立手続を開始しなければならない。前述したとおり，訴訟救助は，裁判費用の支払の免除ではなく，一時猶予にすぎないから，救助の効力が消滅したとき又は受救助者の相手方が訴訟費用の負担者となったときには，猶予費用の回収を図る必要がある。

　訴訟完結後の猶予費用の取立事務の流れについて，まず，取立ての対象者及び額を検討し，支払決定，取立決定を行うことになるが，実務上は，支払決定，取立決定を行う前に，任意納付催告（後記3参照）を行うことが多い。また，支払決定を行う前

第3　訴訟完結後の取立て

提として，救助決定の取消しの要否を検討する必要があり，救助決定の取消しを要する場合は，資力回復調査を行う必要がある。このような取立事務の流れについては，後記2から7のとおりである。

　なお，次の図を併せて参照されたい（図中の各項目の傍らに本文の関連箇所を記載している。）。

第5章　訴訟救助により支払を猶予された費用の取立て

【訴訟完結後の取立事務の流れ図】

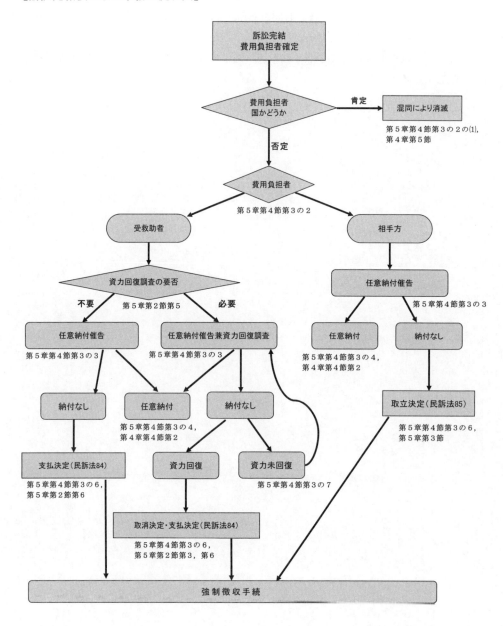

2 取立ての対象者の検討

(1) 訴訟費用の負担者が国とされた場合

　　受救助者が国を相手方として提起した訴訟において，訴訟費用の負担者が国とされた場合，国に対し猶予費用の額を定めて取立決定（民訴法 85 前段，民訴費用法 16 II，15 I）をする。詳細は，本編第 4 章第 5 節を参照されたい。

(2) 受救助者勝訴の確定判決又は訴訟上の和解等により，相手方が訴訟費用を全部負担することになった場合

　　救助の効力は，訴訟費用の担保（民訴法 75）を除いては裁判費用の終局的免除ではなく支払の猶予であり，猶予費用の本来の納付義務者は飽くまでも受救助者である（裁判により受救助者の相手方が訴訟費用の全部を負担することとされても，それによって受救助者の納付義務が消滅するわけではない。）。このため，この場合にも，受救助者に対し支払を求めることも可能[71]であるが，相手方に対する取立てを認めた趣旨（本章第 3 節第 1 参照）から，相手方に対する取立手続を進めるのが相当であると考えられる。

(3) 受救助者複数又は相手方複数の場合の支払決定又は取立決定

　　当事者複数の場合の訴訟費用の負担の裁判について，「訴訟費用は被告ら（原告ら）の負担とする。」とあれば，特に「平等」と断らなくても，法律上当然平等負担（分割債務）になるものと解されている（民訴法 65 I 本文）（判決起案の手引 24 頁参照）。また，裁判所は訴訟費用を共同訴訟人の連帯負担と定めることもできる（民訴法 65 I ただし書）が，その場合の訴訟費用の負担の裁判は，「訴訟費用は被告らの連帯負担とする。」というように記載するとされている（判決起案の手引 24 頁参照）。

　　受救助者又は相手方複数（共同訴訟）の場合，猶予費用の支払決定又は取立決定をするに当たっては，訴訟費用の負担の裁判を踏まえて，その内容（分割債務とするのか連帯債務[72]とするのか）が定められることが考えられるが，当然のことながら，訴訟費用の負担の裁判のみならず支払決定及び取立決定も裁判体の判断事項であるので，具体的事件の処理に当たっては，裁判体の方針を踏まえて取立事務の進行を図る必要がある。例えば，任意納付催告（後記 3 参照）の事務を行うに当たっては，分割債務であるのか連帯債務であるのかを意識して行う必要がある。また，支払決定及び取立決定の決定書の点検時には，この点が明確になっているか特に意識して点検を行う必要があるし，債権発生通知を行うについては，債権発生通知書の記載及び添付資料（決定正本）の内容から，分割債務であるか連帯債務であるかが明確になっている必要がある。さらに，連帯債務である場合，債権発生通知書

71　猶予費用にかかる受救助者と相手方との関係は，不真正連帯の関係と考えられる。

72　不真正連帯債務と解される。以下，本項において「連帯債務」とある場合に同様である。

第5章　訴訟救助により支払を猶予された費用の取立て

には，連帯債務であることのほか連帯債務者の氏名も記載するのが相当と考えられる[73]。なお，支払決定及び取立決定の主文例並びに債権発生通知書の記載について，次の参考例を参照されたい。

【参考例　支払決定又は取立決定の主文例1（連帯負担とする場合）】

「原告らに対し，支払を猶予した訴え提起手数料5万円を連帯して国庫に支払うことを命じる。」（支払決定）

「被告らに対し，原告に支払を猶予した訴え提起手数料5万円を連帯して国庫に支払うことを命じる。」（取立決定）

【参考例　支払決定又は取立決定の主文例2（分割負担とする場合）】

「原告らに対し，支払を猶予した訴え提起手数料5万円を国庫に支払うことを命じる。」（支払決定）

「被告らに対し，原告に支払を猶予した訴え提起手数料5万円を国庫に支払うことを命じる。」（取立決定）

---

[73]　不真正連帯債務であることや連帯債務者の氏名は，歳入徴収官が適正な債権管理事務を行うために，債権金額に影響を及ぼす事項として記載することが相当と考えられる（例えば，連帯債務者から一部弁済がされた場合，債権金額が減少することになる。）。

第3 訴訟完結後の取立て

【参考例 債権発生通知書の記載例（主文例1（連帯負担）の場合）】

発　生年　度	平成29年度	調　査　確　認	歳入徴収官等印
番　　号		平成　年　月　日	

平成29年12月1日

債権 ⑭発生⑮ 通知書
　　　変更

（債 権 管 理 簿）

○○地方裁判所
　歳入徴収官　　　殿

次のとおり通知します。

○○地方裁判所民事○部
官職氏名　　　裁判所書記官　○　○　○　○　　印

（債務者）　〒○○○－○○○○	債　権　金　額	金50,000円
住　　所　　○○市○○町○丁目○番○号	履　行　期　限	
氏　　名　　○　○　○　○	債権発生年月日	平成29年12月1日
発　　生原　　因　債務者と△△△△との連帯支払を求める平成29年12月1日付け支払決定（平成○○年⑰第○○○号）	延滞金に関する事項	

債権の種類	歳入科目	歳出科目	備　考
雑収入諸収入　弁償及返納金　　費用弁償金債権	雑収入諸収入　弁償及返納金　　弁償及違約金		支払決定正本添付△△△△に対する費用弁償金債権と不真正連帯債務

（注）債権の種類，歳入科目の欄は，債権管理担当部署で記載しても差し支えない。

【参考例 債権発生通知書の記載例（主文例2（分割負担）の場合）】

発　生年　度	平成29年度	調　査　確　認	歳入徴収官等印
番　　号		平成　年　月　日	

平成29年12月1日

債権 ⑭発生⑮ 通知書
　　　変更

（債 権 管 理 簿）

○○地方裁判所
　歳入徴収官　　　殿

次のとおり通知します。

○○地方裁判所民事○部
官職氏名　　　裁判所書記官　○　○　○　○　　印

（債務者）　〒○○○－○○○○	債　権　金　額	金25,000円
住　　所　　○○市○○町○丁目○番○号	履　行　期　限	
氏　　名　　○　○　○　○	債権発生年月日	平成29年12月1日
発　　生原　　因　平成29年12月1日付け支払決定（平成○○年⑰第○○○号）	延滞金に関する事項	

債権の種類	歳入科目	歳出科目	備　考
雑収入諸収入　弁償及返納金　　費用弁償金債権	雑収入諸収入　弁償及返納金　　弁償及違約金		支払決定正本添付

（注）債権の種類，歳入科目の欄は，債権管理担当部署で記載しても差し支えない。

－ 255 －

第5章　訴訟救助により支払を猶予された費用の取立て

⑷　**受救助者一部勝訴の確定判決等により，訴訟費用が案分負担とされた場合**

　　原告が受救助者である訴訟において一部勝訴判決があり，「訴訟費用はこれを5分し，その2を原告の負担とし，その余を被告の負担とする。」と定められたような場合の費用の取立てについて，だれにいくら支払を求めるかの問題である。

ア　**取立ての対象者**

　　まず，受救助者が猶予費用の本来の納付義務者であることについては，前記⑵のとおりである。一方，国は，民訴法85条前段により，相手方から猶予費用を取り立てることができる。そうすると，国は，受救助者に対し民訴法84条によって猶予費用全額の支払を命じ，相手方に対しては，同法85条前段によりその負担部分の支払を命ずることができることになる。この場合，受救助者に対する全額支払決定と相手方に対する取立決定とは，その重複部分につき不真正連帯債務の関係になると解される[74]。

イ　**相手方から取り立てることができる負担部分等**

㈦　**前提**

　　次に，国が相手方に支払を命ずることができる負担部分（取立決定の額）について，どのように考えるかである。

　　本章第3節第1のとおり，本来，訴訟救助による猶予費用については，受救助者が費用償還請求権に基づき相手方から取り立ててこれを国庫に支払うべきところ，受救助者においてこの取立てをすることは期待しがたいため，国が相手方から直接取り立てることを認めたものである。そうすると，国が相手方に対し支払を命じることができる負担部分は，受救助者が相手方に対し有する費用償還請求権の額の範囲に限られると考えられる（秋山ほかⅡ132頁，基本法コンメⅠ208頁，兼子条解361頁，注解民訴178頁，法曹会決議昭和46.12.3，法曹時報24巻2号201頁各参照）。

　　ところで，この受救助者が相手方に対し有する費用償還請求権の額は，本来，猶予費用の取立ての問題とは別に，訴訟費用額確定処分により定まるものであり，同処分は，当事者の申立てにより，行われるものである（民訴法71Ⅰ。訴訟費用額確定処分については，第2編参照）。しかし，当事者が，訴訟費用額確定処分の申立てをするとは限らず，その場合，受救助者の相手方に対する費用償還請求権の額が定まらないこととなる。そこで，このような場合に，猶予費用について相手方に対し支払を命じる負担部分（取立決定の額）をどのように定めるのか問題となる。

㈡　**考え方**

74　このような決定がされた場合，債権発生通知書に，不真正連帯債務であること，不真正連帯債務となる範囲及び連帯債務者の氏名を記載するのが相当であると考えられる。

この点，猶予費用の額のみを対象とし，本来の納付義務者たる受救助者に対してはその全額の支払を命じることができ[75]，相手方に対しては猶予費用の額に訴訟費用の負担の裁判の案分負担の比率を乗じた額を国に支払うよう命ずるとの考え方がある（救助研究 59 頁参照）。

具体的には，例えば，訴訟費用は受救助者 4 分の 3，相手方 4 分の 1 の負担と定まり，猶予費用の総額が 10 万円の場合，裁判所は，受救助者に対しては猶予費用の全額である 10 万円につき民訴法 84 条の救助取消しと猶予費用の支払決定をし[76]，相手方に対しては案分負担の裁判の比率に従い 2 万 5,000 円につき民訴法 85 条前段により取立決定をすることになる（救助研究 58 頁）[77]。実務上，この考え方により取立決定がされる例も多いと考えられる（判タ 1443 号 58 頁参照）。

これに対し，国が相手方に対し支払を命じることができる負担部分は，受救助者が相手方に対し有する費用償還請求権の額の範囲に限られるとする前記(ｱ)記載の考え方の下で，必要に応じて当事者双方に費用計算書の提出を促すことも考えられるとする見解もある（秋山ほかコンメ II 132 頁参照）。

(ｳ) 判例

この点，訴訟費用額確定処分がされる前において民訴法 85 条前段の費用の取立てをすることができる猶予費用の額を算定する方法について判断を示した判例として，最決平 29.9.5 裁判所時報 1683 号 195 頁，判タ 1443 号 56

75　救助決定の取消しが必要と解されることにつき本章第 2 節第 5 の 3(4)参照

76　実務的には，敗訴部分 4 分の 3 に当たる 7 万 5,000 円のみにつき支払決定がされる例もあると考えられる。

77　救助研究は，このように考える理由として，相手方に対し支払を命じ得るのは受救助者の相手方に対する費用償還請求権の額の範囲内に限られるとの前記考え方につき，「当事者間の費用償還関係について，当事者の申立てを待つことなく，国が猶予費用の取立ての目的のために立ち入ることになるのであるが，はたしてその必要はあるだろうか」とした上，「猶予費用のみについて，相手方には按分負担の比率に従って支払いを命ずることは，訴訟費用不可分の原則にはそわないのではあるが，しかし，按分負担の場合，潜在的には各種の費用項目ごとに按分額があって，その集積としての総費用が按分されるのであるから，このうち，猶予費用のみについて負担の裁判の割合で按分しても特に不合理はない。当事者間の費用償還関係は，費用額確定処分の申立てがあって初めて具体化し，その際，既に国の猶予費用についての裁判がなされておれば，その数額は計算上考慮されるべきである。」とし，猶予費用のみについて，相手方に案分負担の比率に従って支払を命ずることが，「国の取立手続としては簡便であり，取立手続の促進にもつながるのではなかろうか。」としている（救助研究 59 頁）。

第5章　訴訟救助により支払を猶予された費用の取立て

頁[78,79,80]がある。具体的な事案を処理するに当たっては，猶予費用のみを対象としこれに訴訟費用負担の比率をかけた金額について取立決定をする（前記救助研究の考え方に基づく処理）のか，それ以外の費用をも考慮して取立決定をするのか，また，その過程で当事者に考慮すべき費用を明らかにするよう求めるのか，さらに，受救助者に対する支払決定の額をどのようにするのかについて，この決定を踏まえ，裁判官と協議しその方針を踏まえて進行を図る必要がある。

3　任意納付催告と資力回復調査

(1)　意義

実務上，訴訟が完結して費用負担者が定まった場合，費用負担者に対し，納付の

78　この決定は，訴訟費用のうち一定割合を受救助者の負担とし，その余を相手方当事者の負担とする旨の裁判が確定した後，訴訟費用の負担の額を定める処分を求める申立てがされる前に，裁判所が受救助者に猶予した費用につき当該相手方に対して民訴法85条前段の費用の取立てをすることができる額を定める場合において，当該相手方当事者が訴え提起の手数料として少額とはいえない額の支出をした者の地位を承継し，受救助者の負担すべき費用との差引計算を求めることを明らかにしているなどの事情の下では，当該相手方当事者に対し上記の差引計算を求める範囲を明らかにすることのないまま，上記の同条前段の費用の取立てをすることができる額につき，受救助者に猶予した費用に上記裁判で定められた当該相手方当事者の負担割合を乗じた額とすべきものとして原審の判断には違法があるとされたものである（判タ1443号56頁の「裁判要旨」参照）。

79　同判タの解説において，「本決定は，訴訟費用のうち一定割合を受救助者の負担とし，その余を相手方の負担とする旨の裁判が確定した後，訴訟費用額確定処分の申立てがされる前に，裁判所が民訴法85条前段の費用の取立てをすることができる猶予費用の額を定める場合においては，当該事案に係る事情を踏まえた合理的な裁量に基づいて相手方に対する猶予費用の取立決定の額を定めるほかないとした上で，傍論ではあるものの，訴訟費用請求権の額を判断する上で考慮される当事者の負担すべき費用を定めることが当事者の意思に委ねられていることから，同条前段の費用の取立てをすることができる猶予費用の額を，猶予費用に相手方の訴訟費用の負担割合を乗じた額としても，直ちに上記の合理的な裁量の範囲を逸脱するものとはいえない旨を判示している。しかしながら，本件においては，相手方が，訴え提起手数料として少額とはいえない額を支出した者の地位を承継し，受救助者の負担すべき費用との差引計算を求めることを明らかにしていることなどの判示の事情があったことから，これらの事情の下では，相手方に対しその差引計算を求める範囲を明らかにすることを求めないまま，同条前段の費用の取立てをすることができる猶予費用の額を，猶予費用に相手方の訴訟費用の負担割合を乗じた額とすべきとした原決定の判断には違法があると判示した。・・・本決定は，傍論において，これまでの裁判実務における算定方法を用いたとしても直ちに違法とはならない旨を判示するが，その違法とならない場合とはどのような場合であるかは，判文上明らかでなく，本来，事例の集積を待つほかないものである。もっとも，本件事案の内容等からみると，例えば，仮に，裁判所が，このまま相手方において何も意思を明らかにしなければ民訴法85条前段の費用の取立てをすることができる猶予費用の額が，猶予費用に相手方の訴訟費用の負担割合を乗じた額となる旨を伝え，訴訟費用額確定処分の申立てをするかどうかなどの打診を取立決定前にしたとしても，相手方の支出した裁判費用が少額であることなどにより相手方が上記打診に対する回答をしないことが明らかな場合や，相手方が，裁判所からの上記打診を受けてもなお，訴訟費用額確定処分の申立てをしないだけでなく，受救助者の負担すべき費用との差引計算を求めず，又はその差引計算を求めるものの，計算書を提出するなどしてその具体的な範囲を明らかにすることをしない場合などが，上記違法とならない場合に当たるのではないかと推測することができる。」とされている。

80　なお，同判タにおいて「民訴法85条前段の趣旨に照らすと，同条前段の費用の取立てをすることができる猶予費用の額は，受救助者の相手方に対する訴訟費用請求権の額を超えることのできない筋合いのものであるということができ，既に訴訟費用額確定処分が確定しているのであれば，その訴訟費用額確定処分により定められた訴訟費用請求権の額を前提として，同条前段の費用の取立てをすることができる猶予費用の額を定めることになるし，訴訟費用額確定処分の申立てがされているのであれば，その手続を先行させることになると考えられる。」とされているところ，訴訟費用額確定処分において償還の対象となる費用は，現実に支出した費用でなければならず，訴訟救助により訴え提起手数料の納付が猶予されている場合，その手数料は含めず訴訟費用額確定処分をすることになると考えられる（第1編第4章第3節第1参照）。そうすると，納付が猶予された手数料を費用償還の対象とするためには，取立決定又は支払決定による取立ての後（あるいは任意納付の後），再度，訴訟費用額確定処分の申立てをせざるを得ないことになると考えられる。

－ 258 －

促しを行うことが多い（以下，この促しのことを「任意納付催告」という。）。

任意納付催告は，支払決定や取立決定をする前に，猶予費用について，簡易な方法で納付を求めることにより事務の効率化を図ろうとするものである。これを禁じる特段の根拠はないことから，定着した事務となっている[81,82]。

また，費用負担者が受救助者である場合に，支払決定をするに当たって救助決定の取消しを要するときは，資力回復調査（本章第2節第2）を併せて行うことが一般的である。

(2) 任意納付催告及び資力回復調査の方法

口頭，電話又は書面のいずれでも可能である。訴訟代理人がいる場合は訴訟代理人を通じて行うこともできる[83]。

また，任意納付催告及び資力回復調査の経過については，その後の支払決定や取立決定の資料とするため，また資力回復が認められない場合にその後の資力回復調査の時期や内容の判断のため，さらには，支払決定や取立決定後の債権徴収手続のため，記録上これを明らかにしておく必要がある。

(3) 時期

原則として事件完結後速やかに行う。

訴訟上の和解により事件が完結した場合につき，後記(4)のイの問題はあるが，任意の納付を促すことには問題なく，実務上，和解の席上で任意納付を促すことは多い。

(4) 実務上の諸問題

ア 費用負担が案分負担の場合の任意納付催告

前記2の(4)アのとおり，この場合受救助者は猶予された費用全額について納付義務を負い，相手方も，訴訟費用負担の裁判の負担割合の限度で猶予費用を負担すべきことになり[84]，両者の関係は不真正連帯債務となる。そうすると，相手方に対し負担額について任意納付催告を行い，受救助者に対して猶予費用全額について任意納付催告を行うことも考えられるが，両者がともに催告に係る全

---

81 裁判所の事務の効率化ばかりでなく，任意納付の意思のある費用負担者にとっても簡易な方法による納付が可能となり（特に訴え提起手数料のみ救助を受けた受救助者による任意納付の場合など），利益となる面があると考えられる。

82 納付が全く見込めない者に対して任意納付催告をする実益はないので，これを行わず直ちに支払決定，取立決定の手続を執ることももちろん可能である。

83 アンケート調査の結果によると，資力回復調査の方法として，当事者の審尋を行っている例はほとんどないようであり，ほとんどの場合は当事者（代理人を含む。）に照会を行う方法であった。ほかに，積極的な資力回復調査ではなく，和解の入金予定をもって資力ありと判断した事例などの回答があった。また，資力回復調査の際，一般的にどのような資料を求めているかとの質問に対しては，選択肢とした①所得証明書，②非課税証明書，③源泉徴収票，給与明細書，④陳述書，上申書については，多くの庁で求めているとの回答があった。他の資料として，生活保護受給証明書，貧困であることの民生委員の証明書，失業保険受給証明書，家計簿，家計収支表，確定申告書，年金振込通知書などの収入を示す資料のほか，和解金の入金を示すものを求めたとの回答があった。この結果から，訴訟救助の申立て時と同じような資料の提出を求めている例が多いと考えられるが，ほかに，書記官が電話や口頭により事情聴取を行い，電話聴取書，口頭聴取書を作成しているとの回答もあった。

84 相手方に支払を命じる負担部分の算定方法については前記2(4)のとおり異なる考え方がある。任意納付催告をするに当たっても，裁判体の方針を踏まえて行う。

第5章　訴訟救助により支払を猶予された費用の取立て

額を納付した場合，超過部分について還付の問題が生じてしまう。このため，まず相手方に任意納付催告をし，相手方の納付状況を見て，受救助者に任意納付催告を行うなど，事務処理上の配慮が必要であると考えられる。

イ　訴訟上の和解の場合の資力回復調査の時期

　訴訟上の和解により事件が完結し，受救助者がその相手方から和解金の支払を受けることが合意された場合，資力回復調査の時期について，和解成立時にこれを行うとの運用と，和解条項に定める履行（期限）を待って行う運用が考えられる。

　和解成立のみを救助の取消事由とすることは相当でなく，和解条項の履行状況について審理した上で，救助決定の取消しの可否について判断すべきとする裁判例（大阪高決昭50.1.28判時781号81頁）があることからすると，履行（期限）を待って資力回復調査を行うとの運用が相当なようにも思われるが，資力回復の事由は和解金の受領のみに限られない（収入状況に変化があることもある。）し，履行（期限）が相当先の場合には，債権管理の観点（原則として，速やかに取立事務に入るべきである。）から必ずしも履行（期限）を待つことが相当といえない面もあるから，任意納付催告と併せて和解成立時に行うことでもよいと考えられる。ただ，和解成立時の資力回復調査の結果資力回復が認められなかった場合に，和解金の履行（期限）を待って再度，資力回復調査を行うことになる[85]。

4　任意納付手続

　納付義務者が任意納付催告に応じ，任意に納付をする場合，支払決定又は取立決定をした上で，その正本を添え，会計課（歳入徴収官）に対し債権発生通知をし，会計課（歳入徴収官）において納付を受けることになる。

　なお，任意納付催告による場合，任意納付催告時に印紙納付書を同封し，収入印紙による納付を促す運用がある[86]。納付義務者がこれに従って印紙納付書に収入印紙を貼付して納付してきた場合，印紙は消印せず，支払決定又は取立決定をした上，その正本を添えて債権発生通知をするとともに，印紙納付書を会計課（歳入徴収官）に送付する[87]。歳入徴収官が調査の上消印をすることになり，書記官にはその権限がないからである。詳細は，本編第4章第4節を参照されたい。

5　資力回復調査に回答がないときの処理

　資力回復調査を必要とする事案で，受救助者から資力回復調査に対する回答がな

85　この点，アンケート調査の結果によると，和解条項の現実の履行を待ってから資力回復調査を行うとの回答が比較的多かったが，和解成立時に行うとの運用，双方の運用があるとの回答，また，一，二か月後にまとまった金額の和解金の支払期日が定められているような和解内容であればその期日を待つが，それ以外の場合は一応（和解成立後）2週間後くらいの任意の日に任意納付期限を設定し，その期限までに任意納付のない場合に資力回復調査を行っているとの回答などもあり，事案に応じた柔軟な運用がされているようであった。

86　収入印紙による納付が可能なことにつき，本編第4章第4節第1の2参照。

87　ただし，訴訟救助に基づく猶予費用が申立手数料のみの場合に限り，支払決定又は取立決定をせず，収入印紙を事件部で受け付けかつ消印して記録に編てつする扱いもある。申立手数料については，支払猶予がされているだけで，国庫立替えした費用と異なり現実に金銭の支出がされているわけではないからである。

－ 260 －

い等受救助者が調査に協力しない場合に，資力が回復したとして救助決定を取り消し，猶予費用の支払決定をするとの運用もみられる。

このような運用に関連して，最決平19.12.4判解873頁において，「受救助者が資力調査に協力しない場合には，資力が回復したものとみなして支払決定をするとの運用をすればよいとの議論もあり得るかもしれないが，受救助者の資力回復が取消決定の要件である以上，B説を前提とする限り，そのような運用には問題があるといわざるを得ないように思われる。」[88]とされているが，C説の立場においても，一部勝訴判決の場合等受救助者に対し猶予費用の支払を命じるについて救助決定の取消しを要すると解される場合に同様のことがいえると考えられる。

この点については，そもそも裁判事項であり，一律の運用に馴染むものではないと考えられる[89]。

6 決定手続

(1) 決定及び告知

受救助者が費用負担者の場合で，救助の取消決定を要しないと裁判体が判断するときは支払決定のみを，救助の取消決定を要すると裁判体が判断するとき（かつ資力回復が認められるとき）は取消決定と支払決定を併せてすることになる。受救助者の相手方が費用負担者の場合は，取立決定をすることになる。なお，訴訟費用負担の裁判が案分負担の場合には，受救助者に対し支払決定を，相手方に対し取立決定を行うことも考えられる。

支払決定，取立決定のいずれも，執行力ある債務名義と同一の効力を有する（支払決定につき民訴費用法16Ⅰ，取立決定につき同法16Ⅱ，15Ⅰ）。このため，決定には，当事者の表示として氏名のみでなく住所も記載しなければならない。

決定の告知（救助の取消決定及び支払決定につき民訴法119，取立決定につき民訴費用法16Ⅱ，15Ⅱ，9Ⅸ，非訟法56Ⅰ）について，本章第2節第3の4，同第6の2及び本章第3節第2を参照されたい。

(2) 債権発生通知

支払決定又は取立決定がなされれば，遅滞なく会計課（歳入徴収官）に対し，債権発生通知書に決定正本を添付して送付する方法により債権発生通知をする（債権管理法12①，債権管理法施行令11Ⅰ）。債権発生通知事務の詳細については，本編第4章第3節を参照されたい。

7 資力未回復の場合（継続的な記録の管理）

受救助者の資力回復調査を要する事案で，資力回復調査の結果，資力の回復が認め

---

88 学説については本章第2節第5の1の脚注52参照
89 それまでに判明している受救助者の資力状態や生活状況，疎明資料の内容や提出状況等も様々であるところ，それを前提に，訴訟の結果を含めた事件完結後の事情も踏まえて判断されることになると考えられる。書記官としては，受救助者の資力状態等及び資力回復調査に対する具体的な対応状況について，裁判官と認識を共有した上で進行について協議し，裁判官の方針・判断に従って事務処理を行う必要がある。

第5章　訴訟救助により支払を猶予された費用の取立て

られなかった場合，受救助者の資力が回復したと認められるまで資力回復調査を継続する必要がある[90]。

　この資力回復調査について，記録を保存に付した後[91]どのように行うかについては，各庁により異なると考えられる（記録係で行う運用，事件部で行う運用があると考えられる。）が，いずれにしても一律にあるいは事件ごとに時期を定めて（半年に1回，毎年1回とする運用や，資力回復見込時期（和解の履行期）を把握しておきその時期に行う運用などがあろう。）資力回復調査を実施するよう，組織的に管理する必要がある。

　この点における各庁の工夫例について，本編第4章第1節第2を参照されたい。

第5節　付添弁護士の報酬及び費用の取立て

第1　訴訟進行中の取立て

　訴訟救助により支払を猶予された付添弁護士の報酬及び費用（民訴法83 I ②）の訴訟進行中の取立てについては，訴訟法上明確な規定がなく，争いのあるところであるが，受救助者又はその承継人に対し支払を命じる前提要件（本章第2節第1に記載した救助決定の取消事由が生じ受救助者に猶予費用の支払を命じ得る場合及び第4編第4章第4節第3に記載した受救助者の承継人に猶予費用の支払を命じ得る場合を参照）が備われば，記録の存する裁判所は，付添弁護士の申立て[92]により，受救助者又はその承継人に対し，支払を猶予されたこれらの費用額を確定して付添弁護士に支払うべきことを命じる決定をすることができると解される（取消事由の発生の場合につき秋山ほかコンメⅡ131頁，注解民訴177頁，基本法コンメⅠ207頁，承継事由の発生の場合につき，秋山ほかコンメⅡ126頁，注解民訴172頁）。

　この決定は，執行力ある債務名義と同一の効力を有するものと解される（民訴費用法16 I 類推）から，付添弁護士は執行文を要しないでこの決定正本に基づいて，猶予費用の支払を命じられた者に対し，強制執行をすることができる。このため，この決定には，付添弁護士の住所，氏名と具体的な支払金額を明記する必要がある。

　この決定は，支払を命じられた者及び付添弁護士に，決定正本を送達する方法により告知する。

第2　訴訟完結後の取立て

1　相手方からの取立て

　受救助者の相手方を訴訟費用の負担者とする仮執行宣言付き判決がされ若しくは判決が確定したとき（民訴法85後段，71），又は相手方を訴訟費用の負担者とする訴

90　資力回復が認められれば，受救助者に対し猶予費用の支払決定をすることになる。
91　事件が完結し保存に付する記録は，速やかに整理し，記録係に引き継ぐ。訴訟救助のあった記録も同様である。もっとも，比較的短期間に取立てを行い得る可能性のあるものは，取立終了後に記録係に引き継ぐのが実務の現状である。
92　承継事由の発生の場合は，付添弁護士は申立権を有しないので職権発動を促す申出になる。

訟上の和解が成立したとき（民訴法85後段，72），付添弁護士は，自ら第一審裁判所の書記官に対し自己が支払を受けるべき報酬及び費用について訴訟費用額確定手続の申立てをし，その確定処分を経て訴訟費用の負担者（相手方）に対し強制執行をすることができる。これら以外の事由により事件が完結したときも，付添弁護士は，第一審裁判所及びその裁判所の書記官に対し，それぞれ訴訟費用の負担者及び負担割合の決定並びに負担の額を定める処分の申立てをすることができる（民訴法85後段，73）。

付添弁護士が直接取立てをなしうる理論的根拠については，①法律上の譲渡があったとする説，②差押・取立命令を得た債権者と類似の地位にあるとの説，③差押・転付命令を得た債権者と同一の地位にあるとする説がある。付添弁護士は，受救助者の費用償還請求権を自己の権利として行使し，直接自己の債権の満足に充てるのであるから，③の説が正しいとされる（秋山ほかコンメⅡ133頁，基本法コンメⅠ208頁，注解民訴178頁）。そうすると，受救助者は，この付添弁護士の報酬等の範囲内では費用償還請求権を行使できる地位になく，自らこれを取り立てたり放棄その他の処分をすることができず，相手方も受救助者への弁済をもって抗弁とすることはできないことになるとされる（秋山ほかコンメⅡ133頁）。

2 受救助者からの取立て

確定判決等により受救助者が訴訟費用の負担者とされた場合には，訴訟法上明確な規定はないが，受救助者に対し民訴法84条の支払を命じる前提要件（これまで記載したところにより，受救助者に猶予費用の支払を命じ得る場合）が備われば，記録の存する裁判所は，受救助者に対し，支払を猶予されたこれらの費用額を確定して付添弁護士に支払うべきことを命じる決定をすることができると解される。

第3 取立て不能の場合

付添弁護士の報酬等は，国庫において立替支出することはできないとされている（昭和41年9月9日付け最高裁経監第66号経理局長回答「訴訟救助を受けた者に弁護士の付添いを命じた場合の弁護士に対する報酬について」）。

第6節 執行官の手数料及び職務の執行に要する費用の取立て

訴訟進行中の取立て及び訴訟完結後の取立てについて，根拠や考え方は本章第5節の付添弁護士の報酬及び費用の取立てと同じである。

しかし，訴訟手続においては執行官の手数料及び職務の執行に要する費用（執行官法8条1項1号の送達手数料及び同項1の2号の訴え提起前における証拠収集の処分による物の形状，占有関係その他の現況調査の手数料並びにこれらの手続の費用）は，民訴費用法11条1項1号の費用となり，当事者等が予納した保管金から，裁判所（国庫）が直接執行官に支給するから，執行官による取立ての問題は生じない。執行官が取り立てるのは，執行事件について生じた手数料及び職務の執行に要する費

第5章　訴訟救助により支払を猶予された費用の取立て

用である[93]。

　強制執行についての手数料及び職務の執行に要した費用で，債務者から取り立てることのできなかったものは，執行官の請求により，国庫において支給することとされている（執行官法16）。

93　執行事件における執行官の手数料等は，執行費用となり，債務者からの取立ては，民執法42条2項の規定により，当該強制執行と同時に行うことができる。したがって，受救助者の申立てに係る強制執行と同時に手数料等を取り立てることができなかった場合に民訴法85条の取立手続によることになる。

第6編　訴訟費用の担保

　本編では，まず，第1章において訴訟費用の担保の総論について簡潔に記載し，第2章において担保提供命令の申立てについて記載し，第3章において申立てに対する裁判について記載し，第4章において担保提供の手続について簡潔に記載した。なお，担保提供の効果，担保取消手続等については，講義案Ⅱ151頁以下を参照されたい。

第1章　総論

第1節　意義

　　　訴訟費用の担保とは，原告が日本国内に住所，事務所及び営業所を有しない場合[1]，被告が勝訴したとしても，被告の支出した訴訟費用の償還を原告から受けることが困難となることから，原告敗訴の場合に備え，被告の訴訟費用償還請求権の実行を容易にし，被告が被るかもしれない損害を確保するため，被告の申立てにより，裁判所が，原告にあらかじめ立てさせる担保をいう（民訴法75Ⅰ）。

　　　実務上，訴訟費用の担保が問題になることはそれほど多くはないが，訴訟費用の担保における担保提供及び担保取消手続に関する規定は，他の法令に広く準用されている[2,3]。

第2節　担保を提供すべき場合

　　　原告が日本国内に住所，事務所及び営業所を有しないときは，裁判所は，被告の申立てにより，決定で，訴訟費用の担保を立てるべきことを原告に命じなければならない（民訴法75Ⅰ前段）。既に提供した担保に不足を生じた場合[4]も，同様である（民訴法75Ⅰ後段）。

第1　担保提供義務者

　　　担保を提供すべき原告は，日本国内に住所，事務所及び営業所を有しない者[5]である。自然人であるか法人その他の団体であるか，日本人であるか外国人であるかを問わず，また，訴訟の内容や日本に財産を有するか否かは関係ないとされている。訴訟費用の担保の性質上，原告が第一，二審において勝訴していても，本条の適用を免れ

1　日本に住所等を有しない者でも，民事訴訟手続に関する条約の関係で除外される者があることは本節第3の3に記載のとおりである。

2　訴訟費用の研究100頁，秋山ほかコンメⅡ108頁，注解民訴147頁，斎藤注解195頁参照

3　他の法令によって訴えの提起について立てるべき担保（会社訴訟にその例が多い。会社法836，847の4Ⅱなど。）につき準用されるほか（民訴法81），仮執行の場合の担保（民訴法259Ⅵ），強制執行停止の担保（民訴法405Ⅱ）などに準用される。実務上最も利用頻度が高いのは，保全命令（民保法14など）や民執法上の保全処分（民執法55など）についての担保である。

4　予想以上の訴訟費用が必要となった場合や，担保物である有価証券の時価の変動の場合が挙げられる。

5　東京高決平3.9.25東高時42巻1〜12号63頁は，アメリカ合衆国の大学又は大学院に留学中の原告らについて，通学目的が終了した後も外国を生活の本拠と定めることが明らかとはいえず，その殆どが留学前には高校生として日本国内の親元に居住していたもので，現在もそこに所有の動産が置いてあるなどの事情があるときは，日本に居所がないため，訴訟費用の償還請求権について終局的に弁済を受けることができないおそれが生じるとはいうことができないとして，訴訟費用の担保提供義務がないと判示している。

- 265 -

第1章　総論

ない（菊井・村松Ⅰ665頁）。

　　原告の補助参加人も，参加によって生ずる訴訟費用について，担保提供義務者となり得ると解されている。同様に，独立当事者参加人（民訴法47），原告の権利承継人（民訴法49）及び共同訴訟参加人（民訴法52）は，原告と同様の地位にある者として，担保提供義務者となる（注解民訴103頁）。

　　被告が反訴原告となった場合には，反訴の原因は訴えを起こした原告（反訴被告）が与えたものであるから，反訴被告は反訴原告に対し担保を請求する権利を有しないとする説もあるが，現行法は一般的に原告に担保提供義務を定めているので，反訴原告も，原告として担保提供義務を免れないと解すべきである（注解民訴103頁，斎藤注解125頁，菊井・村松Ⅰ665頁，新堂ほか注釈(2)517頁）。

　　起訴前の和解手続，証拠保全手続，その他一般の決定事件や調停事件の申立人は，担保提供義務者となることはない。

　　仮差押・仮処分の申立人については争いがある。裁判所が口頭弁論を開かないで，仮差押命令又は仮処分命令を発する場合は，迅速に処理され，相手方は担保提供命令の申立てをする機会さえも与えられないから，民訴法75条1項の適用はないと解されるが，口頭弁論を開いて審理した場合には，審理は必ずしも迅速に終了できないのが実情であるから，申立人は担保提供義務者となり得ると解すべきである（斎藤注解125頁）。

第2　被告の申立て

　　訴訟費用の担保の制度は，被告の訴訟費用償還請求権を保護するものであるから，利益を受ける被告の申立てがない限り，裁判所は，担保の提供を命ずることはできない。

第3節　担保を提供する必要がない場合

第1　金銭の支払の請求の一部について争いがない場合において，その額が担保として十分であるとき（民訴法75Ⅱ）

　　金銭の支払の請求の一部[6]について争いがない場合[7]において，その額が担保として十分であるときは，被告の申立てがあっても，裁判所は，原告に対し担保提供命令を発することはできない（民訴法75Ⅱ）。被告が原告の請求の一部を認めれば，将来被告が他の請求の部分に対する訴訟費用償還請求権を取得しても，原告の請求が金銭債権である限り，被告は原告のこの金銭債権と相殺できるので，その限度では，既に原告に担保を提供されているのと同じであるからである。

6　「請求の一部」とは，訴訟の目的である数個の請求中の一個の請求又は一個の請求が可分な場合におけるその一部をいう。この場合の原告の請求は，訴訟費用の償還請求権と相殺可能な金銭債権の場合に限られ，財産上の請求であっても金銭債権でないものは，これに該当しない（48年研究518頁）。

7　「請求の一部について争いがない場合」とは，被告が口頭弁論又は弁論準備手続において，請求を認諾するか，請求を理由あらしめる事実を自白する場合をいう。被告が裁判外で請求を認めていたことは，これをそのまま真実とみなすべき拘束力はないから，これに当たらない（秋山ほかコンメⅡ75頁，斎藤注解128頁）。

- 266 -

第3 条約による担保提供義務の例外

第2 訴訟上の救助を受けたとき

原告が訴訟上の救助を受けたときは，訴訟費用の担保を立てる義務が免除される（民訴法83Ⅰ③）。したがって，原告が日本国内に住所，事務所及び営業所を有しない場合であっても，先に訴訟救助の決定がされていれば，同決定後に担保提供を命じること（民訴法 75Ⅰ）はできないし，担保提供を命じた後に訴訟救助の決定があれば，担保不提供を理由として，原告の訴えを却下することはできない（民訴法78参照）。

第3 条約による担保提供義務の例外

民事訴訟手続に関する条約等の実施に伴う民事訴訟手続の特例等に関する法律（昭和45年法律第115号）（以下「特例法」という。）10条は，民事訴訟手続に関する条約[8]（昭和45年6月5日条約第6号）（以下「民訴条約」という。）の締約国との関係で例外を規定している。すなわち，同条は，原告が締約国の国民であり，原告の自国内に限らずいずれかの締約国内に住所，事務所又は営業所を有する場合には，日本国内に住所，事務所及び営業所を有しないときであっても，民訴法75条1項の担保提供義務を負わないことを原則とする（民訴条約17条参照）[9,10]。

ただし，民訴条約32条により，原告が国籍を有する締約国が，この条約の署名若しくは批准又は同条約への加入の際に，同条約17条による訴訟費用の担保提供義務の免除を自国の領域内に常居所を有する締約国国民に限定する旨を留保している場合には，上記特例法10条の規定は適用されない。

---

8 民訴条約の締約国の最新情報は，ＨＣＣＨホームページ（外部サイト，英語表記）において提供されているので，必要に応じて参照されたい。日本もこの条約の締約国である。

9 民訴条約の非締約国のアメリカ合衆国民が原告として提訴した訴訟において，同原告が特例法10条又は日米友好通商航海条約4条1項によって訴訟費用担保提供義務を免除されることはないとした裁判例として，東京地決昭58.2.1判タ498号131頁がある。

10 日本の株式会社に投資をしていた民訴条約の非締約国の米国法人及び英国法人が有価証券報告書等の開示書類に虚偽があったとして損害賠償を求めた事案において，日米友好通商航海条約及び日英通商居住航海条約では，最恵国待遇条項が規定されているが，民訴条約の非締約国の国民について訴訟費用の担保提供義務を免除する取扱いをすることが最恵国待遇条項によって求められていると解することはできないし，訴訟費用の担保提供義務の免除を認めないことが，最恵国待遇条項に反するものではないなどとして，当該米国法人及び英国法人に民訴法75条1項に基づく訴訟費用の担保を命じた裁判例として，東京地決平25.10.3判時2210号79頁がある。

－ 267 －

第2章　担保提供命令の申立て

第2章　担保提供命令の申立て

第1節　応訴と申立権の喪失

　　被告は，担保を立てるべき事由があることを知った後に本案について弁論をし，又は弁論準備手続において申述をしたときは，担保提供命令の申立権を喪失する（民訴法75Ⅲ）。

　　「担保を立てるべき事由」とは，担保提供命令の申立てをなしうる事由，すなわち，原告が日本国内に住所，事務所及び営業所を有しないことのほか，被告が，原告に対し担保の提供を要求しうる事由をいう。ただし，訴訟の進行中に担保を立てるべき事由が発生した場合[11]には，これらの事実を被告が知ったときを基準として，その後に本条項の適用を受けることになる。

　　「本案について弁論をし，又は弁論準備手続において申述をしたとき」とは，民訴法12条における応訴管轄の場合と同様に解されており，原告の請求の当否につき，弁論又は申述が口頭で現実になされることをいう。したがって，民訴法158条による答弁書の陳述擬制の場合には，同法75条3項における「弁論をし，又は弁論準備手続において申述をしたとき」には当たらず，被告は，担保提供命令の申立権を失うことはない（東京地決昭47.10.26判時705号75頁）。

　　担保額は，被告が全審級において支出すべき訴訟費用の総額を標準として定めることとされている（民訴法75Ⅵ）ことから，被告が第一審で担保提供命令の申立権を失えば，その効果は上級審も含めてその事件の最後まで及び，上級審においても担保提供命令の申立てをすることができなくなる。

　　一方，本案に対する応訴により，被告がいったん担保提供命令の申立権を失っても，その後に原告が訴えの変更をした結果，訴訟費用が増加するおそれが生じたときは，その増加する訴訟費用につき新たな担保を立てるべき事由が生じたといえ，改めて担保提供命令の申立てをすることができることになる。

第2節　被告の応訴拒絶権
第1　総論

　　担保提供命令の申立てをした被告は，原告が担保を立てるまで応訴を拒むことができる（民訴法75Ⅳ）。

　　これは，被告が担保提供命令の申立てをしても，応訴せざるを得ないとすると，被告は，担保がないまま訴訟費用を支出しなければならなくなることから認められたものである。なお，応訴を拒絶するか否かは被告の意思に委ねられており，被告が応

11　提訴後に，原告が日本での住所，事務所又は営業所を失った場合，担保の不足，訴訟上の救助の取消しがあった場合をいう（斎藤注解131頁参照）。

訴を拒むときには，裁判所は，担保提供命令の申立てについての審理以外のあらゆる審理をなし得ないこととなるが，被告が裁判所に対し応訴を拒む意思を明らかにしない限り，裁判所は，当然には手続の進行を停止する必要はない。

また，被告が応訴拒絶権があることを知りながら応訴したときは，応訴拒絶権を黙示的に放棄したものとみるべきである。

第2　担保提供命令申立却下決定と即時抗告

担保提供命令の申立てが却下され，又は担保提供命令に対して原告が担保を供すれば，被告の応訴拒絶権は消滅する。

担保提供命令の申立ての却下決定に対しては即時抗告をすることが可能である（民訴法75Ⅶ）。

却下決定及び即時抗告が応訴拒絶権に及ぼす効果については，①即時抗告は執行停止の効力を有することから，却下決定が確定するまでは，被告は応訴を拒むことができるとする見解（菊井・村松Ⅰ670頁，斎藤注解134頁）と，②却下決定は，告知により効力を生じる（民訴法119）が，却下決定が確定するまでその効力を生じない旨の特則がない以上，却下決定の確定を待たずに応訴拒絶権はいったん消滅し，即時抗告の執行停止効により応訴拒絶権が復活するという見解（兼子条解339頁，秋山ほかコンメⅡ77頁）がある。どちらの見解によっても，被告が適法に応訴を拒んでいる限り，裁判所は，訴訟手続を進行することはできないことになる。

第3節　申立手続

第1　申立権者

訴訟費用の担保提供命令の申立てをなしうるのは，被告又はその補助参加人等である。これについては，担保提供義務者に関する説明（本編第1章第2節第1）も参照されたい。

第2　申立ての時期

被告は，訴状に記載された原告の住所等によって担保を立てるべき事由があることを知ったときは，第一審の本案について弁論をし又は弁論準備手続において申述する前に担保提供命令の申立てをしなければならない（民訴法75Ⅲ参照）。

訴訟の進行中，新たに担保提供の原因が発生した場合には，その事実を被告が知った時を基準として被告の知・不知を決めるべきであるから，被告は，事件が控訴審又は上告審に係属している場合でも申立てをすることができる。しかし，被告が新たな原因が発生したことを知った後，担保提供命令の申立てをすることなく本案の弁論をなし，訴訟を追行したときは，民訴法75条3項の適用を受けて申立権が喪失すると解すべきである。

第3　申立ての方式

申立ての方式については，特別の定めはないから，書面の提出又は口頭の申述のい

第2章　担保提供命令の申立て

ずれでもよい（民訴規則1I）[12]。申立手数料は不要である。

　申立ては，口頭弁論又は弁論準備手続期日においてされることもあるが，書面によっても申立てができるから，上記期日前の申立ても可能である（大決昭6.11.13大審院民事判例集10巻12号1043頁参照）。一般に，被告は裁判所から訴状副本を受け取った際に原告が日本に住所等を有しないことが分かり，また，実務上は予想される訴訟費用の概算額について被告から上申する扱いが多いから，書面による申立てのほうが多い。

　申立書については，口頭弁論等で改めて陳述する必要はないが，実務上は，期日当日に持参した申立書の場合など，調書に申立書陳述を記載する例が見られる。

　申立書等は，訴訟記録の第三分類に編てつする（「民事編成通達」記1の(3)のキ）。

【参考例　担保提供命令申立書】

平成〇〇年〇月〇日

〇〇地方裁判所　御中

被　告　〇　〇　〇　〇　㊞

原　告　〇　〇　〇　〇
被　告　〇　〇　〇　〇

訴訟費用担保提供命令の申立て

　上記当事者間の御庁平成〇〇年（ワ）第〇〇〇〇号〇〇〇〇請求事件について，原告は日本国内に住所，事務所及び営業所を有しないので訴訟費用の担保提供義務があるから，民事訴訟法第75条1項により，原告に対し担保の提供を命ずる決定を求める。

　なお，訴訟費用の概算額は別紙のとおりである。

（別紙省略）

12　雑事件としての立件は不要である。

【参考例　期日調書記載例】

被　告

　　　　原告は日本国内に住所，事務所及び営業所を有しないから，訴訟
　　費用の担保提供を命ぜられたい。
　　　　なお，訴訟費用の概算額は次のとおりである。
　　　　　総額　　　○○万円
　　　　　　　　　　内訳
　　　　○○○○　　　○万円
　　　　○○○○　　　○万円

原　告

　　　　原告が日本国内に住所，事務所及び営業所を有しないことは認
　　める。

裁判長

　　　　原告は，本決定確定の日から○日以内に金○○万円を供託せよ。

当事者双方

　　　　上記決定に対する即時抗告権を放棄する。

第3章　申立てに対する裁判

第3章　申立てに対する裁判

第1節　審理

被告から担保提供命令の申立てがあったときは，裁判所は口頭弁論をしない場合には，当事者双方を審尋することができる（民訴法87Ⅱ）[13]。

審尋期日の呼出しは送達手続による必要はないが，通常は，期日呼出状を送達していることが多い。その際には，申立書の副本も併せて送達するのが相当である。

審尋を行った場合は，書記官は審尋調書[14]を作成する（民訴規則78）。書面により審尋することもできる。

なお，原告に提供が命ぜられる担保額は裁判所が自由な裁量で決めるが，実務上，担保を必要とする訴訟費用の概算額の上申書を被告に提出させる扱いが取られていると考えられる[15]。

第2節　裁判

第1　担保提供命令

裁判所は審理の結果，被告の申立てに理由がないと認める場合又は被告が既に応訴して申立権を失っている場合（民訴法75Ⅲ）には申立てを却下し，申立ての理由があると認める場合は，原告に対し担保の提供を命ずる決定をする。裁判所は，担保提供決定において，担保の額及び担保を立てるべき期間を定めなければならない（民訴法75Ⅴ）。

なお，担保提供命令の申立てが認められた場合の同決定は被告のために債務名義とならず，これに基づいて強制執行をすることはできない。しかし，原告が担保提供期間内に担保を立てなかったときには，裁判所は，口頭弁論を経ることなく，判決により原告の訴えを却下することができる（民訴法78本文）から，原告に対し，間接的に担保提供の実現を促す効果があるといえる。

第2　担保額

原告に提供を命ずる担保額は，被告がその事件の全審級において支出することが予想される訴訟費用の合計額を標準として定める（民訴法75Ⅵ）。

したがって，請求の一部を認めている場合（民訴法75Ⅱ）を除いて，第一審での申立ての場合は，一審・控訴審・上告審の二審で支出が予想される訴訟費用の合計額を担保額として，控訴審での申立ての場合には，その審級及び上告審で支出が予想される額に，下級審において支出した費用を合算した額を担保額とすることになる。こ

13　実務では，第1回口頭弁論期日において，書面又は口頭で申立てがなされることが多く，当該期日において出頭している原・被告から意見を聴取することが多いと考えられる。

14　調書の様式は，平成16年1月23日付け最高裁総三第2号総務局長，民事局長，家庭局長通達「民事事件の口頭弁論調書等の様式及び記載方法について」の第6号様式による。

15　実務では，原告側が申立てに対する反論の意見書を提出する例も多いと考えられる。

- 272 -

の場合，差戻しや移送などがあることを考慮に入れる必要はないとされている。

第3　担保提供の期間

担保提供の期間も，裁判所の裁量で定められる。この期間は，始期が定められなかったときは決定で告知されたときから進行する（民訴法 95Ⅱ，119）。しかし，担保提供決定には即時抗告が認められるから，決定の確定時を始期として定めるのが相当である（秋山ほかコンメⅡ78頁，注解民訴112頁，斎藤注解137頁）。

なお，この期間は裁定期間であるから，事情によっては伸長できる（民訴法 96Ⅰ）。

【参考例　訴訟費用担保提供決定】

決　　定

原　告　○　○　○　○

被　告　○　○　○　○

　上記当事者間の当庁平成○○年（ワ）第○○○号○○○請求事件について，当裁判所は被告のした訴訟費用担保提供命令の申立てを理由あるものと認め，次のとおり決定する。

主　　文

原告は，本決定確定の日から○日以内に金○○万円を供託せよ。

　　　平成○○年○月○日

　　　　　○○地方裁判所民事第○部

　　　　　裁判官　○　○　○　○　㊞

※　期日調書に決定を記載する場合の記載例については，第2章第3節第3の
【参考例　期日調書記載例】を参照されたい。

第3章　申立てに対する裁判

【参考例　訴訟費用担保提供申立却下決定】

決　　定

原　告　○　○　○　○

被　告　○　○　○　○

　上記当事者間の当庁平成○○年（ワ）第○○○号○○○請求事件について，当裁判所は次のとおり決定する。

主　　文

本件申立てを却下する。

理　　由

　原告の審尋の結果，原告は日本国内に事務所を有していることが明らかであるから，被告の訴訟費用担保提供命令の申立ては理由がないものと認め，主文のとおり決定する。

　　　　平成○○年○月○日
　　　　　○○地方裁判所民事第○部
　　　　　　裁判官　○　○　○　○　㊞

第4　不服申立て

　申立てを却下する決定に対しては被告から，担保の提供を命じた決定に対しては原告から，それぞれ即時抗告をすることができる（民訴法75Ⅶ）。また，担保額が過大であるときは原告から，担保額が不十分であるときは被告から，それぞれ即時抗告をすることができる。即時抗告は，決定の告知を受けた日から1週間の不変期間内にしなければならない（民訴法332）。

　なお，この即時抗告には執行停止効があることから，前述のとおり，抗告審の裁判がなされるまでは，被告は応訴を拒絶することができる。また，担保提供のために定められた期間は，即時抗告の提起と同時に進行を停止し，即時抗告の棄却決定の確定時に残存期間が再び進行を開始することになる。よって，原告はその期間内に担保を提供すれば，訴えの却下を免れる（秋山ほかコンメⅡ79頁参照）。

第3節　担保不提供の効果

　裁判所が原告に対し，担保の提供を命ずる決定をしたのにかかわらず，原告が決定で命ずる期間内に命ぜられた額の担保を立てないときは，裁判所は口頭弁論を経ることなく判決で訴えを却下することができる。ただし，判決前に原告が担保を立てれ

- 274 -

ば，訴えを却下できない（民訴法 78）。

　訴えを却下する判決をするについては，言渡期日の通知を要すると解するべきである。担保の提供は，供託等の実行により容易に補正できるものであるので，民訴規則 156 条ただし書は適用にならないと考えられるからである。

第4章　担保提供の手続

第4章　担保提供の手続

　担保提供決定が発せられると，原告は決定で定められた額の担保を所定の期間内に供託し，担保提供の事実を証明する書類を裁判所に提供することになる。

　これに関する手続は，民訴法76条以下に規定されているところであるが，書記官事務については，講義案Ⅱ151頁以下が詳しいから，本研究ではこれを概観するにとどめる。

　なお，担保提供の効果，担保取消手続等についても同書に詳しく述べられているので，本研究では説明を割愛した。

第1節　担保提供の方法

　　担保提供の方法としては，①金銭又は裁判所が相当と認める有価証券を供託する方法，②最高裁判所規則で定める方法及び③当事者間の契約により定められた方法のいずれかによらなければならない（民訴法76）。

　　なお，提供された担保に対し，被告は訴訟費用に関し，他の債権者に先立ち弁済を受ける権利を有する（民訴法77）[16]。

第1　金銭又は裁判所が相当と認める有価証券を供託する方法

　　担保の提供は金銭を供託する方法で行うのが原則であるが，担保提供義務者が希望する場合には，裁判所が相当と認める有価証券によって供託する方法も認められている（民訴法76）。有価証券による供託が相当と認められるのは，通常，国債や地方債のように価格が安定しており，かつ，換価が容易なものに限られ，その種類及び数額を担保提供命令の中で特定する取扱いが多い。

第2　支払保証委託契約（ボンド）を締結する方法

　　担保提供義務者は，裁判所の許可を得て支払保証委託契約を締結する方法によって担保を立てることもできる（民訴法76，民訴規則29Ⅰ）。

　　支払保証委託契約は，担保提供義務者と銀行等[17]との間で締結される第三者（担保権利者）のためにする契約（民法537）である。銀行等は，担保提供義務者のために，裁判所が定めた担保金額を限度として，担保に係る訴訟費用償還請求権についての債務の履行として一定の金銭を担保権利者に支払う旨を約し，第三者（担保権利者）は，銀行等に対し，この契約による利益を享受する意思表示をした時点で，銀行等に対し直接その金額についての支払請求権を取得することになる。

第3　振替国債の担保権設定

---

[16]　旧民訴法113条は，訴訟費用の担保として供託された金銭又は有価証券に対する被告の権利について「質権者ト同一ノ権利ヲ有ス」と定めていたが，被担保債権が発生した場合には，被告が供託物の還付を受けることにより優先的満足を受ける権利を有することを定めたものと解することが相当であることから，民訴法77条は「他の債権者に先立ち弁済を受ける権利を有する」との表現に改め，権利行使につき供託所に対する還付請求の方法によることを明確にしている（民訴一問一答75頁参照）。

[17]　「銀行等」とは，銀行，保険会社（損害保険会社に限る。），株式会社商工組合中央金庫，農林中央金庫，全国を地区とする信用金庫連合会，信用金庫又は労働金庫である（民訴規則29Ⅰ）。

振替国債（社債、株式等の振替に関する法律（平成 13 年法律第 75 号）の適用を受けるものとして財務大臣が指定した国債で振替機関が取り扱うもので，その権利の帰属が振替口座簿の記載又は記録により定まるものとされるもの。）を担保として提供しようとする者は，政府担保振替国債提供書等を裁判所に提出しなければならない（政府担保振替国債取扱規則 3 条Ⅰ）。裁判所は，申出を承認するときは承認する旨等を政府担保振替国債提供書に記載してその者に交付する（同条Ⅱ）。裁判所の開設した政府担保振替国債保管口座において増額の記載又は記録がなされると，日本銀行から，当該記載又は記録のされた振替国債に政府担保番号を付して，政府担保番号とともにその旨の通知が裁判所になされる（日本銀行政府担保振替国債取扱規則 2Ⅰ）。

第4 当事者の特別の契約による方法

当事者間で担保につき特別の契約をしたときは，その契約による（民訴法 76 ただし書）。担保を立てることを命じられた者が，担保権を設定するとか保証人を立てるというものであるが，実務上，訴訟上の担保としてこのような契約がされる例はほとんどない。

第2節 供託場所

金銭又は有価証券を供託すべき供託所は，原則として，担保を命じた裁判所の所在地を管轄する地方裁判所の管轄区域内の供託所に限られ（民訴法 76 本文），これ以外の供託所に供託しても担保提供の効果は発生しない。

第3節 担保提供の事実の証明方法

第1 金銭又は有価証券による供託の場合

供託者は供託書正本を裁判所に提出して担保を立てたことを証明するとともに，その写しを裁判所に提出する。この場合，書記官は，供託書正本と写しとを照合した上で正本を還付し，写しに正本を還付した旨及び年月日を記載して（ゴム印を押す扱いが多い。）押印し，これを訴訟記録の第三分類に綴り込むことになる。供託証明書（供託規則 49）が提出されたときは，これを訴訟記録の第三分類に綴り込む[18]。

第2 支払保証委託契約の方法による場合

担保提供者は，裁判所に対してあらかじめ支払保証委託契約による立担保の許可申請書を提出し，裁判所の許可を得て，許可書を銀行等に提示して同契約を締結することになるから，その契約を締結したことを証明する文書（民訴規則 29Ⅰ④参照）を裁判所に提出して証明する。裁判所は，提出された支払保証委託契約締結証明書を

---

18 担保を立てたというためには，供託書の記載内容が正確なものであることが必要である。書記官が，供託者の氏名，金額，供託の根拠条文，事件番号等重要な部分に誤りを発見した場合には，不受理の取扱いをした上で，供託書の訂正又は再度の供託をさせる必要が生じることもある。

第4章　担保提供の手続

訴訟記録の第三分類に編てつする[19]。

第3　振替国債への担保権設定による場合

本章第1節第3に記載したとおり，日本銀行から，政府担保番号とともに裁判所の開設した政府担保振替国債保管口座において増額の記載又は記録がなされた旨の通知が裁判所になされるため，裁判所は，この通知の写しを訴訟記録の第三分類に編てつする。

第4　当事者の特別の契約による場合

第2の場合に準じる。

第4節　担保不提供の効果

裁判所が原告に対し，担保の提供を命ずる決定をしたのにかかわらず，原告が決定で命ずる期間内に命ぜられた額の担保を供しないときは，裁判所は口頭弁論を経ることなく判決で訴えを却下することができる。ただし，判決前に原告が担保を供すれば，訴えを却下できない（民訴法78）。

訴えを却下する判決をするについては，言渡期日の通知を要すると解するべきである。担保の提供は，供託等の実行により容易に補正できるものであるので，民訴規則156条ただし書は適用にならないと考えられるからである。

19　記載内容の不備等があった場合の処理については，訂正又は再契約を必要とする場合もある。

第1　民訴費用法制定前までと民訴費用法の制定

第7編　手数料の納付と還付

　本編では，まず，第1章において手数料の意義と性質及び制度の沿革について記載し，第2章において手数料の納付に関する書記官事務，第3章において手数料の還付に関する書記官事務についてそれぞれ記載した。

　なお，手数料の納付に関する書記官事務のうち，いわゆる訴額算定事務及びこれに基づく訴え提起の手数料算出事務並びに訴訟事件以外の事件の申立手数料算出事務については，本研究の対象外であり記載していない。

第1章　総論

第1節　「手数料」の意義と性質

　　　手数料とは，民事裁判制度を利用する当事者等がその利用の反対給付として制度の設営者である国に支払うべき費用である。その法的性質は，受益者負担金とするのが通説である（秋山ほかコンメⅡ4頁，新堂ほか注釈(2)413頁，最判昭41.4.19集民83号225頁）[1,2]。

第2節　沿革

第1　民訴費用法制定前までと民訴費用法の制定

　　　民訴費用法の制定前には，民事訴訟等における申立手数料に関する法規は，民事訴訟用印紙法[3]を中心に，商事非訟事件印紙法，民事調停法による申立手数料等規則，家事審判法による申立手数料等規則のほか関係法規中にも根拠・額が定められており，多岐にわたっていた。また，印紙の貼付を要する申立てが概括的・例示的に定められ，手続中におけるささいな中間的，付随的申立て（期日の続行・変更，証拠の申出等）についても例外なしに手数料を要することとされていた[4]。そのため，実務上手数料徴収事務は煩さなものとなっていた。そこで，民訴費用法においては，手数料徴収事務の適正かつ効率的運用を図るため，性質上本来訴えの提起等基本となる手続が開始される申立ての申立手数料自体の中に当然含まれていると考えられる申立て（期日の続行・変更，証拠の申出等）や，裁判所が職権でもすることができる申立

1　鈴木訴訟費用の裁判924頁では「公法上の租税乃至は租税類似の性質を有するもの」とされている。
2　訴え等を提起し裁判を求めることは国民の権利ではあるが，個々の手続自体は，当該当事者についての権利義務の紛争の解決のためその求めにより行われるのであるから，制度の利用者である当事者に国が手続の遂行や制度の運営のために出捐するものの適当な一部を納めさせるのが負担の公平にかなうと考えられる。また，副次的に濫訴の防止にも寄与すると考えられる（内田解説78頁参照）。
3　民事訴訟用印紙法では，「民事訴訟ノ書類ニハ（中略）印紙ヲ貼用ス可シ」と規定されており，「手数料」という概念は表には出ていなかった。
4　民事訴訟用印紙法10条に「答弁書其他前数条ニ掲ケサル申立，申出又ハ申請ニシテ訴訟物ノ価額又ハ請求ノ価額十万円以下ナル場合ニ於テハ十円ノ印紙ヲ，十万円ヲ超過スル場合ニ於テハ二十円ノ印紙ヲ貼用ス可シ」と規定され，全ての申立てにつきなにがしかの手数料の納付を要するものとされていた。

－ 279 －

第1章　総論

て（移送・更正決定），その他手数料を徴収しないことが衡平であると考えられる申立て（訴訟上の救助，管轄指定の申立て）等の中間的，付随的申立てについては手数料を徴収しないこととし，手数料を納付しなければならない申立てを民訴費用法別表第1，第2に列挙した事項に限定することにし，手数料の額も合理的なものに改定された（限定列挙主義。48年研究186頁参照）。

第2　その後の改正

　その後の手数料に関する主な改正として，①昭和55年5月26日に公布された「民事訴訟費用等に関する法律及び刑事訴訟法施行法の一部を改正する法律」（昭和55年法律第61号）による改正，②平成4年6月5日に公布された「民事訴訟費用等に関する法律の一部を改正する法律」（平成4年法律第72号）による改正及び③平成15年7月25日に公布された「司法制度改革のための裁判所法等の一部を改正する法律」（平成15年法律第128号）による改正がある。

　各改正において，手数料の額について経済情勢の変動等に応じて適正な額となるよう，また手数料の額の定め方を簡素化するなど必要な改正がされた[5]ほか，③の改正においては，手数料の納付方法に関し，利用者の利便性向上の見地から，それまで認められていなかった現金による納付を，高額の手数料に限って可能とすることとされた。

5　各改正の内容については，①の改正につき岡崎彰夫ほか「民事訴訟費用等に関する法律の一部改正」（金融法務事情931号9頁），②の改正につき岡田雄一「民事訴訟費用等に関する法律の一部改正法について」（金融法務事情1326号30頁），③の改正につき三輪方大ほか「改正後の民事訴訟費用等に関する法律・規則の概要」（判タ1139号4頁）及び16年費用執務資料にそれぞれ詳しい。

第2　納付義務の発生と確定

第2章　手数料の納付

第1節　総論
第1　手数料の納付を要する申立てと手数料の種類
1　手数料の納付を要する申立て

　　手数料の納付を要する申立ては，民訴費用法別表第1（同末尾項外の注書及び17の項トの委任を受けた民訴費用規4条を含む。以下，本章において「別表第1」という。）及び民訴費用法別表第2（以下，本章において「別表第2」という。）に列挙されたものに限られる。

　　前記（第1章第2節第1）のとおり，民訴費用法の制定に当たり，手数料を納付しなければならない申立てを，別表第1，第2に列挙した事項に限定することにした（限定列挙主義）ものであり，これらの法条に掲げられていない申立てについては，手数料は不要である[6]。

2　手数料の種類

　　手数料は，その性質上①申立手数料と②行為手数料に分類される。

(1)　申立手数料

　　申立手数料は，申立てをすることにより，それに対する裁判所の応答いかんにかかわらず，直ちにその納付義務が生じる性質のものである。形式的には，別表第1に定める手数料である。訴え提起手数料はこれに当たる。この手数料は，当然に訴訟費用となり，当事者間の償還関係の対象となる。

(2)　行為手数料

　　行為手数料は，申立てどおりの行為がされたことによってその納付義務が生じる性質のものである。形式的には，別表第2に定める手数料である。事件の記録の閲覧，謄写又は複製や書記官が行う事件の記録の正本，謄本又は抄本の交付，事件に関する事項の証明書の交付及び執行文付与の手数料である。この手数料は，当然には当該事件の訴訟費用に含まれず，他の訴訟（又は執行）事件の費用になることがあるにすぎない。

第2　納付義務の発生と確定
1　別表第1の上欄に掲げる申立て等についての手数料

　　前記第1の2(1)に記載のとおり，別表第1の上欄に掲げる申立て等についての手数料は申立手数料であり，その納付義務は，訴訟上の救助等法令に別段の定めのない限り，当事者等が裁判所に対し訴状等の申立書を提出し，あるいは書記官の面前で口頭で申立てをする（民訴法271等）ことにより，それと同時に生じるものであり，そ

6　民訴費用法の対象は，民事事件，行政事件，家事事件の費用であるところ（民訴費用法1），人身保護事件に関する手続は，民訴費用法の対象外である（内田解説36頁）が，人身保護規則9条1項により，手数料を納付すべき旨が定められており，同手続の費用負担について，一定の限度で民訴費用法の規定が用いられる（人身保護規則38，46参照）。

第2章　手数料の納付

の申立てないし要求どおりの行為がされるかどうかとは無関係である。申立てが理由なしとして棄却されても，上記義務に消長を来さない（最判昭 44.10.21 集民 97 号55 頁）。条件付き申立てでも手数料の納付義務は確定的に生じる（東京高判昭 41.3.31 下民 17 巻 3・4 号 214 頁。反訴に対する同意の有無が決まっていないときにつき最判昭 41.4.22 民集 20 巻 4 号 783 頁，法曹時報 18 巻 7 号 123 頁）。

2　別表第2の上欄に掲げる事項についての手数料

別表第2の上欄に掲げる事項についての手数料は行為手数料であり，納付義務の確定は，その性質上役務の提供を受けたときと解すべきである。しかし，これらの事項を請求するについても申立書に収入印紙を貼って行わなければならない（民訴費用法8本文）[7]。

第3　手数料の額の定め方

1　別表第1の上欄に掲げる申立て等についての手数料

別表第1の上欄に掲げる申立ての手数料の額は，訴えの提起，支払督促，借地非訟事件，民事調停，労働審判の各申立てについては，訴訟の目的の価額（訴額）等を基礎としてその区分ごとに所定の額を順次加算して算出をする（いわゆる「スライド制」。「定率制」と言われることもある。）。その他の申立ての手数料の額については，裁判所の役務の質と量，当事者の受ける利益等を勘案して，固定の額とされている（「定額制」）。

2　別表第2の上欄に掲げる事項についての手数料

別表第2の上欄に掲げる事項についての手数料は，件数，用紙の枚数等を基礎に算出をする。

第4　手数料の要否，額を決定する機関

1　別表第1の上欄に掲げる申立て等についての手数料

別表第1の上欄に掲げる各申立ての手数料について，手数料の額を決定する機関は受訴裁判所であるが，訴状や上訴状の送達前であればこれら申立書の形式的要件の審査権限をもつ裁判長である（訴状につき民訴法 137。控訴状につき同法 288，137，上告状につき民訴法 314 II，313，288，137，上告受理申立書につき民訴法 318 V，314 II，313，288，137。なお，上告状，上告受理申立書については原裁判所の裁判長である。）。

2　別表第2の上欄に掲げる事項についての手数料

別表第2の上欄に掲げる事項の手数料について，手数料の額を判断するのはその請求等を受けた書記官である[8]。

7　書記官が役務の提供を拒絶したときや請求等が役務の提供前に取り下げられたときに，過納手数料として還付の問題となる。

8　閲覧，謄写等に裁判所の許可が必要な場合も，裁判所から特段の指示等のない限り，手数料の要否や額について判断するのは書記官であると解される。家事法を例にとると，記録の閲覧，謄写や，正・謄本等の交付につい

第5 納付義務者

申立ての手数料を納付すべき者は，当該申立て等の申立人である。国や検察官など国家機関がする申立てについても同様である。なお，申立人以外の第三者はその名において納付することはできないと解されている（内田解説81頁，48年研究191頁各参照[9]）。

数人の共同申立てに係る手数料にあっては，共同申立人は，各々申立手数料全額の納付義務がある[10]。

第6 納付方法

1 収入印紙を貼付する方法による納付

手数料は，訴状その他の申立書（又は申立ての趣意を記載した調書）に収入印紙を貼って納めなければならない（民訴費用法8）。

なお，民訴費用法9条3項各号及び5項に掲げる申立ての手数料として納付される収入印紙については，同法10条1項の再使用証明の手続が考えられることから，できる限り別の用紙に貼らせ，これを訴状その他の申立書等に添付させる扱いをすることとされている（費用法運用通達記第4の1の(1)参照）。

訴状その他の申立書を受理する書記官は，貼用された収入印紙が使用済みのものでないか[11]，偽造変造されたものでないか調査し，その結果適正な収入印紙による納付であれば，速やかに消印器を使用して，書類と収入印紙の彩紋とにかけて判明に消印する（受付分配通達記第2の7(1)）[12]。

2 高額手数料の現金納付

て裁判所の許可を要することとしているのは，家事事件の秘密性などの実質面について裁判所の判断を経ることを必要とする趣旨であり，手数料などの形式面についてまで裁判所の判断を求めているものではないと考えられる。民事訴訟事件において，閲覧制限申立ての判断は裁判所が行い（民訴法92），閲覧，謄写の手数料の要否や額の判断は書記官が行うこととも整合する。条文上も，家事法47条1項は「当事者又は利害関係を疎明した第三者は，<u>家庭裁判所の許可を得て，裁判所書記官に対し</u>，家事審判事件の記録の閲覧若しくは謄写・・・（中略）・・・を請求することができる」と定め，裁判所の許可と書記官に対する請求を分けており，上記の考え方に沿う。そうすると，手数料の納付のない請求等についても，裁判所は開示の要件を満たせば許可をし，書記官が役務の提供をするに当たり手数料の納付を求めても納付されない場合に，書記官が拒絶処分を行うことになる。

9 国税通則法41条，地方税法20条の6などのような（第三者による納付を認める）特別規定のないこと，民訴法における訴訟費用の償還関係の規定から推して，第三者納付を許していない趣旨とされる（48年研究191頁）。

10 不真正連帯債務と解されている。48年研究は，「主観的併合要件を具備する二人以上の共同原告の提起する訴えで訴額の合算される場合（定額の申立の手数料に係る申立を二人が共同でした場合も同じ），手数料の納付義務は，原告ら各自に併合請求の目的の価額に対応する手数料全額について存すると解する。けだし1個の訴えにより手数料の逓減の利益を受けようと行為した以上，国に対する手数料の納付義務については，共同訴訟人独立の原則は適用されず連帯債務関係の承認とみるべきである。主観的併合要件を具備する二人以上の共同原告の提起する訴えで，各請求が利益共通している場合には，当然原告各自に併合請求の目的の価額に対応する手数料全額について納付義務がある」とし，請求相互間の訴額についていわゆる吸収関係にある場合のみでなく合算の場合にも，連帯債務関係であるとしている（同研究191～192頁）。

11 訴状等の提出者が自己の印鑑で収入印紙を消印していても再使用と認められない限り有効と取り扱ってよいとされる（訴訟費用の研究357頁，358頁参照）。

12 貼付された収入印紙の額が明らかに法定額を超える場合には，超過分の収入印紙をはぎ取って提出者に還付し，はぎ取った箇所の傍らにはぎ取った収入印紙の額を記載して，そこに提出者の受領印を受ける（受付分配通達記第2の2の(3)参照）。

第2章　手数料の納付

納付する手数料の額が 100 万円を超える場合には，現金により納付することもできる（民訴費用法8ただし書。民訴費用規4の2 I）。

現金による手数料の納付先は，日本銀行（本店，支店，代理店又は歳入代理店）に限られる。現金による納付を希望する者は，あらかじめ裁判所から納付書用紙を受け取って手数料を納付した上，納付を証明する財務省令[13]で定める様式の領収証書を裁判所に提出しなければならない（民訴費用規4の2 II）。領収証書は，当該訴状等の次につづる。

なお，1回の手数料の納付を，現金による納付と収入印紙による納付に分割することはできない（民訴費用規4の2 III）。ただし，一度現金によって手数料の納付をしたところ不足していたことが判明し，追納が必要となった場合においては，その追納分を収入印紙で納付することができ，追納分が 100 万円を超えるときは再度の現金納付も可能である（16 年費用法執務資料 11 頁参照）。

第2節　手数料の額の算出

第1　訴え提起の手数料（民訴費用法3条2項の場合）

1　訴え提起前の和解又は支払督促から訴訟手続へ移行した場合の手数料（民訴費用法3条2項1号）

訴え提起前の和解につき民訴法 275 条2項により，支払督促の申立てにつき民訴法 395 条又は同法 398 条1項（同法 402 条2項において準用する場合も含む。）により，訴え提起が擬制された場合，原告である申立人は，訴訟に移行する請求に係る訴額を基準として算出される訴え提起の手数料と，訴え提起前の和解申立てについて納めた手数料又は支払督促申立てについて納めた手数料との差額を納めなければならない（民訴費用法3 II ①）。訴え提起前の和解申立てについて納めた手数料，支払督促申立てについて納めた手数料については，それぞれ適正手数料額ではなく現実に納付した手数料の額を指す[14]。

実務上，特に支払督促から訴訟手続へ移行した場合に，一部督促異議があった場合（数個の請求の一部について，督促異議の申立てがされた場合）や，手数料追納前に訴えの一部取下げ（又は請求の減縮の場合）があった場合に，追納額算出についての考え方が複数あり問題となるが，この点，詳細については，「民事実務講義案III（五訂版）」（平成 26 年 11 月研修教材第7号　裁判所職員総合研修所）153 頁以下を参照されたい。

2　労働審判手続から訴訟手続へ移行した場合の手数料（民訴費用法3条2項2号）

---

[13] 「民事訴訟費用等に関する法律に基づく手数料の納付手続の特例に関する省令」（平成 15 年 12 月 12 日号外財務省令第 106 号）である。

[14] 訴え提起前の和解申立手数料，支払督促申立手数料に過納付がある場合について，過納額は控除されないとの見解（費用法に関する執務資料 66 頁）と，過納手数料の還付を省略する意味において過納額も還付前においては含める（控除し得る）のが実務的ではないかとの見解がある（48 年研究 296 頁）。

- 284 -

労働審判手続につき労審法 22 条 1 項（同法 23 条 2 項及び 24 条 2 項により準用される場合を含む。）により訴え提起が擬制された場合，原告である労働審判手続の申立人は，訴訟に移行する請求に係る訴額を基準として算出される訴え提起の手数料と労働審判手続の申立てについて納めた手数料との差額を納めなければならない（民訴費用法 3 Ⅱ②）。

3　簡易確定手続から訴訟手続へ移行した場合の手数料（民訴費用法 3 条 2 項 3 号）

消費者の財産的被害の集団的な回復のための民事の裁判手続の特例に関する法律（以下，本編において「消費者裁判手続特例法」という。）に定める簡易確定手続において，債権届出(同法 30)についてされた簡易確定決定（同法 44）に対し適法な異議があった場合（同法 46 Ⅰ，Ⅱ），債権届出にかかる請求については，当該債権届出のときに当該債権届出にかかる債権届出団体又は届出消費者を原告として[15]，訴えの提起があったものとみなされる（同法 52 条 1 項）。その場合，債権届出団体又は届出消費者(届出消費者が異議を申し立てたとき)は，債権届出に係る請求に係る訴額を基準として算出される訴え提起手数料と債権届出手数料 1,000 円（別表第 1 の 16 の2 の項）との差額を納付しなければならない（民訴費用法 3 Ⅱ③）。

第2　訴え提起の手数料（民訴費用法 5 条の場合）

1　手形・小切手訴訟経由の通常の訴え提起手数料（民訴費用法 5 条 1 項）

手形・小切手訴訟において，請求が手形訴訟による審理及び裁判をすることができないとの理由で訴え却下の手形判決（又は小切手判決）がされた場合（民訴法 355Ⅰ,367Ⅱ）において，原告がその判決の送達を受けた日から 2 週間以内に同一の請求について通常の手続により訴えを提起した場合(同法 355Ⅱ,367Ⅱ)，手形・小切手訴訟の手数料に相当する額は，通常の手続による訴え提起の手数料として納めたものとみなされる（民訴費用法 5 Ⅰ）。

手形・小切手訴訟の訴え提起の手数料の額と通常訴訟の訴え提起の手数料の額とは同額であるから，手形・小切手訴訟において適正額が納付されている限り，改めて納付すべき手数料額はないことになる。

2　調停手続経由の通常の訴え提起手数料（民訴費用法 5 条 1 項）

調停が不成立になった場合（民調法 14,15，特定債務等の調整の促進のための特定調停に関する法律 18Ⅰ,19,家事法 272Ⅰ）若しくは調停に代わる決定，調停に代わる審判又は合意に相当する審判が異議申立てによってその効力を失った場合（民調法 18Ⅳ，家事法 286Ⅴ，280Ⅳ）において，調停申立人がその旨の通知を受けた日から2 週間以内に，調停の目的となった事項を訴訟物として提起する訴え（民調法 19,特定債務等の調整の促進のための特定調停に関する法律 18Ⅱ,19,家事法 272Ⅲ，277Ⅳ,280Ⅴ,286Ⅵ）については，調停申立てについて納めた手数料の額に相当する額は，

15　訴えの原告は，誰が異議の申立てをしたかによって決まる（日本弁護士連合会消費者問題対策委員会編「コンメンタール消費者裁判手続特例法」平成 28 年，民事法研究会 267 頁）。

第2章　手数料の納付

本来の訴え提起手数料として納めたものとみなされる（民訴費用法5Ⅰ）。この場合調停申立人（原告）は，本来の訴え提起手数料から調停申立てについて納めた手数料額を控除した残額を納付すれば足りる。

手数料を納めたものとみなされる要件は，①調停申立人が原告となり，相手方を被告とする訴えであること[16]，②調停事項と訴訟物とが全部又は一部において同一であること[17]，及び③調停不成立等の通知を受けてから2週間以内の訴え提起であること，である。

調停手続を行った裁判所と訴えを提起する裁判所とが同一である場合には，上記要件に関する事項は，裁判所に顕著な事実として原告において証明することを要しない。裁判所が異なるときは，調停裁判所の書記官作成の証明書によって認定する。

第3　別表第1の16の項，17の項に定める手数料

裁判所に対し何らかの申立てがあれば，書記官事務としては，手数料の要否及び額を検討しなければならない。本章第1節第1のとおり，手数料を要する申立ては別表第1に限定列挙されている[18]のであるから，何らかの申立てがあれば，当該申立てが別表第1各項の上欄に掲げる申立てに該当するかどうかを検討すればよいのであるが（該当しなければ手数料は不要である。），実務上，その検討の過程でしばしば問題となるのが，別表第1の16の項又は17の項の申立てに当たるかどうかである。そこで，ここでは，これらの項に該当するかどうかの検討に必要な基本となる考え方を記載する。

1　別表第1の16の項の手数料（基本となる手続が開始される申立ての手数料）

(1)　裁判所の裁判を求める申立てで基本となる手続[19]が開始されるもの（別表第1の他の項に掲げる申立て及び民訴費用法に定める手数料還付の申立てを除く。）につ

16　調停事件と訴訟事件とで主観的範囲を一部異にするとき，民訴費用法5条1項の規定により納めたものとみなされる訴え提起の手数料の額について問題となるが，訴額の算定について吸収法則の適用される請求にあっては，調停申立てにおける請求の限度で訴え提起の手数料として納めたものと認めてよいと考えられる。例えば甲の乙・丙（連帯債務者）に対する調停事件の納付手数料は，甲の乙に対してのみの訴え提起手数料として納めたものと認めてよい。また，甲の乙に対する調停事件の納付手数料は，甲の乙・丙に対する訴え提起の手数料として納めたものと認めてよい。もっとも例えば最初の事例で，甲・乙間に調停が成立し，甲・丙間が不成立となり，丙に対し訴えを提起する場合は，調停手続の対象となった目的は達せられているのであるから，納めたものと認められる手数料はないと解される。訴額の算定について合算法則の適用される請求にあっては，調停申立ての手数料の額を各自の調停を求める事項の価額を基準に案分して得た額について訴え提起の手数料として納めたものと認めることができる。一部の者との間に調停が成立しても，他の者との間では請求が別個であるから（この点吸収法則が適用される請求とは異なる。），訴え提起の手数料として納めたものと認めることができると解される（以上につき48年研究303頁参照）。

17　調停事件と訴訟事件で客観的範囲が異なる場合についても問題となるが，訴額の算定について吸収法則の適用される請求にあっては，訴えの訴訟物に対応する調停を求める事項について納付された手数料の額を訴え提起の手数料として納めたものと認めることができ，合算法則の適用される請求にあっては，調停申立手数料の額を，各調停を求める事項の額を基準に案分して算出した額について訴え提起の手数料として納めたものと認めることができる（以上につき48年研究303頁，304頁参照）。

18　ここでは，書記官が行う記録の正・謄本の交付等別表第1の上欄に掲げる事項にかかる請求は除く。

19　「基本となる手続」とは，手続の構成上その手続自体に他の手続から独立した固有の目的があるもので，求める裁判がされてそれが完結すれば，別に上訴等のない限り他に手続が残ることはないものをいう（内田解説116頁参照）。

いては，本項により1,000円の手数料を要することになる。

　　基本となる手続が開始される申立てについては，特段の事由のない限り手数料を納めることとするのが相当であり，その目的のために置かれたのがこの規定である（内田解説116頁）。

　　なお，本項の上欄イに掲げられた仲裁法12条2項の申立てから消費者裁判手続特例法14条の規定による申立てまでは，基本となる手続が開始される申立てを例示したものである。

⑵　⑴で記載したとおり，基本となる手続が開始される申立てについては，特段の事由のない限り手数料を納めることとするのが相当であるところ，別表第1の他の項（1の項から15の2の項，16の2の項，18の項及び19の項。なお，17の項については後述する。）に掲げる申立てについては，その手続の性質，複雑性等に鑑み，手数料の額の算定方式や額が定められている。そこで，基本となる手続が開始される申立てで，別表第1の他の項に該当しない場合には，本項により，1,000円の手数料を要することになる。

　　なお，民訴費用法9条1項若しくは3項又は10条2項の規定による申立て（いずれも手数料還付に関する申立て）については，手数料の還付を求める申立てについて更に手数料を徴収するのは適当ではないので，これを不要とし，本項の適用を受ける申立てから除かれている（別表第1の16の項の上欄イ二つ目の括弧書）。

　　また，本項の申立ては裁判所の裁判を求める申立てでなければならず，裁判官に許可等の裁判を求めるもの[20]は，本項の申立てに当たらない。

　　本項にいう基本となる手続が開始される申立ての例としては，自己破産の申立て（破産法18）や，公示による意思表示の申立て（民法98）等がある。

2　別表第1の17の項の手数料（中間的，付随的手続に係る申立ての手数料）

　　中間的，付随的手続に係る申立て[21]については，別表第1の17の項に列挙されたものに限り手数料（500円）を要する（限定列挙主義）。

　　例えば，民訴法の規定による弁護士でない者を訴訟代理人に選任することの許可を求める申立て（民訴法54Ⅰただし書）については手数料を要する（別表第1の17の項イ(イ)）が，補佐人許可申請（民訴法60Ⅰ）については，別表第1の17の項に掲げられていないため手数料は不要である。忌避の申立て（民訴法24Ⅰ）については手数料を要する（別表第1の17の項イ(イ)）が，除斥の申立て（民訴法23Ⅱ）については，別表第1の17の項に掲げられていないため手数料は不要である。

20　例えば警察官職務執行法3条による保護許可状の請求（受付分配通達別表第2の15の(15)）のようなものがある。

21　「中間的，付随的手続」とは，ある手続がすでに係属しているかまたは係属することを前提とし，その手続中における一定の問題のみを解決するためにされる手続であって，所定の裁判がされる等によりその手続自体は完結しても，基本となる手続がなお係属していることとなるものをいう（内田解説116頁参照）。

なお，別表第1の末尾項外に「この表の上欄に掲げる申立てには，当該申立てについての規定を準用し，又はその例によるものとする規定による申立てを含むものとする。」との規定があることに留意が必要である[22]。

例えば，行政事件において忌避の申立てをする場合，行政事件訴訟法7条において「行政事件訴訟に関し，この法律に定めがない事項については，民事訴訟の例による」とされていることから，別表第1の末尾項外の注書及び同 17 の項イ(イ)により，500円の申立手数料を要することになる。

第4　別表第2に定める手数料

1　総論

別表第2においては，記録の閲覧，謄写その他書記官が提供する役務について手数料を納めるべきこと及びその額を定めている。

民事訴訟等に関する法令の規定により，別表第2の上欄に掲げる事項について請求[23]をする者は，別表第2の1の項の上欄括弧書の場合を除き，それぞれ下欄に掲げる額の手数料を納付しなければならない。

別表第2において手数料を納付しなければならないとされているのは，①事件の記録の閲覧，謄写又は複製，②事件の記録の正本，謄本又は抄本の交付，③事件に関する事項の証明書の交付及び④執行文の付与である。

これらの手数料は，書記官の行為に対する反対給付であり，請求に対する行為がされたことによって納付義務が発生するものであり（行為手数料），書記官による役務の提供がされなかったときは，請求者の手数料納付義務も確定的に生じなかったことになる。この点，民訴費用法8条により，手数料は申立書又は申立ての趣意を記載した調書[24]に収入印紙を貼って納めなければならないとされていることと矛盾するものではない。役務が提供されなかったときは過納付となり，これを還付しなければならない[25]ことになる。

なお，別表第2に定める手数料が当然に訴訟費用（当事者間の償還関係の対象となるもの）となるものではないことは，本章第1節第1の2のとおりである。別表第2の対象となる事項（裁判所の役務）は，当該裁判手続の当事者等以外の者がこれを請求することがあるし，当事者等の請求による場合であっても，当該裁判手続の遂行自体とは必ずしも法律上の関連性を有しないからである。

22　この規定は，別表第1の他の項にも及ぶ。

23　別表第2の4の項の執行文付与について，裁判所にこれを求める行為は「申立て」（民執法26）となるが，本編では，閲覧，謄写等を求める行為（「請求」（民訴法91ほか））と併せて「請求」と記載する。また，請求を求める者については「請求者」と記載する。

24　民事訴訟規則の一部を改正する規則（平成27年最高裁判所規則第6号）により，民事訴訟規則33条の2が新設され，民事事件（準用の場合を含む）における閲覧，謄写請求，正本等の交付の請求等は，書面でしなければならないこととされた（民訴規則33の2Ⅰ）。なお，和解調書の送達申請については，口頭でも可能と解される（柴田啓介「民事訴訟規則の一部を改正する規則及び消費者の財産的被害の集団的な回復のための民事の裁判手続の特例に関する規則の概要」金融法務事情2032号41頁）。

25　この場合も裁判所が職権で還付をするわけではなく，申立てにより還付をする。

第4 別表第2に定める手数料

2 事件記録の閲覧, 謄写又は複製の手数料（別表第2の1の項）

　当事者等が事件の係属中に記録の閲覧, 謄写又は複製を請求する場合には手数料は不要であるが, 当事者等以外の者が請求する場合及び当事者等であっても事件の終了後に請求をする場合には, 1件について 150 円の手数料を納付しなければならない。

(1) 「記録」とは

　ここにいう「記録」とは, 民訴費用法7条の見出しにあるように, 「裁判所書記官が保管」している記録に限られる[26]。なお, 現に書記官が保管している記録に限らず, 「裁判所書記官に保管権限のある記録」という意味に解すべきであり, 裁判官, 裁判所調査官又は家庭裁判所調査官等の下にあって利用されている場合も含む。

(2) 手数料を要しない場合

　ア　事件の記録の閲覧, 謄写又は複製の請求に当たり, 手数料を要しないとされるのは, 「事件の係属中に当事者等が請求する」場合である（別表第2の1の項上欄括弧書）。

　イ　「事件の係属」とは, 民事訴訟における訴訟係属の意味よりも広く捉えられ, 訴状が被告に送達される前であっても, 原告から訴状の提出があればここでいう「事件の係属」に当たる。また, 終局判決が言い渡された後であっても, 判決確定まではこれに当たる。請求の放棄・認諾, 裁判上の和解の成立等によって民事訴訟における訴訟係属が消滅したときは, 同時に, ここにいう「事件の係属」も消滅する。

　ウ　「当事者等」について, 民訴費用法2条において「当事者又は事件の関係人をいう」とされている[27]。したがって, 民訴法91条1項において閲覧請求権が認められている一般人は当事者等には含まれないし, 同条2項の「利害関係を疎明した第三者」も含まれない。

(3) 手数料の算出等

　記録の閲覧, 謄写又は複製の請求がなされ, 裁判所又は書記官がこれを許可する場合, 書記官は, その記録を閲覧, 謄写又は複製できる状態に供する。この行為がされ, 記録が閲覧, 謄写又は複製に供された以上, 当事者その他の者が現実に閲覧, 謄写又は複製をしたかどうかを問わず, 既に徴収した手数料は返還することを要しない。

26　執行官が保管している執行記録その他の書類（執行官法17Ⅰ）は含まれない。
27　「事件の関係人」について, 内田解説 51, 52 頁において「固有の非訟事件手続の領域においては, 訴訟におけると異なり, 原則として対立当事者の手続構造をとらないため, 民事訴訟における当事者におおむね相当する裁判の名宛人となる者を「事件の関係人」といっているので, これをも含める趣旨である」とされている。これを, 現行の非訟法及び家事法の下で考えると, 「当事者等」には, 審判を受ける者及び審判を受ける者となるべき者を含むことになると考えられる。

－ 289 －

第2章　手数料の納付

　　　手数料は，1事件・1回を単位として算定する。数個の手続が併合されているときは，併合された手続全部を「1事件」とみる。

　　　基本事件に付随する事件（例えば，強制執行停止申立事件や証拠保全事件など）の記録を，基本事件の記録と同時に閲覧，謄写又は複製する場合にも，「1事件」分の手数料を徴すれば足りると解されている。

　　　回数の算定は，閲覧，謄写又は複製に関する書記官の処分又は裁判所の許可の個数を基準とすべきであると考えられている。したがって，閲覧，謄写又は複製が2日以上にわたり，一旦記録を書記官に返還させたとしても，1件分の手数料でよいことになる。

　　　なお，閲覧，謄写又は複製を同時にする場合は，1件分の手数料でよい。

3　事件記録の正本，謄本又は抄本交付の手数料（別表第2の2の項）

⑴　「記録」とは

　　　ここにいう記録も1の項と同様に書記官が保管するものに限られる。「記録の正本，謄本又は抄本」とは，訴訟記録その他の記録を構成する書面を原本として作成される正本，謄本又は抄本をいう。

　　　なお，「正本，謄本又は抄本」は，民訴規則33条に定める様式に従って作成されたものをいい[28]，別表第2の3の項の「原本と相違ない旨の証明」が付された記録の写しは，この項の正本，謄本または抄本に含まれない。

⑵　手数料の算出等

　　　手数料の額は，「用紙1枚につき」150円である。「用紙」の規格を問わずA4サイズもA3サイズも一律に計算する。枚数の計算は，原本の枚数によるのではなく，作成された正本等の枚数による。認証用紙を付した場合は，これも1枚として計算する。

⑶　送達申請

　　　和解調書の正本又は謄本は，判決正本と異なり（民訴法255），職権で送達する旨の規定がなく，調停調書についても，手続法規（民調法，家事法）上職権で送達する旨の規定はないので，実務上，当事者からの申請を待って送達する取扱いがされている。特に和解調書については，給付条項が含まれている場合は，その債務名義性（民執法22⑦，民訴法267）及び債務名義の執行開始前の要送達性（民執法29）から，成立と同時に正本の送達申請がされることが多い。

　　　この送達申請は，一方当事者による送達申請で相手方当事者にも送達されることなどからすれば，正本の交付請求（民訴法91Ⅲ）とは異なるものであると考えられ，当事者双方に対する1回目の送達申請に限り，正本の交付手数料は不要とする

28　正本を交付するに当たって，一定の場合には，偽造防止のため，認証等用特殊用紙を使用しなければならないことに留意する必要がある（平成22年5月25日付け最高裁総三第000078号総務局長通達「認証等用特殊用紙に関する事務の取扱いについて」参照）。

扱いがされている[29]。もっとも，2通目，または2回目以降は，別表第2の2の項に定める手数料を要する。また，当事者双方にではなく，自分にのみ送達を求める場合（いわゆる自己宛て送達申請）には，送達に名を借りた正本の交付請求であると解されるので，交付手数料を要することになる。

4　事件に関する事項の証明書の交付の手数料（別表第2の3の項）

証明書の交付手数料の額は，1件について150円である。

事件の記録の写しについて原本の記載と相違ない旨の証明に係るものについては，原本（事件の記録が電磁的記録で作成されている場合にあっては，当該電磁的記録に記録された情報の内容を書面に出力したときのその書面）10枚までごとに150円の手数料を徴することとされている。

⑴　「事件に関する事項の証明書」とは

民訴費用法別表第2の3の項にいう「事件に関する事項の証明書」とは，書記官がその保管に係る記録に基づいて作成する手続上の事実（判決確定等の法律事実を含む。）その他の事項の証明書をいう（内田解説154頁）。訴訟事件に関するものとして実務上多くみられるのは，送達に関する事項，訴訟係属に関する事項（訴え提起，上訴提起，訴訟参加申立て等の事実），期日指定に関する事項，訴訟終了等に関する事項（和解，取下げ，放棄，認諾等の事実）などである。

なお，この項の下欄に定める「事件記録の写しについて原本の記載と相違ない旨の証明」は，厳密に言えば手続上の事実の証明ではないが，「事件に関する事項」の証明には含まれる。また，「記録の写し」には，判決又は和解調書等の債務名義の写しを含む。

⑵　手数料の算出等

「1件」というのは，1証明事項・1通を単位として算定する。したがって，同一の証明書を2通交付する場合には，2件として手数料額を算出する。

記録の写しについて原本と相違ない旨の証明書については，原本の枚数10枚までは150円であり，その10枚を超える場合には更に10枚までごとに150円を加算するという趣旨である。したがって，例えば原本が15枚の記録の写しについて原本と相違ない旨の証明をする場合，手数料は300円となる。

5　執行文の付与の手数料（別表第2の4の項）

⑴　手数料の算出等

手数料の額は，執行文1通について300円である。執行文の付与の手数料は，債務名義に表示されている請求権の個数や当事者の数に関係せず，例えば連帯債務者数名に対する債務名義に1通の執行文を付与した場合，執行文1通の付与であ

29　なお，家事調停調書につき，調停条項に債務名義となるべき条項がない場合に，当事者から当事者双方に対する調停調書謄本（正本）の送付申請がされた場合，それが最初の送付であれば，手数料は不要として差し支えないとされている（平成18年7月24日付け最高裁総務局第三課長事務連絡「家事調停調書の当事者双方送付申請の取扱いについて」参照）。

第2章　手数料の納付

る限り，1通分の手数料で足りる。連帯債務者ごと各別に執行文を付与する場合は，執行文の通数に応じて各連帯債務者ごと300円の手数料を要する。

⑵　「付与」の処分と手数料の関係等

　　別表第2の4の項の手数料は，「執行文」の「付与」された処分について納めるものである。したがって，「付与」が拒絶された場合には，手数料の納付を要しない。もっとも，手数料は，申立てのときに申立書に収入印紙を貼付して納めなければならないこととされているから（民訴費用法8本文），実際には，拒絶処分を行った場合，申立人の請求に基づき還付手続の方法で還付することになる。

　　拒絶処分に対して異議の申立てがされ，その裁判の結果執行文の付与を行う場合は，改めて付与申立書の提出を要することなく，当初の付与申立てに基づいて付与処分をすることになる。手数料について当初の付与申立てにおいて納付がされていれば，それで足りる。

　　なお，執行文付与後に執行文付与に対する異議の申立ての決定又は執行文付与に対する異議の訴え若しくは請求異議の訴えの判決により執行文が取り消され，又は執行力ある正本に基づく執行を許さない旨宣言がされた場合には，付与の処分により生じた効力が消滅するにとどまり付与の処分が存在したことには変わりがないから，過納による手数料の還付の問題は生じない。

第3節　手数料の未納又は不足する申立て

第1　総論

　　民訴費用法6条は，「手数料を納めなければならない申立てでその納付がないものは，不適法な申立てとする。」と定めている。

　　この規定は，手数料を納めなければならない申立てについて，その納付がない（不足する場合を含む。以下，同じ。）場合の手続上の効果について定めたものであり，そのような申立てを不適法な申立てとすることにより，別段の定めのない場合にもこれを却下することができる根拠を与え，手数料の納付の確保を図っているものである（内田解説142頁参照）。

第2　訴訟法上の効果

　　民訴費用法6条にいう「手数料を納めなければならない申立て」とは，民訴費用法3条に規定する申立て（別表第1の上欄に掲げる申立て）である[30]。

　　これらの手数料を納めなければならない申立てでその納付がないものは，不適法な申立てとなり，民事訴訟等に関する法令の規定中に別段の定めがある場合にはそ

30　別表第2の上欄に掲げる事項については，その手数料の性質が行為手数料であり，その納付義務の確定は書記官による役務の提供があったときとなるから，請求に際し手数料の納付がなくても不適法とはならないと考えられる。しかし，手数料の納付がない場合（役務の提供に当たり納付を求めてもなお納付されない場合），書記官は拒絶処分をすることになる。

－ 292 －

の定めによるほか，別段の定めのない場合にも，各手続法において他の形式的適法要件が欠缺している場合と同様に，不適法な申立てとして却下されることになる[31, 32]。

第3　却下の裁判

1　補正命令が必要的な場合

　　民事訴訟等に関する法令の規定における別段の定めとして，訴えの提起（民訴法133）については，手数料の納付がない場合は，民訴法137条1項後段により，裁判長が期間を定めて補正を命じ，期間内に補正がないときは命令をもって訴状を却下しなければならない。補正命令を出さずにいきなりする訴状却下命令は違法である（最判昭45.12.15民集24巻13号2072頁参照）。

　　訴え提起以外の申立てについても，手数料の未納について民訴法137条の規定が準用又は類推適用される場合，同様の取扱いをすることになる[33]。

2　補正命令が必要的でない場合

　　民事訴訟法137条の準用等がない場合[34]，当該申立てについて，裁判所は，他の形式的適法要件を欠いている場合に準じ，決定をもってこれを却下することになる。

　　この場合，裁判所又は裁判長が補正命令を発すべきことは特に必要的なものとはされていない[35]。しかし，手数料の納付を申立ての適法要件としたのは手数料の納付を確保するためであること，また，当事者に対する不意打ちを防止する観点から，このような申立てについても，一般的に，これを却下する前には，手数料の納付について，次に記載する任意の補正の促しを行うのが相当である。

3　任意の補正の促し

　　一般的に，前記1の補正命令が必要的な場合は補正命令に先立ち，同2の補正命令が必要的でない場合は却下の裁判に先立ち，まず，任意の補正を促すことが相当であるし，実務上も適宜の方法により任意の補正を促すのが通常である[36]。

　　書記官は，裁判長（官）の命を受けて任意の補正の促しを行う（訴状の場合につき民訴規56）が，行うに当たっては，その連絡の方法，期間，補正の促しを行ったこと

31　裁判所が手数料の未納の事実を看過して申立てに基づく裁判をした場合でも，不適法とした制度趣旨（手数料の納付の確保にある）から，その裁判が無効になることはない（48年研究385頁，内田解説145頁各参照）。また，この場合において，他の申立ての要件の欠缺は，事由により相手方の上訴の理由となり又は再審事由となることがあるのに対し，手数料の未納は裁判所（国庫）の手数料徴収権に関わるだけであるから，相手方においてその裁判を取り消すべき原因とすることはできないものと解される（内田解説145頁。民事訴訟用印紙法11条についての裁判例として大判明30.4.19民録3輯4巻82頁）。

32　訴訟上の救助を受けた者の申立てについては，手数料の納付も猶予される（民訴法83I①）から，納付がなくても不適法ではなく，申立てを却下することはできない。

33　借地非訟事件（非訟法43IV，V），家事審判事件（家事法49IV，V），家事調停事件（家事法255IV，49IV，V）等については，各手続法において同趣旨の規定が置かれている。

34　例えば，特別代理人選任の申立て（民訴法35）のような中間的，付随的申立てが考えられる。

35　この場合，補正を命じることは裁判所にとって義務的ではないが，必要と認める場合には補正命令を発することは可能であるとする見解がある（内田解説144頁参照）。

36　任意の補正の促しをしないことも考えられるが，事件の内容を踏まえた進行方針によるので，裁判長（官）の指示に従う。

- 293 -

第2章　手数料の納付

を記録上明らかにする必要があるかどうか等につき，事件の内容，進行方針について
裁判長（官）と認識を共有し，その指示の下これを行う必要がある。

第4　補正（追納）の時期とその効果

　手数料を納めなければならない申立てでその納付がないものは不適法であるが，
その申立てが却下されるまでの間（正確には却下の裁判が確定するまでの間）に手数
料が追納されたときは，申立てがされたときに遡って適法なものになると解される
（最決平27.12.17集民251号121頁[37]）[38]。手数料の追納が上訴審において行われた場
合であっても，遡ってその申立てが適法となると解される（最判昭29.11.26判時41号
11頁。最判昭31.4.10民集10巻4号367頁）。このように遡及して適法となった場合，
その申立てについてそれまでになされた訴訟行為も有効であると解される（最判昭
24.5.21民集3巻6号209頁）。

第5　不服の申立て

　民訴法137条2項（準用又は類推を含む。）による訴状の却下命令に対しては，即時
抗告をすることができる（民訴法137Ⅲ）。即時抗告は，命令の告知を受けた日から1
週間の不変期間内にしなければならない（民訴法332）。なお，訴状却下命令は訴訟係
属前の裁判であるから，被告には不服申立ての利益はない（秋山コンメⅢ138頁，兼
子条解811頁）。

　その他の申立てが手数料の未納により却下された場合の不服申立ての可否及びそ
の方法は，その申立てについて他の形式的適法要件の欠缺により却下の裁判がされ
た場合の例による。手数料を納めるべき申立てについては，一般的にその却下の裁判
に対する不服申立てが手続法上用意されているが，それがない場合には，手数料の未
納による却下の裁判に対しても不服を申し立てることができないこととなる。

37　同決定においては「抗告提起の手数料の納付を命ずる裁判長の補正命令を受けた者が，当該命令において定め
　られた期間内にこれを納付しなかった場合においても，その不納付を理由とする抗告状却下命令が確定する前
　にこれを納付すれば，その不能の瑕疵は補正され，抗告状は当初に遡って有効となるものと解される」旨判示さ
　れている。
38　却下の裁判の後に補正（追納）があった場合，適法な不服申立てがなされれば（あるいは，適法な不服申立て
　とともに追納がなされれば），当初から適法な申立てであったとして取り扱うことが可能であるが，不服申立て
　の許されない場合や，不服申立ての許されるものであったとしても，不服申立てをせずに手数料の追納のみをし
　てきた場合，裁判所が却下の裁判を取り消すことはできない（訴訟指揮に関する決定，命令の場合は別論）から，
　不服申立期間の経過により当該裁判は確定することになる。

－294－

第3章　手数料の還付

第1節　総論

　　手数料の還付は，手数料が過大に納められた場合（民訴費用法9Ⅰ，Ⅱ），又は手続の初期の段階において，申立却下の裁判がされそれが確定した場合若しくは申立てが取り下げられた場合（民訴費用法9Ⅲ，Ⅴ）に，申立てにより行う。

　　民訴費用法の制定前には，手数料の還付について定めた規定はなく，手数料が過大に納められた場合にも，納付者が金銭でその返還を受けようとすると，民事訴訟等によりその返還を求めるしかなかった。このため，実務上，過納分に該当する消印済み収入印紙を書類からはぎ取り，それに未使用証明を付して還付し，その未使用証明を付した収入印紙はその証明を付した裁判所に限り再使用を許すという便宜的な扱いがされていた。

　　民訴費用法においては，①過大に納められた手数料（過納手数料）について，民事訴訟等によることなく簡易な手続により金銭で還付することを定めるとともに，②それまでの実務慣行を踏まえ，金銭による還付に代えて再使用することができる旨の書記官の証明を付して還付すべき金額に相当する収入印紙を交付することによる還付（再使用証明）を可能とした（民訴費用法10）。さらに，③手続の初期の段階において申立却下の裁判がされそれが確定した場合若しくは申立てが取り下げられた場合，すでに納められた手数料の一部を返還する制度が新たに設けられた。

　　当事者が訴え提起等の申立てをするのは，裁判所の応答（本案の裁判）を得るためであり，申立手数料はその対価として納付するものであるが，却下の裁判や取下げが本案解決に至らない初期の段階で行われた場合，実質的には裁判制度を利用していないか，又はほとんど利用していないと認められるのに，申立手数料の全額を国の収入としてしまうのは，公平を欠き不合理であると考えられる。そこで，手続の初期の段階に，申立却下の裁判がされそれが確定した場合又は申立てが取り下げられた場合，当事者の申立てにより，現実に納付された手数料の額から法定の手数料の2分の1の額（この額が4,000円未満のときは4,000円[39]）を控除した残額を還付することとし，負担の公平を図ったのが③である[40]。

　　なお，手数料の還付は，裁判所が決定をもって行う（民訴費用法9Ⅰ，Ⅲ）ほか，支払督促（民訴法382）又は差押処分（民執法167の2）についての手数料若しくは

39　民訴費用法の制定時には，この金額は1,000円とされていたが，その後の法改正により改定（最終改定は平成16年1月1日施行の「司法制度改革のための裁判所法等の一部を改正する法律」（平成15年法律第128号）による改定）され，現在4,000円となっている。

40　この制度の対象となる申立ては，手数料が訴訟の目的の価額等にスライドして算出されることになっている申立て（民訴費用法9条3項各号上段の申立て及び同法9条5項の支払督促の申立て。訴訟の目的の価額等に応じて手数料が逓増していく結果，高額となることがある。）であり，手数料が定額である申立てについては対象とされていない（内田解説161頁，176頁参照）。

第3章　手数料の還付

　　　民訴費用法別表第2の上欄に掲げる事項の手数料については，書記官が還付の処分を行うこととされている（民訴費用法9Ⅱ，Ⅴ）[41]。

第2節　過納手数料の還付
第1　還付事由

　　　訴え提起その他の申立手数料は，訴状その他の申立書又は申立ての趣意を記載した調書に収入印紙を貼って納付され（民訴費用法8）[42]，納付された収入印紙は直ちに消印される（受付分配通達記第2の7(1)参照）[43]。①申立書に貼り付けられた収入印紙の額が法定額を超える場合，②手数料を要しない申立てであるのに収入印紙が貼り付けられている場合，民訴費用法9条1項又は2項の還付事由となる。

第2　還付金額

　　　前記第1①の場合の還付金額は，法定額を超えた部分の収入印紙額であり，同②の場合の還付金額は，貼り付けられた収入印紙額全額である。

第3節　申立却下又は取下げによる還付
第1　還付事由
1　訴訟事件における還付事由
(1)　訴え，控訴の提起，参加の申出（民訴費用法9条3項1号）

　　　訴え[44]若しくは控訴の提起又は参加の申出について，口頭弁論を経ない却下の裁判の確定又は最初にすべき口頭弁論の期日の終了前における取下げがあった場合である。

　　　還付の対象となる手数料は，民訴費用法別表第1の1の項，2の項，4の項（上告の提起，上告受理申立ては除く。）及び5の項から7の項までの申立てについて納められた手数料（民訴費用法3条2項の規定により納めた手数料を含むものと

41　現行民事訴訟法制定に伴う民訴費用法の改正により，手数料の納付について判断する機関が還付についても判断することが適当であるという民訴費用法9条1項の立法趣旨を貫徹するため，支払督促の申立ての手数料の還付を書記官の判断により行うこととした。同様に書記官が主宰する行為で，手数料も定額かつ低額である民訴費用法別表第2の上欄に掲げる事項の手数料の還付について，これを従前どおり裁判官の判断で行うこととするのは整合性を欠くことになるので，これらの手数料の還付についても書記官の判断で行うこととされた（「民訴一問一答」533頁）。
　その後，「民事関係手続の改善のための民事訴訟法等の一部を改正する法律」（平成16年法律第152号）により新たに少額訴訟債権執行の制度が設けられ，これによる差押処分の申立手数料の還付についても，書記官の処分により行うこととされた。
42　納付する手数料の額が100万円を超える場合は，現金納付も認められている（民訴費用法8ただし書。民訴費用規4の2Ⅰ）。
43　書類の受付時，直接提出された書類に貼りつけられた収入印紙の額が明らかに法定額を超える場合は，受付事務処理の段階（消印する前の段階）で超過部分の収入印紙をはぎ取って申立人に還付することも許される（「受付分配通達」記第2の2(3)参照）が，これは手数料納付前の任意の措置であり，ここにいう還付には当たらない。この場合，後日の紛争防止のため，はぎ取った箇所の傍らに，はぎ取った印紙の額を記載して，申立人の受領印を受ける（「受付分配通達」記第2の2(3)参照）。
44　「訴え」には，民事通常訴訟についての訴えのほか，手形・小切手訴訟，少額訴訟，人事訴訟，行政訴訟についての訴えも含まれる。

- 296 -

解される。）である。

ア　口頭弁論を経ない却下の裁判の確定

口頭弁論を経ない却下の裁判としては，訴状却下命令（民訴法 137 Ⅱ，138 Ⅱ），不適法でその不備を補正することができない場合の却下判決（民訴法 140），呼出費用がない場合の訴え却下の決定（民訴法 141 Ⅰ）等がある。

「裁判の確定」とは，これらの裁判に対し当事者に認められた通常の不服申立てができなくなり，上級裁判所により取り消される可能性のなくなったことをいう。

イ　最初にすべき口頭弁論の期日の終了前における取下げ

「最初にすべき口頭弁論期日」とは，最初にされる実質的口頭弁論の期日を意味し（民訴法 158 条と同義），変更，延期された期日は含まれない。「その終了前」とは，その弁論が開始された最初の期日における手続が全て終了するまでという意味である。したがって，期日が開始されても，その終了までに訴えが取り下げられればよい。

ウ　還付事由に当たるか否か問題となる場合

(ｱ)　口頭弁論を経ないで却下された判決に対し上訴があり，上訴審で口頭弁論が開かれた後，上訴が却下されあるいは取り下げられたとしても，原審の口頭弁論を経ないで却下された訴え等の手数料の還付に影響を及ぼさないと解される（内田解説 167 頁参照）。

(ｲ)　最初にすべき口頭弁論期日に当事者双方が欠席し又は弁論をせずに退廷し民訴法 263 条により訴えの取下げが擬制された場合も，ここでの取下げに含まれる。

しかし，事件が調停に付され，最初にすべき口頭弁論の終了前に調停が成立するか民調法 17 条に基づく決定（調停に代わる決定）が確定し，訴えの取下げがあったものとみなされた場合（民調法 20 条 2 項）は，ここでの取下げに当たらないと解される（調停に代わる決定の場合の裁判例として大阪地決平25. 2. 13 判タ 1393 号 351 頁。調停成立の場合につき，費用法に関する執務資料 94 頁，内田解説 167 頁）。

(ｳ)　事件が口頭弁論を経ることなく弁論準備手続に付された場合，最初にされる実質的な弁論準備手続期日が本号にいう最初にすべき口頭弁論期日に当たると解される（旧民事訴訟法の準備手続期日について費用法に関する執務資料 93 頁，内田解説 167 頁）。

(ｴ)　訴えの取下げにつき相手方の同意を要する場合において，相手方が不出頭である最初にすべき口頭弁論期日に訴えの取下げがされ，取下げの効果が後に発生する場合でも，最初にすべき口頭弁論期日の終了前の取下げに当たると解される（費用法に関する執務資料 93 頁，94 頁）。

第3章　手数料の還付

　　(オ)　訴訟係属中の反訴の提起，独立当事者参加の申出等の訴えについては，その
　　　　訴えの訴訟行為として最初にすべき口頭弁論期日を基準にする（48 年研究 401
　　　　頁，402 頁参照）。

　　(カ)　控訴審における最初にすべき口頭弁論期日の終了前に，被控訴人の訴え取
　　　　下げにより控訴事件が終了する場合の控訴手数料，控訴取下げにより終了す
　　　　る附帯控訴・反訴事件の控訴手数料等，手数料納付の対象となる申立てとは別
　　　　の申立てが取り下げられることにより，手数料納付の対象であった申立てが
　　　　終了する場合は，本号の還付事由に当たらない。民訴費用法９条３項は，「同
　　　　項各号上段の申立て」について「同号下段に定める事由が発生したこと」を還
　　　　付事由発生の要件とするものであり，上記のような場合，取下げは上段の申立
　　　　てについて発生したものではなく，文理上，本項各号の還付事由に当たらない
　　　　（費用法に関する執務資料 84 頁参照）。

⑵　上告又は上告受理申立て（民訴費用法９条３項５号）

　　訴訟事件における上告の提起若しくは上告受理申立てについて，原裁判所にお
　ける却下の裁判の確定又は原裁判所が上告裁判所に事件を送付する前における取
　下げがあった場合[45, 46]である。

　　還付の対象となる手数料は，民訴費用法別表第１の３の項及び４の項（控訴の提
　起にかかるものは除く）の申立てについて納められた手数料である。

ア　原裁判所による却下の裁判の確定

　　本号にいう原裁判所における却下の裁判とは，上告状（上告受理申立書）却下
　命令（上告状につき民訴法 314Ⅱ，313，288 又は 289Ⅱ，137Ⅱ，上告受理申立
　書につき民訴法 318Ⅴ，314Ⅱ，313，288 又は 289Ⅱ，137Ⅱ）及び上告（上告受
　理申立て）却下決定（上告の提起につき民訴法 316Ⅰ，上告受理申立てにつき民
　訴法 318Ⅴ，316Ⅰ）である。

　　これらの裁判の確定時期について，原裁判所が高等裁判所である場合，これら
　の裁判に対する即時抗告が許されず（裁判所法７条），上告人（上告受理申立人）
　に対し裁判の告知がされるのと同時に確定することに留意が必要である。

イ　上告裁判所に事件を送付する前における取下げ

　　「上告裁判所に事件を送付する前における取下げ」とは，文字どおり原裁判所
　が上告裁判所に記録を送付する前に上告の提起（又は上告受理申立て）が取り下

45　上告の提起又は上告受理申立ては，上告状又は上告受理申立てを原裁判所に提出して行う（上告状につき民訴
　法 314Ⅰ，上告受理申立書につき民訴法 318Ⅴ，314Ⅰ）。上告状（上告受理申立書）の審査権は原裁判所の裁判
　長にあり（上告の提起につき民訴法 314Ⅱ，313，288，137，上告受理申立てにつき民訴法 318Ⅴ，314Ⅱ，313，
　288，137），原裁判所は上告状（上告受理申立書）却下の命令又は上告（上告受理申立）却下決定があった場合を
　除き，事件を上告裁判所に送付しなければならない（上告の提起につき民訴規則 197Ⅰ，上告受理申立てにつき
　民訴規則 199Ⅱ，197Ⅰ）。
46　上告提起と上告受理申立てが共にされており，どちらか一方の申立てについてこれらの還付事由が生じた場
　合，納付済みの手数料の全部又は一部がなお係属する申立てについても納められたものであるときは，その限度
　で還付の対象とならない（民訴費用法９Ⅳ後段）。

第1　還付事由

げられた場合のことである。上告裁判所が事件の送付を受けた後は口頭弁論を
開かなくても直ちに上告等の内容について審理することができる状態になるこ
とが考慮されたものである（内田解説 170 頁）。

第3章　手数料の還付

【訴訟事件に関する手数料の還付事由一覧表】

番号	種類	還付の要件			
		事由		時期等	法条
1	訴えの提起 民訴法133 I （手形・小切手訴訟 　民訴法350 I）	訴状却下命令	民訴法137 II，138 II	口頭弁論不経由	1号
		訴え却下決定	民訴法141 I	同上	1号
		訴え却下判決	民訴法140 （手形・小切手訴訟 　民訴法355 I）	同上	1号
		訴えの取下げ	民訴法261 I，263	最初にすべき口頭弁論期日の終了前	1号
2	反訴の提起 民訴法146 I	反訴状却下命令	民訴法146 IV，137 II，138 II	反訴についての口頭弁論不経由	1号
		反訴却下判決	民訴法146 IV，140	同上	1号
		反訴の取下げ	民訴法261 I，263	反訴についての最初にすべき口頭弁論期日の終了前	1号
3	独立当事者参加申出 民訴法47 I	参加申出書却下命令	民訴法137 II，138 II類推	当事者参加についての口頭弁論不経由	1号
		参加申出却下判決 （※）	民訴法140	同上	1号
		参加申出の取下げ	民訴法261 I	当事者参加についての最初にすべき口頭弁論期日の終了前	1号
4	承継参加申出 民訴法49，51前段	3に同じ			
5	共同訴訟参加申出 民訴法52 I	3に同じ			
6	控訴の提起 民訴法286	控訴状却下命令	民訴法288又は289 II，137 II	控訴審における口頭弁論不経由	1号
		控訴却下決定 （第一審）	民訴法287 I	同上	1号
		控訴却下決定 （控訴審）	民訴法291 I	同上	1号
		控訴却下判決 （控訴審）	民訴法290	同上	1号
		控訴の取下げ	民訴法292 I	控訴審における最初にすべき口頭弁論期日の終了前	1号
7	上告の提起 民訴法314	上告状却下命令	民訴法314 II，313，288又は289 II，137 II	原裁判所の裁判長のした裁判に限る。	5号
		上告却下決定	民訴法316 I	原裁判所のした裁判に限る。	5号
		上告の取下げ	民訴法313，292 I	上告裁判所への事件送付（民訴規則197 I）前	5号
8	上告受理の申立て 民訴法318	上告受理申立書却下命令	民訴法318 V，314 II，313，288又は289 II，137 II	原裁判所の裁判長のした裁判に限る。	5号
		上告受理申立却下決定	民訴法318 V，316 I	原裁判所のした裁判に限る。	5号
		上告受理申立ての取下げ	民訴法318 V，313，292 I	上告裁判所への事件送付（民訴規則199 II，197 I）前	5号

※　決定の方式によるとする見解がある。この見解は参加申出書却下決定に対して即時抗告（民訴法44 III類推）を認めるから，不服申立期間は1週間となる（民訴法332）。

2　支払督促における還付事由（民訴費用法9条5項）

支払督促の申立てについて，却下の処分（民訴法384，137，又は385）の確定又は支払督促の債務者に対する送達前における取下げがあった場合である。

還付の対象となる手数料は，民訴費用法別表第1の10の項の申立てについて納付された手数料である。

債務者への送達と取下げのいずれが先にされたかにより還付請求することができるかどうかが決まるから，債務者への送達手続中に取下書が提出されたときは，その先後関係を明らかにするために，取下書に受付時刻も記載しておく必要がある。

第2　還付金額

1　基本となる算出方法

(1)　原則

申立てについて納められた手数料の額から，納めるべき手数料の額の2分の1を控除した額（民訴費用法9Ⅲ柱書）である。

「納められた手数料の額」とは，現実に納付された手数料の額を意味し，「納めるべき手数料の額」とは，当該申立てについて法の規定に基づいて算出される適正金額の手数料を意味する。

(2)　例外

納めるべき手数料の額の2分の1が 4,000 円未満となる場合には，納められた手数料の額から 4,000 円を控除した残額を還付する（民訴費用法9Ⅲ柱書三つ目の括弧書）。裁判所を利用した以上，最低 4,000 円の手数料は納めてもらうという趣旨である。したがって，納められた手数料の額が 4,000 円以下のときは還付されない。

【基本となる計算式】

> X（納められた手数料の額）－Y（納めるべき手数料の額）／2＝還付金額
>
> ※納められた手数料の額をX，納めるべき手数料の額をYとする

※　ただし，Y（納めるべき手数料の額）／2が 4,000 円未満のときは，4,000 円を控除する（民訴費用法9Ⅲ柱書三つ目の括弧書）。

その結果，X≦4,000 円のときは，還付されない。

【還付金額算出における留意事項（ポイント）】

①　まずY（納めるべき手数料の額）の2分の1を算出し，これを，現実に納められた手数料の額（X）から控除すること（ポイント1）

Y（納めるべき手数料の額）の2分の1（【基本となる計算式】においてア

第3章 手数料の還付

ンダーラインを付した部分）は，要するに還付を要しない額である[47]。

　納められた手数料に不足がある場合など，還付金額の算出に当たって間違いを起こしやすい場合があるが，まず，この還付を要しない額を先に算出し，これを，現実に納められた手数料（X）から差し引くという順番で処理をすると，分かりやすく，かつ間違いを起こしにくい。

② **Y（納めるべき手数料の額）の2分の1が，4,000円未満でないか毎回確認すること（ポイント2）**

　この確認を怠ると還付金額の誤りにつながるため，毎回必ず行う。

【設例1】（最初にすべき口頭弁論期日終了前の取下げ）（適正金額の手数料納付）

訴額500万円の訴えについて，手数料3万円（適正金額）が納められている場合に，その訴えが最初にすべき口頭弁論期日の終了前に取り下げられ，申立人から手数料還付の申立てがあったときの還付金額

① Y（納めるべき手数料の額）／2＝30,000円×1/2＝15,000円

　還付を要しない額を先に計算する（ポイント1）。

② 次に，15,000円≧4,000円

　Y（納めるべき手数料の額）／2が，4,000円未満でないか確認をする（ポイント2）。

③ X（納められた手数料の額）は30,000円であるから，

　X（30,000円）－Y／2（15,000円）＝15,000円（還付金額）

　あくまで，2分の1を掛けるのは，納めるべき手数料（Y）である。この点，納められた手数料（X）の2分の1（半額）を返還するものであるとの誤解を生じやすいので注意が必要である。通常は適正金額の手数料が納付されているから，納められた手数料（X）の2分の1（半額）の金額と還付金額が一致するが，これは，たまたま一致しただけといえる。

【設例2】（最初にすべき口頭弁論期日終了前の取下げ）（手数料不足）

訴額1,000万円の訴えについて，手数料4万円（適正金額は5万円）が納められている場合に，その訴えが最初にすべき口頭弁論期日の終了前に取り下げられ，申立人から手数料還付の申立てがあったときの還付金額

① Y（納めるべき手数料の額）／2＝50,000円×1/2＝25,000円

　還付を要しない額を先に計算する（ポイント1）。

47　納めるべき手数料の額の2分の1（これが4,000円未満のときは4,000円）については，いったん裁判制度を利用した以上いわばその対価となり還付を要しないものであると考えることができる。

② 25,000 円≧4,000 円

Y（納めるべき手数料の額）／2が4,000円未満でないか確認する（ポイント2）。

③ X（納められた手数料の額）＝40,000円

X（40,000円）－Y／2（25,000円）＝15,000円（還付金額）

現実に納められた手数料の額（X）に関わらず，そこから納めるべき手数料の額（Y）の2分の1である2万5,000円を控除して還付金額を算出する。

【設例3】（最初にすべき口頭弁論期日終了前の取下げ）
（納めるべき手数料の額の2分の1が4,000円未満）

> 訴額50万円の訴えについて，手数料5,000円（適正金額）が納められている場合に，その訴えが最初にすべき口頭弁論期日の終了前に取り下げられ，原告から手数料還付の申立てがあったときの還付金額

① Y（納めるべき手数料の額）／2＝5,000円×1/2＝2,500円（ポイント1）

② Y／2＜4,000円なので，控除すべき金額（還付を要しない額）は4,000円となる（ポイント2）。

③ X（納められた手数料の額）＝5,000円

X（5,000円）－4,000円＝1,000円（還付金額）

2 手数料の納付時に手数料の減額がされている場合

⑴ 訴え提起前の和解，支払督促，労働審判手続及び簡易確定手続から訴訟手続に移行した場合

訴え提起前の和解，支払督促，労働審判手続及び簡易確定手続から訴訟手続に移行した場合は，訴え提起前の和解，支払督促，労働審判手続については申立てのあったときに，簡易確定手続については債権届出のときに，それぞれ訴え提起があったものとみなされ（民訴法275Ⅱ，395，398Ⅰ，労働審判法22Ⅰ，消費者裁判手続特例法52Ⅰ），訴訟手続への移行時は，訴え提起手数料の額から当該申立てについて納めた手数料額を控除した額を納めることになる（民訴費用法3Ⅱ）。

そして，訴訟手続に移行した後，民訴費用法9条3項所定の還付事由が発生した場合，訴え提起前の和解，支払督促，労働審判手続の申立手数料（簡易確定手続については債権届出手数料）については，その申立ての目的を達し還付する理由がないことから，還付の対象となる訴え提起の手数料としては，民訴費用法3条2項に基づき追納された額を基準として計算することになる。

この場合の【基本となる計算式】は次のとおりとなる。

第3章　手数料の還付

> X（民訴費用法3条2項により追納された手数料の額）－Y（民訴費用法3条
> 2項により追納すべき手数料の額）／2＝還付金額

　これをもとに，以下では支払督促から訴訟手続に移行した場合の設例を検討するが，支払督促以外の手続についても考え方は同じである。

【設例4】支払督促から訴訟手続に移行した場合（適正金額の手数料納付）

> 請求金額400万円の支払督促が異議申立てにより訴訟手続に移行し，支払督促申立時に手数料1万2,500円（適正金額），訴訟手続への移行時に手数料1万2,500円（適正金額）が納められている場合に，最初にすべき口頭弁論期日の終了前に原告（債権者）が訴えを取り下げ，原告（債権者）から手数料還付の申立てがあったときの還付金額

① Y（民訴費用法3Ⅱにより追納すべき手数料の額）／2＝
12,500円×1/2＝6,250円　ポイント1

② 6,250円≧4,000円　ポイント2

③ X（民訴費用法3Ⅱにより追納された手数料の額）＝1万2,500円
　X（12,500円）－Y／2（6,250円）＝6,250円（還付金額）

【設例5】支払督促から訴訟手続に移行した場合（手数料不足）

> 請求金額400万円の支払督促が異議申立てにより訴訟手続に移行し，支払督促申立時に手数料1万2,500円（適正金額），訴訟手続への移行時に手数料1万円（適正金額は1万2,500円）が納められている場合に，最初にすべき口頭弁論期日の終了前に原告（債権者）が訴えを取り下げ，原告（債権者）から手数料還付の申立てがあったときの還付金額

① Y（民訴費用法3Ⅱにより追納すべき手数料の額）／2＝
12,500円×1/2＝6,250円　ポイント1

② 6,250円≧4,000円　ポイント2

③ X（民訴費用法3Ⅱにより追納された手数料の額）＝1万円
　X（10,000円）－Y／2（6,250円）＝3,750円（還付金額）

　なお，設例4，5を図にすると，次のようになる。

支払督促から訴訟手続に移行した場合の考え方

【設例4】（適正金額の手数料が納められている場合）

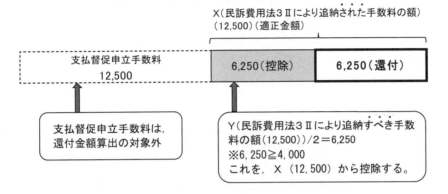

【設例5】（追納された手数料に不足がある場合）

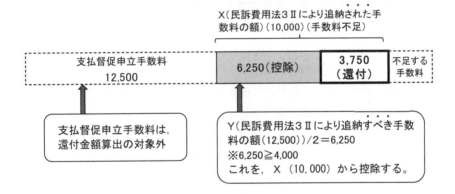

(2) 調停経由による訴え提起の場合

　この場合は，上記(1)の場合と異なり，前の手続（調停）から直ちに訴訟手続に移行するのではなく新たな訴えを提起するものであるが，特例として，訴え提起手数料について，調停申立手数料相当額が納めたものとみなされる（民訴費用法5。以下，納めたものとみなされる手数料額を「みなし手数料額」という。）。

　還付金額の算出に当たっては，「納められた手数料の額」及び「納めるべき手数料の額」からみなし手数料額を除いて計算する（民訴費用法9Ⅲ柱書最初の括弧書及び同二つ目の括弧書）。調停申立手数料については，納付の目的を達し還付する理由がないからである。

　この場合の**【基本となる計算式】**は，次のとおりとなる。

第3章　手数料の還付

> X（納められた手数料の額（みなし手数料額を除いたもの））－Y（納めるべき手数料の額（みなし手数料額を除いたもの））／2＝還付金額

【設例6】調停経由による訴え提起の場合（適正金額の手数料納付）

> 請求金額500万円の民事調停が不成立となり，2週間以内に訴えの提起がされ，調停申立時に手数料1万5,000円（適正金額），訴え提起時に手数料1万5,000円（適正金額）が納められている場合に，最初にすべき口頭弁論期日の終了前に原告（調停の申立人）が訴えを取り下げ，原告（調停の申立人）から手数料還付の申立てがあったときの還付金額

① Y（納めるべき手数料の額（みなし手数料額を除いたもの）／2
　　　　　　　　　＝（30,000円－15,000円）×1/2＝7,500円（ポイント1）

② 7,500円≧4,000円（ポイント2）

③ X（納められた手数料の額（みなし手数料額を除いたもの））＝1万5,000円
　　X（30,000円－15,000円）－Y／2（7,500円）＝7,500円（還付金額）

【設例7】調停経由による訴え提起の場合（手数料不足）

> 請求金額500万円の民事調停が不成立となり，2週間以内に訴えの提起がされ，調停申立時に手数料1万5,000円（適正金額），訴え提起時に手数料1万2,000円（適正金額は1万5,000円）が納められている場合に，最初にすべき口頭弁論期日の終了前に原告（調停の申立人）が訴えを取り下げ，原告（調停の申立人）から手数料還付の申立てがあったときの還付金額

① Y（納めるべき手数料の額（みなし手数料額を除いたもの）／2
　　　　　　　　　＝（30,000円－15,000円）×1/2＝7,500円（ポイント1）

② 7,500円≧4,000円（ポイント2）

③ X（納められた手数料の額（みなし手数料額を除いたもの））＝12,000円
　　X（27,000円－15,000円）－Y／2（7,500円）＝4,500円（還付金額）

なお，設例6，7を図にすると，次のようになる。

- 306 -

調停経由による訴え提起の場合の考え方

【設例６】（適正金額の手数料が納められている場合）

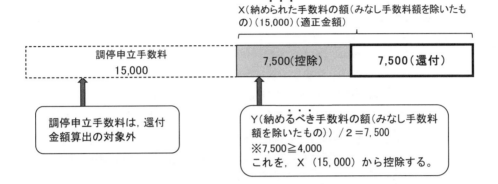

【設例７】（訴え提起時に納められた手数料に不足がある場合）

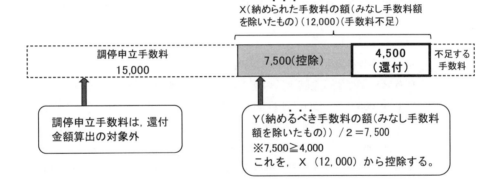

3 併合請求の一部について還付事由が発生した場合

併合請求の一部について還付事由が発生した場合，まず，訴額の算定において民訴法９条１項本文に該当する合算が行われた場合は，納めるべき手数料の額について請求価額に応じて按分して得た額（民訴費用法９条３項柱書二つ目の括弧書）によって計算することとなり，訴額の算定において民訴法９条１項ただし書により訴額の合算が行われなかった場合（いわゆる吸収関係の場合）には，単純に，係属する請求の手数料額を控除して計算することとなる（民訴費用法９Ⅳ）。

第3章　手数料の還付

⑴　併合請求相互間の経済的利益が別個独立であり訴額の合算が行われた場合[48]

この場合，まず【基本となる計算式】は次のとおりとなる。

> X（取下げ部分について納められた手数料の額（現実に納められた手数料全額－
> 残存請求の適正な手数料相当額））－Y（取下げ部分の適正な手数料相当額）／2
> ＝還付金額

そして，残存請求の適正な手数料相当額，取下げ部分の適正な手数料相当額については，次のとおり，適正な手数料総額を各請求の訴額に応じて案分して算出する。

　　残存請求の適正な手数料相当額＝

　　　　　適正な手数料総額×（残存部分の訴額／取下げ前の訴額）

　　取下げ部分の適正な手数料相当額＝

　　　　　適正な手数料総額×（取下げ部分の訴額／取下げ前の訴額）

【設例8】併合請求（合算）における一部取下げ（適正金額の手数料納付）

> 売掛代金300万円と貸金200万円の合計500万円の支払請求事件について，3万
> 円の手数料（適正金額は3万円）が納められている場合に，原告が貸金請求の訴え
> を最初にすべき口頭弁論期日の終了前に取り下げ，原告から手数料還付の申立て
> があったときの還付金額

①　適正な手数料総額を各請求の訴額に応じて案分する。

　　残存請求（売掛代金請求）の適正な手数料相当額

　　　＝30,000円×（300万円／500万円）＝18,000円

　　取下げ部分（貸金請求）の適正な手数料相当額

　　　＝30,000円×（200万円／500万円）＝12,000円

②　Y（取下部分の適正な手数料相当額）／2＝<u>12,000円×1/2＝6,000円</u>

　　ポイント1

③　<u>6,000円≧4,000円</u>　ポイント2

④　X（現実に納められた手数料全額－残存請求の適正な手数料相当額）

　　　＝30,000円－18,000円＝12,000円

　　X－Y／2＝12,000円－<u>6,000円</u>＝6,000円（還付金額）

この場合，全体の適正な手数料相当額3万円を，売掛代金請求と貸金請求の訴額に応じて案分する。そうすると，売掛代金請求部分の適正な手数料相当額が1万

48　場合につき，本文記載の考え方は，講義案Ⅱ103頁以下の考え方であり，実務上も，この考え方により処理されていると考えられる。もっとも，内田解説171頁には，納めるべき手数料のみでなく納められた手数料についても請求額に応じて案分するとの考え方が示されており，その考え方によれば，設例9（手数料不足のある場合）において，取下げ部分について還付が生じる一方，残存部分について追納（不足手数料額を残存請求額で案分した額）を要することになり，本文記載の考え方とは結論が異なることになると考えられる。

－ 308 －

8,000円，貸金請求部分の適正な手数料相当額が1万2,000円となる。

　そして，残存請求（売掛代金請求）については，その後も引き続き裁判所を利用するのだから，その適正な手数料相当額（1万8,000円）は裁判所利用の対価として返還を要しないこととなり，取下げ部分（貸金請求部分）の適正な手数料相当額1万2,000円については，その2分の1である6,000円について，いったん裁判所を利用したことの対価として返還を要しない額となると考えることができる。

　現実に納められた手数料全額3万円から，売掛代金請求部分（残存請求部分）の適正な手数料相当額1万8,000円と貸金請求部分（取下げ部分）の適正な手数料相当額の2分の1である6,000円を控除した残額（6,000円）が還付金額となる。

【設例9】併合請求（合算）における一部取下げ（手数料不足）

売掛代金300万円と貸金200万円の合計500万円の支払請求事件について，2万8,000円の手数料（適正金額は3万円）が納められている場合に，原告が貸金請求の訴えを最初にすべき口頭弁論期日の終了前に取り下げ，原告から手数料還付の申立てがあったときの還付金額

計算方法について，【設例8】の①から③までと同じである。

Xの計算につき，

X（現実に納められた手数料額全額−残存請求の適正な手数料相当額）

　＝28,000円−18,000円＝10,000円

X−Y／2＝10,000円−6,000円＝4,000円（還付金額）

なお，設例8，9を図にすると，次のようになる。

第3章　手数料の還付

併合請求（合算）の場合の考え方

【設例8】（適正金額の手数料が納められている場合）

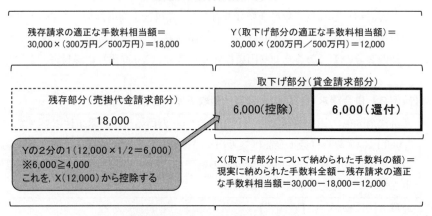

【設例9】（納められた手数料に不足がある場合）

（上段部分の記載は設例8と同じ）

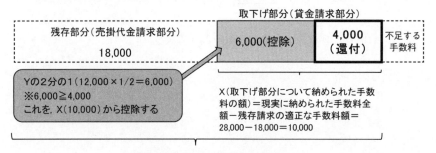

(2) 併合請求相互間に経済的利益共通の関係があるため，請求価額の合算が行われなかった場合（いわゆる吸収関係にある場合）

　この場合，一つの請求について納められている手数料は，同時に他の請求についても納められているのであるから，その請求の一方について民訴費用法9条3項各号に定める還付事由が生じたとしても，他の請求が係属している以上，納付済みの手数料は残存請求の手数料の限度でも納められていることになり，還付されないことになる（民訴費用法9Ⅳ）。

第2　還付金額

この場合,【**基本となる計算式**】は,次のとおりとなる。

> X（納められた手数料全額−残存請求についての適正金額の手数料額）−
>
> Y（適正金額の手数料総額−残存請求についての適正金額の手数料額）／2
>
> ＝還付金額

※X＝取下げ部分のみに該当する納められた手数料相当額

　Y＝取下げ部分のみに該当する納めるべき手数料相当額

【設例10】併合請求（吸収関係）における一部取下げ（適正金額の手数料納付）

建物（評価額600万円）の所有権確認請求と所有権に基づく明渡請求の併合事件について3万4,000円の手数料（適正金額）が納められている場合に,原告が最初にすべき口頭弁論期日の終了前に所有権確認請求部分を取り下げ,原告から手数料還付の申立てがあったときの還付金額（残存請求である明渡請求（訴額300万円）の適正金額の手数料額は2万円）

① Y（適正金額の手数料総額−残存請求についての適正金額の手数料額）／2＝
　 （34,000円−20,000円）×1/2＝7,000円 　ポイント1

② 7,000円≧4,000円 　ポイント2

③ X（納められた手数料全額−残存請求についての適正金額の手数料額）＝
　 34,000円−20,000円＝14,000円
　 X（14,000円）−Y／2（7,000円）＝7,000円（還付金額）

　この場合,まず,残存する明渡請求についての適正金額の手数料額2万円は,残存請求（明渡請求）について引き続き裁判所を利用することから,その対価として返還を要しない額であると考えることができる。

　次に,取下げ部分（所有権確認請求部分）の適正金額の手数料相当額1万4,000円（適正金額の手数料総額3万4,000円から,残存請求（明渡請求）の適正金額の手数料額2万円を差し引いたもの）の2分の1である7,000円は,取下げ部分（所有権確認請求部分）について,いったん裁判所を利用したことの対価として返還を要しない額であると考えることができる。

　結果として,（現実に）納められた手数料全額3万4,000円から,残存請求（明渡請求）の適正金額の手数料額2万円と取下げ部分（所有権確認請求部分）の適正金額の手数料相当額の2分の1である7,000円を控除した残額（7,000円）が還付金額となる。

【設例11】併合請求（吸収関係）における一部取下げ（手数料不足）

建物（評価額600万円）の所有権確認と所有権に基づく明渡請求の併合事件について3万2,000円の手数料（適正金額は3万4,000円）が納められている場合に,原

- 311 -

第3章　手数料の還付

> 告が最初にすべき口頭弁論期日の終了前に所有権確認請求部分を取り下げ，原告から手数料還付の申立てがあったときの還付金額（残存請求である明渡請求（訴額300万円）の適正金額の手数料額は2万円）

計算方法について，設例10の①，②と同じである。

Xの計算について，

X（納められた手数料全額－残存請求についての適正金額の手数料額）
　＝32,000円－20,000円＝12,000円

X（12,000円）－Y／2（7,000円）＝5,000円（還付金額）

なお，設例10，11を図にすると，次のようになる。

併合請求（吸収関係）の場合の考え方

【設例10】（適正金額の手数料が納められている場合）

【設例11】（納められた手数料に不足がある場合）

（上段部分の記載は設例10に同じ）

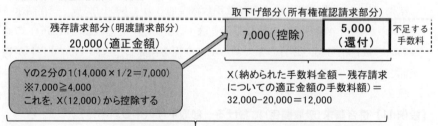

― 312 ―

第4節　還付方法

第1　原則

金銭をもって還付する（民訴費用法9Ⅰ～Ⅲ，Ⅴ）。

第2　例外

還付申立人の申出がある場合には，金銭による還付に代えて，還付の日から1年以内に限り同一裁判所において再使用することができる旨の書記官の証明を付した収入印紙を交付して還付する（民訴費用法10Ⅰ）。

第5節　還付決定等手続

第1　申立て

還付の申立て及びその裁判（又は書記官の処分）については，その性質が非訟手続であることから，非訟法第2編の規定が準用される（民訴費用法9Ⅸ。ただし，非訟法27，40は除く。）。

なお，還付をする場合にも処分権主義の適用があり，申立てによって還付を行う[49,50]。

第2　申立権者

還付の申立権者は，その手数料に係る申立てをした者（納付者）に限られる[51]。

共同申立てに係る手数料については，各申立人が単独で，還付金額全額について還付申立てをし（民訴費用法9Ⅵ），還付金，再使用証明付収入印紙を受領することができる。

第3　申立期間

還付の申立ては，民訴費用法9条1項から3項，5項に規定する還付事由が生じた日から5年以内にしなければならない（民訴費用法9Ⅶ）。この期間は除斥期間であると解される（内田解説172頁）[52]。

「還付事由が生じた日」とは，過納手数料については手数料を収入印紙で納めた日であり，民訴費用法9条3項及び5項の手数料については，却下の裁判（又は処分）の確定の日又は取下げの効力が生じた日である。

第4　管轄又は申立先

還付の申立ての管轄裁判所は，当該還付を受けるべき手数料が納められた裁判所であり，督促手続の申立手数料など書記官が還付するものについては，その裁判所の書記官が申立先となる。

49　過納手数料の還付も申立てによって行うのであって，職権ですることはない。

50　還付事由が生じた場合，手数料還付の制度を告知する義務はないが，書記官事務としては，還付制度について知らせることが相当である（費用法に関する執務資料86頁参照）。

51　当該裁判手続について承継があり，その納付者が脱退しても，還付申立権は移転しないものと解される（内田解説164頁）。

52　還付決定確定により生じた具体的還付請求権の時効については民訴費用法ではなんら触れられていないが，その権利を行使することができることとなった日（還付決定が確定した日と解される）から5年間これを行わないときは時効により消滅するものと解される（会計法30。内田解説173頁）。

- 313 -

第3章　手数料の還付

　　上訴により記録が上訴審に存する場合等においては，記録の存する裁判所（書記官
　が還付するものについては，記録の存する裁判所の書記官）に対してもこの申立てを
　することができるものと解される（内田解説164頁）。ただし，手数料が納められた
　裁判所の権限を害しない範囲に限られる[53]。

第5　申立ての方式

　　申立ては，申立書を提出してしなければならない（民訴費用法9IX，非訟法43Ⅰ）。
　申立書には，申立ての趣旨として手数料の還付を求める旨を記載し，申立ての原因と
　して還付事由を特定して記載する（民訴費用法9IX，非訟法43Ⅱ②，非訟規37）。必
　ずしも還付を求める金額を明示する必要はなく，金額の明示がない申立ては相当額
　の還付を求める趣旨と解すればよい。なお，金額が明示されていれば，還付申立額の
　上限を画する意味がある。

第6　申立代理権

　　本案の訴訟代理権の範囲に含まれる。

第7　受付

　　立件は不要である。申立手数料も不要である。

　　還付事件書類の編てつ位置について，訴訟事件においては，本案記録の第3分類
　「その他」に編てつする（民事編成通達記1⑶キ）。

第8　裁判又は処分

1　裁判所の還付決定（民訴費用法9Ⅰ，Ⅲ）

　　裁判所は，申立てに理由があると認めた場合には，決定をもって，還付すべき金額
　を明示して還付の裁判をする[54,55,56]。

---

[53] 例えば，控訴提起手数料が明らかに過納である場合であっても，記録が原審にあるからといって原裁判所におい
　て還付をすることはできない。控訴によって移審の効力が生じており，控訴提起手数料の額がいくらであるか
　の判断は，控訴裁判所の裁判長がその権限により行うことになるからである。しかし，控訴が取り下げられて
　事件が終了した場合には，記録の存在する原裁判所においてこの判断を行っても控訴裁判所（長）の権限を害す
　ることにならないので，控訴裁判所だけでなく記録の存する原裁判所にも管轄があると解される（費用法に関す
　る執務資料80頁，81頁参照）。
[54] 裁判書には理由の要旨を記載しなければならないが（民訴費用法9IX，非訟法57Ⅱ②），申立てを認容する決
　定の場合は，参考例のような記載でも足りると解される。
[55] 一部につき理由がないと認めた場合は，理由中にその旨を示すのみで足り，主文に一部却下の旨を記載する必
　要はない。
[56] 民訴費用法9条1項，同3項の手数料還付額を合計して決定できるかについて，還付手続に違いはないから，
　還付額を合算して決定することができるとの見解がある（費用法に関する執務資料82〜83頁）。ただし，その場
　合においても，理由中ではこれを区別して記載する必要はあるとされる（同執務資料83頁）。この場合，申立書
　も1通で行うことができると考えられるが（民訴費用法9IX，非訟法43Ⅲ），両方の還付事由に基づくことを記
　載する必要があろう（民訴費用法9IX，非訟法43Ⅱ）。

【参考例　手数料還付決定】

平成○○年（ワ）第○○○○号　貸金請求事件

決　　定
申立人（原告）　○　○　○　○
同代理人弁護士　○　○　○　○

　民事訴訟費用等に関する法律9条3項1号による手数料還付の申立てについて，申立てを理由ありと認め，次のとおり決定する。

主　　文
申立人に対し，○○○○円を還付する。

平成○○年○月○日
○○地方裁判所民事第○部
裁判官　　○　○　○　○　㊞

2　書記官の行う還付処分（民訴費用法9Ⅱ，Ⅴ）

　支払督促，差押処分の申立て若しくは民訴費用法別表第2の上欄に掲げる事項の手数料が過大に納められた場合（民訴費用法9Ⅱ），又は支払督促の申立てについて却下の処分が確定した場合若しくは支払督促の送達前における取下げがあった場合（民訴費用法9Ⅴ）の還付については，申立てにより，書記官が還付処分を行う。

第3章　手数料の還付

【参考例　手数料還付処分書（再使用証明を付する文言のある場合）】

> 平成〇〇年㈁第〇〇〇〇号　支払督促申立事件
>
> 　　　　　　　　　　　　還　付　処　分
>
> 　　　　　　　　　　　　　申立人（債権者）　　〇　〇　〇　〇
>
> 　民事訴訟費用等に関する法律9条5項による手数料還付の申立て及び同
> 10条1項の再使用の申出について，申立て等を理由ありと認め，申立人に
> 対し，〇〇〇〇円を還付し，金銭による還付に代えて，再使用証明を付し
> て上記金額の収入印紙を交付する。
>
> 　　　　平成〇〇年〇月〇日
>
> 　　　　　　　　〇〇簡易裁判所支払督促係
>
> 　　　　　　　　裁判所書記官　　〇　〇　〇　〇　　㊞

第9　告知

　　還付申立てについての決定（処分）は，申立人にのみ告知すれば足りる。

　　告知は，相当と認める方法でしなければならない（民訴費用法9Ⅸ，非訟法56Ⅰ）
ところ，後記（第11の1）のとおり，支払請求手続において決定（処分）の正本が
必要となるので，謄本ではなく正本を，交付（又は送付）するか送達をする[57]。

第10　不服申立て

1　裁判所の還付決定に対する不服申立て

　　還付決定及び還付申立却下決定に対しては，申立人のみ，告知を受けた日から2週
間の不変期間内に即時抗告をすることができる（民訴費用法9Ⅸ，非訟法 66Ⅰ，67
Ⅰ，Ⅱ）。

2　書記官の還付処分に対する不服申立て

　　申立人は，民訴費用法9条2項又は5項の申立てについてされた書記官の処分に
対しては，告知を受けた日から1週間の不変期間内に，その書記官の所属する裁判所
に異議の申立てをすることができる（民訴費用法9Ⅷ）。

　　異議申立てがされた場合，裁判所は，異議の当否について決定をもって判断をする。
異議申立てについてされた裁判所の決定に対しては，異議の申立人は，その決定の告
知を受けた日から2週間の不変期間内に即時抗告をすることができる（民訴費用法
9Ⅸ，非訟法66Ⅰ，67Ⅰ，Ⅱ）。

57　申立書に還付請求額が記載されておりその全額について還付を認めた場合（この場合，通常は非訟法 66 条1
項にいう「終局決定により権利又は法律上保護される利益を害された者」に当たらないと考えられる）や申立人
からあらかじめ抗告権放棄書が提出されている等抗告しないとの意思が明確である場合には，送達を要せず送
付（交付）することで足りると解する。なお，実務上は，請求額どおりの金額が認容されることが多く，また還
付申立書とともに抗告権放棄書が提出されていることも多いため，送達を要する場面は少ないと考えられる。な
お，書記官の処分に対する異議申立権も放棄することができると解される。

第12　収入印紙の再使用証明（民訴費用法10）

第11　支払手続

支払手続については，過納手数料等通達記第1に示されている。

1　支払請求手続

還付の決定又は処分を受けた申立人は，還付の決定をした裁判所を構成する裁判官の所属する裁判所又は還付の処分をした書記官の所属する裁判所の支払事務担当者（支出官又は資金前渡官吏）に対し，還付の決定正本又は処分正本を添付して還付請求書3通を提出する[58]。請求を受けた支払事務担当者は，請求権者に対して還付金額を支払う。

2　支払後の手続

支出官又は資金前渡官吏は，前記1記載の請求書3通のうちの1通の余白に支払をしたこと及び年月日を付記して押印し，これを，還付の決定をした裁判所又は還付の処分をした書記官に送付する。書記官は，これを記録の第3分類「その他」に編てつする。

第12　収入印紙の再使用証明（民訴費用法10）

1　申出と裁判（又は処分）手続

手数料還付の場合において，還付申立人から再使用証明付収入印紙を求めて再使用の申出[59]があったとき，裁判所（民訴費用法9Ⅱ，Ⅴの場合は書記官）は，金銭による還付に代えて，消印済みの収入印紙を，書記官の再使用証明を付して交付することができる。裁判所又は書記官は，申出の理由があると認めたときは，還付決定（又は処分）中に「金銭による還付に代えて，再使用証明を付して収入印紙を交付する。」旨を掲げる（前記【参考例　手数料還付処分書（再使用証明を付する文言のある場合）】参照）。

2　再使用証明の手続

再使用証明の手続は，費用法運用通達記第4の2に示されている。なお，同通達の別紙第2から第5について，本編の末尾にまとめて掲載をする。

書記官は，「金銭による還付に代えて，再使用証明を付して収入印紙を交付する。」旨を掲げた還付決定（又は処分）の確定後，訴状その他の申立書等から還付する収入印紙を分離し，その箇所に，再使用証明のため分離した旨及びその年月日並びに分離した収入印紙の種類及び枚数を付記して記名押印する（費用法運用通達別紙第4参照）。

---

[58] 還付金の請求に際しては，還付決定又は還付処分の正本のほか，その確定証明書等の「確定を証する書面」の提出を求めていたが，平成16年1月1日からこの提出を求めない扱いに改められた（平成15年12月18日付け最高裁総三第89号総務局長，経理局長通達「「過納手数料等の還付金の支払及び旅費，鑑定費用等の概算払等の取扱いについて」の一部改正について」）。

[59] この申出期間は，還付決定（処分）がされるまでである。できる限り書面によってさせることとされている（費用法運用通達記第4の1の(1)，別紙第2（本編末尾に示す）参照）。

また，再使用証明は，還付金額の一部について申し出ることができるし，数枚の収入印紙を一括して若しくはそれぞれの収入印紙ごとに個別に，再使用証明を付することを求めることもできる。

第3章　手数料の還付

　分離した収入印紙は，再使用証明書の用紙（費用法運用通達別紙第3参照）に貼付して，その用紙に再使用することができる収入印紙の金額，再使用することができる旨及びその裁判所名並びに再使用することができる期間を記載して記名押印する。

　書記官は，上記手続を終えたときは，再使用申出書に，再使用証明をした金額，再使用証明を付した収入印紙の種類及び枚数並びに再使用証明をした年月日を付記して記名押印する（費用法運用通達別紙第5参照）。

3　再使用証明付収入印紙の使用

　再使用証明付収入印紙は，民訴費用法による手数料の納付についてのみ使用できる。

　再使用できる裁判所は，還付決定（処分）をした裁判所又は書記官が属する国法上の裁判所であり，本庁及び支部を含む[60]。

　再使用できる期間は，還付決定（処分）確定の日から1年以内に限られる。

　再使用証明付収入印紙によって手数料が納付されたときの収入印紙の消印は，再使用証明文の下部に再使用済みの旨を付記して認印する方法により行う（受付分配通達記第2の7の(2)）。

　再使用証明付収入印紙は，申立人が交付を受けた後は第三者に譲渡することができ，交付を受けた者以外の者もこれを使用することができる。

第13　再使用証明付収入印紙についての現金還付（民訴費用法10Ⅱ）

　再使用証明付収入印紙の交付を受けた者は，再使用証明をした書記官の属する裁判所に対し，還付決定（処分）確定の日から1年以内に限り，その再使用証明付収入印紙を提出して，その券面額に相当する金銭の還付を求める申立てをすることができる。この申立ては，還付決定（処分）の申立てをした者に限定されているから，再使用証明付収入印紙を譲り受けた者はすることができない（民訴費用法10Ⅱ）。

　この申立てについて，立件は不要である。申立手数料も不要である。

　申立てに理由があると認めた場合には，裁判所は，決定をもって現金還付の裁判をする。決定は，申立人に相当な方法で告知しなければならない（民訴費用法10Ⅲ，9Ⅸ，非訟法56Ⅰ）ところ，支払請求手続（過納手数料等通達記第1）において決定正本が必要となるので，決定正本を交付（又は送付）する。

　申立てに理由がないと認められる場合は，決定により申立てが却下されることになる。申立人は，この却下決定に対し，決定の告知を受けた日から2週間の不変期間内に即時抗告をすることができる（民訴費用法10Ⅲ，9Ⅸ，非訟法66Ⅰ，67Ⅰ，Ⅱ）。

60　裁判所の庁舎がいわゆる合同庁舎である場合において，同じ庁舎内の簡易裁判所の書記官が再使用証明を付した収入印紙を，同じ庁舎内にある地方裁判所又は高等裁判所に対する申立て等の手数料として使用することは，国法上の裁判所が異なるのでできない（内田解説184頁）。

－ 318 －

第13　再使用証明付収入印紙についての現金還付（民訴費用法10Ⅱ）

　現金還付の決定が確定したときは，書記官は申立人から提出された再使用証明書の証明文の下部に再使用証明失効の旨を記載して押印する（費用法運用通達記第4の3）。その他の還付手続及び支払手続は，過納手数料等通達記第1のとおりである。

第3章　手数料の還付

【費用法運用通達別紙第2ないし第5】

（別紙第2）

<table>
<tr><td colspan="2" align="center">収　入　印　紙　再　使　用　申　出　書</td></tr>
<tr><td>手数料を納付した

事件の事件番号</td><td>平成　　　　年（　　）第　　　　　　　号</td></tr>
<tr><td>納付した印紙の総金額</td><td>金　　　　　　　　　　　　　　　円</td></tr>
<tr><td colspan="2">
　　民事訴訟費用等に関する法律第9条　　第1項
　　　　　　　　　　　　　　　　　　　第2項　の規定により手数料の還付
　　　　　　　　　　　　　　　　　　　第3項
　　　　　　　　　　　　　　　　　　　第5項
を受ける場合は，金銭による還付に代えて，上記の印紙のうちから
　還付金額に相当する額　　　　　　　　　　　　　　　一括して
　　　　　　　　　　　　の印紙を再使用したいので，　　　　　その旨を
　還付金額中　　　　円分　　　　　　　　　　　　個　別　に
証明してください。

　　　　平成　　　年　　　月　　　日

　　　　　　申出人　　住所

　　　　　　　　　　　氏名　　　　　　　　　　　　　　　　　印

　　　　　　　　　　　　　　　　　　支　部
　　　　　　地方裁判所　　　　　　　　　　　御中
　　　　　　　　　　　　　　　　　　出張所
</td></tr>
</table>

（注）　　内の不要部分は抹消すること。

第13　再使用証明付収入印紙についての現金還付（民訴費用法10Ⅱ）

（別紙第3）

第2号様式

<table>
<tr><td colspan="3" style="text-align:center">再　使　用　証　明　書</td></tr>
<tr><td rowspan="2">事件番号</td><td>還付すべき手数料を納付した事件</td><td>平成　　　年（　　　）　　　　　　号</td></tr>
<tr><td>手数料還付申立事件</td><td>平成　　　年（　　　）　　　　　　号</td></tr>
<tr><td colspan="2">申立人住所氏名</td><td></td></tr>
<tr><td colspan="3" style="text-align:center">印　紙　ち　ょ　う　付　欄</td></tr>
<tr><td colspan="2">再使用できる印紙の金額</td><td>円</td></tr>
<tr><td colspan="3">　上記の印紙は，平成　　年　　月　　日から1年以内に限り，上記の金額について，当裁判所における他の申立ての手数料の納付に使用できることを証明する。
　　　平成　　年　　月　　日

　　　　　　　　　　　　　　　　　　　　　　　　支　部
　　　　　　　　裁判所
　　　　　　　　　　　　　　　　　　　　　　　　出張所
　　　　　　　裁判所書記官　　　　　　　　　　　　　　　印</td></tr>
</table>

注）手数料還付申立事件については，平成19年1月1日以降立件が不要とされた（平成18年9月5日付最高裁総三第001039号事務総長通達「「事件の受付及び分配に関する事務の取扱いについて」の一部改正について」）ため，事件番号欄は空欄となる。

- 321 -

第3章　手数料の還付

（別紙第4）

第3号様式

分離した印紙の種類		
（合計）	円	枚
	円	枚
上記印紙は，再使用証明のため分離した。 平成　年　月　日 裁判所書記官　　　　　印		

（別紙第5）

第4号様式

再使用証明をした金額	円	
再使用証明を付した印紙の種類	（合計）	円　　　　枚
		円　　　　枚
平成　年　月　日上記のとおり証明をした。 平成　年　月　日 裁判所書記官　　　　　印		

- 322 -

第8編　証人等に対する給付

　本編では，まず，第1章において，証人等に対する給付の概略と給付の原則について記載し，第2章において給付の支給基準，支給の種目及び額について記載した上，第3章において支給手続に関する書記官事務，第4章において概算払の制度とこれに関する書記官事務についてそれぞれ記載した。さらに，第5章において，厳密には証人等に対する給付とはいえないが，関連する事務である歳入組入れの事務について記載した。

第1章　総論

第1節　概説

　　　民事訴訟等の適正，円滑な遂行には，心証形成のため，あるいは，目的とする事実行為の実施のため，証人，鑑定人その他裁判所の職員以外の者の手続への関与，協力を必要とし，手続法規において，証人尋問，鑑定その他必要な手続上の事項を定めている。

　　　ところで，証人，鑑定人等が裁判所に出頭し尋問を受けるについては，交通費の出費や時間の喪失等により積極，消極の損失を生じるのが一般であるし，鑑定人が鑑定を実施するについては通常必要な費用の支出を伴う。これらの損失や必要な費用に対して補償がされるべきことは当然である。また，鑑定人等の特別な学識，経験，技能等によって裁判事務に協力する者に対しては，その損失ないし費用の補償のほか，相当な報酬が与えられるべきである。そして，これらの補償等については，本来的に，手続を主宰する裁判所（国）が，その責任で行うべきである[1]。

　　　民訴費用法は，これら裁判所の行う手続行為に協力する者に対する給付（損失の補償及び報酬の支給）に関し，第3章（18条から28条の2）において，請求権の発生，その種目，支給基準等の必要事項について規定している[2]。また，民訴費用法第3章に規定するもの以外に，執行官に対する給付や，日本郵便株式会社等に対する給付である郵便料等があり，それぞれ執行官法や郵便法において給付の額等が定められている。

1　これらの給付は，証人等が裁判所（国）に対して請求し裁判所が支給するものであるが，給付に相当する金額は費用として当事者等が納めるものとされており（民訴費用法11Ⅰ①），当事者等にとっては手数料以外の費用（訴訟費用の種類については，第1編第3章第2節参照）を生じる原因となる。そして，これらの費用は，最終的には，訴訟費用（民訴費用法2②）として，費用負担を命じられた当事者の負担となる。

2　これらの給付に係る国に対する権利・義務は，公法である民訴費用法の規定に基づき，証人としての出頭，取調べ，鑑定等手続上の事実により当然に生じるものであるから，公法上の権利・義務であるということができる。したがって，一般的には，金銭の給付を目的とする国の権利，義務に関する規定の適用があるものと解される（内田解説232頁参照）。

－ 323 －

第1章　総論

第2節　給付の原則

第1　給付を受ける者の範囲

　　民訴費用法第3章所定の者のほか，執行官，日本郵便株式会社など特別の定めがある者に限られる。

第2　支給基準，給付の種目・額についての定め

　　民訴費用法所定の者に対する給付については，同法18条以下及び民訴費用規則に定められており，執行官，日本郵便株式会社等については，それぞれ執行官法，執行官手数料規則，郵便法等に定められている。

第3　経済性の原則

　　証人等に支給する旅費（航空賃を除く[3]。），日当及び宿泊料を計算する上での旅行日数は，原則として，最も経済的な通常の経路及び方法により旅行した場合の例を想定し，その想定されたところにより計算すべきであり（民訴費用法25本文），現実の旅行経路，方法によるものではない[4]。

　　「最も経済的な通常の経路及び方法」とは何であるかについて，まず，証人等の具体的な旅行（例えば証人宅から所定の裁判所まで）における「通常の経路及び方法」が何であるかを選定しなければならない。そして，通常の経路及び方法が複数ある場合には，さらにその中で「最も経済的な」ものを選定することになる。その上で，その選定された経路及び方法を基礎として，民訴費用法21条の規定により旅費の種類及び額を，同法22条の規定により旅行日数を，同法23条の規定により宿泊夜数を定めることになる。

第4　資料の提出

　　裁判所は，上記の給付をするについて必要と認めるときは，請求者に対し，費用の明細書その他の資料の提出等を求めることができる（民訴費用規9）。

　　この点，請求者に対し，資料の提出義務を課すものではないと解されているが，資料の提出がないために所要の事実を認めることができないときは，請求者が求める種目及び額の支給をすることができないこともあると考えられる（内田解説353頁参照）。

　　なお，実務上は，証人等に対し航空賃を支給するときの資料や鑑定人に対し報酬額又は必要な費用の認定をするための資料としての明細書などの提出が考えられる。

第5　請求の期限

3　航空賃については，民訴費用法21条1項において，「航空賃は航空機を利用すべき特別の事由がある場合における航空旅行について支給する。」と規定され，民訴費用法25条と同趣旨の規整がすでに加えられているため，民訴費用法25条本文からは除かれている（内田解説340頁参照）。

4　天災その他やむを得ない事情により最も経済的な通常の経路又は方法によって旅行することが困難である場合には，現実に利用した経路及び方法によって計算する（民訴費用法25ただし書）。もっとも天災その他やむを得ない事情がある場合でも，現実に利用した経路又は方法が状況に照らして著しく不合理であるときには，その現実に利用した経路及び方法によって計算することはできず，通常性及び経済性からみて次善の経路及び方法によって計算すべきであると解される（内田解説341頁参照）。

- 324 -

証人等に対する給付は，その者からの請求によって行う。

請求の期限は，原則として，①判決により事件が完結する場合であればその判決があるまで，②判決によらないで事件が完結する場合であればその完結の日から2月を経過した日まで（民訴費用法27本文）である[5]。ただし，やむを得ない事由により，前記の期限内に請求することができなかったときは，その事由が消滅した日から2週間以内に請求した場合に限り，支給することができる（民訴費用法27ただし書）。

前記①の「判決があるまで」とは判決の言渡しまでと解されており，前記②の「判決によらないで事件が完結する場合」とは，事件が裁判によらず訴えの取下げや和解等で完結した場合及び事件が判決以外の裁判である決定又は命令により完結した場合の双方を含んでいる。

なお，判決をする場合又は前記②の期限が近づいた場合において，鑑定料，通訳料等を請求できる者でいまだその請求をしていないものがあるときは，書記官としては，速やかに請求の手続をとるよう連絡する等適宜の措置を執ることが相当である[6]（費用法運用通達記第5参照）。

第6　給付に関する裁判官の権限

民訴費用法第3章においては，同章に規定する各種の給付に関し，支給の可否，給付の額その他の具体的場合において定めるべき事項は裁判所（受訴裁判所）が定めることとされている。

しかし，受命裁判官，受託裁判官又はその他の裁判官[7]が証人尋問その他同章に定める給付の原因たる手続を行う場合があるところ，そのような場合には，同章の規定による給付に関し裁判所（受訴裁判所）が定めるとされている事項（民訴費用法21条1項の航空賃の支給の可否，同法21条2項の運賃の等級等，同法22条2項の日当の額，同法23条2項の宿泊料の額，同法24条の旅費等の額，同法26条の鑑定料，費用等の額）は，当該受命裁判官等が定めることとされている（民訴費用法28本文）。もっとも，当該裁判官が自ら定めることが相当でないと認めるときは，原則に戻り受訴裁判所が定めることになる（民訴費用法28ただし書）。

5　民訴費用法27条に定める期限は，一種の除斥期間であるとされる（内田解説255頁）。この期限は，当事者等の裁判所に対する費用の予納義務の範囲，ひいては当事者間における償還関係の対象となる費用の範囲を速やかに確定するため，設けられたものである（内田解説254頁参照）。

6　この請求期限について，証人等の請求人に告知する法律上の義務はない。証人の場合などは尋問終了時に請求の機会があり，放棄するか請求するかの態度が明らかになっていることが多いため，事件の完結時等に改めて請求するかどうか確認する必要性は高くない。これに対し，鑑定人の場合等は，鑑定料を請求する意思がないような事例は通常考えにくいため，請求が未了の場合には速やかに請求手続をとるよう連絡することが求められる（48年研究477頁参照）。

7　「その他の裁判官」について，裁判長が手続を行う場合（後記第2章第6節訴訟法上の特別代理人の選任（民訴法35）など）には，裁判長も含まれると解される（内田解説260頁参照）。

- 325 -

第2章　証人等に対する給付の支給基準，給付の種目及び額

第2章　証人等に対する給付の支給基準，給付の種目及び額

　民事訴訟手続における証人等に対する給付のうち主なものの支給基準，給付の種目等については，次のとおりである。

第1節　証人に対する給付

　　　　証人に対する給付の種目は，旅費，日当及び宿泊料である（民訴費用法18Ⅰ。以下，旅費，日当及び宿泊料を総称して「旅費等」ということがある。）。

第1　旅費

　　　　旅費は，証人が出頭又は取調べのための旅行について交通機関の利用に要する出費の弁償のための給付である。旅費の種類，支給の要件及び計算方法は，民訴費用法21条及び民訴費用規6条に定められている[8]。

1　旅費の種類と支給要件

　　　　旅費は，鉄道賃，船賃，路程賃及び航空賃の4種に分けられている（民訴費用法21Ⅰ）。

　　　　陸路旅行及び水路旅行については，鉄道の便のある区間[9]の陸路旅行には鉄道賃を，船舶の便のある区間[10]の水路旅行には船賃を，鉄道の便のない区間の陸路旅行又は船舶の便のない区間の水路旅行には路程賃を，それぞれ支給することとされている（民訴費用法21Ⅰ）。したがって，路面電車やバス以外には公の交通機関の便のない区間の陸路旅行又は旅客運送の用に供する船舶の便のない区間の水路旅行には，ともに路程賃が支給されることになる。

　　　　一方，航空旅行については，陸路旅行又は水路旅行におけるのとは異なり，航空機を利用すべき特別の事由がある場合に限って航空賃を支給することとされている（民訴費用法21Ⅰ）[11]。

2　計算方法

⑴　鉄道賃及び船賃

　　　　鉄道賃及び船賃は，旅客運賃（はしけ賃及びさん橋賃を含む。），急行料金並びに裁判所が支給を相当と認める特別車両料金，特別船室料金及び座席指定料金に

8　旅費の額については，会計課で確認できる庁も多い。

9　「鉄道の便がある」とは，鉄道営業法（明治33年法律第65号）等の適用を受ける鉄道が旅客の運送のためその区間に運行されていることをいう。

10　「船舶の便がある」とは，船舶が公共の旅客交通手段としてその区間に運航されていることをいう（内田解説318頁）。

11　航空賃の支給については，費用法運用通達記第1に参考基準が示されており，「民訴費用法第21条第1項又は刑訴費用法第3条第1項による航空賃の支給は，出頭のための旅行の日程及び当該旅行に係る旅費総額を勘案して，航空機を利用することが最も経済的な通常の経路及び方法によるものと認める場合で，現に航空機を利用したとき（復路については，航空機を利用することが確実であると認められるとき。）に行うものとする。」とされている。

- 326 -

よって算定される（民訴費用法21Ⅱ）[12]。

　ア　旅客運賃について，運賃に等級が設けられている場合どの等級の運賃によるのかについては民訴費用法21条2項に規定されているが，現在日本国内の鉄道で等級が設けられている路線はないので，等級が問題になるのは船舶による旅行の場合となる。その場合，運賃の等級を3階級に区分するものについては中級以下で裁判所が相当と認める等級の運賃を，運賃の等級を2階級に区分するものについては裁判所が相当と認める等級の運賃を支給することになる。

　イ　急行料金について，特別急行列車を運行する線路のある区間の旅行で片道100キロメートル以上[13]のものには特別急行料金，普通急行列車又は準急行列車を運行する線路のある区間の旅行で片道50キロメートル以上のものには普通急行料金又は準急行料金が支給される。特別急行料金，普通急行料金又は準急行料金の支給については，裁判所の裁量によることはできない。

　ウ　特別車両料金，特別船室料金及び座席指定料金について，これを支給するかどうかは裁判所の裁量による。特別車両料金とはいわゆるグリーン車等の料金である。

⑵　路程賃

　最高裁判所が定める額の範囲内において裁判所が定める額によって算定される（民訴費用法21Ⅱ）。最高裁判所が定める額について，民訴費用規6条1項により，1キロメートルにつき 37 円以内（1キロメートル未満の端数は切捨て）とされ，天災その他やむを得ない事情により上記金額で旅行の実費を支弁することができないときは，実費額の範囲内とされている（民訴費用規6Ⅱ）。実務上，国家公務員の旅費の支給方法に準じ，路面電車やバス等の鉄道以外の公の交通機関の便のある区間の陸路旅行には，バス賃等の実費額を支給する例が多いようである。

⑶　航空賃

　航空賃は，現に支払った旅客運賃によって算定する（民訴費用法21Ⅱ）[14]。

第2　日当

　日当は，出頭等により証人に生じる積極的な損失で旅費又は宿泊料に係るもの以

12　鉄道賃について，現金利用時の運賃とＩＣカード利用時の運賃が異なる運賃体系（いわゆる二重運賃）が，平成26年4月1日から導入されているところ，このような二重運賃となった区間の旅費について，その現実に利用した運賃により計算，支給するのが相当とされ，利用方法の確認は証人等からの申告のみによってよく，証人等に対して，ＩＣカード利用履歴等の書類の提出を求める必要はない（平成26年4月2日付け最高裁民事局第二課課長補佐，刑事局第一課課長補佐，行政局第一課課長補佐，家庭局第一課課長補佐事務連絡「消費税率引上げに伴う証人等に対する鉄道賃の取扱いについて」参照）。

13　この点，甲地から乙，丙地を経由して丁地に出頭する場合に，甲乙間，丙丁間は特急が通じ，乙丙間はこれを通じない場合に，甲乙，丙丁間の距離の合計が100キロメートルを超えれば特別急行料金を支給できるか否かが問題となるが，特別急行料金は一つの特別急行券の有効区間ごとに100キロメートル以上あることを要件とし，合算して100キロメートルを超えても支給できない（費用法に関する執務資料139頁参照）。

14　航空賃は航空機を利用すべき特別の事由がある場合の航空旅行について支給されることは，前述のとおりである。

外のもの（例えば湯茶代，弁当代などの出頭に要した諸雑費）の弁償，及び出頭等による消極的な損失（出頭等のために時間を失ったことによる得べかりし収入の喪失等。いわゆる逸失利益）の補償を行うための給付である。

日当は，出頭又は取調べ[15]及びそれらのための旅行（出頭等）に必要な日数に応じて支給される（民訴費用法22 I）。

日当の額は，最高裁判所が定める額の範囲内において，裁判所が定める。最高裁判所が定める額について，民訴費用規7条において，1日当たり8,000円以内と定められている。なお，額決定の便宜のため，平成14年6月25日付け最高裁総一第194号事務総長通達「証人等の日当の支給基準について」により一般的な支給基準が定められている。各庁においては，さらに，尋問所要時間のほか，出頭所要時間，待機時間，各地の実情等を勘案して，支給基準を裁判官の間で申し合わせるなどし，その支給基準に基づいて支給額を決定する運用がなされている。

第3　宿泊料

証人が出頭等に必要な宿泊について要する出費の弁償のための給付である。

宿泊料は，出頭又は取調べ及びそれらのための旅行（出頭等）に必要な夜数に応じて支給する（民訴費用法23 I）[16]。

宿泊料の額は，最高裁判所が宿泊地を区分して定める額の範囲内において，裁判所が定める（民訴費用法23 II）。最高裁判所が宿泊地を定める額は，民訴費用規8条において，国家公務員等の旅費に関する法律別表第一に定める甲地方である場合においては一夜当たり8,700円以内，乙地方においては7,800円以内と定められている[17]。

第4　本邦と外国との間の旅行に係る旅費等

証人が外国から出頭した場合における本邦[18]と外国との間の旅行に係る旅費等については，旅費，日当及び宿泊料に関する民訴費用法の規定（民訴費用法21～23）

15　「出頭」とは，ある者を証人として取り調べる旨の裁判があった場合においてその者が証人尋問に臨んだことをいう。所定の方式による呼出し（民訴法94）によるときのみならず，当事者による同行等により所定の場所に赴いたときも含む（内田解説250頁）。「取調べ」とは，いわゆる在廷証人に対する日当の支給を予定したものであり，いまだ証人として取り調べる旨の裁判がされていない場合において期日に在廷していた者を証人として取り調べることをいう。日当は，この「取調べ」があったときにも，出頭したときと同様に，その往復の旅行に必要なものも加えた日数に応じて支給されることになる（内田解説260頁）。

16　「夜数に応じて支給する」とは，午前零時を境として当該旅行がこれを経過することにより宿泊料が支給されるとの趣旨であると解されるが，必ずしも現実に旅館等に宿泊した場合ばかりでなく，列車中にあって午前零時を経過した場合や徹夜して自動車による旅行をした場合等も含まれると解される（内田解説330頁参照）。

17　「甲地方」とは，東京都，大阪市，名古屋市，横浜市，京都市及び神戸市のうち財務省令で定める地域その他これらに準ずる地域で財務省令で定めるものをいい，「乙地方」とは，その他の地域をいう（国家公務員等の旅費に関する法律別表第一の一の備考）。そして，「財務省令で定める地域」，「財務省令で定めるもの」については，国家公務員等の旅費支給規程（昭和25年大蔵省令第45号）14条，15条にそれぞれ規定されている。

18　本邦とは，本州，北海道，四国，九州及び財務省令で定めるその附属の島（本州，北海道，四国及び九州に附属する島）の存する領域をいう（民訴費用法2④下段イ(1)，国家公務員等の旅費に関する法律2 I④，国家公務員等の旅費支給規程1）。

－ 328 －

を参酌して[19]，裁判所が相当と認めるところによる（民訴費用法 24）[20]が，費用法運用通達記第 2 に参考基準が示されている。

第 5　旅費等の支給ができない場合

証人が，正当な理由なく宣誓又は証言を拒んだ場合，旅費等の請求ができない（民訴費用法 18 Ⅰただし書）。

証人が出頭をしなかったときに旅費等を請求することができないことは当然であるが，証人が出頭した場合においても，宣誓又は証言を拒んだときは，出頭のための損失の補償である旅費等の請求をできないこととしたものである。

旅費等の請求ができないのは，宣誓，証言の拒絶に正当な理由がないときに限る。「正当な理由」とは，民訴法の規定により証人等が宣誓，証言を拒むことができる場合（民訴法 201Ⅳ，同法 196），宣誓又は供述が不能な程度の発病等が考えられる。

第 2 節　鑑定人に対する給付

鑑定人に対する給付の種目は，旅費，日当，宿泊料，鑑定料及び鑑定に必要な費用[21]である（民訴費用法 18 Ⅰ，Ⅱ）。旅費，宿泊料については，証人の場合と全く同じであり，日当はその額が異なるほか（1 日当たり 7,600 円以内とされている。）は証人の場合と同じである（民訴費用法 21，民訴費用規 6，民訴費用法 23，民訴費用規 8，民訴費用法 22，民訴費用規 7）。額決定の便宜のため通達（平成 14 年 6 月 25 日付け最高裁総一第 194 号事務総長通達「証人等の日当の支給基準について」）が定められていることも証人の場合と同じである。

鑑定料及び鑑定に必要な費用の額は，裁判所が相当と認めるところによる（民訴費用法 26）[22]。

なお，鑑定人についても，正当な理由なく宣誓又は鑑定を拒んだ場合は，旅費等の請求をすることができない（民訴費用法 18 Ⅰただし書）。

19　例えば証人等の日当は「出頭又は取調べ及びそれらのための旅行に必要な日数」（民訴費用法 22 Ⅰ）に応じて支給されるのであり，たまたま来日中の外国人を証人等として裁判所に出頭させた場合などは，当該証人等の外国から本邦までの旅行は出頭等に必要なものとは認められないから，その旅行に対する日当は支給されない（内田解説 333 頁）。

20　民訴費用法 24 条は証人等の外国旅行に係る旅費等について規定しているが，このことから直ちにわが国の裁判所が外国に居住する者に証人等として出頭を命じることができることになるものではないことはいうまでもない（内田解説 252 頁）。

21　必要な費用には，鑑定人が鑑定資料を収集するために要した旅費，他に検査等を依頼した費用，助手等を用いた場合の費用等が含まれる（48 年研究 467 頁）。費用については，後記第 4 章第 3 節のとおり概算払をすることができる場合がある。民訴費用法 18 条 2 項に「必要な費用の支給又は償還を受けることができる」とあるところ，「償還を受ける」とは鑑定人等が費用を立て替えて支出した場合においてその立替金の弁償を受けることをいい，「支払を受ける」とは必要費の支出前にその支出に充てるための金額の支払を受けることをいう（内田解説 237 頁，238 頁参照）。

22　鑑定料の額を裁判所が決定するに当たっては，仕事の成果，仕事の難易，これに要した労力，時間等が総合的に考慮される（内田解説 335 頁参照）。また，必要な費用の額は裁判所が相当と認めるところによるが，「費用」である以上原則として実費額を支給すべきである。ただ，合理的見地及び経済的見地から判断して鑑定人が本来鑑定に不必要な出費をしたと認められる場合や，鑑定の終了後も鑑定人に費用の利益が少なからず残存している場合等には，その分に相当する金額は減ずべきであると考えられる（内田解説 335 頁参照）。

第2章　証人等に対する給付の支給基準，給付の種目及び額

第3節　通訳人に対する給付

　　通訳人に対する給付の種目は，旅費，日当，宿泊料，通訳料及び通訳に必要な費用である（民訴費用法18Ⅰ，Ⅱ）。

　　通訳人の旅費，日当及び宿泊料は，鑑定人の場合と同じであり，通訳料及び通訳に必要な費用の額については，鑑定料及び鑑定に必要な費用の額と同様，裁判所が相当と認めるところによる（民訴費用法26）。

　　なお，通訳人についても，正当な理由なく宣誓又は通訳を拒んだ場合は，旅費等の請求をすることができない（民訴費用法18Ⅰただし書）。

鑑定料等の支給における所得税（源泉徴収）と消費税について

　　鑑定料や通訳料等の支給に関する事務においては，次のとおり，消費税相当額を加算したり，所得税の源泉徴収額を控除したりする（控除は会計課においてする。）ことが必要になることがある。

1　所得税と源泉徴収義務

　　税法上，一定の報酬等については，報酬を支給する者は，その支払の際，所得税を徴収し，その徴収の日の属する月の翌月10日までに，これを納付する義務を負う（「源泉徴収義務」。所得税法204Ⅰ）。

　　所得税法204条1項2号は，弁護士，司法書士，公認会計士，税理士，測量士，不動産鑑定士等の業務に関して支給される報酬について，源泉徴収の対象となる旨が規定されており，これらの者に鑑定を命じた場合の報酬については，源泉徴収が必要である。なお，医師や大学教授等は，同号に示す士業に当たらないから，これらの者に医学鑑定，精神鑑定，血液鑑定，筆跡鑑定，ＤＮＡ鑑定を命じた場合の報酬については，源泉徴収の必要はない。

　　通訳料については，所得税法204条1項1号，所得税法施行令320条1項により，源泉徴収の対象となる。保管金から支払われるものについても同様である（保管金取扱規程（大正11年大蔵省令第5号）7の2）。

　　源泉徴収額は，例えば，不動産鑑定士については，所得税法205条により，支給額に100分の10（同一人に対し1回に支払われる金額が100万円を超える場合には，その超える部分については100分の20）の税率を乗じた額※である。鑑定人等に対しては，これを控除した額を鑑定料等として現実に支給することになる。

　　　※平成49年12月31日までに生じる所得について源泉徴収税を徴収する場合，復興特別所得税を併せて徴収する（東日本大震災からの復興のための施策を実施するために必要な財源の確保に関する特別措置法（平成23年法律第117号）8Ⅰ，Ⅱ，9Ⅰ参照）。

　　源泉徴収の対象となる金額は，原則として，報酬（鑑定料等）として支払う金額の総額（支給決定書中の「支給額」欄記載の金額）であるが，消費税を加算して支払う場合に，消費税相当額は，源泉徴収の対象とならない（ただし，支給決定書の内訳欄に報酬

等の額と消費税の額が明確に区分して記載されている場合に限られる。）。

2 消費税（及び地方消費税）

鑑定料や通訳料，その他民訴費用法第3章に定める報酬等に消費税相当分を加算するかどうかについて，当該報酬等を対価とする役務の提供者が事業者である場合は，消費税相当額を加算して支給することが相当とされている（平成元年3月28日付け最高裁民三第796号経理局長，民事局長，刑事局長，家庭局長通知「消費税法施行に伴う民事，刑事，家事及び少年各事件における報酬等の取扱いについて」，平成9年3月12日付け最高裁民三第133号経理局長，民事局長，刑事局長，家庭局長通知「民事，刑事，家事及び少年各事件における報酬等の取扱いについて」，「平成26年3月6日付け最高裁民三第175号経理局長，民事局長，刑事局長，家庭局長通知「民事，刑事，家事及び少年各事件における報酬等の取扱いについて」各参照）。

なお，前記平成元年3月28日付け通知においては，報酬等支給決定書に消費税相当分を別途記載する必要はないとされているものの，これを別途記載しないと消費税相当分をも含めた額が所得税の源泉徴収の対象となることに注意が必要である（前記1の所得税と源泉徴収義務参照）。

第4節　説明者等に対する給付

説明者（民訴法218Ⅱ（これを準用し，又はその例による場合を含む。），公害紛争処理法42の32Ⅱ），参考人（民訴法187Ⅰ（これを準用し，又はその例による場合を含む。））及び事実の調査のために裁判所から期日に出頭すべき旨の呼出しを受けた者[23,24]に対する給付の種目は，旅費，日当及び宿泊料である（民訴費用法19）。

旅費，宿泊料については，証人の場合と全く同じであり，日当は説明者においてその額が異なるほかは証人の場合と同じである（民訴費用法21，民訴費用規6，民訴費用法23，民訴費用規8，民訴費用法22，民訴費用規7）。

第5節　調査嘱託に基づき調査をした団体等に対する給付

調査嘱託に基づき調査をした団体等（民訴法186），鑑定嘱託に基づき鑑定をした法人等（民訴法218Ⅰ）又は専門的な知識経験に基づく意見陳述の嘱託に基づき意見

23　「事実の調査のために裁判所から期日に出頭すべき旨の呼出しを受けた者」とは，狭義の証拠調べの方法としてではなく，民事訴訟等に関する法令の規定による「事実の調査」のため裁判所から期日に出頭すべき旨の呼出しを受けた者である。「事実の調査」の例として，非訟法49条，家事法56条等がある。

　なお，これらの給付をなし得るのは，「期日」に呼び出した場合に限られる。例えば，家事事件について，家庭裁判所調査官が家事法58条1項の事実の調査として関係人を呼び出した場合は，含まれないことになる（内田解説243頁参照）。

24　旅費等の支給を受けられるのは第三者的，証人的立場にある者であって，当事者的立場にある者を含まないから，義務承継により訴訟引受をさせるために審尋する第三者（民訴法50Ⅱ），抗告審において審尋する利害関係人（民訴法335）のうち当事者的立場にある者は給付を受ける者に当たらない（費用法に関する執務資料135頁）。文書提出命令を発するについて審尋する第三者（民訴法223条2項）は給付を受ける者に当たる（費用法に関する執務資料135頁）。

- 331 -

第2章　証人等に対する給付の支給基準，給付の種目及び額

の陳述をした者（民訴法 132 の 4 I ③）に対する給付の種目は，報酬及び必要な費用であり（民訴費用法 20 I 前段），その額はいずれも裁判所が相当と認めるところによる（民訴費用法 26）。

第6節　訴訟法上の特別代理人に対する給付

特別代理人（民訴法 35 I）については，民訴費用法 20 条 1 項後段の「保管人」ないし「管理人」に含めることができると解されている（内田解説 244 頁，246 頁。なお，費用法に関する執務資料 2 頁参照）。

特別代理人に対する給付の種目は，報酬及び必要な費用（民訴費用法 20 I 後段）であり，その額は受訴裁判所の裁判長[25]が相当と認めるところによる（民訴費用法 26，28 本文）。

第7節　訴え提起前の証拠収集の処分としての送付嘱託に基づき文書を送付した所持者に対する給付

訴え提起前の証拠収集の処分としての送付嘱託に基づき，文書（民訴法 231 条に規定する物件を含む。）を送付した所持者（民訴法 132 の 4 I ①）に対する給付の種目は，文書の写しの作成に必要な費用（民訴費用法 20 II）であり，その額は裁判所が相当と認めるところによる（民訴費用法 26）[26]。

第8節　執行官に対する給付

執行官に対する給付の種目は，手数料及び職務の執行に要する費用である（執行官法 7）。

執行官の手数料及び職務の執行に要する費用は，執行官が申立てにより取り扱う事務については申立人が，裁判所が直接執行官に取り扱わせる事務については裁判所が，支払い又は償還する（執行官法 12 本文）とされているところ[27]，本編で対象となる執行官に対する給付は，民事訴訟事件において[28]裁判所が直接執行官に取り扱わせる事務についての給付であり，具体的には，文書の送達（民訴法 99 I）と訴え提起前における証拠収集の処分としての現況調査（民訴法 132 の 4 I ④）がある。具体的な給付の種目及び額は次のとおりである。

25　特別代理人の選任は，受訴裁判所の裁判長（民訴法 35 I）に申し立てることになるため，民訴費用法 28 条本文により，報酬及び必要費の認定も受訴裁判所の裁判長がこれを行うことになると解される。もっとも，裁判長において自ら行うことを相当と認めない場合は，受訴裁判所がその額の認定を行う。

26　文書送付の嘱託（民訴法 226）の場合，実務上，文書の所持者から，原本，正本又は認証ある謄本の送付（民訴規 143 I 参照）に代えて文書の写しが送付されることがあるが，この写しの作成費用について，民訴費用法上特段の規定は置かれていない。

27　法律に別段の定めがあるときは，その定めによるとされている（執行官法 12 ただし書）。

28　ほかに裁判所が直接執行官に取り扱わせる事務として，民事執行事件において執行裁判所が執行官に行わせる事務（不動産の現況調査（民事執行法 57），不動産の売却（民事執行法 64 III）等）等がある。

第1　文書の送達の手数料及び費用

1　手数料

　1件につき1,800円であり，申出に基づき休日又は夜間に行われたときは2,400円が加算される（執行官法8Ⅰ①，9Ⅰ，執行官手数料規則3Ⅰ，Ⅱ）。

2　費用

　執行官が支払又は償還を受ける費用は，執行官法10条1項各号に定めるものに限られているところ（執行官法概説（昭和44年，財団法人法曹会）263頁），文書の送達事務の実施に当たって必要な費用としては，執行官の旅費及び宿泊料（執行官法10Ⅰ⑪）[29]が考えられる。

　その額は，旅費については，1キロメートルにつき37円以内の割合において所属の地方裁判所が定める額により（執行官法11Ⅰ，執行官手数料規則36Ⅰ），宿泊料については，一般職の職員の給与に関する法律（昭和25年法律第95号）6条1項1号イに規定する行政職俸給表㈠の職務の級が5級の職にある者に支給される宿泊料と同額とされる（執行官法11Ⅰ，執行官手数料規則37）。

第2　訴え提起前の証拠収集の処分としての現況調査の手数料及び費用

1　手数料

　裁判所の命令ごと[30]に2万4,000円（執行官手数料規則3の2Ⅰ）である。なお，現況調査を行うべき場所に臨んだ場合において，執行官の責めに帰することができない事由によって調査を実施できなかったときの手数料は，8,000円である（執行官手数料規則3の2Ⅱ[31]）。

2　費用

　訴え提起前の証拠収集の処分としての現況調査の実施に当たり必要な費用としては，執行官の旅費及び宿泊料（執行官法10Ⅰ⑪。前記第1の2の文書の送達の場合と同じである。）のほか，官庁その他の公の団体から証明を受ける費用（執行官法10Ⅰ⑧）や物の現況を記録するために撮影する写真の費用（執行官法10Ⅰ⑨）が考えられる。

　その額につき，旅費及び宿泊料については前記第1の2に記載したとおりであり，官庁その他の公の団体から証明を受ける費用，物の現況を記録するために撮影する写真の費用については実費となる（執行官法11Ⅱ）。

29　執行官の旅費及び宿泊料は，執行官がその勤務する裁判所から1キロメートル以上の地においてその職務を行う場合及び執行官がその職務を行うために宿泊を要する場合に支払を要することになる（執行官法10Ⅲ）。

30　平成26年3月31日付け最高裁民三第320号民事局長通知「執行官の手数料及び費用の算定基準について」別紙第3の1参照。

31　調査に着手した後，調査の実施を妨げる事由の発生により調査の目的を達することができなかった場合又は裁判所の命令の取消し等により調査の必要がなくなった場合においても，調査の結果を報告して2万4,000円の手数料を受け取ることができる（平成26年3月31日付け最高裁民三第320号民事局長通知「執行官の手数料及び費用の算定基準について」別紙第3の2）。

第2章　証人等に対する給付の支給基準，給付の種目及び額

第9節　日本郵便株式会社等に対する給付

　　郵便等により文書の送達等をするときは，国と日本郵便株式会社等との契約に基づき郵便法等所定の料金を支払わなければならない。支払については，予納郵便切手を使用する方法又は保管金から支払う方法による。

第3章　支給手続

第1節　請求手続

　　証人等に対する給付に要する費用は，国庫から立替支出する場合を除いて，民事予納金（保管金）として予納されているので，この中から支給される。

　　旅費等の支給は，原則として，証拠調べが終わった後，証人等からの請求によって支給される（民訴費用法18Ⅰ，Ⅱ，19，20Ⅰ，Ⅱ）。

　　証人等が旅費等の支給を受けようとするときは，請求書（過納手数料等通達別紙様式第6の請求書[32]。後記書式参照）を提出しなければならないため，事件担当書記官は，所定の事項を記入した上で請求書用紙を証人等に交付し[33]，署名押印等をさせる。

第2節　支給決定

　　請求書が提出されると，裁判所は支払が可能であるかどうか，例えば，証人等の旅費，日当であれば，尋問が終了しているかどうか，鑑定料であれば，鑑定書の提出があるかどうか等を調査した上，支払うべきときであればその額についても検討を加えた上支給決定をする。支給決定がされた旨の表示[34]は，請求書の支給決定欄を利用する（請求書原本に裁判長の支給決定印を受ける。）。

　　なお，証人尋問その他の手続を行った受命裁判官，受託裁判官又はその他の裁判官は，当該手続にかかる給付について支給決定をする（民訴費用法28本文）。ただし，当該裁判官が自ら決定することが相当でないと認めるとき[35]は，原則どおり，受訴裁判所が決定することになる（民訴費用法28ただし書）。

第3節　保管金の払出通知

　　支給決定があった場合，保管金規程に従い保管金の払出しをする。

　　なお，保管金の払出しの具体的事務処理については，第3編第6章第3節を参照されたい。

32　証人，鑑定人，司法委員等の旅費，報酬等について確定払をする場合の請求書（別紙様式第6）には，各場合に応じて，「証人旅費」等の文言を標題に加える（過納手数料等通達記第5）。

33　電話会議の方法を利用した証人尋問（民訴法372Ⅲ）の場合には，証人への請求書の直接の交付は不可能であるため，請求書（過納手数料等通達別紙様式第6の請求書の「出頭年月日」を「尋問年月日」に，「出頭場所」を「尋問を受けた場所」にそれぞれ訂正したもの）を証人方に送付し，記入後，返送してもらう(ファクシミリ送信可)。この費用は，返送料を含め国庫負担である（平成9年12月8日付け最高裁民事局第一課長，総務局第三課長，経理局監査課長事務連絡「テレビ会議の方法又は電話会議の方法を利用した証人尋問における証人に対する旅費等の支給手続及び通信料の支払手続について（事務連絡）」の別添「電話会議の方法を利用した証人尋問における証人に対する日当の支給手続及び通話料の支払手続」参照）。

34　この支給決定の表示は支給決定そのものを示すものではなく，その請求書が支給決定どおりであることを認証する意味のものと考えられ（昭和29年8月18日付け最高裁判所会甲第1184号「裁判費の支給手続について」），保管者の払出を指示する趣旨のものと考えられる。

35　例えば，いわゆる鑑定人尋問のみが嘱託され，鑑定書は後に受訴裁判所に提出させる場合などが考えられる。

第3章　支給手続

　　　歳入歳出外現金出納官吏[36]は，書記官からの払出指示に基づき支払手続[37]をとる。

36　「歳入歳出外現金出納官吏」につき，「書記官事務と関連のある会計用語」（236頁）参照。
37　支払方法としては，口座振込，小切手払，国庫金送金等のほか，窓口で現金を交付する方法があるが，現金での交付には会計課で準備（現金の用意）が必要なため，現金による支払を要することが判明した場合は，あらかじめ①請求予定日と②支払予定額を会計課（歳入歳出外現金出納官吏）に連絡する。

【証人等旅費・日当請求書】

<table>
<tr><td colspan="3" align="center">証　人　旅　費　日　当　請　求　書</td></tr>
<tr>
<td rowspan="2">○○地方裁判所

　　　　　　御中</td>
<td rowspan="2">請
求
者</td>
<td>住所
　　　　○○市○○町○○丁目○番○号</td>
</tr>
<tr>
<td>（フリガナ）
　氏　名　　　○　　○　　○　　○　　㊞</td>
</tr>
</table>

平成○○年（ワ）第○○○号　　損　害　賠　償　請　求

事件について，証人として旅費日当を請求します。

　　　平成○○年○月○日

<table>
<tr>
<td align="center">出　頭　年　月　日</td>
<td align="center">出　　頭　　場　　所</td>
</tr>
<tr>
<td align="center">平成○○年○月○日</td>
<td align="center">○○地方裁判所</td>
</tr>
<tr>
<td colspan="2" align="center">支　　　　給　　　　決　　　　定</td>
</tr>
<tr>
<td>計
　　　支　給　額
　　○○,○○○　　円</td>
<td>平成○○年○月○日

　　　　　　係官印</td>
</tr>
</table>

<table>
<tr>
<td rowspan="6">内

訳</td>
<td align="center">金　　　額</td>
<td align="center">事　　　　　由</td>
</tr>
<tr>
<td>　　　○,○○○　　円</td>
<td>日当　1日分</td>
</tr>
<tr>
<td>　　○○,○○○　　円</td>
<td>鉄道賃　自　○○　駅
　　　　至　○○　駅　往復分</td>
</tr>
<tr>
<td align="right">円</td>
<td></td>
</tr>
<tr>
<td align="right">円</td>
<td></td>
</tr>
<tr>
<td align="right">円</td>
<td></td>
</tr>
</table>

<table>
<tr>
<td colspan="2">振　込　先　金　融　機　関　名</td>
<td>○○　銀行　金庫　組合　　○○○　店</td>
</tr>
<tr>
<td>預　金
種　別</td>
<td>普　通　当　座
通　知　別　段</td>
<td>口　　座　　番　　号
　　○○○○○○</td>
</tr>
<tr>
<td colspan="2">（フ　リ　ガ　ナ）
口　座　名　義</td>
<td>　○　　○　　○　　○
　○　　○　　○　　○</td>
</tr>
<tr>
<td>振　込　年　月　日</td>
<td>平成　　年　　月　　日</td>
<td>小　切　手　番　号　第　　　　　　号</td>
</tr>
</table>

前記の支給額を領収しました。

　　平成　　年　　月　　日

　　　　　　氏名　　　　　　　　　　　　　　　㊞

<table>
<tr>
<td>備

考</td>
<td></td>
</tr>
</table>

　（注）「支給決定」，「振込年月日」及び「小切手番号」は，裁判所職員が記載する。

第3章　支給手続

【鑑定料請求書】

鑑 定 料 請 求 書

| ○○地方裁判所　　　　　　御中 | 請求者 | 住所　　○○市○○町○○丁目○番○号 |
| | | （フリガナ）
氏　名　　○　○　○　○　　㊞ |

平成○○年（ワ）第○○○号　損　害　賠　償　請　求

事件について，鑑定料を請求します。

　　　　平成○○年○月○日

出　頭　年　月　日	出　　頭　　場　　所

支　　　　給　　　　決　　　　定	
支　給　額 計　○○○，○○○　円	平成○○年○月○日 　　　　係官印

	金　　　　額	事　　　　　　由
内	○○○，○○○　円	鑑定料
	○，○○○　円	消費税額
	円	
	円	
訳	円	
	円	

消費税額を別に記載することにより，源泉徴収の対象外となる。

振　込　先　金　融　機　関　名	○○　銀行　金庫　組合　○○○　店
預金種別	普　通　当　座　　　口　　座　　番　　号
	通　知　別　段　　　　○○○○○○
（　フ　リ　ガ　ナ　）	○　○　○　○
口　座　名　義	○　○　○　○

振込年月日　平成　年　月　日	小切手番号　第　　　　　号

前記の支給額を領収しました。

　　　　平成　　年　　月　　日

　　　　　　　　　氏名　　　　　　　　　　　㊞

備考	不動産鑑定士

報酬等が源泉徴収の対象となるか否かの判断基準となる事項を記載する扱いもある。各庁の定めに従う。

（注）「支給決定」，「振込年月日」及び「小切手番号」は，裁判所職員が記載する。

－ 338 －

第4章　証人等に対する給付の概算払

第1節　総論
第1　制度趣旨
　　　　証人等に対する給付のうち旅費等及び鑑定等に必要な費用について一定の事情があるときは，あらかじめ概算払をすることができる（民訴費用法 18Ⅲ，20Ⅲ参照）。
　　　　証人等が貧困で前もって旅費等の支給を受けなければ出頭が困難である場合，あるいは鑑定に必要な費用が高額で鑑定人に立て替えさせて支出させることが困難な場合などには，これらの費用の概算払の必要があることから，民訴費用法において旅費等の概算払の制度が設けられたものである。

第2　関連通達
　　　　概算払については，費用法運用通達記第3において概算払をする場合の参考基準及び手続の要領が定められ，過納手数料等通達記第2から第4においてその細則が定められている。

第3　事務処理の体系
　1　概算払についての事務処理の流れを大きく分けると，
　　⑴　概算支払に関する事務
　　⑵　精算に関する事務
　　に分かれ，精算に関する事務はさらに，狭義の精算事務と返納に関する事務（民訴費用法18条3項による返納事務）に分かれる。
　2　また，概算払は，当事者等の予納に係る保管金から支出する場合と歳出金から支出する場合（国庫から立て替えて支出する場合）とに分かれる。両者は，性質上，手続的に異なった扱いをする面がある。
　3　概算払に関する書記官事務の詳細は，前記第2記載の関連通達に記載されており，通達に従って処理をすることになるところ，以下においては概略を記載する。

第2節　証人，鑑定人及び通訳人の旅費等の概算払
第1　保管金からの概算払
　1　概算支払の事務
　　⑴　概算払の事由の有無の判断
　　　　証人，鑑定人及び通訳人に対する旅費等について，①旅費等の概算払をしなければ出頭が困難であって，かつ②概算払をすれば出頭が確実であると認められるときに限り行うものとされている（費用法運用通達記第3の1の⑴のアの㋐，㋕）。
　　　　そして，前記①，②の事由があるかどうかは，当該証人等が裁判所に出頭するた

第4章　証人等に対する給付の概算払

め要する費用及びその者の経済状態を考慮して定めることとされている[38]（過納手数料等通達記第2の1の(1)のアの(ｱ)）。なお，概算払をするのは，特別の事情[39]のない限り出頭に要する片道分のみとされる（過納手数料等通達記第2の1の(1)のアの(ｲ)）。

(2)　呼出手続に伴う事務

概算払をすべき事由があると認められた場合には，書記官は，裁判所の指示により，証人等を呼び出す際，呼出状と同時に，概算払に関する注意事項を記載した書面（費用法運用通達別紙第1）と概算請求書（過納手数料等通達別紙様式第1）用紙3通を送付する（費用法運用通達記第3の1の(1)のアの(ｲ)，(ｷ)）。

(3)　概算請求書受領後の事務

ア　証人等から概算請求書が提出され，裁判所が概算払することを相当と認めたときは，書記官は，支給額を計算し，概算請求書に概算額の欄その他の必要な事項を記入し，裁判長の支給決定印を受ける（費用法運用通達記第3の1の(1)のアの(ｳ)，(ｷ)）。

イ　概算請求書に裁判長の支給決定印を受けた場合は，書記官は，その支給決定印を受けた原本1通と写し2通を，歳入歳出外現金出納官吏に送付する（過納手数料等通達記第2の1の(1)のアの(ｳ)）。同時に保管金の払出通知をする。

ウ　歳入歳出外現金出納官吏は，旅費等の概算払をしたときは，概算請求書写し1通に所要の記載をして押印をした上，裁判所に送付する。書記官は，これを事件記録の第3分類に編てつする（費用法運用通達記第3の1の(1)のアの(ｴ)，(ｷ)。民事編成通達記1の(3)のキ）。

2　精算に関する事務

(1)　精算の必要性

精算手続は，旅費等の概算払を受けた証人等が出頭し尋問が終わったとき又は出頭した場合において尋問を要しなくなったときに，原則として当日にする（費用法運用通達記第3の1の(1)のアの(ｵ)，(ｷ)）。

なお，証人等が出頭し尋問が終わったが，民訴費用法18条3項の返納の事由があって全額返納を要する場合は，精算手続ではなく返納手続をとる（費用法運用通達記第3の1の(1)のアの(ｶ)，(ｷ)，過納手数料等通達記第2の1の(1)のウ，第3の1の(1)のウ）。

(2)　精算手続

ア　書記官は，証人等に精算請求書（過納手数料等通達別紙様式第2）3通を提出

---

[38]　例えば，当該証人等が生活保護を受給しているような貧困の状態にある場合，たとえ出頭に要する費用が僅かであっても，この要件を具備することになると考えられる（今井忠良ほか「旅費および鑑定に必要な費用等の概算払に関する書記官事務について」全国書協会報38巻35頁）。

[39]　特別の事情につき，通達上「裁判所所在地外において証人を尋問する場合」が例示されている（過納手数料等通達記第2の1の(1)のアの(ｲ)）。

第1　保管金からの概算払

させる（過納手数料等通達記第2の1の(1)のイの(ア)）。

　なお，証人等に精算請求書用紙を交付するに当たり，裁判所の指示に基づき精算額を確定し，「概算額」「精算額」「追給額」「返納額」等所要事項を記載しておく。

　精算の態様として，概算額と精算額が同額の場合，精算額が概算額を下回り返納を生じる場合，精算額が概算額を上回り追給を生じる場合がある。

イ　次に，書記官は，精算請求書1通に裁判長の支給決定印を受け，支給決定印を受けた原本1通と写し2通を歳入歳出外現金出納官吏に送付する（過納手数料等通達記第2の1の(1)のイの(イ)）。精算の結果，追給を生じる場合は，書記官において追給額について保管金の払渡指示をする（（過納手数料等通達記第2の1の(1)のイ参照）。

ウ　歳入歳出外現金出納官吏は，精算をしたときは，精算請求書の1通の備考欄に所要事項を記入し押印した上，支給決定をした裁判所に送付する（過納手数料等通達記第2の1の(1)のイの(エ)）。

エ　書記官は，返納により受け入れた旨の記載がある精算請求書の送付を受けたときは，保管票及び受払票に所要の事項を記載することが定められている（過納手数料等通達記第2の1の(1)のイの(オ)参照）。保管金事務処理システムを利用した事務においては，書記官において保管金事務処理システムに入力をする必要はなく，会計部門において必要な処理がされる。

オ　歳入歳出外現金出納官吏から送付された精算請求書は，事件記録の第3分類に編てつする（民事編成通達記1の(3)のキ）。

3　返納に関する事務

(1)　返納義務

　証人，鑑定人及び通訳人は，あらかじめ旅費等の支払を受けた場合において，正当な理由がなく，出頭せず，又は宣誓，証言，鑑定若しくは通訳を拒んだときは，その支払を受けた金額を返納しなければならない（民訴費用法18Ⅲ）[40]。

　この場合において，証人等の出頭拒絶についての「正当な理由」は，民訴法192条1項，193条1項及び194条1項（不出頭に対する制裁等）における「正当な理由」の意義を基準にして解釈すべきあり（鑑定人につき民訴法216，192Ⅰ，193Ⅰ，通訳人につき民訴法154Ⅱ，216，192Ⅰ，193Ⅰ），出頭に至るまでにおける出頭不能な程度の発病，交通機関の故障等が考えられる。また，証人の宣誓，供述の拒絶の場合における「正当な理由」とは，証人が旅費等を請求できない場合（前記第2章第1節第5）の「正当な理由」と同じである。

　鑑定人，通訳人の宣誓，鑑定又は通訳を拒絶した場合の「正当な理由」について

40　民訴費用法18条3項による返納は，裁判の執行としてさせるものではなく，会計法規による返納である。この返納義務の消滅時効は5年間であると解される（会計法30，内田解説239頁）。

- 341 -

第4章　証人等に対する給付の概算払

も，民訴法における同様の場合（鑑定人につき民訴法216，192 I，193 I，通訳人につき，154 II，216，192 I，193 I）の「正当な理由」の意義を基準に解釈すべきである。

(2)　**返納手続**

ア　書記官は，記録につづられている概算請求書の備考欄に返納を要する旨を記載し，記載した年月日を明記した上，裁判長の押印を受け，返納通知書（過納手数料等通達別紙様式第3）を2通作成し，歳入歳出外現金出納官吏に送付する（過納手数料等通達記第2の1の(1)のウ）。

その際，通達において，保管票及び受払票に所要の事項を記載することが定められている（過納手数料等通達記第2の1の(1)のウ，第2の1の(1)のイの(イ)，(ウ)，(オ)参照）。保管金事務処理システムを利用した事務においては，書記官において入力をする必要はなく，会計部門において必要な処理がされる。

イ　返納通知書の送付を受けた歳入歳出外現金出納官吏は，返納手続に要する書類を作成し，裁判所に送付する。当該書面の送付を受けた係書記官は，前払金返納通知書（過納手数料等通達別紙様式第4）に添付して証人に送付する（過納手数料等通達記第2の1の(1)のウの(ウ)）。

第2　歳出金からの概算払

国庫で立て替えて行う証人等に対する旅費等の概算払の事務手続については，保管金から概算払する場合になされる保管金に関する処理がされないこと（過納手数料等通達記第2の1の(2)）及び整理簿による取扱いがされる点（過納手数料等通達記第4参照）で保管金から概算払する場合と異なるが[41]，それ以外の点は，基本的に保管金からの概算払の場合と同様である。詳細は，費用法運用通達及び過納手数料等通達の該当箇所を参照されたい。

第3節　鑑定，通訳，調査嘱託（民訴法186），鑑定嘱託（民訴法218 I）及び専門的な知識経験に基づく意見陳述の嘱託（民訴法132の4 I ③）の場合に要する費用の概算払

第1　保管金からの概算払

1　概算払の事由

鑑定人等にその費用を立て替えさせることが困難な場合に限り行うものとされる（費用法運用通達記第3の1の(1)のイの(ア)，(カ)）。

具体的には，鑑定等に多額の費用を要し，概算払をしなければ鑑定等を行うのに支障があると認められるときに，必要な費用の概算払をすることができる（過納手数料等通達記第3の1の(1)のアの(ア)）。

2　手続

41　会計上の担当者も異なる（費用法運用通達記第3の1の(2)のア参照）。

概算支払の手続，精算手続及び返納手続は，精算手続において，報酬を支給する場合に精算請求書に報酬請求額を記載して請求させる[42]（過納手数料等通達記第3の1の(1)のイの(イ)）ほかは，旅費等の概算払の場合と同様である。

第2　訴訟上の救助の場合の鑑定に必要な費用の概算払

1　概算払の事由

歳出金から概算払をできる費用は，訴訟上の救助により納付を猶予された裁判費用のうち鑑定に必要な費用のみである（予決令58⑥）。

この場合の鑑定に必要な費用の概算払の事由について，鑑定人にその費用を立て替えさせることが困難であると認められる場合に限ること，具体的には，鑑定等に多額の費用を要し，概算払をしなければ鑑定等を行うのに支障があると認められるとき必要費の概算払をすることができることは，保管金から概算払をする場合と同様である。

保管金から概算払をする場合と異なるのは，鑑定人からの請求により行うものであること，会計上の制約[43]がある（過納手数料等通達記第3の1の(2)のア）ことである。このため，訴訟上の救助を付与した事件において鑑定の費用を概算払するかどうか問題となった場合には，事前に会計課と協議する必要がある。

2　手続

訴訟上の救助の場合の鑑定に必要な費用を歳出金から概算払する場合の手続については，保管金から概算払する場合になされる保管金に関する処理がされないこと及び整理簿による取扱いがされる点で，保管金から鑑定等に必要な費用を概算払する場合と異なるが，それ以外の点は，基本的に保管金から概算払する場合と同様である。詳細は，費用法運用通達及び過納手数料等通達の該当箇所を参照されたい。

---

[42]　報酬については概算払の対象ではないところ，精算手続をするに当たっては報酬も併せて請求させる。
[43]　（項）裁判費（目）諸謝金の支払計画示達額の範囲内に行うこととされている。

第5章　歳入組入れ

第5章　歳入組入れ

第1節　概説

　　裁判所外で証拠調べ（例えば検証，証人等尋問）又は事実の調査その他の行為（進行協議，和解等）をする場合，裁判官及び書記官は現地に赴かなければならず，更には速記官や事務官が同行する場合もある。これらの者が出張する場合，国（裁判所）は，国家公務員の旅費等に関する法律に基づき，旅費，日当及び宿泊料を支給する。これらの出張の場合に支給される旅費等のうち，裁判官及び書記官についての費用の一部が当事者負担とされている（民訴費用法11Ⅰ②。「民事臨検旅費」と呼ばれる。）。当事者負担となるのは，裁判官，書記官の旅費，日当及び宿泊料のうち旅費及び宿泊料のみであり，かつ，その額も証人等に支給される限度に限られている。これ以外の日当等は，国庫負担である[44]。

　　この当事者負担となる費用については，当事者が予納し，保管金として受け入れた後，国の歳入[45]に入れることになる。この国の歳入に入れる手続のことを「歳入組入れ」という。

第2節　手続

　　書記官は，当該証拠調べ等の終了後（出張後），予納金（保管金）から，当事者が負担する費用[46]につき，歳入組入れの手続をする。

　　具体的には，歳入組入通知書[47]に，組み入れるべき金額，旅費の内訳等を記載し，歳入徴収官宛に同通知書を送付するとともに，歳入歳出外現金出納官吏に保管金の払出通知をする[48]（保管金規程6，保管金通達記第2の2）。

　　なお，歳入組入通知書の写しを作成し，記録に編てつする[49]。

44　同行した速記官や事務官の旅費等は，当事者負担でなく国庫負担となる。したがって，歳入組入れは不要である（速記官につき，昭和34年1月24日付け最高裁民二第29号民事局長，経理局長回答「民事臨検旅費の歳入納付について」）。
45　「歳入」とは，国の一会計年度における一切の収入をいう（財政法2Ⅳ）。なお，「書記官事務と関連のある会計用語」（236頁）参照
46　具体的事件においてこれをいくらとするかは，当該裁判機関が，民訴費用法21条，23条等に基づいて定める（第3編第1章第2節第2参照。内田解説194頁）。
47　平成17年3月31日付け最高裁総三第000101号総務局長通達「保管金事務処理システムを利用した裁判所の事件に関する保管金の取扱いについて」の別紙様式
48　保管金の払出事務の詳細につき，第3編第6章第3節を参照されたい。
49　後日，訴訟費用額確定処分（第2編参照）の申立てがあれば，その資料となる。

【歳入組入通知書】

（別紙様式）

主任書 記官印	

歳 入 組 入 通 知 書

裁判所歳入徴収官　　殿

　　　　　平成　　年　月　　日

裁判所

裁判所書記官

次の保管金は，歳入に組み入れるべきものにつき，通知します。

保 管 金 管 理 番 号		種　目	
事 件 番 号 （被告人）	平成　年（　）第　　　号	提 出 者 氏　　名	
金 額	円	事 由	

内 訳	金　　額	摘　　　　　要
	円	

（歳入組入通知書）

第1章　総論

第9編　家事事件の費用

　本編では，まず，第1章において家事事件の費用の概要や基礎となる事項について記載し，第2章において家事事件における費用の種目や額，手数料，裁判所に納める手数料以外の費用について民事事件（民事訴訟手続）と異なる点を中心に記載した。さらに，第3章において手続上の救助について記載し，第4章において手続費用額確定処分について記載した。

第1章　総論

第1節　概説
第1　家事事件の費用とは

　　「家事事件」とは，家事審判及び家事調停に関する事件をいう（家事法1）。

　　具体的には，家庭裁判所で行われる家事審判事件（家事法別表第1及び別表第2に掲げる事項についての審判事件[1]のほか，審判前の保全処分や履行命令等の家事法により審判事件とされたものを含む。）や家事調停事件のほか，高等裁判所が第一審として審判に代わる裁判をする場合における同裁判に係る事件や履行勧告事件等が含まれる（家事逐条2頁）。

　　「手続費用」とは，当事者等が家事事件の手続を遂行する過程で必要であった費用のうち，民訴費用法2条所定のものをいう[2]。同条に定める範囲以外のものは，手続費用とはならず，また，費用の額は現実に要した費用ではなく，同条及び民訴費用規において定める額とされる（費用法定主義）。これは，民事訴訟事件における訴訟費用の場合と異ならない。

第2　家事法による民訴法の規定の準用

　　家事法31条1項において，手続費用額の確定手続（民訴法71），調停が成立した場合の費用額の確定手続（民訴法72），家事事件が裁判及び調停の成立によらないで完結した場合の取扱い（民訴法73），費用額の確定処分の更正（民訴法74），法定代理人等の費用償還等（民訴法69，70）について，民訴法を準用している。

　　また，民事訴訟における訴訟上の救助（民訴法82）と同趣旨の制度として手続上の救助の制度（家事法32）が設けられ，その手続について基本的に民訴法を準用している（家事法32Ⅱ）。

第3　家事事件の費用に関する書記官事務と本編の記載について

　　本節第1の脚注2に記載したとおり，民訴費用法は家事事件にも適用があるため，

1　本編において，以下，家事法別表第1に掲げる事項についての審判事件を「別表第1審判事件」といい，別表第2に掲げる事項についての審判事件を「別表第2審判事件」という。
2　民訴費用法は，1条において「民事訴訟手続，民事執行手続・・・家事審判手続その他の裁判所における民事事件，行政事件及び家事事件に関する手続（以下「民事訴訟等」という。）の費用については，他の法令に定めるもののほか，この法律の定めるところによる。」と規定しており，同法は家事事件にも適用がある（第1編第1章第3節参照）。

- 346 -

第1 手続費用の負担の原則及び手続費用の負担の裁判

手続費用の範囲や額が民訴費用法2条により定まる（費用法定主義。前記第1参照）ほか，手数料の納付（民訴費用法3以下）や手数料の還付（民訴費用法9），手数料以外の費用の納付や予納（民訴費用法11，12），証人等に対する給付（民訴費用法第3章）の手続等も民訴費用法の規定に基づいて行うことになる。このため，これらに関する書記官事務は，その考え方や事務処理方法について，民事訴訟事件における書記官事務と同様のものとなる。また，前記第2において記載したとおり，手続費用額確定処分や手続上の救助についても，家事法において多くの部分で民訴法を準用しているため，これらの手続についての書記官事務は，民事訴訟事件における訴訟費用額確定処分や訴訟上の救助についての書記官事務と多くの部分で共通する。このため，家事事件における費用に関する書記官事務は，基本的には民事訴訟事件における書記官事務に準じて処理すればよいと考えられる。

しかし，家事事件においては，まず，手続費用の負担のあり方について本章第2節第1の1(1)のとおり敗訴者負担（民訴法61）を原則とする民事訴訟事件と異なり各自負担を原則としている（家事法28Ⅰ）ことや，手数料以外の費用について国庫立替えの制度を設けている（家事法30）ことなど民事訴訟事件と異なる部分があるし，直接に費用について定めているものではないが，家事事件においては職権探知主義（家事法56）が採られるなど手続において民事訴訟事件とは異なる部分があるから（本章第3節参照），家事事件における費用に関する書記官事務を，「民事事件に準じて」処理しようとすると，具体的にどのような処理となるのか改めて検討を要することも多い。

本編では，以上を念頭に，第1編から第8編までに記載した民事訴訟事件における費用に関する書記官事務を踏まえ，家事事件の費用に関する書記官事務について可能な限り検討を行った。

第2節　家事法における手続費用についての定め

平成25年1月1日に施行された家事法は，昭和22年に制定された家審法を見直して新たに制定されたものであり，家事審判及び家事調停の手続を国民にとって利用しやすく，現代社会の要請に合致した内容のものにするため，家事事件の手続の改善を図ろうとするものであるところ[3]，手続費用についても，手続費用の負担の原則及び手続費用の負担の裁判について家審法の規律が変更されたり，手続上の救助の制度が新設されるなど必要な見直しがされている。

第1　手続費用の負担の原則及び手続費用の負担の裁判

手続費用の負担については，家事事件が職権探知主義を基本としていること，家事

3　家事法制定の経緯及び家審法からの見直しの要点については，それぞれ，家事一問一答3頁（Q3）及び同書25頁（Q11）を参照されたい。また，家事法における手続費用の負担の規律の概要については，同書78頁（Q40）を参照されたい。

- 347 -

第1章　総論

審判等の結果が必ずしも勝敗という概念になじまないこと，費用負担額が相対的に大きくないことを考慮した簡易な処理の要請等を踏まえ，民訴法における規律と異なる規律が相当程度設けられている（家事逐条88頁参照）。

1　手続費用の負担の原則

(1)　各自負担の原則（家事法28 I）

家事事件における手続費用の負担については，民事訴訟事件において敗訴者負担が原則とされる（民訴法61）のに対し，各自負担が原則とされている（家事法28 I）[4,5]。

これは，家事事件における簡易迅速な処理の要請から手続費用の償還をさせないことが相当であること，また，申立人は必ずしも自らの利益のために申立てをするとは限らないことを考慮したものである（家事一問一答78頁参照）[6]。

この結果，家事法において手続費用額確定処分の制度が新設されたものの（後記本節第4参照），同処分が必要となる場合は少なく，実務上も申立ては非常に少ない（本編第4章第5節参照）。

(2)　各自負担の原則の例外（家事法28 II）

具体的な事案によっては，手続費用を原則どおり各自負担とすることがかえって公平に反するような場合もあることに鑑み，裁判所は，事情により[7]，各自負担の原則により手続費用を負担すべきことになる者以外の一定の者[8]に，手続費用の全部又は一部を負担させることができることとされている（家事法28 II）。これにより，例えば各自負担の原則によれば負担しない者に負担させることや，当事者の一人に全部を負担させることもできることとなる（家事逐条89頁）。

家事法28条2項により費用負担の対象とされる者は，次のとおりである。

①　当事者又は利害関係参加人（家事法28 II①）

②　①に掲げる者以外の審判を受ける者となるべき者（家事法28 II②）（後見開始

4　「各自」に含まれる者は，当事者及び利害関係参加人（家事法42）である（家事法28 II柱書参照）。

5　手続費用を「各自の負担とする」とは，各自が支出した費用は各自が負担して相手方に償還請求することができないことを意味する（秋山コンメ II 44頁参照）。例えば，申立人が申立書に収入印紙を貼付して納めた申立手数料，申立人が予納した郵便切手のうち送達又は送付に使用した費用，申立人が期日に出頭するために要した費用等は，申立人が自ら負担することになり，相手方を始めとする他の当事者等に請求できず，相手方等も，自ら支出した費用を，申立人を始めとする他の当事者等に請求できないということになる。

6　家審法下では，申立人負担の原則が採られていた（家審法7，旧非訟法26）ところ，家事法制定に当たり，規律を変更したものである（家事一問一答78頁参照）。

7　家審法下では，費用負担について例外が認められるのは「特別の事情」がある場合であったが，家事事件の後見的，公益的な性質からすると，事案に応じてより柔軟に手続費用の負担を定めることができるとするのが相当であるから，家事法においては，訴訟費用の負担の原則の例外について定める民事法62条の規定に倣い，「特別の事情」を「事情」に変更してその要件が緩和された（家事逐条89頁参照）。

8　家審法下で特別の事情のある場合に費用負担を命じられる「関係人」（家審法7，旧非訟法28）について，その範囲が明確でなかったため，家事法においては，各自負担の例外として裁判所の裁量により手続費用の負担を命ずることができる者の範囲について，当事者，利害関係参加人，審判を受ける者となるべき者，審判により直接に利益を受ける者に限定された（家事法28 II。家事一問一答78頁参照）。なお，審判により直接に利益を受ける者の利益とは，経済的な利益というよりは，それによって裨益するという意味であるとされ（家事一問一答78頁参照），その裁判によりその者の助けとなる，その者にとり役立つという趣旨であるとされる（人訴・家事新基本法コンメ167頁）。例えば，成年後見人選任の審判における成年被後見人がこれに当たる。

－ 348 －

の審判事件における成年被後見人となるべき者等)

③ ②に掲げる者に準ずる者であって，その裁判により直接に利益を受けるもの（家事法 28 Ⅱ③）（成年後見人の選任の審判事件における成年被後見人等)

(3) 検察官が負担すべき手続費用の国庫負担（家事法 28 Ⅲ)

例えば，検察官が，後見開始の審判の申立てをする場合（民法 7）や，不在者財産管理人の選任を申し立てる場合（民法 25 Ⅰ）など，国家機関の職責に基づき公益の代表者として家事事件の手続に関与する場合，家事法 28 条 1 項，2 項により手続費用を負担することとなったときは，その手続費用は国庫の負担とされる（家事法 28 Ⅲ）。なお，人訴法 16 条 1 項にも同様の規定がある。

2 手続費用の負担の裁判

(1) 手続費用の負担の裁判の必要性等

ア 手続費用の負担の裁判の必要性

裁判所は，原則どおり各自負担とする場合であっても，家事事件を完結する裁判において，職権で，その審級における手続費用の負担の裁判をしなければならない（家事法 29 Ⅰ）[9, 10, 11, 12]。

「事件を完結する裁判」とは，その審級における事件の全部についての手続を終了させる裁判をいう。したがって，申立ての全部について判断する審判（審判に代わる裁判[13]や審判前の保全処分を含む。），家事審判の申立書又は家事調停の申立書を却下する命令（家事法 49 Ⅴ，255 Ⅳ）などは事件を完結する裁判であるが，残部審判を予定した一部審判は事件を完結させる審判ではない[14]。

---

9 家審法下では，費用について裁判をする必要があると認めるときに限り費用の負担と額について裁判をすることとされていた（家審法 7，旧非訟法 27）。そのため，手続費用の負担の裁判がされなければ，費用を実際に負担した者が，最終的に費用を負担していた。実務上も，法律上当然に費用負担をする者が定まる場合には，民事訴訟の場合とは異なり，手続費用の負担の裁判はほとんどされていなかった（人訴・家事新基本法コンメ 168 頁参照）。家事法においては，利用者にとっての明確さを考慮し，原則どおり各自負担とする場合であっても，必ず費用の負担の裁判をすることとし，家審法の規律が変更された（家事一問一答 78 頁参照）。

10 家事審判事件ではすべての手続費用の負担の裁判をしなければならないこととなったが，それは，対立当事者がいない別表第 1 審判事件でも同様である（人訴・家事新基本法コンメ 169 頁）。この場合の手続費用の負担の裁判の主文については，利害関係参加人がいない場合，申立人が 1 名であるときには「手続費用は申立人の負担とする。」とされることが多いが，申立人が複数の場合は「手続費用は各自の負担とする。」とされる（家事別表第一事件研究 44 頁参照）。なお，申立人が 1 名であるときに「手続費用は各自の負担とする。」としても誤りではないが，「申立人の負担とする。」とした方が当事者にとっての明確さの観点から適切とされる（人訴・家事新基本法コンメ 169 頁参照）。

11 相続人捜索の公告申立事件や遺言書の検認申立事件についても，審判事件である以上，事件が終局する際には手続費用の負担の裁判が必要とされる（家事別表第一事件研究 44 頁参照）。

12 今後，手続費用の負担に関する当事者らの関心が強くなることが予想されるが，紛争性がある別表第 2 審判事件についても，民事訴訟の敗訴当事者負担（民訴法 61）というのではなく，原則として各自負担とされていることから，当事者が誤解しないようにきちんと説明することが必要になるとの見解がある（秋武概説家事 81 頁参照）。

13 「審判に代わる裁判」とは，審判に対して即時抗告がされた場合において即時抗告に理由があるときに高等裁判所がする抗告審としての裁判（家事法 91 Ⅱ），高等裁判所が第一審として行う裁判等であり，その性質は審判である。派生的又は付随的事項に関する手続判断である「審判以外の裁判」とは異なることに留意が必要である（「審判に代わる裁判」「審判以外の裁判」の意義について家事一問一答 17 頁参照）。

14 合意に相当する審判（家事法 277）及び調停に代わる審判（家事法 284）は，同一審級内で異議申立てにより失

第1章　総論

イ　手続費用の負担の裁判の脱漏（家事法 79，民訴法 258Ⅱ前段）

家事事件を完結する裁判において手続費用の負担の裁判をしなかったときには審判の脱漏となり，申立て又は職権により，手続費用の負担について，決定で裁判をすることになる（家事法 79，民訴法 258Ⅱ前段）。

書記官としては，審判書の草稿の点検を始めとする審判書の作成に関する事務を行う際には，手続費用の負担の裁判がされているか及びその内容について確認をする必要がある（家事別表第一事件研究 44 頁参照）。

ウ　独立した不服申立ての禁止（家事法 85Ⅱ）

手続費用の負担の裁判（家事法 29Ⅰ，Ⅱ）に対しては，独立して即時抗告をすることができない（家事法 85Ⅱ）[15]。

家事法 28 条 2 項 2 号及び 3 号により，事情により，本来手続費用を負担すべきであるとされる者（家事法 28Ⅰ）以外の者であって，当事者でも利害関係参加人でもない者に対して手続費用を負担させることができることとしているため，家事審判の手続に全く関与していなかった者が審判において手続費用の負担を命ぜられる場合もあり得るところ（家事法 28Ⅱ，前記第 1 の 1⑵参照），このような場合も，家事法 85 条 2 項の規定により，当該手続費用の負担の裁判が不当であることのみを理由として，その裁判に対して独立して即時抗告ができないこととなることに留意が必要である（家事逐条 91 頁）[16]。

⑵　手続費用の負担の裁判の規律

ア　家事調停手続を経た家事審判における手続費用の負担の裁判（家事法 29Ⅰ本文括弧書）

家事調停の手続が家事審判の手続に移行した場合において，当該家事審判の手続で審判をするときは，裁判所は，その審判において，審判費用と審判手続に先行する調停手続における費用について手続費用の負担の裁判をすることになる（家事法 29Ⅰ本文括弧書）。

イ　事件の一部又は中間の争いに関する裁判におけるその手続費用の負担の裁判（家事法 29Ⅰただし書）

民事訴訟事件と同じく（民訴法 67Ⅰただし書），事情により事件の一部又は中間の争いに関する裁判において，その手続費用についての負担の裁判をすることができる旨を定めている（家事法 29Ⅰただし書）。

効する余地があるが，事件を完結する裁判であり，調停費用について費用負担の裁判をする（家事逐条 93 頁参照）。

15　手続費用の負担の裁判に対してのみ不服申立てを認めると，本案についての裁判は変更できないのに，費用負担との関係では本案の裁判とは異なった判断に立脚して手続費用の負担の裁判を変更しなければならなくなる場合が生じるため，家審法 7 条において準用される旧非訟法 30 条ただし書で費用の裁判に対する不服申立てを本案の裁判に対する不服申立てと切り離して独立してすることはできない旨を定めていたところ，家事法においてもこの規律を維持したものである（家事逐条 277 頁参照）。民訴法 282 条と同趣旨の規定である（人訴・家事新基本法コンメ 282 頁）。

16　この場合に即時抗告できないことの相当性について家事逐条 278 頁参照。

- 350 -

このうち「事件の一部に関する裁判」とは，例えば併合された審判事件の一部についての審判（家事法73Ⅱ）がこれに当たる。「中間の争いに関する裁判」とは，例えば利害関係参加の許否の決定など，手続の当事者でない第三者との間の中間的な争いについての裁判を意味し，中間決定（家事法80）は，原則として当たらない（家事逐条93頁参照）。

ウ　上級の裁判所が本案の裁判を変更する場合の手続費用の負担の裁判（家事法29Ⅱ前段）

上級の裁判所が原裁判を取り消し，又は破棄して，上級の裁判所自らが原裁判に代わる裁判をするときは，上級審における手続費用だけでなく，原裁判において判断された手続費用も一括して裁判しなければならない（家事法29Ⅱ前段）。

エ　事件の差戻しを受け，又は移送を受けた裁判所が，その事件の完結する裁判をするときの手続費用の負担の裁判（家事法29Ⅱ後段）

この場合，差戻し又は移送を受けた裁判所は，上級審の費用又は移送前の費用を含む総費用について負担を定める裁判をしなければならない（家事法29Ⅱ後段）。

(3)　家事調停事件が成立した場合の費用負担（家事法29Ⅲ）

家事調停が成立した場合に調停費用の負担について特別の定めをしなかったときには，その費用は各自負担となる。当該家事調停が家事審判手続を経ていた場合であればその審判費用についても各自負担となる（家事法29Ⅲ）。

(4)　訴訟事件について，受訴裁判所が家事法257条2項又は同法274条1項によって家事調停に付し調停が成立した場合の訴訟費用の負担（家事法29Ⅳ）

調停前置主義に反して調停を経ることなく訴えが提起され受訴裁判所が調停に付した場合（家事法257Ⅱ本文），又は受訴裁判所が職権で訴訟事件を調停に付した場合（家事法274Ⅰ）に，調停が成立し，その中で訴訟手続において生じた費用について特別の定めをしなかったときは，その費用は各自負担となる[17]（家事法29Ⅳ）。

なお，民事調停事件においても同様の規定（民調法20の2Ⅱ）が置かれている。

3　家事事件が裁判及び調停の成立によらないで完結した場合の費用負担（家事法31Ⅰ，民訴法73Ⅰ）

家事事件が，申立ての取下げ（家事法82，83，273），調停をしない場合の事件の終了（家事法271），調停不成立の場合の事件の終了（家事法272Ⅰ本文。ただし，調停

17　この点，家事法制定前は，調停成立により訴訟が取り下げられたものとみなされる結果（家審法19Ⅱ参照），訴訟費用の部分について，民訴法73条1項により訴訟の第一審裁判所が申立てにより負担の裁判をし，その裁判が確定した場合には，当該裁判所の裁判所書記官が負担の額を定めることになるものとするのが一般的であったと思われるが，それでは訴訟費用の負担をめぐる争いが残りかねないため，このような規律が設けられたものである（家事逐条95頁参照）。なお，この規定は，家事法に置かれているものの訴訟手続についての規律を定める規定となる（家事逐条3頁参照）。

第1章　総論

の不成立により審判移行する別表第2調停事件は除く。）等により完結した場合は，当事者の申立てにより，基本となる家事事件が係属していた裁判所が決定で手続費用の負担の裁判をすることになる（家事法31 I，民訴法73 I）[18,19]。

4　法定代理人等の費用償還等（家事法31 I，民訴法69，70）

　　家事法31条1項において，法定代理人等の費用償還について定めた民訴法69条及び無権代理人の費用負担について定めた民訴法70条が準用されている[20]。これにより，①当事者等以外の家事手続の関与者である法定代理人，手続代理人，書記官又は執行官が，故意又は重大な過失によって無益な手続費用を生じさせた場合に，その費用額につき，また②法定代理人又は手続代理人として行為した者が，その代理権又は手続行為をするのに必要な授権があることを証明できず，かつ追認を得ることができなかった場合に，その手続行為によって生じた手続費用につき，裁判所は，申立て又は職権で，これらの者に対し，その費用額の償還を命じることができる（家事法31 I，民訴法69 I，II）。さらに，②の場合において，家事事件の申立てが却下されたときは，手続費用は，その代理人として手続行為をした者の負担となる（家事法31 I，民訴法70）。

5　証人，鑑定人に対する手続費用の負担の裁判（家事法64 I，民訴法192 I，200，206，215の4，216）

　　証人が，正当な理由なく裁判所に出頭しない場合及び証言拒絶を理由がないとする裁判が確定した後に証人が正当な理由なく証言を拒む場合，そのために生じた証人の呼出費用，当事者等の期日の出頭旅費などの手続費用について，裁判所は，決定で証人に負担させることができる（家事法64 I，民訴法192 I，200）。これについては，受命裁判官又は受託裁判官の命令により負担させることもできる（家事法64 I，民訴法206）。鑑定人が，正当な理由なく裁判所に出頭しない場合，宣誓を拒む場合及び鑑定拒絶を理由がないとする裁判が確定した後に鑑定人が正当な理由なく鑑定を拒む場合も，同様である（家事法64 I，民訴法216，192 I，215の4）。

6　当事者に対する手続費用の負担の裁判（家事法64 VI，民訴法192 I）

　　当事者本人を尋問する場合に，出頭を命じられた当事者（家事法64 V）が正当な

18　家審法下においては，家事事件の取下げ，調停をしない措置など，終局審判以外の事由によって家事事件が終了した場合における手続費用の負担については，何ら規定がなく（旧非訟法27条は，審判事件が終局審判によって完結した場合にのみ適用されると解されていた。），このような場合，民訴法73条を類推適用して，費用の負担及び額についての裁判をするものと解されていた（秋武概説家事81頁，家審法講義案40頁参照）。

19　このような申立てがあったときには，調停費用が原則どおり各自負担であったとしても，審判事件の場合と同様に必ずその旨の裁判をすることになる。例えば，申立人が調停費用の一部を相手方が負担すべきとしてこの申立てをしたときに，そのような理由がなく各自の負担とするときは，申立てを却下するのではなく各自負担の裁判をすることになると考えられる（秋武概説家事81頁）。

20　家事法28条2項において裁判所が裁量で手続費用の負担を命ずることができる者を限定した結果，家審法下で「関係人」（家審法7，旧非訟法28）として裁量で手続費用の負担を命ずることができると解されていた法定代理人や手続代理人はその対象から除かれることとなったため，これを補う趣旨で，法定代理人等の費用償還について定めた民訴法の規定を準用することとされたものである（家事逐条98頁参照）。

第4　手続費用額確定処分（家事法31 I，民訴法71）

理由なく出頭に応じないとき，裁判所は，決定で手続費用の負担を命じることができる（家事法64VI，民訴法192 I）。

第2　手続費用に関する民事訴訟法の準用[21]

手続費用について，民事訴訟事件と異なる取扱いをする必要性がないものが多いことから，家事法において，手続費用額の確定手続（民訴法71。本節第4及び本編第4章参照），調停成立の場合の手続費用額の確定手続（民訴法72。前同），家事事件が裁判及び調停の成立によらないで完結した場合の取扱い（民訴法73。本節第1の3参照），手続費用額確定処分の更正（民訴法74。本編第4章参照），法定代理人等の費用償還等（民訴法69，70。前記第1の4参照）について，民訴法を準用することとされた（家事法31 I）。

家審法下において，同法が準用する旧非訟法に規定がなかったものについて，民訴法を準用することが明確にされ，手続費用に関してより一層適切に事件処理ができることになり，その意義は小さくないとされる（秋武概説家事86頁参照）。

第3　手数料以外の費用の国庫立替え（家事法30）

民訴費用法12条1項は，同法11条1項が定める手数料以外の費用を要する行為について，原則として当事者等にその費用の概算額を予納させるものとしているが，このことは，公益性を有し，職権探知主義を採用している家事事件の手続の場合にも，それが広い意味で自己の権利又は利益に関する紛争を解決するための手続である以上，原則として妥当するものと考えられる[22]。しかしながら，家事事件の後見的又は公益的性質からすると，事案によっては当事者が予納しなければ当該手続を行わなくてもよいというわけにはいかず，一時的に国庫で費用を負担してでも裁判所が必要と認める資料を迅速に得る場合もあると考えられる。

そこで，家事法30条は，国庫立替えを原則としていた家審法下の規律（家審規則11）を一部変更し，手数料以外の費用を要する行為の費用について，当事者等による予納を原則としつつ（民訴費用法12），裁判所が必要と認める資料を得るため，国庫において立て替えることができるものとした（家事逐条96頁参照）。

手続費用の国庫立替えについては本編第2章第3節第4を参照されたい。

第4　手続費用額確定処分（家事法31 I，民訴法71）

家審法下では，手続費用の負担について裁判をする必要があると認めるときにはその額を確定して，事件の裁判とともにするものとされていたが（家審法7，旧非訟

21　家審法で準用する旧非訟法29条には，民訴法65条を準用する旨の規定があったものの，家事法では民訴法65条は準用されていない。家審法では，申立人が手続費用を負担するのが原則となっており，申立人が複数いるときは，民訴法65条1項本文により，原則として平等に手続費用を負担させると定める実益があった。これに対し，家事法では，一方当事者が複数いたとしても，手続費用は各自負担が原則となり，共同して手続費用を負担することがないことからこのような規定を設ける必要がなく，また，家事法28条2項により，原則と異なる割合で手続費用を負担させることが可能となったことから，民訴法65条2項を準用する必要がなかったのである（秋武概説家事86頁）。

22　国庫立替えを原則としていた家審法下においても（家審規則11参照），実務上ほとんどの場合当事者が予納していた。

第1章　総論

法 27），家事法においては，家審法の規律を変更し，民訴法における費用の負担に関する規律に倣い，手続費用の負担の裁判と手続費用額確定処分とを分け，手続費用の負担については，本節第1の2のとおり裁判所が事件を完結する裁判においては常に職権ですべきものとし，手続費用額確定処分については別途の申立てに基づいて書記官がすることとされた（家事法 31 I，民訴法 71）。

　手続費用額確定処分に関する書記官事務については本編第4章を参照されたい。

第5　手続上の救助（家事法 32）

経済的な理由で家事事件の手続を利用できないのでは，家事事件において当事者に主体的に手続行為を追行させる権能を与えた趣旨が損なわれるため，民事訴訟における訴訟上の救助と同様，手続上の救助の制度が設けられた（家事法 32）。

手続上の救助に関する書記官事務については本編第3章を参照されたい。

第3節　家事事件の手続と費用に関する書記官事務

本章第1節第3のとおり，家事事件の手続については民事訴訟事件と異なる面があり，そのことが費用に関する書記官事務にも影響を及ぼすと考えられる。例えば，次のようなことが考えられる。

第1　家事事件の性質に由来するもの

1　職権探知主義（家事法 56）

家事審判事件は，身分関係の形成や変更を求める事件など，その結果が当事者以外の第三者に対しても効力を有し（対世効），公共の利益にも影響を与えることがある。この意味で，当事者の権利又は利益に還元することができない公益性があり，家庭裁判所が後見的立場から実体的真実に合致した判断をすべき要請が強い（家事法概説 47 頁参照）。

そのため，家事審判の手続には，民事訴訟における処分権主義（当事者に訴訟の処分権限を認める原則をいい，私的自治の原則から導かれる。）は，基本的に適用されないと解されている。このため，家庭裁判所の職権により手続が開始されるものもある（家事法概説 47 頁参照）[23, 24]。

また，家事審判の手続には，民事訴訟における弁論主義（判決の基礎となる訴訟資料の収集及び提出を当事者の権能と責任に委ねる建前をいい，私的自治の原則から導かれる。）は，基本的に適用されないと解される。すなわち，裁判所は，当事者の主張に拘束されず，また当事者の提出した資料に限定されずに，後見的な立場から裁量権を行使して，職権をもって，必要と考える事実の調査や証拠調べをし，事実を認定することができる（職権探知。家事法 56 I。家事法概説 48 頁参照）。

23　成年後見人の選任（家事法別表第1の3の項，民法 843 I〜III）や成年後見人の解任（家事法別表第1の5の項，民法 846）等，民法等の規定により，家庭裁判所が職権をもって家事審判手続を開始する場合がある。
24　職権によって一定の者を審判手続に加えることもできる（家事法 41 II，42 III，44 III，45 II）。

- 354 -

職権により手続が開始された事件における裁判の告知等の費用や職権でする事実の調査や証拠調べに要する費用について，予納を誰に求めるのか[25]検討を要することになる（本編第2章第4節参照）。

2 本人出頭主義（家事法51）

家事審判の手続は，その性質上，本人から直接事情を聴取しなければ，事件の真相を的確に把握し，事件の実情に即した適切な判断を下すことができない。そこで，家事審判の手続の期日に呼出しを受けた事件の関係人は，原則として本人自身が家事審判の手続の期日に出頭しなければならない（家事法51Ⅰ，Ⅱ本文）。

当事者等が手続代理人と共に期日に出頭した場合，当事者等の旅費，日当等（民訴費用法2④）のほか手続代理人の旅費，日当等（民訴費用法2⑤）も手続費用と認められるかどうか，民事訴訟事件の場合と異なる視点での検討が必要であると考えられる（本編第2章第1節第2の3参照）。

3 相手方のいない事件があること等

家事事件において，別表第1審判事件については相手方となる者がいない。このため，手続費用は，原則として申立人負担となる[26]。そうすると，例えば，手続上の救助により猶予された費用（家事法32，民訴法83Ⅰ①前段）や，国庫立替えした費用（家事法30）について，手続費用の負担の裁判等により費用負担者とされた者からの取立て（家事法32Ⅱ，民訴法85。民訴費用法14，15）の問題は発生しないことになる。

第2 異なる制度の存在

例えば，家事事件においては，家事法第4編において履行の確保の制度が設けられている。家事債務の履行の確保とは，家庭裁判所がその審判や調停等で定まった義務の実現を図ることであり，履行勧告と履行命令がある[27]。裁判所が，履行勧告手続等を行うためには，例えば郵便料等の費用が発生し，その費用をどう負担するかとの問題が発生することになる（履行勧告に係る費用については国庫負担とされ，履行命令に係る費用については他の家事雑事件と同様の取扱いをすることとされている（詳細は本編第2章第3節第2参照）。

第3 公的機関への通知等

家事事件の公益的側面，後見的側面から他の公的機関へ通知等が必要となる場面がある。例えば，戸籍通知（家事規89Ⅰ等），特別養子縁組成立の通知（家事規93Ⅲ）

---

25 職権でする行為に係る費用（手数料以外の裁判所に納める費用）の納付義務者は裁判所が定める者であるが（民訴費用法11Ⅱ），裁判所に自由裁量権があるものではなく，当事者等のうちその行為を行うにつき手続遂行上の利益を有すべき者を納付者として定めなければならない（内田解説196頁）。

26 例外として，家事法28条2項により，利害関係参加人等に費用の負担を命じる場合がある（本章第2節第1の1(2)）。

27 これら手続の概略については，家事法概説147頁以下を，両手続に係る書記官事務については，家事別表第二事件研究第6編を参照されたい。

第1章　総論

などがあり，その費用の負担について問題となる。

この点については，本編第2章第3節第2の2を参照されたい。

第4　当事者以外の裁判（審判）を受ける者の存在

当事者[28]以外に裁判の名宛人となる者（家事法において「審判を受ける者」[29]といわれる。）が存在する。これらの者が費用負担の裁判により費用負担を命じられる場合があることは本章第2節第1の1⑵のとおりである。ほかに，例えばこれらの者が事件の係属中に家事事件記録の閲覧，謄写をする場合に手数料を要するかといった問題などが生じる（閲覧，謄写等の手数料については，本編第2章第2節第1の1⑵参照）。

28　家事法において，「当事者」とは，形式的意味の当事者，すなわち申立人及び相手方をいうとされている（家事一問一答13頁）。また，条文上「当事者」とされている場合，当事者参加人（家事法41）を含み，当事者が自ら手続追行をする主体として表現されている場合には，「利害関係参加人」（家事法42）も含まれる。利害関係参加人は，基本的には「当事者がすることができる手続行為をすることができる」（家事法42Ⅶ）ことから，あえて「当事者及び利害関係参加人」とはしなくとも，「当事者」とすれば，家事法42条7項と併せれば，利害関係参加人が含まれることが明らかであるという前提に立っているからとされる（家事一問一答13，14頁参照）。

29　なお，積極的な内容の審判がされた場合における「審判を受ける者」となる者について，家事法上「審判を受ける者となるべき者」と呼ばれ，家事法上一定の手当てがされている（家事一問一答18頁）。

第1　当事者等の旅費，日当及び宿泊料（民訴費用法2④）

第2章　家事事件の費用

第1節　家事事件における費用の範囲と額

　　　　民事事件と同じく，家事事件についても，手続費用の範囲と額は民訴費用法2条各
　　　号に定めるところによるが，家事事件においては，その費用の負担について，前述の
　　　とおり各自負担が原則とされており（家事法28Ⅰ），その場合，費用の償還は問題と
　　　ならないから，手続費用の範囲と額が問題となる場面は，民事訴訟事件に比べると相
　　　当少ないといえる（手続費用額確定処分の実務の状況につき本編第4章第5節参照）。
　　　　もっとも，家事事件においても，事情により，手続費用の負担の裁判において手続
　　　費用が案分負担とされたり一方負担とされたりすることがある（家事法28Ⅱ）。その
　　　場合，負担すべき具体的な費用の額は，手続費用額確定処分により定めることとなり，
　　　同処分をするに当たっては，個別の費用について民訴費用法2条各号に該当するか，
　　　また，その額が問題となる。家事事件の手続費用の範囲と額について，基本的には民
　　　事事件における手続費用の範囲及び額と同様と考えられるところ，以下には，民事事
　　　件と異なる検討を要すると考えられる主な点について記載した。

第1　当事者等の旅費，日当及び宿泊料（民訴費用法2④）

　　　　民訴費用法2条4号により費用とされるのは，当事者等が，裁判所が定めた期日に
　　　出頭するための旅費，日当及び宿泊料である。

1　当事者等

　　　　民訴費用法上，当事者等とは，「当事者若しくは事件の関係人，その法定代理人若
　　　しくは代表者又はこれらに準ずる者」をいう（民訴費用法2④上段最初の括弧書）。

(1)　家事事件における当事者等

　　　　家事法において，当事者とは，形式的意味の当事者，すなわち，申立人及び相手
　　　方を指す（家事一問一答13頁）[30]。家事法における当事者，当事者参加人（家事法
　　　41）[31]及び利害関係参加人（家事法42）[32,33]は，本号の当事者に当たると考えられ
　　　る。
　　　　「事件の関係人」について，旧非訟法下における見解として「固有の非訟事件手
　　　続の領域においては，訴訟におけると異なり，原則として対立当事者の手続構造を
　　　とらないため，民事訴訟における当事者におおむね相当する裁判の名宛人となる

30　形式的な当事者概念を採用したとされる（家事一問一答28頁）。
31　当事者参加（家事法41）とは，「当事者となる資格を有する者」が，既に係属している家事審判の手続に，自
　　ら当事者として参加したり，参加させるものである（家事法概説22頁参照）。家事法において，条文上「当事者」
　　とされている場合，当事者参加人を含む（家事一問一答13頁）。
32　利害関係参加（家事法42）とは，当事者以外であっても当該事件の審判結果に強い利害関係を有する「審判を
　　受ける者となるべき者」，「審判の結果により直接の影響を受ける者」又は「当事者となる資格を有する者」が，
　　既に係属している家事審判の手続に，当事者以外の者として参加したり，参加させるものである（家事法概説25
　　頁参照）。
33　利害関係参加人については，当事者がすることができる手続行為をすることができ（家事法42Ⅶ），家事法28
　　条により費用償還請求権者又は義務者になることがあるから，本号にいう当事者等に含まれると考える。

－ 357 －

第2章　家事事件の費用

者を「事件の関係人」といっているので，これをも含める趣旨である。」とされている（内田解説 51 頁）。これを，現行の家事法の下で考えると，家事法上の「審判を受ける者」（家事法 47Ⅵ，74Ⅰ，Ⅱ，78Ⅲ，89Ⅰ）及び「審判を受ける者となるべき者」（家事法 10Ⅰ①②③⑤，28Ⅱ②，41Ⅱ）は，審判の名宛人となる者をいい（家事一問一答 18 頁参照），「事件の関係人」に当たると考えられる。

⑵　法定代理人，代表者又はこれらに準ずる者

上記⑴の当事者又は事件の関係人の法定代理人，代表者又はこれらに準ずる者である。

具体例については，第1編第4章第6節第1の1⑵を参照されたい。

なお，民訴法上の特別代理人（民訴法 35）について，家事事件においては家事法上の特別代理人（家事法 19）となる。

おって，法定代理人等が複数いる場合，親権者以外の法定代理人，法人の代表者又はこれらに準ずる者については，二人以上出頭しても，そのうち最も低額となる一人についての旅費，日当及び宿泊料が認められるにすぎない（民訴費用法2④上段2番目の括弧書）。

2　期日

「口頭弁論又は審問の期日その他裁判所が定めた期日」として，家事事件においては，家事審判期日（家事法 51），家事調停期日（家事法 258Ⅰ，家事法 51）[34]，実地検証や所在尋問等の裁判所外でする証拠調べ期日（家事法 64，民訴法 185）がある。

裁判所が定めた期日である必要があるから，家庭裁判所調査官が事実の調査として当事者等を呼び出した場合は含まれない。

3　期日における出頭の有無の確認

前記2の各期日について期日調書が作成されれば，その期日調書の「出頭した当事者等」欄（「家事調書通達」別紙様式第1，第2），又は「当事者等及びその出頭状況」欄（「家事調書通達」別紙様式第5，第6）で確認する。もっとも，家事事件においては，裁判長が作成の必要がないと認めれば調書が作成されず（家事審判期日について家事法 46 条ただし書，家事調停期日について家事法 253 条ただし書。家事調停期日については，成立又は不成立の場合を除いて調書の作成が省略されることが多い。），その場合事件経過表が作成されるのが通常であるので，出頭の有無は，事件経

34　「証拠調べの期日」（家事法 46）とは，証拠調べをする場合の当該家事事件の手続の期日を意味し，「審問の期日」（家事法 69）とは，審問をする場合の当該家事事件の手続の期日を意味するのであり（つまり，家事事件の期日において証拠調べや審問が行われるのであり），証拠調べ期日や審問期日といった種類があるわけではないとされる（家事一問一答 16 頁）。

- 358 -

第2　代理人の旅費，日当及び宿泊料（民訴費用法2⑤）

過表の記載で確認することになる[35, 36, 37]。

4　旅費，日当及び宿泊料の額

　　旅費，日当及び宿泊料の額の算定については，民事事件と同様であるので，第1編第4章第6節第2を参照されたい。

第2　代理人の旅費，日当及び宿泊料（民訴費用法2⑤）

　　民訴費用法2条5号により費用とされるのは，代理人が，民訴費用法2条4号にいう期日に出頭するための旅費，日当及び宿泊料である。

1　家事事件における代理人

　　家事事件においては，民事訴訟事件における訴訟代理人に該当する手続代理人（家事法22以下）がこれに当たる。手続代理人には，①法令により裁判上の行為をすることができる代理人（例えば，株式会社等の支配人など），②当事者等の委任を受けた弁護士である手続代理人（家事法22Ⅰ本文），③当事者等の委任を受けた弁護士でない者で，家庭裁判所が代理人として許可した手続代理人（家事法22Ⅰただし書），④裁判長が選任した手続代理人弁護士（家事法23Ⅰ，Ⅱ）がある。

　　なお，法定代理人及び特別代理人は除かれている（民訴費用法2⑤上段最初の括弧書）。

2　代理人が二人以上期日に出頭した場合

　　代理人が二人以上期日に出頭したときは，そのうちの最も低額となる一人分のみが費用となる（民訴費用法2⑤上段三つ目の括弧書）。

3　代理人が当事者等とともに期日に出頭した場合

　　民訴費用法2条5号上段二つ目の括弧書で，「当事者等が出頭命令又は呼出しを受けない期日に出頭した場合を除く。」と規定されており，代理人が期日に出頭した場合でも，当事者等もまたその期日に出頭したときは，原則として，代理人の出頭についての旅費等は費用とならない。ただし，当事者等と代理人とが出頭した場合でも，

35　家事審判期日について調書の作成が省略される場合には経過の要領を記録上明らかにする必要があるところ（家事法46ただし書），実務上，事件経過表を作成するのが一般であるし，家事調停期日については法文上経過の要領を記録上明らかにすることが求められているわけではないが，一般に事件経過表が作成されている（平成24年12月10日付け最高裁家庭局第一課長，総務局第三課長事務連絡「家事事件の調書通達の概要」及び事件経過表の参考様式の送付について」参照）。なお，この事務連絡において，事件経過表を作成し，記録につづり込むなどして，これらの事項（当事者や代理人等の出頭の有無）を記録上明らかにすることが考えられるとされている。

36　審判前の保全処分については，調書の作成が省略される場合に，審判前の保全処分の迅速処理の要請から，経過の要領を記録上明らかにすることも必要とされていない（家事法114参照）。このため，法律上は，期日が開かれたかどうか，期日の日時，出頭者等が記録上明らかでないことが想定され，その場合，出頭の有無の確認は，当事者等に資料提出を求めるほかないと考えられる。しかし，実務上，期日が開かれた場合，多くは調書ないし事件経過表が作成されていると考えられる。

37　当然のことではあるが，書記官は，当事者等の出頭状況の確認をきちんと行い，遺漏及び誤りのない期日調書及び事件経過表を作成する必要がある。家事調停事件の当事者等の出頭状況の確認は，実務上，調停委員において行う例も多いと思われるところ，調停委員による出頭状況の確認方法，その確認結果の書記官への伝達方法等について，正確な事件経過表を作成するための態勢の構築が必要であり，かつ，疑義が生じた場合は書記官において直接出頭状況の確認を行う必要がある。

第2章　家事事件の費用

当事者等に対して一般の期日の呼出しとは別に特に手続法規の定めにより出頭命令又は呼出しがあったときには，当事者等の出頭に係る旅費等のほか，代理人の出頭に係る旅費等も費用になる。

民事訴訟事件において，本人が特に手続法規の定めにより出頭命令又は呼出しを受けた場合として，釈明処分のために出頭が命じられた場合，当事者尋問のために本人を呼び出した場合，和解期日への出頭命令等が考えられるとされる（第1編第4章第7節第1の3参照）。

この点，家事事件においても，事実の調査として当事者等を審問するため本人を呼び出した場合や当事者尋問のため本人に対し家事審判期日に出頭することを命じた場合（家事法64V）は，この場合に当たると考えられる。

ほかに，家事事件の期日においては，いわゆる本人出頭主義[38]（家事法51Ⅱ，258Ⅰ）が採られ，家事法51条1項により呼出しを受けた事件の関係人は，原則として本人出頭を要請されることとなる[39]。この場合（家事法51条1項による呼出しを受けて出頭した場合），民事訴訟事件において釈明処分のため出頭を命ぜられたのと類似し，前記一般の期日の呼出しとは別に特に手続法規の定めにより出頭命令又は呼出しがあった場合に当たると解する。

4　旅費，日当及び宿泊料の額

旅費，日当及び宿泊料の額の算定については，民事事件と同様であるので，第1編第3章第7節第2を参照されたい。

第3　書類の作成及び提出費用（民訴費用法2⑥）

民訴費用法2条6号により費用とされるのは，当事者等が書類を作成し，裁判所に提出するために要した費用である。その対象となる書類は，当該手続の資料とされた書類（いわゆる「資料性」のあるもの）に限定されている。

そして，その額については，「事件1件」を単位として，事件の種類，当事者等の数並びに書類の種類及び通数を基準として，通常要する書類の作成及び提出の費用の額として最高裁判所が定める額とされ（民訴費用法2Ⅵ下段），事件の種類や額等について，民訴費用規2条の2，同別表第2に具体的に定められている。

1　家事事件における算定の対象と額

(1)　基本事件

ア　申立てに係る事件（民訴費用規2の21，同別表第2の3の項）

次の事件1件につき1,000円の書類作成及び提出の費用が認められる。

① 家事法別表第1に掲げる事項についての審判の申立てに係る事件（民訴費

---

[38]　家審法下では，「事件の関係人は，自身出頭しなければならない」（家審規則5Ⅰ）と規定するのみであり，呼出しを待つまでもなく，事件の関係人である以上自ら出頭しなければならないとの解釈が可能であり，このことをもって「本人出頭主義」と呼んでいた（斎藤秀夫ほか編「注解家事審判規則【改訂】」平成9年，青林書院35頁参照）。家事法においては，本人出頭を要請される事件の関係人は裁判所が呼出しをした者であることを明確にし，呼出しを受けて初めて出頭義務が生じることを明確にしている（家事逐条186頁）。

[39]　やむを得ない事由があるときは，代理人を出頭させることができるとされている（家事法51Ⅱただし書）。

－ 360 －

第3　書類の作成及び提出費用（民訴費用法2⑥）

用法別表第1の15の項参照）

②　家事法別表第2に掲げる事項についての審判又は同法244条に規定する事件についての調停の申立てに係る事件（民訴費用法別表第1の15の2の項参照）

③　仮差押え・仮処分その他の必要な保全処分の申立てに係る事件（民訴費用法別表第1の16の項参照）

　なお，③の仮差押え・仮処分その他の必要な保全処分の申立て（いわゆる第4類型の保全処分[40]）については，実務上，民訴費用法別表第1の16の項の「その他の裁判所の裁判を求める申立てで，基本となる手続が開始されるもの」に該当するとされており[41]，書類の作成提出費用においても民訴費用規別表第2の3の項（基本となる手続が開始されるもの）に該当する。民訴費用法別表第1の16の項に該当しないと解釈される保全処分については，本案の審判への随伴性が高く，同項の申立てに当たらないとされ，書類の作成及び提出費用についても基本事件とならない。また，書類の作成費用について附随事件（民訴費用規別表第2の4の項以下の項）にも当たらない。基本事件である本案審判事件において評価し尽くされていると考えられたためであるとされる（16年費用法執務資料64頁参照）。

イ　職権開始事件[42]（民訴費用規2の2Ⅰ）

　1件につき800円

(2)　附随事件

　家事事件に関する附随手続のうち，書類の作成及び提出の費用の算定の対象となるのは，民訴費用規別表第2の5の項のトに掲記されたものに限られる。

2　「書類」について

　本号にいう「書類」とは，民事訴訟等に関する法令の規定により民事訴訟等を遂行するうえで当事者等において作成し提出しなければならないこととされているものである（内田解説60頁）。「訴状その他の申立書，準備書面，書証の写し，訳文等の書類」（民訴費用法2条⑥上段）とあるのは例示であってこれに限定されるものではない（費用法に関する執務資料9頁）。

3　家事事件における「資料性」について

40　家事事件における審判前の保全処分（家事法105）の具体的態様について，4つの類型に大別して説明されることが多い。第1類型は，財産の管理者を選任し，又は事件の関係人に対し事件本人の財産の管理若しくは事件本人の監護に関する事項を指示することができるとする財産の管理者の選任等の類型，第2類型は，事件本人の財産上の行為につき財産の管理者の後見を受けるべきことを命ずることができるものとする後見命令等の類型，第3類型は事件本人の職務の執行の停止又は職務代行者の選任の類型，第4類型は，仮差押え，仮処分その他の必要な保全処分の類型である（家事逐条341頁及び家事法執務資料204頁「保全処分一覧表」参照）。

41　申立手数料1,000円（民訴費用法別表第1の16の項）の納付が必要である（第7編第2章第2節第3の1参照）。

42　例えば，家事法244条の規定により調停を行うことのできる事件について，家事調停の申立てをすることなく訴えを提起した場合に，職権で事件を家事調停に付した場合のその調停事件が考えられる（16年費用執務資料64頁参照）。

- 361 -

第2章　家事事件の費用

(1)　「資料性」について

資料性について，抽象的には，「その書類が当該手続の遂行に積極的役割をもつ手続法上の行為として提出されたうえ，司法機関の判断の資料とされ，その行為の用に供され又はその行為の契機となる状態に置かれたことをいう」とされ，その判断については，「法令の規定上又は手続の慣例上その種の手続において一般的抽象的にそのように観察することができるかどうかによって判断すべきで，当該具体的事件ないしある具体的な手続の局面においてその書類の提出が実際に提出者にとって必要かつ効果的であったかどうか等については考慮すべきではない」とされている（内田解説60頁参照）。

そして，民事訴訟事件では，例えば，準備書面については通常陳述されたものに限られ，書証写しについては提出されたものに限られると考えられている（第1編第4章第8節参照）。

口頭主義，弁論主義を前提とする民事訴訟事件においては，上記のように考えられるとしても，家事事件については，そもそも審理手続が異なるから，民事訴訟事件と同じように考えることはできないが，少なくとも，事実の調査（家事法56）又は書証（家事法64，民訴法219）の対象とされた書類については，当然資料性が認められると考えられる[43]。

(2)　家事事件において「資料性」を検討することの必要性

家事事件の資料性について，(1)のとおり考えるにしても，その検討を要する場面は少ないと考えられる。

すなわち，まず，本号の費用は，費用償還請求権者において，資料性のある資料を1通でも提出していれば基本となる費用が認められる。また，家事事件においては，いわゆる通数加算もないことから，そのための資料性の検討は必要ない。そして，申立事件において，申立人については，申立書を提出しているから，本号の費用は当然に認められる。そうすると，申立人以外の者について，その者が費用償還請求権を有する場合にのみ，その者が提出した書類のうちに1通でも資料性のある書類が提出されているかどうかを確認すればよいことになるが，通常，費用償還請求権を有する者が，事実の調査の対象となる書類を1通も提出していないことは考えにくいからである。

4　家事事件における「事件1件」について

「事件1件」について，民事訴訟事件においては，「1件」という単位（事件数の計上方法）は，基本的には立件基準に従い，弁論が分離，併合された場合等には，「事件を完結する裁判」（民訴法67条1項）がされるごとに「1件」の事件と考えること

43　ほかに，民事訴訟事件では，手続法の特別の規定により提出された書類は，実体の形成，権利の実現に直接関わらないもの（委任状）についても資料性が認められるし（内田解説61頁），証人の尋問申出書は，申出が撤回されたのでない限り，採否に関係なく資料性があるとされている（内田解説62頁）。

- 362 -

になると考えられている（第1編第4章第8節第3の1(1)参照）。

　家事事件において，基本的には上記民事訴訟事件と同様に考えるとしても，立件基準や審理手続に違いがあるから，民事訴訟事件とは別の検討を要する場合もあると考えられる。

　例えば，複数の子の監護に関する処分（養育費請求等）が1通の申立書で申し立てられることがある。この場合，立件基準が申立書ではなく子であるため（「受付分配通達」別表第5の1家事法別表第2関係(3)），事件は子の数だけあることになるところ，手続の分離（家事法35）又は一部審判（家事法73Ⅱ）がされない限り，手続は同時に進行し，調書は1通，記録も1冊，審判も1通の審判書でなされる（申立ての併合（家事法 49Ⅲ）と考えられる。）。このような場合は，事件番号は子の数だけあるが，本号の事件1件の数え方としては，全体を1件とすることが考えられる。

　次に，事件1件が問題になる場合として，家事調停事件が不成立となり審判手続に移行した場合（家事法272Ⅳ）が挙げられる。この場合，家事調停事件と家事審判事件は別個独立の事件であり，民訴費用規に特段の規定も置かれていないため，家事調停事件1件，家事審判事件1件として算定することになるとも考えられる。しかし，家事調停が不成立になって審判手続に移行する際には，改めて申立書を提出する必要もなく，手数料も要しないこと，また，費用の負担について，両方の手続を経ている場合，両方の手続の費用を含めて判断するとされていること（家事法29Ⅰ）から，両方の手続を通じて1件とするのが相当と解する[44]。

第4　官庁等から書類の交付を受けるために要する費用（民訴費用法2⑦）

　民訴費用法2条7号により費用とされるのは，官庁その他の公の団体又は公証人（以下，本項において「官庁等」という。）から，同条6号の書類の交付を受けるための費用である。

　本号により費用償還が認められる書類は，手続法規の規定又はその解釈により特にその官庁等の作成した文書の提出が求められている場合において提出されたもの

---

[44] 16年費用執務資料において，職権立件事件（民訴費用規2の2Ⅰ）に該当する場合として，職権で審判事件を調停に付した場合のその調停事件が考えられるとしている。この見解に基づけば，家事審判事件を調停に付した場合には，家事審判事件を1件として書類の作成・提出費用1,000円を認め（当然のことながら資料性のある書類の提出がある場合に限られる。），調停事件については別途職権立件によるものとして800円の書類作成・提出費用を別に認めるべき（資料性のある書類の提出がある場合に限られる。）ことになると考えられる。そして，家事事件において，家事調停事件が不成立となり審判手続に移行した後，再度家事調停に付されることもあるところ，このような場合には，最初の調停事件，審判事件，職権で調停に付した場合の調停事件について，それぞれ，事件1件として書類の作成・提出費用を認めることになると考えられるが，費用の負担について，両方の手続を経ている場合，両方の手続の費用を含めて判断するとされていること及び，額の面からみても，訴訟事件の書類の作成・提出費用が事件1件につき1,500円と定められていることとの均衡上相当とはいえないから，本文記載のとおり，両方の手続を経ている場合，同一審級内である限り，書類の作成・提出費用については，事件1件とするのが相当と考えられる。なお，訴訟事件を職権で家事調停に付した場合（家事法275Ⅱ）において，家事調停の費用は，訴訟事件の費用には含まれないと考えられるから，職権で付された家事調停事件について，職権立件事件（民訴費用規2の2Ⅰ）に該当する場合として，事件1件につき800円の書類の作成・提出費用が認められると考えられる。

- 363 -

第2章　家事事件の費用

に限られるとされ（内田解説 64 頁），立証のために，その書類の写しを作成し提出する場合（所有権の立証のための登記簿謄本，相続を証するための戸籍謄本等）には，その写しの作成及び提出費用として，同条6号の費用に含まれ，本号の費用には当たらないとされる（48 年研究 38 頁参照）。

　家事事件においては，身分関係が申立適格を基礎付ける事件が多く，また，身分関係が重要な事実となることから，家事審判の申立てをしようとする者に身分関係についての資料の提出を求めることができるとされている（家事規 37Ⅲ）[45]。具体的には戸籍記載事項証明書等（以下，本項で「戸籍関係書類」という。）が該当するところ（条解家事規則 95 頁），一般に原本の提出を求めることが多く（家事別表第一事件研究 56 頁参照），その場合，申立てに際し提出を求められる戸籍関係書類の交付を受ける費用については，手続法規の規定又はその解釈により特にその官庁等の作成した文書の提出が求められている場合に当たり，原則として，本号の費用に当たると解してよいと考える[46,47]。

第5　裁判所が選任した手続代理人等の報酬（民訴費用法2⑩）

　民訴費用法2条10号により費用とされるのは，民事訴訟等に関する法令の規定により裁判所が選任を命じた場合において，当事者等が選任した弁護士又は裁判所が選任した弁護士に支払った報酬及び費用である。

　家事事件においては，家事法23条1項，2項に基づき裁判長が選任した手続代理人弁護士の報酬等及び付添弁護士（家事法 55，民訴法 155Ⅱ）の報酬等がこれに当たる。手続代理人弁護士の報酬は，裁判所がこれを定める（家事法 23Ⅲ）が，本号の費用として認められる範囲は，なお，衡平の観点より，裁判所が相当と認めた範囲で，手続費用となるものである。

第2節　手数料の納付と還付

第1　手数料の納付

1　手数料の納付

(1)　申立手数料（民訴費用法別表第1に定める手数料）

45　申立人が申立時に提出する書類については「申立添付書類」と呼ばれるが，この申立添付書類については，「家事事件申立添付書類一覧表」（平成 23 年 3 月家庭裁判資料第 194 号）において，家事手続案内の円滑化及び標準化の観点から，裁判所ウェブサイト等に掲載された申立添付書類が掲載されている。これによれば，多くの申立てについて，戸籍謄本のほか，戸籍附票，住民票，不動産登記事項証明書等，官庁等から交付を受けるべき書類を添付して提出する取扱いが一般的であることが分かる。

46　人事訴訟事件において，人訴規則 13 条に定める，訴状の添付書類として必要とされる当該訴えに係る身分関係の当事者の戸籍の謄本等の交付を受けるための費用が，本号の費用と解されることにつき，第1編第4章第9節第1の1脚注 104（53 頁）参照

47　原本の提出を求めるのが一般であるところ，写しで提出することを許容した場合に提出された写しや，戸籍関係書類についていわゆる「原本還付」（申立人が希望する場合に，申立時等に原本及びその写しを提出してもらうことを前提に，原本と写しを照合の上，原本を申立人に還付する扱い。詳細は，家事別表第一事件研究 56 頁参照）を行う運用があるところ，原本還付が行われた場合は，本号の費用に当たらないと考えられる。

－ 364 －

次に記載のとおりであるが，定額制[48]である。

ア　家事法別表第1に掲げる事項についての審判の申立て又は家事法の規定による参加の申出（申立人として参加する場合に限る。）（民訴費用法別表第1の15の項）　　800円

イ　家事法別表第2に掲げる事項についての審判の申立て，家事法244条に規定する事件についての調停の申立て又は家事法の規定による参加の申出（申立人として参加する場合に限る。）（民訴費用法別表第1の15の2の項）　　1,200円

ウ　審判前の保全処分のうち仮差押え・仮処分その他の必要な保全処分の申立て（民訴費用法別表第1の16の項）　　1,000円

　　いわゆる第4類型の保全処分である[49]。実務上，「その他の裁判所の裁判を求める申立てで，基本となる手続が開始されるもの」（民訴費用法別表第1の16の項）に該当するとされ申立手数料（1,000円）の納付を要する[50]。

エ　雑事件（中間的・附随的事件についての申立て）（民訴費用法別表第1の17の項イ(ハ)）　　500円

　　中間的・附随的申立について，民訴費用法別表第1の17の項に掲げられたもののみ手数料が必要とされることにつき第7編第2章第2節第3の2を参照されたい。

(2)　閲覧，謄写等の手数料（民訴費用法別表第2に定める手数料）

　　この手数料について，以下に記載のほかは，第7編第2章第2節第4を参照されたい。

ア　家事事件における「当事者等」（民訴費用法別表第2の1の項）の範囲

　　事件の記録の閲覧，謄写等の請求については，1件150円の手数料を要するところ，「当事者等」が事件係属中にする場合にはこれが不要とされている（民訴費用法別表第2の1の項）。

　　家事事件においては，当事者以外に利害関係参加人（家事法42），審判を受ける者等がいるため，これらの者が民訴費用法別表第2の1の項にいう「当事者等」に含まれるか否かについて問題となる。

(ア)　利害関係参加人

　　利害関係参加人（家事法42）については，当事者参加人と異なり当事者たる地位を有するわけではないが，原則として「当事者がすることができる手続行為」をすることができ（家事法42Ⅶ），記録の閲覧，謄写（家事法47Ⅰ）をするにつき，当事者の地位でこれを行うことになるから（家事逐条144頁参照），手数料の面でも当事者と同視でき民訴費用法別表第2の1の項の「当事

48　定額制の意義につき，第7編第2章第1節第3の1参照
49　審判前の保全処分について4つの類型に大別して説明されることについて，本章第1節第3の1(1)アの脚注40（361頁）参照
50　審判前の保全処分の申立手数料の要否につき，家事法執務資料204頁「保全処分一覧表」参照

第2章　家事事件の費用

者等」に当たると解される。

　(イ)　**審判を受ける者となるべき者**

　　民訴費用法別表第2の1の項の「当事者等」について，民訴費用法2条において「当事者又は事件の関係人をいう。」とされているところ，ここにいう「事件の関係人」について，旧非訟法下における見解として，民事訴訟における当事者におおむね相当する裁判の名宛人となる者を指すとされており（内田解説51参照），現行の非訟法及び家事法の下でいうと，審判を受ける者となるべき者がこれに当たると考えられる（家事一問一答18頁参照）。そうすると，審判を受ける者となるべき者[51]は，民訴費用法別表第2の1の項の「当事者等」に該当し，事件係属中に記録の閲覧，謄写をするにつき，手数料の納付を要しないと解される。

　(ウ)　**履行勧告事件における権利者及び義務者**

　　履行勧告事件における権利者及び義務者については，家事法上の「当事者」ではないが，民訴費用法別表第2の1の項の「当事者等」に当たると解され，履行勧告の申出（家事法289Ⅰ）から終結[52]までの間に，権利者及び義務者が履行勧告事件記録の閲覧，謄写をするについては，手数料の納付を要しないと解する。

　　履行勧告事件の手続は家事審判の手続でも家事調停の手続でもなく，権利者及び義務者は，形式的には家事法上の「当事者」ではないが，勧告等の対象とされる義務を定めた調停や審判事件等の基本事件においては当事者であったものであり，実質的な意味では履行勧告事件の当事者であると考えられるからである[53]。

　イ　**閲覧，謄写等の件数（民訴費用法別表第2の1の項の「1件」の数え方）について**

　　事件記録の閲覧，謄写等の手数料は，民訴費用法別表第2の1の項により1件につき150円とされており，この1件については，1事件・1回を単位として算定し，数個の手続が併合されているときは，併合された手続全部を「1事件」とするとされる（内田解説150頁。第7編第2章第2節第4の2参照）。

　　家事事件については，事件の種類が多岐にわたり，立件基準が民事訴訟事件と

51　家事法別表第1及び別表第2に掲げる事項についての審判事件における審判を受ける者となるべき者については，家事一問一答の巻末資料「審判を受ける者となるべき者一覧表」（家事一問一答260頁以下）を参照されたい。

52　履行勧告事件については，調査及び勧告をしないことが相当と認めるとき，又は調査及び勧告を終了させて差し支えないと認めるときは，裁判官のその旨の認定によって事件を終結させる取扱いとされている（平成16年3月29日付け最高裁家一第78号事務総長通達「履行確保事務の運用について」記第1の1(4)）。

53　履行勧告事件について閲覧・謄写を認める趣旨は，調査及び勧告が当事者からの申出を受けて行う手続である以上，その調査及び勧告の手続についての記録の閲覧等を一定の範囲で認めるのが相当であるからとされる（家事法289Ⅵ。家事逐条877～878頁参照）。

－ 366 －

異なったり，記録の編てつ状況についても民事訴訟事件とは異なる面（例えば，相続放棄の申述受理申立事件では，実務上，複数の相続人による相続放棄の申述受理申立事件が，被相続人を単位として合てつされていることも多い。また，同じ事件種類であっても，関連事件の記録を合てつするか，曳き船とするかなど各庁によって記録の編てつ方法が異なるとの実情もある。）があることから，事件の種別や，各庁の記録の編てつ方法等に応じた具体的な検討が必要になると考えられる[54]。

　具体的な検討に当たっては，家事事件の閲覧・謄写について，「閲覧，謄写申請書にちょう用すべき印紙は，基本事件を基準としてちょう用させるべきか，または当該申請を基準としてちょう用させるべきか（たとえば数件分連記された相続放棄申述受理原本の閲覧，謄写等の申請書にちょう用すべき印紙額。）」との検討において，「手数料規則3条（現行民訴費用法別表第2の1の項）にいう件数は，閲覧，謄写の対象となる基本事件の件数ではなく，閲覧，謄写の申請件数である。」，「基本事件が数件であっても，同一手続で審理あるいは調停がなされているもので，かつ，その記録が1冊であるようなものについては1件としてよい」との考え方を示したものがあり（昭和48年1月訟廷執務資料第43号「裁判所書記官会同協議要録（家庭関係）」（最高裁判所事務総局）53頁），一定の参考となると思われる。

　例えば，複数の子の監護に関する処分（養育費請求等）が1通の申立書で申し立てられることがあり，この場合，立件基準が申立書ではなく子であるため事件は子の数だけあることになるが，手続の分離（家事法35）又は一部審判（家事法73Ⅱ）がされない限り，手続は同時に進行し，調書等も1通，記録も1冊，審判も1通の審判書でなされる（申立ての併合（家事法49Ⅲ）と考えられる。）。このような場合は，事件番号は複数あるが全体を1事件としてよいと考えられる。

　家事事件において，「1件」の数え方について問題となった事例についてアンケートを行ったところ，①相続放棄の申述受理申立事件において，1冊の記録に複数の事件が編てつされている場合で全てを閲覧・謄写する場合（複数庁から同旨の回答があり，全体を1件として手数料を徴している庁，各事件を1件としてそれぞれ手数料を徴している庁があった。），②後見事件（いわゆる管理継続中の事件）において，後見開始申立事件と後見監督処分事件等の関連事件を閲覧・謄写する場合（複数庁から同旨の回答があり，関連事件記録を合てつしている庁において，閲覧・謄写の手数料について，合てつした事件を1件としていると回答

54　具体的な検討が必要となるとしても，当事者の公平の観点からは，書記官によって判断が区々になることのないよう，各庁で（あるいは同種の事件を扱う係等の単位で）処理要領を作成する等して基準を設けることが必要であると考えられる。

第2章　家事事件の費用

した庁もあった。）等の回答があった。

2　手数料未納の申立て

家事審判の申立て（家事法49），家事調停の申立て（家事法255）について，所定の手数料の納付がない場合は，裁判長は，相当な期間を定めてその補正を命じなければならない（家事法49Ⅳ後段，255Ⅳ）。そして，その期間内に補正（納付）がない場合は，申立書却下命令をしなければならない（家事法49Ⅴ，255Ⅳ）。

ほかに，手数料未納の申立て一般については第7編第2章第3節を，家事事件における補正命令・申立書却下命令及びこれに関する書記官事務については，家事別表第一事件研究60頁以下，家事別表第二事件研究100頁以下をそれぞれ参照されたい。

第2　手数料の還付

家事事件の手数料の還付については，還付事由が過納付による場合のみであり，取下げ又は却下の裁判による還付がない[55]ほか，民事訴訟事件と異なるところはない。手続の詳細については，第7編第3章を参照されたい。

第3節　裁判所に納める手数料以外の費用の納付及び予納と国庫立替え

第1　総論

裁判所に納める手数料以外の費用とは，裁判所が必要な証拠調べ，書類の送達その他家事事件の手続上の行為をするために必要な費用で，当事者等から納付される費用をいい，民訴費用法11条1項各号に定めるものをいう。

前述のとおり，家審法下においては，これら費用を要する行為についての費用は国庫において立て替えることが原則とされていたが（家審規則11），家事法においては，原則として，民事訴訟事件と同じく，当事者等にその費用の概算額を予納させることとされた（民訴費用法12Ⅰ）。その上で，費用が予納されないときに裁判所が必要と認める資料を迅速に得るために，国庫で費用を立て替えることができるものとされた（家事法30）。

手数料以外の費用について，民訴費用法11条1項各号に定める費用に当たるかどうかの考え方や，納付や予納に関する書記官事務は，基本的には民事訴訟事件と同様と考えられるので，本節のほか，納付及び予納について第3編を，国庫立替え及び立替費用の取立てについて第5編の該当箇所をそれぞれ参照されたい。

第2　家事事件における手数料以外の費用

1　当事者負担の費用

(1)　家事事件において，当事者が納付すべき手数料以外の費用（民訴費用法11条1項の費用）の主なものは，次のとおりである。

55　取下げ又は却下の裁判による手数料還付の対象となる申立ては，手数料が訴訟の目的の価額等にスライドして算出されることになっている申立て（民訴費用法9条3項各号上段の申立て及び同条5項の支払督促の申立て）である。手数料が定額である家事事件の申立ては対象となっていない（内田解説161頁，176頁参照）。

第2　家事事件における手数料以外の費用

① 証人，鑑定人，通訳人に対する給付（民訴費用法18）

② 調査の嘱託を受け又は報告を求められた者（家事法62），調査嘱託を受けた団体等（家事法64，民訴法186）又は鑑定嘱託（家事法64，民訴法218Ⅰ）を受けた法人等に対する給付（民訴費用法20Ⅰ前段）

③ 家事法上の特別代理人（家事法19）に対する給付（民訴費用法20Ⅰ後段）

④ 送達を実施した執行官に対する給付（執行官法8Ⅰ①，9Ⅰ，10Ⅰ⑪，11Ⅰ，執行官手数料規則3，36）

⑤ 郵便による送達を実施したときに支払う郵便料等

⑥ 各種の書類を郵便で送付したときに支払う郵便料等

⑦ 証拠調べを裁判所外で実施する場合に必要な裁判官及び書記官の旅費及び宿泊料

⑧ 後見登記等の嘱託の手数料（後見登記等に関する法律）

⑨ 官報公告費用

⑵　なお，先例等により当事者負担と考えられているものを次表に掲げる[56]。

56　民事調停の費用について当事者負担であるか国庫負担であるかを整理した通知として，「民事調停に関する費用の取扱について」（昭和27年2月4日付け最高裁会甲第99号経理局長，民事局長通知）がある。

第2章　家事事件の費用

【家事事件において当事者負担と考えられている費用の例示】

	費用の種類	費用発生の根拠	備考（資料）
1	事実の調査をした旨の通知費用	家事法63，70，家事規5，民訴規則4	平成25年8月1日付け最高裁家家庭局第二課長事務連絡「家事事件の手続における通知に要する費用の負担について」
2	家事審判の申立ての取下げの同意があった（同意したものとみなされた場合を含む。）旨の通知費用	家事規52Ⅱ，家事規5，民訴規則4	
3	家事法83条の規定により家事審判の申立ての取下げがあったものとみなされた旨の通知費用	家事規52Ⅲ，家事規5，民訴規則4	
4	履行命令（家事法290）の費用（※1）		平成16年3月29日付け最高裁家一第78号事務総長通達「履行確保事務の運用について」
5	調査嘱託に係る家事事件記録の他庁への送付費用		「裁判所書記官会同協議要録（家庭関係）」（昭和57年3月訟廷執務資料第52号）49頁81
6	共助事件につき他庁に事実の調査（参考人，当事者の審問，家事調査官による調査等），証拠調べ（証人，鑑定人尋問等）を嘱託する場合の必要な書類の送付費用	事実の調査につき家事法61，証拠調べにつき家事法64，民訴法185Ⅰ	昭和49年7月16日付け最高裁家二第136号家庭局長回答「家事審判規則第七条第二項に必要な書類の送付費用について」
7	裁判所外で証拠調べをする場合に必要な裁判官及び書記官の旅費及び宿泊料（※2）	家事法64，民訴法185Ⅰ	昭和48年10月30日付け最高裁家二第212号経理局長，家庭局長回答「家事事件における証拠調および事実の調査に必要な裁判官等の旅費および宿泊料の負担者について」
8	家事事件における通訳人の旅費，日当及び宿泊料	家事法55	昭和43年9月6日付け最高裁家二第137号家庭局長回答「家事審判事件における通事の旅費，日当，止宿料について」
9	公告書類の郵送料及び公告の掲載料	家事法148Ⅲ，家事規88，89Ⅰ，109Ⅰ，Ⅱ，	昭和33年8月14日付け最高裁経監第2号経理局長，訟廷部長，家庭局長回答「家事事件手続費用の負担について」

※1　履行命令の申立ては，家事雑事件として取り扱うものとし，費用の予納，立替等については，他の家事雑事件と同様の取扱いとするとされている。

※2　証拠調べにてん補等のため担当以外の裁判官及び書記官が同行しても，その者の旅費及び宿泊料は国庫負担である（民訴費用法11条1項2号参照，「注解家事審判規則【改訂】」平成9年青林書院120頁参照）。

第2　家事事件における手数料以外の費用

2　国庫負担となる費用

　家事事件手続の遂行過程で生じる裁判所の出費であっても，民訴費用法 11 条 1 項に解釈上含まれないものについては国庫負担となり，これを当事者に負担させることはできず，予納を命じることはできない。

　家事事件において国庫負担とされる費用について，以下に掲げるもののほか，民事事件に関するもの（第 3 編第 5 章）を併せて参照されたい。

(1)　性質上国庫負担であるもの

　ア　参与員に対する給付（家事法 40Ⅶ）

　イ　家事調停委員に対する給付（家事法 249Ⅱ）

(2)　先例等により国庫負担であると考えられている主なもの

　次表に掲げるものである。

第2章　家事事件の費用

【家事事件において先例等により国庫負担と考えられている主な費用】

	費用の種類	費用発生の根拠	備考（資料）
1	調停をしない措置通知	家事法271，家事規132Ⅰ	昭和31年7月9日付け最高裁家庭甲第104号家庭局長通知「家事事件手続費用の負担について」記(一)
2	調停不成立通知	家事法272，家事規132Ⅱ	
3	訴えの取下げとみなされるときの受訴裁判所等への通知費用	家事法276Ⅰ，Ⅱ，家事規133Ⅰ，Ⅱ	
4	戸籍事務管掌者への通知費用	家事規89Ⅰ，Ⅱ，93Ⅱ，94，95，100，119①②，130Ⅱ，134，136①，②	
5	調停に代わる審判が家事法286条1項の異議により効力を失った場合の通知	家事規則137Ⅱ，132Ⅱ	「裁判所書記官会同協議要録（家庭関係）」（昭和57年3月訟廷執務資料第52号）48頁79
6	履行勧告（家事法289）事件の呼出，通知，嘱託等に要する費用並びに裁判官，家庭裁判所調査官及び書記官の旅費等		平成16年3月29日付け最高裁家一第78号事務総長通達「履行確保事務の運用について」記第1の3
7	履行勧告（家事法289）事件を管轄裁判所へ送付する場合の費用		昭和32年4月11日付け最高裁会甲第535号経理局長，家庭局長，訟廷部長回答「家事事件等の費用の負担について」（「裁判所の事件に関する保管金等の取扱いに関する規程の解説」（昭和38年1月訟廷執務資料第36号）121頁23）
8	事実の調査を裁判所外でする場合の裁判官及び書記官の旅費，宿泊料（※1）	家事法56	昭和48年10月30日付け最高裁家二第212号経理局長，家庭局長回答「家事事件における証拠調および事実の調査に必要な裁判官等の旅費および宿泊料の負担者について」
9	事実の調査のために出張した家庭裁判所調査官の旅費（※2）	家事法58	昭和27年2月19日付け最高裁会甲第340号経理局長，家庭局長通知「調査費用の弁償について」（昭和38年1月訟廷執務資料第36号「裁判所の事件に関する保管金等の取扱いに関する規程の解説」（最高裁判所事務総局）118頁18）
10	調停条項案を受諾する旨の書面（受諾書面）を提出した当事者等への調停成立の通知	家事法270Ⅰ，家事規130Ⅰ	「改訂家事執務資料集下巻の一（調停・23条・24条審判）」（平成8年2月家庭裁判資料第164号）272頁

※1　回答では日当が除かれているがこれを当事者負担とする趣旨ではないと解される（「注解家事審判規則【改訂】」平成9年青林書院118頁参照）。

※2　この通知でいう旅費とは，日当及び宿泊料を含めた広義のものと解される（「注解家事審判規則【改訂】」平成9年青林書院118頁参照）。

⑶ アンケート結果

国庫負担であるか当事者負担であるかが問題となった費用の有無，またどのように処理したかとのアンケートにおいて，①「領事関係に関するウィーン条約」37条(b)に基づく領事機関に対する通報[57]に係る費用や，②特別養子縁組のあっせんを行った児童相談所等への通知（家事規 93Ⅲの通知）の費用（複数庁）について回答があり，①については，刑事事件の運用状況や通報の性質から国庫負担としたとのことであり，②については，当事者負担とした例，国庫負担とした例の双方の回答があった。

前述のとおり，当該費用が民訴費用法 11 条 1 項 1 号に該当すれば当事者に納付義務がある[58]ところ，該当性の判断は裁判事項であるが，①については，この通報は，家事法上の手続ではなく，この通報に係る費用は民事訴訟等における手続上の行為をするため[59]に必要な給付（民訴費用法 11 条 1 項 1 号）に当たらないから，国庫で負担すべき費用と考える。②については，家事規により要求される通知であるから，その費用は手続上の行為に必要な給付（民訴費用法 11 条 1 項 1 号）に当たり当事者に納付義務があるとも考えられるが，通知の趣旨（条解家事規則 240 頁参照）を考えると公益活動に要する費用[60]といえ，国庫負担と解してよいと考える。

第3　予納義務の懈怠

予納義務者が，任意に予納をしない場合，裁判所は予納すべき金額及び期間を明示して予納を命じ（予納命令。民訴費用法 12 Ⅰ），その予納がない場合，当該費用を要する行為を行わないことができる（民訴費用法 12 Ⅱ）。

しかし，家事事件の手続においては，事実の調査，証拠調べ，呼出しその他の家事事件の手続に必要な行為に要する費用（民訴費用法 11 条 1 項各号の費用）については国庫立替えができることから（家事法 30），任意の予納の促しにも関わらず，例えば，書類の送達等のために必要な郵便切手などが納付されない場合，裁判所の判断を得て，国庫立替えの手続（本節第 4）をすることができる。

57　「領事関係に関するウィーン条約」に加入している派遣国の国籍を有する者について，後見や保佐の開始の審判の申立てがあった場合等に，同条約 37 条(b)の規定により，領事機関に対する通報が必要とされている。通報の方法や通報すべき事項については，昭和 61 年 10 月 22 日付け最高裁刑二第 170 号事務総長通達「領事関係に関するウィーン条約の運用について」に定められている。また，通報に関する書記官事務については，家事別表第一事件研究 149 頁を参照されたい。

58　民訴費用法 11 条 1 項 1 号の費用の納付義務につき，第 3 編第 2 章第 1 を参照されたい。

59　なお，前掲昭和 61 年 10 月 22 日付け最高裁刑二第 170 号事務総長通達「領事関係に関するウィーン条約の運用について」において，費用の点については特に記載がない。

60　48 年研究において「家事事件手続費用は原則として当事者が負担するが，家庭裁判所の特質から，国庫が負担する場合も少なくない」「しかし，ある費用が国庫の負担か，当事者の負担かを定めるのは，極めて難しく，抽象的には「公益活動に要する費用は国庫が負担する」といい得ても，具体的にその基準をどこに求めるかは明らかではない。結局は費用を要する行為の種類ごとに決定されるべきものである」とされている（48 年研究 91 頁）。本通知の費用については，公益活動に要する費用と解してよいと考える。また，内田解説においても，民訴費用法 11 条 1 項 1 号の解説において「一定の行政的目的を達するための裁判所と行政機関との間の連絡は除く」とされており（内田解説 198 頁参照），本通知の費用はこれに当たると解してよいと考える。

- 373 -

第2章　家事事件の費用

　　なお，①別表第2審判事件について，申立書写しの送付又はこれに代わる通知の費
用の予納を相当の期間を定めて申立人に命じた場合においてその予納がないとき
（家事法67Ⅲ），②推定相続人の廃除事件について申立書写し又はこれに代わる通知
の費用の予納を相当の期間を定めて申立人に命じた場合においてその予納がないと
き（家事法188Ⅳ，家事法67Ⅲ），及び③家事調停の申立てについて，申立書写しの
送付又はこれに代わる通知の費用の予納を相当の期間を定めて申立人に命じた場合
においてその予納がないとき（家事法256Ⅱ，家事法67Ⅲ）には，申立書却下命令を
しなければならない[61]。しかし，これらの費用についても国庫立替えをすることがで
きるから，予納命令を発するか，国庫立替えをして手続を進めるかについて，裁判所
の判断を仰ぐ必要がある。

　　他に予納義務の懈怠について，第3編第3章を併せて参照されたい。

第4　家事事件における国庫立替え

1　立替事由

　　家事事件手続において民訴費用法11条1項各号の費用を国庫で立替支出する根拠
として，手続上の救助（家事法32）による場合と，家事法30条に基づく場合がある[62]。

(1)　手続上の救助（家事法32）による国庫立替え

　　手続上の救助の決定の法的効果（本編第3章参照）として，手続費用の支払が猶
予される（家事法32Ⅱ，民訴法83Ⅰ①，②）。家事事件の申立手数料（民訴費用法
2①，3）については，その納付を猶予するだけであって現実の支出を伴わないた
め，国庫立替えを要するのは民訴費用法11条1項各号に定める費用（申立書の写
しや調査の嘱託書等を送付するための郵便料，証人や鑑定人の旅費，日当及び鑑定
料など，手数料以外で裁判所に納付しなければならない費用）である。これらの費
用は，現実に直ちに支出を伴うため，国庫において立替支出する。

(2)　家事法30条に基づく国庫立替え

　　家事法30条において立て替えることができる費用は，民訴費用法11条1項各

61　①，②の場合の予納命令，申立書却下命令に関する書記官事務については家事別表第二事件研究357頁以下を
（②の推定相続人の廃除事件は別表第1審判事件であるが，別表第2審判事件の申立書写しの送付等について
定めた家事法67条を準用しているため，書記官事務の内容は同じである。），③の場合の予納命令，申立書却下
命令に関する書記官事務については家事別表第二事件研究100頁以下を参照されたい。
62　当事者による予納を原則とする民事事件において国庫立替えをすることが認められる場合として，昭和26年
12月1日付け最高裁経理，民事第1号経理局長，民事局長通達「民事訴訟の迅速処理に伴う経費の支出につい
て」（以下「迅速処理通達」という。）による国庫立替え（詳細については第5編第2章参照）があるところ，こ
の通達については，その文面から，民事訴訟の迅速な処理について定めた通達（昭和25年最高裁判所秘書課甲
第334号通達）に基づく処理のために必要な経費の支出について定めたものであり（「裁判所書記官会同協議要
録（民事関係）」（昭和47年3月訟廷執務資料第42号）128頁，129頁参照），家事事件においては，この通達を
根拠に国庫立替えをすることは予定されていないものと考えられる（そもそも，家事事件については，家審法下
では国庫立替えが原則とされていたため（家審規則11），国庫立替えをするに当たって前記通達に基づく必要が
なかったし，現行法下においても予納を原則としつつも家事法30条において国庫立替えをすることが認められ
ているので，前記通達に基づいて国庫立替えをする必要がない。）。なお，前記通達による国庫立替えによっても，
家事法30条による国庫立替えによっても，書記官の行う立替事務の内容は同じである。また，立て替えた費用
の取立ての手続についても，根拠法規を含め同じである。

－ 374 －

号に定める費用である（家事逐条 96 頁参照）[63]。

アンケート調査の結果によると，家事法 30 条により国庫立替えを行った費用として，一般的に多いと考えられる審判の告知費用や呼出費用のほか，戸籍の記載の報告を求める調査の嘱託（家事法 62）について国庫立替えを行ったとの回答が多かった。ほかに，失踪宣告の官報公告料を立て替えたとの回答，申立人が外国人である面会交流事件における通訳料等について，申立人が困窮を理由に予納を拒否したため手続救助の申立てを促したものの申立てがされなかったことから国庫立替えを行ったとの回答があった。

2 国庫立替えの判断

家審法下と異なり，家事法下においては前述のとおり当事者等が費用を予納することを原則としたことにより，裁判所は，当事者が費用を予納しない場合，予納を要する行為をしないでおくことも可能であるが，国庫で一時立て替えても当該費用を要する行為を行う必要があると判断すれば，国庫で立て替えて当該行為を行うことになる。具体的には，事件の性質，事案の内容及び進行状況，今後の方針等を踏まえて判断することになると考えられる。書記官としては，当事者等に対し，必要な費用の予納の促しを行うとともに，納付の状況，予納の促しに対する当事者等の対応，その他事件に関する情報及び進行に関する認識を担当裁判官と共有し[64]，その方針に従って必要な事務を行う。

なお，手続上の救助による国庫立替えについては，救助付与の決定に基づいて国庫立替えを行うのであり，国庫立替えを行うかどうかの判断がその都度行われるわけではない。

3 国庫立替えの手続

国庫立替手続については，民事事件において記載したところと同じである。手続救助における国庫立替えの場合は，第 5 編第 2 章第 2 節第 1 を，家事法 30 条に基づく国庫立替えの場合は，第 5 編第 2 章第 2 節第 2 を，それぞれ参照されたい。

4 国庫立替えした費用の取立て

手続上の救助により猶予した費用（支払を猶予した手数料及び国庫立替えをした費用の双方）の取立事務については，訴訟救助における取立てと，家事法 30 条により国庫立替えをした費用の取立てについては，民事事件において迅速処理通達による立替費用の取立てと，基本的に同じであると考えられるので，それぞれ第 5 編の該当箇所を参照されたい。

---

63 民事事件において迅速処理通達による国庫立替えを行うことができるのは，民訴費用法 11 条 1 項各号の費用のうち同通達に定められたものとなるところ，家事法 30 条に基づく国庫立替えについては民訴費用法 11 条 1 項各号の費用全般が立替えの対象となる。
64 家事調停委員や家庭裁判所調査官が関与している場合は，これらの者から費用予納に関する当事者等の意向等についての情報が得られることもあろう。

第2章　家事事件の費用

第4節　職権でする行為に係る費用について

　　民訴費用法 11 条2項において，職権でする行為に係る費用[65]についての納付義務者は，裁判所が定める者とされている。

　　裁判所がこれを定めるに当たっては，当事者等のうちその行為を行うにつき手続追行上の利益の帰属する者（利益帰属者）を納付者として定めなければならない[66]。

　　利益帰属者とは，具体的な手続を求めた者や立証責任を負担する者であり[67]，一般には基本となる手続の開始を求める申立てをした者をいう。

　　家事事件における利益帰属者とはどのような者かについて，例えば，事実の調査（家事法 56。職権で行われる。）として行う調査の嘱託（家事法 62）や審問（家事法 69）の実施に要する費用については，当事者からの申出[68]に基づいてこれを行う場合は当該申出をした当事者が納付義務者となり，裁判所が必要性を認めて行う場合は基本となる手続の開始を求める申立てをした者（申立人）とすることが考えられる。もっとも，職権探知主義がとられ，また，申立てについても必ずしも自己の利益のためにこれを行っているとは限らない家事事件においては，民事事件とは別の検討が必要な場合もあると考えられる。もとより，納付義務者を定めるのは裁判所であり，その場合，事件の性質や事案の内容，進行方針，費用を要する行為の種類等を踏まえて判断することになろうから，書記官としては，費用予納に関する当事者の意向や資力の状況などの情報があればこれを担当裁判官に伝えて認識を共有し，その指示に従って，納付義務者とされた者に任意の納付の促しなどの事務を行うことになる。

　　この点，アンケート調査の結果によると，費用の予納義務者が問題となった例があるかとの質問に対し，「ある。」と回答した庁が2庁あった。いずれも，ＤＮＡ鑑定の費用であるところ，①当事者双方とも費用負担を拒否したため，期日を続行して当事者の合意により折半して進行させたとの回答と②申立人に予納を求めた例と協議により当事者が折半した例があったとの回答があった。費用の予納につき当事者の理解が得られない場合に，期日において裁判所から必要な説明を行い，当事者の理解を得て予納を得るとの運用（当事者の合意により折半する例のほか，遺産分割事件においては相続分に応じて分割して予納される例も多いようである。）は他庁においても行われていると推察される。

65　家事事件においては，職権で立件する事件がある。家審法下においては，その手続費用について，国庫で立て替えるべきとされていた（家審法講義案 40 頁参照）が，費用の予納を原則とする家事法においては，まず，各行為について納付義務者が誰であるか検討し（民訴費用法11Ⅱ），原則としてその者に予納を求めるが（民訴費用法12Ⅰ），事案によっては家事法 30 条に基づく国庫立替えをした後，民訴費用法 11 条2項の納付義務者又は費用負担の裁判により費用負担を命じられた者から国庫立替えした費用の回収を図ることになると考えられる。
66　裁判所に自由裁量権があるのではない（内田解説 196 頁）。
67　納付義務者を検討するにあたり，当該証拠調べの結果がいずれの当事者の有利に帰したかについては考慮すべきでないとされている（内田解説 196 頁）。
68　当事者に申立権はないため，申出は職権発動を促すものとなる。

－ 376 －

第3　手続費用の国庫立替え（家事法30）と手続救助との関係

第3章　手続上の救助

第1節　総論
第1　趣旨

　　家事事件における手続上の救助（家事法 32。以下「手続救助」という。）は，家事法において新たに導入された制度である。

　　家事法においては，家事事件の申立て，参加（家事法 41，42）や証拠調べの申立て（家事法 56 I）を始めとして，当事者等が主体的な手続追行をすることが想定されている。このような権能を行使するには費用がかかるところ，経済的な理由で手続追行上の権能を行使することができない場合に何らの手当てもしないとすると，結局，その権能を当事者等に付与した意義が失われる。そこで，家事法制定に当たり，民訴法 82 条 1 項の規定に倣い，新たに手続救助の制度を導入し，当事者等の権能を保障することとしたものである（家事一問一答 79，81 頁，家事逐条 101 頁参照）。

第2　民訴法の準用等

　　手続救助に関する具体的な手続については，家事法 32 条 2 項において訴訟上の救助（以下，本編において「訴訟救助」という。）について定めた民訴法 82 条 2 項及び 83 条（第 1 項 3 号を除く。）から 86 条までの規定を準用することとされている。このため，手続救助に関する事務を行うに当たっては，第 2 節以下に記載するほか，手続救助の申立て及びこれについての裁判に関する書記官事務については訴訟救助に関するこれらの書記官事務について記載した第 4 編を，手続救助により猶予した費用の国庫立替事務及び猶予した費用の取立事務については，訴訟救助に関するこれらの書記官事務について記載した第 5 編の該当箇所を，それぞれ必要な読み替えを行った上で参照されたい。

第3　手続費用の国庫立替え（家事法 30）と手続救助との関係

　　手続救助の付与決定がされれば，手数料以外の裁判所に納付すべき費用（民訴費用法 11 条 1 項各号の費用）については国庫において立て替えることになるが，一方で，家事法上，同費用について国庫において立て替えることができるとされている（家事法 30）。この家事法 30 条による国庫立替えと手続救助による国庫立替えの関係につき，家事法 30 条による国庫立替えは，裁判所が必要とする事実の調査等を行うことを保障するために設けられているのに対し，手続救助は，当事者等の権能を保障するために設けられているものであるから，両者はその趣旨及び目的が異なり，併存する関係にあるとされる（家事一問一答 82 頁，家事逐条 101 頁参照）。

　　具体的には，例えば，当事者が裁判所に証拠調べを申し立てた場合，民訴費用法 11 条 1 項 1 号及び 2 項並びに 12 条 1 項により，証拠調べに必要な費用の概算額を予納すべきことになるが，当事者が上記費用を予納しない場合であっても，裁判所が申立てに係る証拠調べを迅速にする必要があると判断したときは，家事法 30 条の規定に

－ 377 －

第3章　手続上の救助

より必要な費用を国庫において立て替えてその証拠調べを実施することができる。他方，裁判所が費用を立て替えてまで証拠調べをする必要がないと判断した場合，当事者は費用を予納しなければならないが，費用を予納する資力がない場合には，手続救助の付与決定を受けて証拠調べの申立てを維持することができる（家事一問一答82頁）。

第2節　申立てと裁判

第1　当事者等に対する手続説明

当事者等に対し，手続救助の手続について説明をするに当たっては，家事事件において弁護士代理人のいない事件も多いことから，特に次のような点について説明をし，当事者等の理解を得ておく必要がある。

① 手続費用の支払を免除するものではなく一時的に猶予するにすぎないこと。

手続費用の支払を免除するものではなく猶予するに過ぎないとの説明については，訴訟救助の場合と異なるものではないが，③のとおり，最終的に相手方等に対し費用償還請求できないケースがほとんどであるから，その点と併せて説明する必要がある。

② 救助付与の対象となる費用の範囲

手続救助の効力が，当事者等が出頭するための旅費・日当等のいわゆる当事者費用には原則として及ばないこと，特に，弁護士費用[69]が対象とならないことについて説明する必要があろう。いわゆる本人申立ての場合，これらの費用も救助付与の対象となると誤解している当事者等も多いと思われるから，丁寧に説明をし，理解を得ておく必要がある。

③ 手続費用の負担が法律上原則各自負担であること及び審判や調停において各自負担とされた場合には相手方等に費用償還請求ができないこと（別表第1審判事件においては相手方がいないため通常申立人負担となること）。

民事訴訟事件と異なる点であり，当事者等としては最終的に負担を負うかどうかは関心の高いところであろうから，①，②の点と併せて説明しておくのがよい。

④ 手続救助の審理についても費用を要し，最終的にこれを負担する可能性のあること。

例えば，手続救助の付与決定の告知方法については一般に送達の方法によるのが相当であり，特別送達郵便を利用することが多いと考えられるが，その郵便料については，家事事件の申立手数料と比較すると決して低額とはいえない上，その費用を最終的に負担する可能性があることも，場合によっては説明が必要である。

第2　申立て

69　付添弁護士（家事法55，民訴法155Ⅱ），手続代理人弁護士（家事法23Ⅰ，Ⅱ）についての弁護士費用（報酬及び費用）は，手続救助の対象となる（家事法32Ⅱ，民訴法83Ⅰ①。本章第3節第2参照）。

1 申立人

民訴法82条1項の準用はされていないものの，訴訟救助の場合と異ならないと考えられ[70]，家事事件をこれから申し立てようとする者，事件係属後の当事者のほか，当事者参加人（家事法41），利害関係参加人（家事法42）が含まれると考えられる。

2 申立ての方式

(1) 申立てと立件

申立ては書面でしなければならない（家事規21Ⅰ）。申立手数料は不要である。申立ては，家事雑事件簿に登載して立件する（「受付分配通達」別表第5の12の⒀。立件基準は申立書[71]）。

(2) 申立書

申立書には，一般的な申立書の記載事項（家事規1）のほか，手続救助を求める旨，手続救助の要件を満たす旨の記載（申立人の資力及び不当な目的で家事審判又は家事調停の申立てその他の手続行為をしているものではないことの記載）をする必要がある。また，後記第3のとおり，手続救助の事由は疎明しなければならない（家事法21Ⅱ）から，併せて疎明資料を提出する必要がある。

(3) 書類の編てつ

申立書等は，本案事件記録の編成方法が家事編成通達に定める3分方式（「家事編成通達」記第2）の場合は第3分類に関係書類ごとに編てつし（「家事編成通達」記第2の3の⑴のイ），2分方式（「家事編成通達」記第3）の場合は第2分類に関係書類ごとに編てつし（「家事編成通達」記第3の2の⑴のイ），非分割方式（「家事編成通達」第4）の場合は編年体で編てつする（関連する書類は一括してつづり込むことができる。）（「家事編成通達」第4の1）。

なお，当事者等から非開示希望の申出がされている書類[72]については，3分方式の場合は第3分類末尾に，2分方式の場合は第2分類末尾に，非分割方式の場合は記録末尾に，それぞれ編てつすることに留意する（「家事編成通達」記第2の3の⑵，同第3の2の⑵，同第4の2）。

3 管轄裁判所

本案申立て前は，将来申し立てるべき本案事件の管轄裁判所であり，本案申立て後は，本案が係属している裁判所である。

---

70 民訴法82条1項を準用しなかったのは，同項ただし書の「勝訴の見込みがないとはいえないとき」との要件について，家事事件においては勝敗を観念することができないことから別の表現に置き換えられたことによると考えられ，基本的に同旨の規定である（家事一問一答81頁参照。高田裕成編著「家事事件手続法　理論・解釈・運用」2014年有斐閣112頁参照）

71 立件基準が申立書とされていることから，例えば，基本事件が面会交流申立事件で未成年者（子）が3名の場合，基本事件の申立てが1通の申立書でされたときに事件数が3件となるのに対し（立件基準は，子である。「受付分配通達」別表第5の家事法別表第二関係の⑶），手続救助の申立てが1通でされたときは1件となること（立件基準は，申立書である。「受付分配通達」別表第5の12の⒀）に留意が必要である。

72 資力についての疎明資料として一般に提出されることの多い源泉徴収票，給与明細，課税証明書等収入を示す資料については，住所や勤務先等の当事者が非開示を希望することの多い情報が記載されていることが多いから，その取扱いには十分注意する。

第3章　手続上の救助

4　手続救助の申立てと本案

(1)　補正命令との関係

　　手続救助の申立ては，通常，本案の申立てと同時になされることが多いと思われる。この場合，申立手数料の納付がされていなくても，手続救助の申立てについての裁判が確定するまで，手数料を納付すべき旨の補正命令（家事法 49Ⅳ，255Ⅳ）を発することは差し控えるのが相当と考えられるが，具体的な事件の進行については，事件の性質，事案の内容等について担当裁判官と認識を共有した上，裁判官の判断・指示に従う。

(2)　本案審理との関係

　　本案と手続救助の申立ては別個の事件であり，手続も別に進行させることができる。この点，民事訴訟事件においては訴訟救助の申立てについての判断をした上で本案を進行させることが大部分であり，家事事件においても同様と考えられるが，家事事件においては，例えば，子に対する虐待を理由とする子の引渡し事件等，急を要する事件も多いから，具体的な事件の進行については，事件の性質，事案の内容等について担当裁判官と認識を共有した上[73]，裁判官の判断・指示に従う。

第3　手続救助の要件と疎明

1　手続救助の要件

(1)　資力要件（家事法 32Ⅰ本文）

　　手続救助を受けられる者は，①家事事件の手続の準備及び追行に必要な費用を支払う資力がない者，又は②その支払により生活に著しい支障を生ずる者（家事法 32Ⅰ本文）である（以下，本編において「資力要件」という。）。

　　これは，民訴法 82 条 1 項本文と同様である。したがって，「家事事件の手続の準備及び追行に必要な費用」とは，手続救助の対象となる裁判費用等，当事者費用のほかに弁護士費用や事前の調査費用など合理的に必要と考えられる経費を全て含むと解される[74]。その他，資力要件に関する考慮要素等については，第4編第2章第2節第2を参照されたい[75]。

(2)　不当な目的で申立てその他の手続行為をしていることが明らかとはいえないこと（家事法 32Ⅰただし書）

　　この要件は，民訴法 82 条 1 項ただし書の規定に倣い，濫用的な申立てや手続行為の防止のために要件を付加したものであるが，家事事件においては，通常，勝敗

---

[73]　未成年者に関する事件を中心として家庭裁判所調査官が関与する場合も多いところ，その場合は家庭裁判所調査官を交えた3者で認識共有を図る必要がある。

[74]　家事事件の申立手数料については，別表第1審判事件については1件 800 円，別表第2審判事件及び調停事件については1件 1,200 円であるが，家事法 32 条 1 項の「家事事件の手続の準備及び追行に必要な費用」については本文のとおりに解されるため，救助の対象者が，これらの手数料を支払えない，あるいは支払ったら生活に困るほどの人に限定されるわけではないことに留意が必要である（高田裕成編著「家事事件手続法　理論・解釈・運用」2014 年有斐閣 112〜113 頁参照。注解民訴 157 頁参照）。

[75]　「家族の収入の考慮」（第4編第2章第2節第2の2(1)ア）について，家事事件は親族間の紛争を対象としており，家族同士が対立当事者となっていることも多いから，民事事件とは違った考慮が必要なことがある。

－ 380 －

第5　裁判及び告知

を観念することができないことから，「勝訴の見込みがないとはいえないときに限る。」（民訴法 82 I ただし書）との表現に代えて「救助を求める者が不当な目的で家事審判又は家事調停の申立てその他の手続行為をしていることが明らかなときは，この限りでない。」（家事法 32 I ただし書）との表現を用いているもので，両者に実質的な違いはないとされる（家事一問一答 81 頁）。

2　疎明

手続救助の事由は疎明しなければならない（家事規 21 II）。

疎明は，即時に取り調べることができる資料によってしなければならない（家事法 57）。

資力要件に関する疎明資料は，訴訟救助の場合と基本的に異ならないと考えられるので，第4編第2章第3節第3の2を参照されたい。

「不当な目的で家事審判又は家事調停の申立てその他の手続行為をしていることが明らかとはいえないこと」との要件については，家事審判の申立書，参加申立書，救助を求めている手続に関する資料等が考えられる（条解家事規則 52 頁）。救助を求めている手続に係る申立て等が認められる可能性が全くないような場合や，嫌がらせ目的の手続行為であることが明らかな場合には，その疎明があるとはいえない（条解家事規則 52 頁）。

第4　審理方法

書面審理が原則となると考えられるが，必要に応じて基本事件である家事審判の手続の期日又は家事調停の手続の期日を指定し，期日において申立人から事情を聴取することも可能と考えられる。

第5　裁判及び告知

1　裁判

申立ての理由があると認めるとき，申立てを受けた裁判所は，手続救助の付与決定をする。一部救助が可能なことについては，訴訟救助の場合と異ならないと考えられる（本章第6節第2のとおり，実務上も一部救助がされている）。

申立てが不適法又は理由がないときは，申立却下の決定をする。

2　告知

手続救助の付与決定については，申立人のほか本案家事事件の相手方にも告知を要する（家事法 81 I，74 I）[76]。

76　家事法において，審判以外の裁判の告知については，家事法 81 条 1 項により準用される家事法 74 条 1 項の規定によるべきところ，「当事者及び利害関係参加人並びにこれらの者以外の審判を受ける者」については，必ずしも本案の家事事件におけるそれらの者と同じではなく，当該裁判ごとに当該裁判の性質及び趣旨から判断されることになるとされている（家事逐条 264 頁参照）。手続救助の付与決定において，「裁判を受ける者」は手続救助事件の申立人であり，告知を要する。本案家事事件における相手方（受救助者の相手方）については，後述のとおり即時抗告ができると解されるから告知を要すると考えられる。本案家事事件の利害関係参加人及び審判を受ける者（当事者又は利害関係参加人でない場合）に対する告知の要否については，これらの者が手続救助の付与決定に対し即時抗告権を有するかどうかとも併せて検討する必要があると考えられるが，即時抗告権の

- 381 -

第3章　手続上の救助

手続救助の申立却下決定については，申立人に対し告知すれば足りると考えられる（家事法81 I，74 I）。

手続救助に関する決定については，相当と認める方法で告知しなければならない（家事法81 I，74 I）ところ，即時抗告権を有する者（後記第6参照）に対しては，即時抗告期間を明確にするため，決定謄本を送達する方法によるのが相当と考えられる[77]。その他の者については，普通郵便で決定謄本を送付する等適宜の方法により告知すれば足りると考える。

第6　不服申立て

手続救助の付与決定については相手方（相手方がいる場合）[78,79]が，手続救助の申立却下決定に対しては申立人が，決定の告知を受けた日から1週間の不変期間内に即時抗告をすることができる（家事法32 II，民訴法86。家事法101 I，102，86 II前段）。

なお，即時抗告について，民事訴訟事件における訴訟救助の場合と異なり，執行停止の効力がないこと（家事法101 II本文）[80]に留意する必要がある。

第3節　手続救助の効力

第1　効力の発生時期と遡及効の有無

1　効力の発生時期

手続救助の付与決定は，告知によってその効力を生ずる（家事法81 I，74 II）。

前述のとおり，即時抗告があっても執行停止の効力がないため，訴訟救助の場合と異なり，即時抗告があっても，別途申立てにより執行停止決定（家事法101 IIただし書）がされない限り，立替金について立替支出することは可能である（訴訟救助の場

有無について明確な規定はなく解釈によるところ，後述のとおりこの点について触れた文献，裁判例等はない。具体的事件の処理に当たっては，裁判官と協議して行われたい。

77　もっとも，家事事件における簡易迅速処理の要請，民事訴訟事件の訴状については被告に対し送達をしなければならないのに対し（民訴法138），別表第2審判事件や家事調停事件においては相手方に対する申立書の写しについて送付で足りること（家事法67 I，256 I）等から，送達（特別送達）によらず普通郵便で決定謄本を送付する等他の適宜の方法によることも考えられるが，具体的事件の処理においては担当裁判官とも協議の上事務を行われたい。

78　受救助者の相手方は即時抗告をすることができると解される（家事法32 II，民訴法86。訴訟救助の場合の判例として，最決平16 7 13民集58巻5号1599頁。家事法執務資料201頁「主な審判以外の裁判に対する即時抗告一覧表」参照）。

79　本案家事事件の利害関係参加人及び審判を受ける者の即時抗告の可否について，これまでのところ裁判例等はなく，この点に触れた文献等も見当たらない。これらの者が本案家事事件の手続費用の負担者となりうる（家事法28 I）ことに鑑みると，即時抗告ができると解してよいように思われるが，具体的事件において，即時抗告の可否が問題となる場合は，担当裁判官に相談の上，事務を行われたい。

80　民訴法におけるのと同様の規律（民訴法334条の規定により救助の決定に対する即時抗告に執行停止効が認められる。）としなかったのは，手続救助の付与決定に対する即時抗告に執行停止の効力を認めると，本案の審理を進めることができなくなり，家事事件の迅速処理の要請に反するおそれがあるため相当でないこと，また，裁判所がした手続救助の付与決定につき執行を停止する必要がある場合には，家事法101条2項ただし書の規定による執行停止等の裁判を得ることで対応することが可能であることを考慮したものである（家事逐条103頁，104頁）。

- 382 -

合に，抗告審の裁判があるまで立替金の立替支出ができないことにつき第4編第4章第1節第1参照）。

2　遡及効の有無

手続救助の効力が将来に向かって生ずるのか，手続救助申立時に遡及して効力を生ずるのかについて，基本的に訴訟救助の場合と異ならないと考えられるので，第4編第4章第1節第2を参照されたい。

第2　物的範囲

家事法32条2項において民訴法83条1項1号及び2号を準用しており，家事事件及び強制執行における①裁判費用，②執行官の手数料等の費用，③付添弁護士（家事法55，民訴法155Ⅱ）の報酬及び費用，及び④家事法23条1項及び2項に基づき裁判所が選任した手続代理人弁護士（以下，本編において単に「手続代理人弁護士」という。）の報酬及び費用の支払が猶予される[81]。

①ないし③については，訴訟救助の場合と同様であるので，第4編第4章第2節を参照されたい。

④の手続代理人弁護士について，家事法上，未成年者や成年被後見人等の手続行為につき能力の制限を受けた者の利益の保護のため，裁判長は，申立てにより又は職権で，弁護士を手続代理人に選任することができる（家事法23Ⅰ，Ⅱ）[82]。その報酬及び費用については民訴費用法2条10号の費用に当たり，手続救助によりその支払が猶予される[83]。

第3　事件の範囲

1　審級別付与

当事者の資力が手続中に変わり得ることは民事訴訟の場合と同様であることから，民訴法82条2項が準用され，審級ごとに決定することとされている（逐条家事102頁）。

81　家事法では，民訴法75条に規定する担保提供命令に相当する規定がないため，民訴法83条1項3号に該当する場合（訴訟費用の担保の免除）が想定されないので，同号の準用は除外されている。

82　未成年者，成年被後見人，被保佐人，被補助人（手続行為をすることについてその補助人の同意を得ることを要するものに限る。）は，家事法118条の規定（家事法の他の規定において準用する場合を含む。）及び家事法252条1項の規定により手続行為をする場合には完全な手続行為能力を有する。しかし，これらの者が現実に手続行為を行うに際しては通常の手続行為能力を有する者に比べて困難を生ずる場合が少なくないと考えられる。そこで，これらの者が自ら弁護士に手続行為を委任することが考えられるが，これについて法定代理人等と意向が食い違い，報酬の支払を伴う委任契約についての同意が得られないこともあり得るので，これらの者の利益の保護のため，人訴法13条2項から4項までと同趣旨の規定が設けられた（家事一問一答74頁参照）。

83　手続代理人の報酬は裁判所が相当と認める額を定め（家事法23Ⅲ），その費用と共に一次的には手続行為能力の制限を受けた者が支払うことになるが，そのうち裁判所が相当と認める額は手続費用となり（民訴費用法2⑩），手続費用の負担の裁判（家事法29）によりその負担者が定められることになる。手続行為能力の制限を受けた者において資力がない場合（特に未成年者においては資力がないのが一般であると考えられる。），最終的には費用負担者に償還請求しうるとしても，いったんこれを現実に支払うことが必要であり（民訴費用法2条10号において「弁護士に支払った報酬及び費用」と規定されているためである。），そうすると実質的には手続代理人弁護士の選任が難しくなることも想定される。このような事態を回避するため，手続行為能力の制限を受けた者が（当事者でない場合は利害関係参加した上）救助の決定を得て支払の猶予を受け（弁護士は差し当たり無報酬で業務をする。），審判等により費用負担者が定まった後，手続代理人弁護士がこれを費用負担者から取り立てることにより償還を受ける運用が考えられる（家事逐条75，76頁）。

第3章　手続上の救助

2　救助の効力の及ぶ事件の範囲

　この点については，訴訟救助の場合と異なる検討が必要となる場合があると考えられる。手続救助の申立てそのものが少ないこと（本章第6節参照）から実務の蓄積がなく，かつこの点について言及した文献等も今のところ見当たらないが，例えば次のような場合が考えられる（なお，いうまでもなく，救助の効力がどの範囲に及ぶかは裁判体の判断事項であり，具体的事件の処理において，この点が問題となった場合は，裁判官と相談し，その指示に基づいて事務を行う。）。

⑴　申立ての変更（家事法50）

　民事訴訟事件においては，原告が訴訟救助を受けている場合に，被告の反訴に応訴することや，原告の行う訴えの追加的変更，交換的変更については，勝訴の見込みの判断がされていないことを実質的理由として，いずれも訴訟救助の効力が及ばないと解されている（第4編第4章第3節第2の1参照）。

　家事事件においても，申立ての基礎に変更がない限り，申立ての趣旨又は理由を変更することができる（家事法50）ところ，申立人が変更前の申立てについて手続救助の付与決定を得ている場合，変更後の申立てについてその効力が及ぶかどうか問題となるが，家事事件における「申立ての変更」とはどのような場合をいうのかについても考え方が一つではなく[84]，また，家事事件には多種多様な事件があって審理手続にも違いがあるから，一様に解するのは難しいように思われる。

⑵　当事者参加（家事法41）又は利害関係参加（家事法42）のあった場合

　民事訴訟事件においては，訴訟の係属中に，第三者が，原告及び被告に対し自己の請求について審判を求めて独立当事者参加（民訴法47）したり，原告又は被告の共同訴訟人として参加する場合（民訴法52）があり，これに受救助者が応訴する場合，別個の事件に応訴するもので，勝訴の見込みが別に判断されるため，訴訟救助の効力が及ばないとされる（第4編第4章第3節第2の2参照）。

　しかし，家事事件の当事者参加（家事法41）については，もともと家事事件に勝敗の概念がないと考えられることや，参加人と当事者間で，当事者間に形成されるものと別の法律関係が形成されるわけではないことから，民事訴訟事件における参加の場合と同様に考えるのかは疑問があるように思われる。利害関係参加（家事法42）についても，同様である。

⑶　審判前の保全処分（家事法105）

　民事訴訟事件における類似の手続である仮差押え・仮処分事件について，本案訴訟事件の訴訟救助の効力は及ばないとされる（第4編第4章第3節第2の7参照）。その理由として，仮差押え・仮処分事件は，本案の訴訟事件とは別個の事件であり，

84　例えば，推定相続人の廃除について，廃除原因ごとに審判を求める事項が異なるという考え方に立てば，廃除原因（民法892参照）を変更する場合は申立ての変更になるが，審判を求める事項が廃除原因ごとに異ならないとの考え方によれば，申立ての変更には当たらないことになる（家事逐条182頁参照）。

事件の勝敗も別であることを理由とする。審判前の保全処分については，本案である家事審判事件[85]の係属を必要とし，随伴性があるとの点で仮差押え・仮処分事件（本案の訴訟事件がなくても申し立て得る。）と相違があるが，本案の家事事件とは別個の事件であり，結論も本案の家事事件と異なることがある点は，仮差押え・仮処分事件と同様である。

⑷ 審判移行及び付調停

家事法別表第2に掲げる事項についての家事調停事件が調停不成立で終了して家事審判手続に移行した場合（家事法 272Ⅳ），家事調停事件の手続救助の効力が家事審判事件に及ぶか，また家事審判事件を家事法 274 条1項により調停に付した場合に家事審判事件の手続救助の効力が及ぶか問題となるが，家事調停事件の手続費用と家事審判事件の手続費用は，両手続を経ている場合の費用負担について，裁判で負担を定める場合あるいは調停成立の場合（家事法 29Ⅰ～Ⅲ）いずれも一体として考慮されること，審判移行する場合及び調停に付す場合に，その前後で事案の内容が変わるわけではなく，「不当な目的で申立てその他の手続行為をしていることが明白とはいえないこと」との要件について改めて審査する必要はないこと[86]から，最初の手続救助の効力は，同一審級内である限り，審判移行及び付調停の場合に及ぶと解してよいと考える。

第4 人的範囲（一身専属性）

民事訴訟における訴訟救助の一身専属性は家事事件においても妥当すると解されることから，訴訟救助の場合と同様，手続救助の決定はこれを受けた者のみにその効力を有することとされている（家事法 32Ⅱ，民訴法 83Ⅱ）。したがって，手続の承継人自身が資力を有しない場合には，承継人は新たに救助の申立てをしなければならず，申立てを受けた裁判所は，承継人が資力要件を満たしているか否かを審査し，申立てについて判断をすべきことになる（家事逐条 102 頁以下参照）。

また，被承継人に対する手続救助の効果が承継人には当然には及ばないことになるため，被承継人に対して猶予した手続費用の支払を承継人に対して求めるには，裁判所は猶予した費用の支払を承継人に命ずる決定（支払決定）をすることとなる（家事法 32Ⅱ，民訴法 83Ⅲ）（家事逐条 103 頁）[87]。ここで手続費用の支払を命じ得る承継人は，一般承継人であるところ，家事事件においては，民事訴訟事件と異なる受継の制度（家事法 45 参照）があることに留意が必要である。

手続救助の一身専属性については，訴訟救助の場合と基本的に異なるところはな

---

85 家事審判事件に係る事項について家事調停の申立てがあった場合は，家事調停事件が本案となる。

86 民事訴訟事件の訴訟救助の場合においては，勝訴の見込みの要件について，従前の訴えとは別に判断しなければならないか否かが，訴訟救助の効力が及ぶか否かの基準とされていることが多い。

87 訴訟救助の場合，承継人が訴訟費用を支払う資力を有するときに限って，猶予した費用の支払を命じうると解されているところ（第4編第4章第4節第3の1⑴参照），手続救助についても同様と解される（家事逐条 104 頁の（注）参照）。

- 385 -

第3章　手続上の救助

いと考えられるため，具体的な事務に当たっては，前記のほか必要な読み替えを行った上で第4編第4章第4節を参照されたい[88]。

第4節　手続救助の付与決定の取消しと猶予費用の支払を命じる裁判
第1　概説

　　手続救助は，手続費用を支払う能力がないか，またはその支払により生活に著しい支障を生ずる者に対して与えられるものであるから，手続救助を受けた者が当初から家事法32条1項に規定する資力要件を満たさず，または後に資力を有するに至ったときは，手続救助の効力を消滅させるべきであり，この点で民訴法84条の趣旨が妥当することから，手続救助の付与決定の取消しについても同条を準用し，資力要件を欠くことが判明し，またはこれを欠くに至ったときは，手続記録の存する裁判所は，利害関係人の申立てにより又は職権で，いつでも手続救助の付与決定を取り消し，猶予した費用の支払を命ずることができるものとしている。

　　この規律は，家事法81条1項において準用する家事法78条の特則と位置づけられる（以上家事逐条103頁）。

　　手続救助の付与決定の取消しと猶予費用の支払を命じる裁判（支払決定[89]）について，基本的な考え方は，訴訟救助の場合と異ならないと考えられる（不服申立てに関し即時抗告に執行停止の効力がないことには留意が必要である。）ので，以下に記載するほかは，第5編第5章第2節を，必要な読み替えを行った上で参照されたい。

第2　取消しの手続
1　申立人

　　手続救助の付与決定の取消しは，利害関係人の申立て又は職権により行う（家事法32Ⅱ，民訴法84）。利害関係人には，受救助者の相手方，執行官，付添弁護士（家事法55，民訴法155Ⅱ）のほか手続代理人弁護士が含まれると解される。

2　申立てと立件

　　申立ては書面又は口頭[90]ですることができる（家事規5，民訴規則1）。申立ては，家事雑事件簿に登載して立件する（「受付分配通達」別表第5の12の⑭。立件基準は申立書）。申立手数料は不要である。

3　管轄裁判所

　　訴訟救助の場合と同じく，当該事件記録の存する裁判所となる（手続救助を付与し

88　承継人に対し支払を命ずる決定（支払決定）に対する即時抗告（家事法32Ⅱ，民訴法86）について，訴訟救助の場合と異なり，執行停止の効力がないことに留意が必要である（家事法101Ⅱ本文）。

89　「支払決定」「取立決定」の用語については，訴訟救助の場合に倣う（受救助者又は承継人に対し猶予した費用の支払を命じる決定を「支払決定」といい，受救助者の相手方に対し猶予した費用の支払を命じる決定を「取立決定」という。第5編第5章第1節第1参照）。

90　手続救助の申立てについては，家事規21条1項により書面でしなければならないとされているが，取消しの申立てについては，その趣旨の規定がないので，口頭でもできると考えられる。しかし，実務的には，取消事由を主張することや資料の提出も求めることになるから，書面によることとなろう。

- 386 -

た裁判所ではない。）。詳細は，第5編第5章第2節第3の3を参照されたい。

4 裁判及び告知

訴訟救助の場合の第5編第5章第2節第3の4を参照されたい[91]。

ただし，告知の対象者については，手続救助決定の告知の対象者と同様の問題があると考えられる。本章第2節第5の2を参照されたい。

5 不服申立て

手続救助の取消決定については受救助者が，手続救助取消申立ての却下決定に対しては申立人が，決定の告知を受けた日から1週間の不変期間内に即時抗告をすることができる（家事法32Ⅱ，民訴法86，家事法101Ⅰ，102，86Ⅱ前段）。

なお，即時抗告について，訴訟救助における取消しの場合と異なり執行停止の効力がないこと（家事法101Ⅱ本文）に留意する必要がある。

第3 猶予費用の支払を命じる裁判

手続救助を取り消された場合，受救助者に対し納付を猶予していた費用の支払を命じるには裁判所の決定（支払決定）を必要とする（家事法32Ⅱ，民訴法84）。

手続救助の取消しと同時に支払を命じるには，取消決定と支払決定を一体としてする。

決定の告知は相当と認める方法によるが（家事法81Ⅰ，74Ⅰ），この決定に対し猶予費用の支払を命じられた受救助者は即時抗告をできること（家事法32Ⅱ，民訴法86），及びこの決定が執行力のある債務名義と同一の効力を有することから（民訴費用法17，16Ⅰ），受救助者に対しては決定正本[92]を送達する方法により告知するのが相当である。

猶予費用の支払を命じられた受救助者は，この決定に対し，決定の告知を受けた日から1週間の不変期間内に即時抗告をすることができる（家事法32Ⅱ，民訴法86，家事法101Ⅰ，102，86Ⅱ前段）。なお，この即時抗告に執行停止の効力がない（家事法101Ⅱ本文）ことに留意が必要である。

第4 家事手続終了後に受救助者に対し支払決定をする場合の手続救助の取消しの要否

訴訟救助において，訴訟完結後に受救助者に対し支払決定をする場合の訴訟救助の取消しの要否について考え方が分かれていることや，その考え方の違いが訴訟完結後の猶予費用の取立事務に影響を与えていること等を，第5編第5章第2節第5に記載したが，手続救助において同じように考えられるのかは疑問があるように思

---

91 なお，取消事由（資力回復要件）の調査について，家事事件においては，一般に複数の関連事件が同時に係属することも多く（例えば，離婚調停事件と婚姻費用分担事件とが同時に係属したり，養育費請求事件と面会交流事件が同時に係属する等），婚姻費用分担の調停が成立して婚姻費用額が決定し，これが支払われていることが離婚調停事件において確認されることがあったり，また，事件の性質上，当事者の資力が問題となることが多いから，取消事由（資力回復要件）の有無に関する資料は，訴訟救助の場合に比べて得やすい面があるといえよう。

92 告知の方法につき，強制執行の開始の要件（民執法22参照）としては，裁判の正本又は謄本の送達が必要であるところ，支払決定がされた場合，歳入徴収官に対する債権発生通知には支払決定の正本の添付を要するから（第5編第4章第3節第2の2参照），受救助者に対する送達についても正本で行うことが合理的であると考えられる。

- 387 -

第3章　手続上の救助

われる。すなわち，訴訟救助については，民事訴訟事件において勝敗の観念があること，訴訟費用の負担について敗訴者負担の原則（民訴法 61）をとることを前提に，訴訟救助制度の目的も踏まえて上記の議論がなされているのに対し，家事事件については，基本的に勝敗の観念はなく，手続費用は各自負担を原則としている（家事法 28 I）。また，手続救助の制度趣旨が，家事法において当事者が主体的な手続行為をすることが想定されているところ，経済的な理由で権能を行使することができない場合に何らの手当てもしないとすると，そのような権能を当事者等に付与した意義が失われることから設けられたとされ（本章第1節第1参照），訴訟救助制度の目的[93]と必ずしも同じではないように思われる。家事事件においては，受救助者に対し支払決定をするには，常に救助決定の取消し（その前提として資力回復）を要すると考える余地もあるように思われる。

第5節　猶予された費用等の費用負担者からの取立て

第1　概説

家事事件の手続が終了し，受救助者以外の当事者等が手続費用の負担を命じられた場合には，本来であれば受救助者が手続費用の支払を受けた上で，猶予された自己の手続費用を国庫に支払うこととなるが，このような方法が迂遠であることは民事訴訟の場合と同様であることから，民訴法 85 条の規定を準用し，国庫等が直接，手続費用の負担を命じられた者[94]から，猶予された手続費用等を取り立てることができることとし，また，弁護士または執行官は，報酬または手数料等について，受救助者に代わり，手続費用額確定処分の申立て（家事法 31 I，民訴法 71 I）及び強制執行をすることができることとしている（家事逐条 103 頁）。

上記弁護士には，付添弁護士のほか手続代理人弁護士（家事法 23 I，II）が含まれる。

なお，家事法においては，前述のとおり，手続費用については各自負担が原則であるところ（家事法 28 I），手続費用が各自負担とされた場合[95]は上記取立ての問題は生じず，受救助者に対し支払決定（取消決定の要否の問題があることにつき本章第4節参照）をすることになる。

第2　裁判及び告知

家事事件が完結し，受救助者以外の者が費用の負担者とされたとき，手続救助によ

93　正当な権利を有しながら無資力のために十分な保護を受けられない者を救済するという制度の目的は現在においても，訴訟救助制度の基礎とされていると考えられるとされる（第4編第1章第2節第4参照。最決平 19.12.4 判解 850 頁参照）。

94　家事事件の手続費用の負担者については，本編第1章第2節第1の1を参照されたい。

95　審判における費用負担の裁判で各自負担とされた場合，成立した調停において手続費用を各自負担と合意した場合及び費用負担について合意しなかった場合（家事法 29 III），家事事件の手続が，裁判又は調停の成立以外で終了した場合に当事者の申立てによりした費用負担の裁判において各自負担とされた場合（家事法 31 I，民訴法 73 I）がある。

- 388 -

第2 裁判及び告知

り猶予された費用を費用負担者から取り立てるについては，第一審裁判所が，決定により，費用負担者に対し，その支払を命じることになる（家事法 32Ⅱ，民訴法 85 前段，民訴費用法 17，16Ⅱ，15Ⅰ）。

この決定は，執行力のある債務名義と同一の効力がある（民訴費用法 17，16Ⅱ，15Ⅰ）。このため，決定は，債務者の特定のためその住所及び氏名を記載し，支払を命じる猶予費用の金額を明示してする必要がある。

決定の告知について，費用の支払を命じられた者は即時抗告をすることができるから，決定正本[96]を送達する方法により行うのが相当である。

不服申立てについて，費用の支払を命じられた者は，決定の告知を受けた日から2週間の不変期間内[97]に即時抗告をすることができる（民訴費用法 17，16Ⅱ，15Ⅱ，9Ⅸ，非訟法 66Ⅰ，67Ⅰ，Ⅱ）。

手続代理人弁護士による費用の取立手続の流れ

未成年者が手続行為を行うに当たり（当事者でない場合は利害関係参加（家事法 42）が必要である。），裁判所が手続代理人弁護士を選任し，その報酬について救助付与を受ける運用がある[98, 99]ところ，手続代理人弁護士による報酬等の取立ての流れは，次のとおりとなる[100]。

1　事件を完結する裁判又は調停の成立により費用負担者が定められる。

裁判及び調停の成立以外の事由により家事手続が終了した場合は，手続代理人弁護士は，第一審裁判所に対し手続費用の負担の裁判を求め，第一審裁判所は，手続費用の負担を命じる決定をする（家事法 32Ⅱ，民訴法 85 後段，家事法 31Ⅰ，民訴法 73Ⅰ）。

2　裁判所は，職権で，手続代理人の報酬額を認定する（家事法 23Ⅲ）[101]。

96　告知の方法につき，強制執行の開始の要件（民執法 22 参照）としては，裁判の正本又は謄本の送達が必要であるところ，取立決定がされた場合，国にとって債務名義となり，歳入徴収官に対する債権発生通知には支払決定の正本の添付を要するから（第5編第4章第3節参照），取立決定により費用の負担を命じられる者に対する送達についても正本で行うことが合理的であると考えられる。

97　受救助者に対する支払決定（家事法 32Ⅱ，民訴法 84）の即時抗告期間は，決定の告知を受けた日から1週間（家事法 101Ⅰ，102，86Ⅱ）であり，支払決定と取立決定（2週間）とで即時抗告期間が異なることに留意が必要である。なお，平成 25 年2月5日付け最高裁民事局第二課長，行政局第一課長，家庭局第一課長，刑事局第二課長事務連絡「民事訴訟費用等に関する法律の規定に基づく各種決定に対する即時抗告期間の変更等について」参照。

98　本章第3節第2の脚注 83 参照。

99　なお，この運用についてアンケートを行ったところ，この運用により救助付与した事例があると回答した庁は8庁であり，そのうち手続費用額確定処分等家事法（準用される民訴法の規定を含む）に定める清算手続により報酬等が清算されたと回答した庁が3庁あった。うち1例は，裁判又は調停成立以外の事由により手続が終了したため，手続費用の負担の決定を行ったとの回答であった。その他については，事件終結前のものを除けば，審判等で費用負担者及び報酬額が決まった後任意に清算された，あるいは調停で負担者と額が合意されたとの回答であった。

100　手続については，訴訟救助において付添弁護士について記載したところとおおむね同じである（付添弁護士について，裁判所が報酬を決定することがない点を除く。）。

101　このとき，報酬額決定の資料として，手続代理人弁護士から活動報告書の提出を求める運用が考えられる。

- 389 -

第3章　手続上の救助

> 3　1の裁判の確定後（調停の場合は調停成立後），手続代理人弁護士が，第一審の裁判所書記官に対し，手続費用額確定処分の申立て（第4章参照）を行う（家事法32Ⅱ，民訴法85後段。家事法31Ⅰ，民訴法71Ⅰ）。
>
> 4　書記官は，2の報酬額のうち相当と認める額（民訴費用法2⑩）及び費用を認定し手続費用額確定処分をする（家事法31Ⅰ，民訴法71Ⅰ）。
>
> 5　手続費用額確定処分は独立して債務名義となる（民執法22④の2）ので，手続代理人弁護士は，執行文の付与を得て強制執行をすることができる。

第6節　実務の状況

第1　申立件数

　　　家事法が施行された平成25年1月1日以降の各年ごとの手続救助の申立て件数（全家裁総数）は次のとおりであり，家事法で新たに設けられた制度であるためか全体として件数は少ないものの[102]，少しずつ増加はしている。

　　　平成25年　　98件
　　　平成26年　110件
　　　平成27年　113件
　　　平成28年　148件

第2　アンケート結果

　　　子の手続代理人弁護士の報酬等の救助以外に手続救助申立てが認容された事例の有無について尋ねたところ，認容事例があったと回答した庁[103]は，9庁あった。

　　　救助を付与した事件の種類については，別表第2審判事件（養育費，面会交流，婚姻費用に関する事件）及び離婚調停事件が多く，別表第1審判事件は少ないことがうかがわれた。救助付与の対象としては申立手数料のみであるものがほとんどであり，申立手数料に加え送達又は告知費用（郵便料）を対象とするものが数例あった。また，審判前の保全処分（婚費仮払）について申立手数料を対象とした事例があった。

102　家事事件の手続費用は鑑定費用や通訳料等を除けば民事訴訟事件に比し低額であるため救助を受ける必要性は民事訴訟事件に比し相対的に低いと考えられること，及び手続費用の負担について各自負担が原則とされる（家事法28Ⅰ）ことが，申立件数が少ない原因と推察できる。

103　このアンケートについては，前提として，飽くまでも回答時の担当者において把握する限りで回答を求めたものであり，事件記録等に当たって件数調査を行うことは求めていない。また，対象期間については，特に限定をせず回答を求めたものである。

第1 申立先及び方式

第4章　手続費用額確定処分

第1節　総論
第1　概要

　　手続費用を各自負担とする旨の裁判がされたか，又は調停が成立した場合（調停費用の負担について特別の定めをしなかったときを含む。）には，当事者間に費用の償還関係は生じないが，それ以外の裁判等によって手続費用の負担者及び負担割合が定められた場合には，当事者等の間に費用の償還関係が生じることになるので，さらに具体的な手続費用額の確定が必要となる。

　　この手続費用額確定処分の手続については，前記第1章第1節第2のとおり民訴法の規定が準用されており（家事法31 I，民訴法71～74，家事規20，民訴規則24～28），民事訴訟事件における訴訟費用額確定処分と同様，書記官が行うこととされている。

第2　訴訟費用額確定処分との実質的な相違点

　　前記本節第1のとおり手続費用について各自負担とされた場合は費用償還の問題は生じず，その場合手続費用額確定処分の必要はないところ，家事事件においてはこれまで記載したとおり手続費用については各自負担が原則であり（家事法28 I），実務上も，家事法の趣旨に基づきほとんどの場合各自負担とされているため，手続費用額確定処分を要する場合は非常に少ないといえる（本章第5節参照）。

　　また，手続費用額確定処分を要する場合も，手続費用の負担の裁判において，特定の費用（例えば，鑑定費用等）についてのみ費用負担者（と負担割合）を定め，その余の費用については各自負担とされる場合も多いと考えられるところ，その場合の手続費用額確定処分については，費用負担が定められた特定の費用についてのみ確定処分をすればよい。したがって，民事訴訟事件における訴訟費用額確定処分のように，手続に要した費用全般につき，民訴費用法2条各号の費用に当たるか及びその額が適正なものかどうかの検討を要する場面は相当少ないと考えられる。

第2節　申立て
第1　申立先及び方式

　　手続費用額確定処分の申立先は第一審裁判所の書記官であり，申立ては書面でしなければならない（家事法31 I，民訴法71 I，家事規20，民訴規24）。

　　申立手数料は不要である。

　　本案家事事件の代理権は，この手続に及ぶと考えられる。

　　申立人は，申立てに際し，費用計算書及び費用額の疎明に必要な書面を書記官に提出しなければならない（家事規20，民訴規則24 II）。費用計算書には，その支出した費用について，各種目とその額を具体的に記載する。疎明に必要な書面は，家事事件

－ 391 －

第4章　手続費用額確定処分

記録によって証明できない費用についてのみ提出が要求されるが，当事者間で償還の対象となる民訴費用法2条各号に列挙されている費用の種目及び額はほとんど事件記録によって証明できるから，疎明に必要な書面を要する場合は，実務上少ないと考えられる。

第2　当事者

1　申立人

申立人たる資格を有する者は，手続費用の負担の裁判によって費用償還請求権者となった者であり，本案家事事件の申立人であると相手方であると，参加人であるとを問わない。

手続費用の負担の裁判によって案分負担と定められた場合[104]には，どちらも申立人となり得る。

2　相手方

相手方たる資格を有する者は，手続費用の負担の裁判によって費用償還義務者とされた者（家事法28 II）である。

3　費用償還請求権者又は義務者の承継人

費用償還請求権者又は義務者の一般又は特定承継人も，手続費用額確定処分の当事者となる資格を有する。これら承継人については，手続費用額確定処分を行う書記官に対し，承継を証する書面を提出するなどの方式でその資格を証明すれば足りる[105]。

第3　申立ての時期

1　始期

手続費用額確定処分の申立ては，手続費用の負担の裁判が執行力を生じた後にしなければならない（家事法31 I，民訴法71 I）。

家事審判については確定しないと執行力を生じないから，審判が確定していることが必要である。

また，家事手続が裁判及び調停の成立以外の事由により完結した場合に当事者の申立てに基づいてする費用負担の決定（家事法31 I，民訴法73 I）については，告知によって効力を生じるから（家事法81 I，74 II本文）[106]，直ちに手続費用額確定処分の申立てができると考えられる[107]。

調停において手続費用の負担が定められた場合，調書に記載されれば確定判決と

104　手続費用の負担について各自負担を原則とする（家事法28 I）家事事件においては，このような案分負担の裁判がされることは少ない（本章第5節参照）。

105　手続費用額確定処分のために，手続費用の負担の裁判書に承継執行文の付与を得る必要はないと解される。

106　審判以外の裁判について，家事法81条1項によって審判に関する規定を準用しているが，審判が確定しないと効力を生じない旨を定めた家事法74条2項ただし書は除外されている。

107　この決定に対しては即時抗告ができると考えられるところ（家事法31 II，民訴法73 II，71 VII），この即時抗告に執行停止の効力はないと解される。家事法上の即時抗告は原則として執行停止の効力がなく（家事法101 II参照），執行停止の効力を認める場合には個別に規定を置いているところ，この即時抗告については執行停止の効力を認める旨の規定は置かれていない（家事法32 II では，書記官の処分に対する異議申立てについての決定に対する即時抗告については執行停止の効力を認めているところ，この費用の負担の決定は対象とされていない（家事逐条99頁，100頁）。）。

- 392 -

第1　申立要件の審査

同一の効力を有するから（家事法 268 I ），直ちに確定処分の申立てをすることができる。

2　終期

別段の定めはないが，記録の保存期間満了後は事件記録が廃棄されるため，手続費用額確定処分の申立てをしても，手続費用の支出及びその額の疎明（家事規 20，民訴規則 24 II ）が事実上困難となり，その目的を達成することができないことが想定される。

第4　受付及び記録の編てつ

申立てがあれば，家事雑事件簿に登載して受け付ける（「受付分配通達」別表第5の 12 の(10)）。申立手数料は不要である。

申立書等は，本案事件記録の編成方法が家事編成通達に定める3分方式（「家事編成通達」記第2）の場合は第3分類に関係書類ごとに編てつし（「家事編成通達」記第2の3の(1)のイ），2分方式（「家事編成通達」記第3）の場合は第2分類に関係書類ごとに編てつし（「家事編成通達」記第3の2の(1)のイ），非分割方式（「家事編成通達」第4）の場合は編年体で編てつする（関連する書類は一括してつづり込むことができる。）（「家事編成通達」第4の1）。

なお，当事者等から非開示希望の申出がされている書類については，3分方式の場合は第3分類末尾に，2分方式の場合は第2分類末尾に，非分割方式の場合は記録末尾に，それぞれ編てつすることに留意する（「家事編成通達」記第2の3の(2)，同第3の2の(2)，同第4の2）。

第5　申立書及び費用計算書の直送

申立人は，書記官に提出した手続費用額確定処分の申立書及び費用計算書を相手方（確定処分手続の相手方）に直送しなければならない（家事規 20，民訴規則 24 II ）。

家事事件の手続については，原則として書面の直送を求めるのは相当でないと考えられるが，手続費用等の負担の額を求める処分の申立書及び費用計算書については，記載内容に特段の配慮が必要なことは想定し難いことから，申立人から当該手続の相手方に対して直送を要求している（条解家事規則 50 頁）[108]。

第3節　審理手続
第1　申立要件の審査

申立要件の審査については，訴訟費用額確定処分と異ならないと考えられるので，第2編第4章第2節第1を，必要な読み替えを行った上で参照されたい。

108　実務上は考えにくいかもしれないが，住所等につき非開示希望の申出がされている事案については，直送が難しい（相手方の現実の住所が不明である場合），あるいは相当でない（例えば申立人の提出する計算書において旅費額の実費を明らかにするため，非開示希望の申出がされている現実の住所が記載されることが想定される。）事案もあると考えられるので，このような場合，直送ではなく裁判所から送付をする等の配慮は必要と考えられる。

第4章　手続費用額確定処分

第2　相手方に対する催告

　相手方に対する催告の手続について，基本的には，訴訟費用額確定処分の場合と異ならないと考えられるので，第2編第4章第2節第2を，必要な読み替えを行った上で参照されたい。

第3　審理

　基本的には訴訟費用額確定処分の場合と異ならないと考えられるが，費用負担の裁判が原則として各自負担とされていること等から生じる差異もあるため，以下の記載のほか，第2編第4章第3節を参照されたい。

1　概説

　訴訟費用額確定手続と同様，手続費用額確定手続は，手続費用の負担の裁判によって定められた費用償還請求権の内容を具体的に補充する性質のものであり，費用負担の裁判が対象としている手続費用の範囲は，手続の全過程の費用に関するものであり，その中には，関連手続の費用も含まれると考えられる。

　家事事件において当事者が償還請求できる手続費用の種目と額が民訴費用法2条所定の種目及び額の範囲に限られること（費用法定主義）も，民事訴訟事件の場合と同様であるから，手続費用額確定処分の手続において，審理の対象となるべき事項が，当事者が提出した費用計算書の手続費用の種目及び額が民訴費用法2条各号に規定する当事者等が負担すべき費用の範囲及び額に該当するか否かであることも同様である。

　しかし，家事事件においては，前述したとおり，手続費用については各自負担が原則である（家事法28 I）ことから，手続費用額確定処分を要する場合がほとんどなく，手続費用額確定処分を要する場合も，特定の費用についてのみ負担割合に従って額を定める場合が多く，訴訟費用額確定処分のように，手続に要した費用全般について民訴費用法2条各号に含まれるか（費用該当性）やその額の検討を要することはほとんどないといってよい。

　また，次に費用不可分の原則，関連手続の範囲に触れるが，実務上はそこに記載した関連事件の範囲が問題となる場面は非常に少ないと考えられる。

2　費用不可分の原則

　民事訴訟において，訴訟費用負担の裁判は，原則として訴訟の全過程の訴訟費用について統一的にされるべきものとされており（民訴法67），これを訴訟費用不可分の原則と呼ぶ。家事事件の費用負担の裁判についても，家事法29条1項，2項に民訴法67条1項，2項と同旨の規定が置かれており，民事訴訟と同じく，費用不可分の原則が通用するものと考えられ，関連手続の費用も，民事訴訟と同じく，本案家事事件とともに一括して確定されると考えられる。

　なお，家事審判，家事調停の両方の手続を経ている場合，両方の手続の費用は一括して捉えられている（家事法29 I，II，III）。

3 関連手続の範囲

この点，家事事件における関連手続の範囲がどこまでかについて裁判例等はなく，この点に触れた文献等も見当たらないため，本研究において具体的に検討することは難しい。

具体的な事案についてこの点が問題になった場合，裁判官とも相談して手続を進められたい。その際は，訴訟費用額確定処分の場合（第2編第4章第3節第1参照）に倣って検討をすることになろう。

4 手続費用の種目と額

手続費用額確定処分の手順としては，費用計算書に基づき相手方の意見も踏まえて，個別具体的な種目が民訴費用法2条各号のいずれに該当するか，該当するとして，計上されている費用額が種目ごとに同条各号に定める額に照らして適正かどうかを審査して，償還関係の対象となる費用額を定めることになる。

もっとも，これまで記載したとおり，家事事件において現実にこのような検討を要することは非常に少ないと考えられる。

第4 費用額の計算についての原則

費用支出の証拠の必要性，処分権主義の適用，費用額算定の標準時，端数計算，相殺処理について，基本的に訴訟費用額確定処分の場合と異ならないと考えられるので，第2編第4章第3節第3を，必要な読み替えをされた上で参照されたい。

もっとも，相殺処理（家事法31Ⅰ，民訴法71Ⅱ）を要するのは，手続費用の負担の裁判において案分負担とされ，かつ相手方から費用計算書が提出された場合に限られるので，家事事件において相殺処理を要する場面は非常に少ないと考えられる。

第5 手続費用の負担の額を定める書記官の処分

処分の方式，処分の内容，処分の告知，処分の効力について，基本的に訴訟費用額確定処分の場合と異ならないと考えられるので，第2編第4章第4節を，必要な読み替えをされた上で参照されたい。

第6 不服申立て

1 異議申立て

手続費用額確定処分に対して不服のある者は，告知を受けた日から1週間の不変期間内に，その処分をした書記官の属する裁判所に対して異議の申立てをすることができる（家事法31Ⅰ，民訴法71Ⅳ，家事法37Ⅰ）。

異議の申立ては，執行停止の効力を要する（家事法31Ⅰ，民訴法71Ⅴ）。

2 異議申立てに対する裁判

この異議申立てに対しては，処分をした書記官の属する裁判所が，決定をもって裁判する（家事法37Ⅰ）。

裁判所がする裁判の内容については，訴訟費用額確定処分の場合と異ならないと考えられる。

第4章　手続費用額確定処分

3　異議の裁判に対する即時抗告

異議申立てに対する裁判所の決定に対し，当事者は，告知を受けた日から1週間の不変期間内に即時抗告をすることができる（家事法37Ⅱ，101Ⅰ，102，86Ⅱ）。

家事法上の即時抗告について，原則として執行停止の効力がないが，手続費用額確定処分に対する異議申立てについての決定に対する即時抗告については，執行停止の効力を有する（家事法31Ⅱ）。

第7　更正処分

処分の対象，処分の主体と時期，処分の申立て，処分の方式，告知については，基本的に訴訟費用額確定処分の場合と異ならないと考えられるので，第2編第4章第6節を，必要な読み替えをされた上で参照されたい。ただし，不服申立てについては，前記第6を参照されたい。

第4節　費用償還額の算出順序

費用の負担について当事者一方の全部負担又は当事者双方案分負担とされた場合の費用償還額の算出順序については，訴訟費用額確定処分の場合と異ならないので，第2編第4章第7節を参照されたい[109]。

第5節　実務の状況
第1　申立て等の状況

---

[109]　アンケートにおいて，家事事件の場合の費用償還額の算出について民事訴訟事件とは異なる点で問題となった事例として，次のような回答があった（当事者の人数や費用負担の割合等は研究員において変更している）。

遺産分割事件において，「手続費用のうち，鑑定人○○に支給した鑑定料30万円についてはこれを6分し，うち3を申立人甲の負担とし，うち1を申立人乙の負担とし，うち1を相手方丙の負担とし，うち1を相手方丁の負担とし，その余の手続費用については各自の負担とする。」との費用負担の裁判がされた。鑑定料の予納について，申立人甲が20万円を，相手方丙が10万円を予納していたところ，申立人甲が，相手方丁に対し，手続費用額確定処分の申立てをした。

民事訴訟事件において，費用償還関係は，対立する当事者間である原告・被告間の問題であり，共同訴訟人間の問題ではないとされる（第2編第6章第2節第2の2(3)参照。秋山コンメⅡ31頁参照）。これに対し，遺産分割事件は，共同相続人のうちある一人又は数人が他の共同相続人を相手方として申立てをするのであり，1対1の対立関係があるわけではない（全員が他の全員と対立関係にあるとも考えられる。）。この場合の費用償還関係について通常の民事訴訟事件と同じように考えられるのか，申立人間，相手方間にも費用償還関係が生じると考えられるのか，家事事件特有の悩ましい問題といえる（民事訴訟事件においても，共有物分割訴訟等における当事者の対立関係は，遺産分割の場合と同様と考えられるところ，この場合の訴訟費用の負担について，原告の主張は一応必ずなされるし，また被告が争って訴訟が起こる以上，原告の主張を中心にして考えれば，勝敗という観念は一応是認できるから，これを基準として，民訴法61条による訴訟費用の負担を定めることは可能であり，実務例の多くも同様の立場をとるとされており（秋山コンメⅡ18頁参照），費用償還関係についても，通常の民事訴訟と同じく，原告・被告間の問題と考え，訴訟費用額確定処分がされているものと考えられる。）。

アンケートの事例においては，予納すべき額を超えて予納していた部分を，予納していない者に費用負担で定められた割合で割り付け，相手方の支払額（償還額）を算出したとのことであった。事例でいえば，申立人甲の負担割合（15万円）を超える部分（5万円）を，予納していない乙，丁に負担割合で割り付け（2万5,000円ずつとなる。），これを償還額とすることになる（丁から甲に対し2万5,000円の支払を命じる旨の確定処分をすることになる。）。

このような場合にどのようにして償還額を算出するかは，前記のとおり費用償還関係についてどう考えるのかとの問題があり悩ましいが，アンケートの回答の算出方法は，裁判官の費用負担の裁判の内容を額の面で実現しようとするものといえ，相当な算出方法と考えられる。

平成 27 年，平成 28 年の手続費用額確定処分申立事件の年間新受件数についてアンケートを行ったところ，平成 27 年は家庭裁判所本庁 50 庁の合計が 5 件，平成 28 年については同 2 件であった。

　また，認容事例の有無については，認容事例があると回答した庁は 3 庁であった[110]。

第2　費用負担の裁判の状況

　手続費用額確定処分が申し立てられるのは，本案事件の費用負担の裁判が各自負担でない場合に限られるところ，別表第 2 審判事件の費用負担の裁判が各自負担とされなかった割合はどの程度かとのアンケートに対しては，「ほとんどない（概ね 5 パーセント未満）。」[111]と回答した庁がほぼ全庁であり，アンケートの自由記載欄において各自負担とならなかった例はないと付言する庁も多かった[112]。

110　このアンケートについては，前提として，飽くまでも回答時の担当者において把握する限りで回答を求めたものであり，事件記録等に当たって件数調査を行うことは求めていない。また，調査対象期間については，特に限定をせず回答を求めたものである。

111　アンケートの選択肢は，ほかに「半数未満」「半数以上」である。

112　このアンケートについては，前提として，飽くまでも回答時の担当者において把握する限りで回答を求めたものであり，事件記録等に当たって件数調査を行うことは求めていない。また，親権者死亡の場合の親権者変更及び親権者指定（費用負担の主文について，通常「申立人の負担」となると考えられる。）は除いて回答を求めたものである。

民事訴訟等の費用に関する書記官事務の研究	書籍番号　31-04

令和元年6月10日　第 1 版第 1 刷発行

監　　修　裁判所職員総合研修所
発行人　門　　田　　友　　昌

発行所　一般財団法人　法　　曹　　会

〒100-0013　東京都千代田区霞が関1－1－1
振替口座　00120－0－15670
電　　話　03－3581－2146
http://www.hosokai.or.jp/

落丁・乱丁はお取替えいたします。　　　　印刷製本／中和印刷㈱

ISBN 978-4-86684-023-9